Nana Karlstetter

Unternehmen in Koevolution

Theorie der Unternehmung

Herausgegeben von Reinhard Pfriem

Band 53

Eine vollständige Übersicht über die erschienenen Bände finden Sie am Ende des Bandes

Nana Karlstetter

Unternehmen in Koevolution

Ein Regulierungsansatz für regionale Flächennutzungskonflikte

Metropolis-Verlag
Marburg 2012

Bibliografische Information Der Deutschen Bibliothek
Die Deutsche Bibliothek verzeichnet diese Publikation in der Deutschen Nationalbibliografie; detaillierte bibliografische Daten sind im Internet über <http://dnb.ddb.de> abrufbar.

Metropolis-Verlag für Ökonomie, Gesellschaft und Politik GmbH
http://www.metropolis-verlag.de
Copyright: Metropolis-Verlag, Marburg 2012
Alle Rechte vorbehalten
ISBN 978-3-89518-914-2

Vorwort

Davon, in der Breite die Unternehmung als gesellschaftlichen Akteur ernst zu nehmen, ist die Betriebswirtschaftslehre in der Breite immer noch weit entfernt. Scheinbar modernere organisationstheoretische Untersuchungen reproduzieren in anderer Form das Dilemma, sich zu sehr auf die Innenverhältnisse oder inzwischen auch Netzwerkstrukturen zu beziehen, ohne die gesellschaftliche Rolle der Unternehmen angemessen zu thematisieren.

Unter diesen Bedingungen ist eine betriebswirtschaftliche Dissertationsschrift immer noch selten, die diese gesellschaftliche Rolle nicht nur allgemein analysiert, sondern für ein konkretes Problemfeld inklusive dafür passender sowohl theoretischer Bezüge als auch gewählter Methoden. Dem Qualitätskriterium guter Wirtschafts- und Sozialwissenschaft – den Problemen und den Akteuren möglichst konkret zu folgen -, genügt die Arbeit von Nana Karlstetter in ausgezeichneter Weise.

Der konkrete empirische Hintergrund besteht in einer bis zum Frühjahr 2014 fortwährenden Tätigkeit in einem Forschungsprojekt (www.nordwest2050.de), im Rahmen dessen Frau Karlstetter speziell dafür verantwortlich ist, Methoden und Instrumente zur Regulierung von Flächennutzungskonflikten insbesondere zwischen Ernährungsversorgung und Energieproduktion ganz praktisch und konkret mitzuentwickeln.

Die zentrale Fragestellung der Arbeit („Wie können unternehmerische Akteure in unübersichtlichen, schwer beurteilbaren, dynamischen, aber strategisch essentiellen Problemlagen proaktiven nachhaltigen Wandel gestalten und erreichen?") wird auf dieses Problemfeld angewendet. Durch die Verknüpfung dieser konkreten Empirie mit Theorieangeboten insbesondere der Evolutorischen Ökonomik und der wissenschaftlichen Disziplin des Strategischen Managements (Dynamic Capabilities) generiert die Verfasserin zum einen theoretisch und methodisch überzeugend gestützt ein Prozessmodell zur Bearbeitung solcher Konflikte. Zum anderen (sustainable dynamic capabilities) gelingt ihr aber auch eine sehr eigenständige und dezidiert auf Nachhaltigkeit bezogene Weiterentwicklung dieser Konzepte. Insofern ist die Arbeit vorbildlich nicht nur hinsichtlich ihrer konkreten Inhalte, sondern auch als Modell einer guten Arbeit.

Oldenburg und Stapelmoor, Februar 2012   Prof. Dr. Reinhard Pfriem

Dank

Das vorliegende Buch ist das Ergebnis meiner Dissertation, die in den Jahren von 2008 bis 2012 an der Universität Oldenburg am Lehrstuhl für Unternehmensführung entstanden ist. Ich möchte mich bedanken für die Ernsthaftigkeit und Verbindlichkeit, mit der mir mein Erstgutachter Reinhard Pfriem die Möglichkeit eröffnet hat, an seinem Lehrstuhl zu promovieren. Die intensiven Gespräche, die in der Findungs- und Betreuungsphase stattgefunden haben, waren aufschlussreich, bereichernd, kritisch und sehr spannend. Sie haben es ermöglicht, das Thema tiefgreifend zu verorten und auch vor einem weiten Erfahrungshintergrund, der über meinen eigenen hinausgeht, schlüssig zu erarbeiten. Desweiteren möchte ich mich bedanken bei Matthias Ruth, der die Zweitprüferschaft übernommen hat. Ich habe sehr profitieren dürfen von seinen methodischen und inhaltlichen Kenntnissen, die es ermöglichten, die Thematik weiter zu differenzieren, als es mir alleine möglich gewesen wäre.

Für wertvolle Hinweise entlang des Bearbeitungsprozesses möchte ich – in chronologischer Reihenfolge - außerdem danken Reinhard Schulz, Marco Lehmann-Waffenschmidt, Ulrich Witt, Kurt Dopfer, Jetta Frost, Eric Neumayer, Jeroen van den Bergh, Jorge Marx Gómez, Dirk Helbing und Ottmar Edenhofer.

Dank gilt auch allen Kolleginnen und Kollegen am Department für Wirtschafts- und Rechtswissenschaften der Universität Oldenburg, der Universität Bremen und der Universität Maryland, insbesondere den Kolleginnen und Kollegen aus dem Projekt nordwest2050 und dem Projekt Chamäleon, sowie vom Lehrstuhl für Wirtschaftsinformatik. Ich danke für die Zusammenarbeit, für fruchtbaren interessanten Austausch, für das Ertragen von Klagen über die eine oder andere Mühe und für Einblicke in eigene Ansätze und Arbeiten.

Vor allem aber möchte ich mich bedanken beim Team unseres Lehrstuhls LAUB: bei Marina Beermann, Hedda Schattke, Irene Antoni-Komar, Christian Lautermann, Stephanie Birkner und auch Marion Akamp. Danke für den Zusammenhalt und die Produktivität im Team, danke für Eure Ideen und Kritik! Ebenso gilt mein Dank dem gesamten LAUB-Kolloquium: allen, die inzwischen fertig geworden oder noch dabei und neu dazugekommen sind: Danke für die Rückmeldungen, für Anregungen und Diskussionen!

Mein weiterer Dank gilt Freundinnen und Freunden, die mir in diesen Jahren den Rücken gestärkt und meine Freizeit bereichert haben (und es hoffentlich noch lange weiter tun). Danke Kerstin, Kai, Markus, André, Luisa, Alina, Meike, Michael und Andy.

Danken möchte ich außerdem meinen Schwestern, meinem Schwager und vor allen Dingen meiner Mutter.

Mein Dank gilt außerdem
meinem Vater
und
Gianni.

Nana Karlstetter
Maryland, Februar 2012

Inhaltsverzeichnis

Inhaltsverzeichnis 9

Abbildungsverzeichnis 15

Abkürzungsverzeichnis 17

Einleitung 19

0.1 Ausgangslage: Nicht-nachhaltige Landnutzung 19
0.2 Problemstellung: Regionale Landnutzungskonflikte 22
0.3 Fragestellung 25
0.4 Zielsetzung 27
0.5 Gang der Untersuchung 28
0.6 Begriffliche Bestimmungen 29
    0.6.1 Vulnerabilität 30
    0.6.2 Problembegriff 33
    0.6.3 System 34
    0.6.4 Funktion 35
    0.6.5 Information 37

1 **Flächennutzung, Klimawandel und Ernährungsversorgung** 39

1.1 Die Ausgangslage 41
    1.1.1 Begriffliche Klärungen 41
    1.1.2 Skizze des Problemfeldes 44

10 Inhaltsverzeichnis

1.1.3 Status Quo: Nicht-Nachhaltigkeit der Land- und Ernährungswirtschaft (und der Energieerzeugung und...) 47

1.1.4 Klimaanpassung in der Ernährungswirtschaft und Flächennutzung 50

1.2 Konflikte – Wie lassen sich diese zuordnen? 52

1.2.1 Regulierung bedeutet Verhandlung(sspielraum) und Veränderung(smöglichkeit) 55

1.3 Die Situation im Nordwesten – Flächenkonflikte in der Metropolregion Bremen-Oldenburg 57

1.3.1 Flächennutzungskonkurrenzen: Bioenergieproduktion und Ernährungssicherung 59

1.3.2 Zusätzliche Konflikte: Siedlung & Verkehr und Umweltschutz 66

1.4 Flächennutzung und Akteure – Prioritäten, Preise und Verfügbarkeit von Informationen 68

1.4.1 Querschnittsthema „Flächennutzung, Klimawandel und Nachhaltigkeit" erzeugt Unübersichtlichkeit 69

1.4.2 Unübersichtlichkeit durch heterogene Datenaufbereitung 70

1.4.3 Unübersichtlichkeit durch Interessenlagen und Prioritäten 73

1.4.4 Betriebliche Perspektive 74

1.5 Fazit aus der Ausgangslage 76

2 Evolutorische Realität und kontrafaktische Erfordernisse 81

2.1 Querschnittsproblem Klimawandel – Unsicherheit als Konstante 82

2.1.1 Hemmnisse und Chancen in der Realisierung von Wandel 84

2.1.2 Der unternehmerische Akteur – definierende Annahmen 87

Inhaltsverzeichnis 11

2.2 Ökonomische Evolution – Der Akteur zwischen
Heterogenität, Selbst-Organisation und Regeln 92
    2.2.1 Evolutorische Ökonomik – Eckpunkte der historisch-
theoretischen Entwicklung 95
    2.2.2 Kritische Anmerkungen 101

2.3 Dynamic Capabilities – Komplexität, Kontingenz,
Pfadabhängigkeit 107
    2.3.1 Umgang mit Turbulenzen 108
    2.3.2 Pfadabhängigkeiten – historische Prägungen vs.
zukünftige Erfordernisse 115

2.4 Organisationale Flexibilität – in Anwendung auf den
konkreten Problemzusammenhang 118
    2.4.1 Rückbezug auf die Hypothesen H1 und H2 und den
konkreten Zusammenhang „Flächennutzung" 122

2.5 Zwischenergebnis und weiteres Vorgehen 123

**3 Koevolution in komplexen sozio-ökonomisch-
ökologischen Systemen 127**

3.1 Rekapitulation der bisherigen Argumentation 129

3.2 Bio-physikalische Systeme und Ressourcen vs. sozio-
ökonomische Systeme und Kapazitäten – die Beschreibung
von Wechselwirkungen 132
    3.2.1 Thermodynamische Perspektiven 133
    3.2.2 Das Gesetz von der erforderlichen Varietät 137
    3.2.3 Koevolution – Konzeptionelle Eckpunkte 143
    3.2.4 Flächennutzung als koevolutorisches Problem –
welche Analyseeinheiten sind erforderlich? 153
    3.2.5 Endpoints und Service Providing Units 157

**4 Eine kulturelle Perspektive auf unternehmerische
Fähigkeiten 163**

4.1 Kulturelle Evolution 164

4.1.1 Kritisch reflexive Rahmensetzung in verteilten Strukturen – Heterogenität, mentale Modelle und Interaktionen ... 167
4.1.2 Zwischenfazit – Der unternehmerische Akteur ... 173

4.2 Kulturelle Kompetenzen ... 175
4.2.1 Weitsichtige Integration der strategischen und operativen Ebene ... 177
4.2.2 Akuter Handlungsbedarf und Prioritätenverschiebungen ... 178
4.2.3 Wahrung der Ressourcenbasis als pfadbrechende Aufgabe ... 181
4.2.4 Relationale Settings ... 185

4.3 Semantische Anschlussfähigkeit ... 188
4.3.1 Bestimmung adäquater Eckpunkte – notwendige Heterogenität bei hinreichender Fokussierung ... 189

4.4 Zusammenfassung: „sustainable dynamic capabilities" ... 194

5 Der empirische Blick in die Metropolregion Bremen-Oldenburg ... 197

5.1 Bestandsaufnahme der Flächenkonfliktsituation unter Klimawandel in der Ernährungswirtschaft der Metropolregion Bremen-Oldenburg ... 203
5.1.1 Zielsetzung und Leitfragen der Bestandsaufnahme ... 203
5.1.2 Methodisches Vorgehen ... 204
5.1.3 Ergebnisse ... 207
5.1.4 Zusammenfassende Einschätzung der regionalen Situation ... 217
5.1.5 Zwischenfazit ... 222

5.2 Differenzierung der Interessenlagen und Akteursgruppen ... 223
5.2.1 Zwischenfazit ... 228

5.3 Bündelung zu Problemfeldern – Erarbeitung koevolutorischer Spielräume ... 229
5.3.1 Fazit ... 233

Inhaltsverzeichnis 13

5.4 Zusammenfassung und weitere Schritte im Anschluss an den empirischen Blick in die Region 234

6 Potenziale und Defizite im regional vernetzten Kontext 237

6.1 Veränderungspotenziale regional vernetzter sozioökonomischer Systeme 242
    6.1.1 Innovative (regionale) Systeme 246
    6.1.2 Innovative Akteure 250
    6.1.3 Requisite Variety – Passung von Prozessen, ihren Bedingungen und Inhalten 252
    6.1.4 Requisite Variety – Initialprozesse 253

6.2 Semantischer Gehalt relevanter Verhältnisse (Verhältnismäßigkeiten) – relationale Settings 255

6.3 Service providing units und konkrete Endpoints für die koevolutorische Situation? 258
    6.3.1 Methodischer Hintergrund der Bestimmung von Potenzialen und Defiziten 260

6.4 Potenziale und Defizite in den drei inhaltlichen Problemfeldern 265
    6.4.1 Problemfeld 1 Diversität 266
    6.4.2 Problemfeld 2 Fruchtbarer Boden 270
    6.4.3 Problemfeld 3 Betriebliche Strukturen 273
    6.4.4 Diskussion der Ergebnisse zu den Problemfeldern 277

6.5 Fazit – Varietät des Problems adäquat zur Varietät der gegebenen Handlungsspielräume 280

7 Eine integrierte Sicht auf Dringlichkeitsstufen – und ihre Vermittlung 285

7.1 Daten 287
7.2 Methodenkombinationen 293
7.3 Entscheidungsprozesse 299
7.4 Integrierte und integrierende Einheiten 304

7.4.1 STELLA für Flächennutzung im Rahmen von
 nordwest2050 305
7.4.2 Betriebliche Perspektive 307
7.4.3 Strategisch-operative Entscheidungsfaktoren und
 Prozessmodelle 309
7.4.4 Wiederum Einheiten 314

7.5 Ansatz zur formalen Umsetzung 320

Konklusion 327

8.1 Konzeptionelle Ergebnisse 328

8.2 Inhaltliche Ergebnisse 329

8.3 Methodische Ergebnisse 330

8.4 Ausblick 331

Literatur 335

Anhang 377

Abbildungsverzeichnis

Abb. 0.1: Topographie der Transformation 21

Abb. 0.2: Modell der hierarchischen Verschachtelung von Vulnerabilität 31

Abb. 0.3: Überblick über den strukturellen Aufbau der Arbeit 28

Abb. 1.1: Herausforderungen und Handlungsoptionen für die Erreichung von Nachhaltigkeit in der Land- und Ernährungswirtschaft 48

Abb. 1.2: Wesentliche Einflussfaktoren auf die Flächenverfügbarkeit zur Biomasseproduktion 51

Abb. 1.3: Entwicklung der Biogaserzeugung 2001 – 2010 in Niedersachsen 60

Abb. 1.4: Anbau nachwachsender Rohstoffe in Deutschland 61

Abb. 1.5: Entwicklung des Maisanbaus in Niedersachsen 62

Abb. 1.6: Anzahl NaWaRo- und Co-Ferment-Anlagen pro Landkreis 63

Abb. 2.1: Überblick über ‚knowledge-capacities' 113

Abb. 2.2: Evolutorische Struktur im strategischen Prozess in Unternehmen 116

Abb. 3.1: Dimensionen der Veränderung 128

Abb. 3.2: Unterschiede in der Gewichtung zwischen evolutorischer, ökologischer und konventioneller Umwelt- und Ressourcenökonomik 132

Abb. 3.3a und b: Zwei Landschaften mit sehr unterschiedlichen Symmetrieeigenschaften 140

Abb. 3.4: Der Pfad von Ökosystemstruktur und -prozessen zu menschlichem Wohlergehen 148

Abbildungsverzeichnis

Abb. 3.5: Die unausweichliche Vernetzung der verschiedenen
Rollen und Funktionen von Land- und
Ernährungswirtschaft 151

Abb. 3.6: Hypothetische trade-offs in der ökosystemischen
Reaktion vor und nach Landnutzungsänderungen 152

Abb. 3.7: Mögliche räumliche Verhältnisse zwischen
serviceerzeugenden Einheiten und
serviceprofitierenden Einheiten 160

Abb. 4.1: Bedeutungsloses und bedeutungsvolles Gekritzel
derselben synatktischen Komplexität 164

Abb. 4.2: Planungshorizonte: Entscheidungen von heute formen
die Zukunft 179

Abb. 5.1: Entwicklung Maisanbau und Biogasanlagen 208

Abb. 5.2: Maisanbau folgt dem Zubau an Biogasanlagen 209

Abb. 5.3: Leitlinien der ordnungsgemäßen Landwirtschaft 221

Abb. 5.4: Ausschnitt aus den Ergebnissen des Wissensmarktes
mit Markierungen 225

Abb. 6.1: Handlungssituationen angrenzend an eine fokale
Situation, mit Verbindungen zu Antriebselementen
und assoziierten Regeln 241

Abb. 6.2: Drei typische Motoren des Wandels 247

Abb. 6.3: Landnutzungstypen in der Metropolregion Bremen-
Oldenburg 257

Abb. 6.4: Zusammensetzung von vier Szenarien für
Bioenergiepotenziale 262

Abb. 7.1: Entwicklung des Betriebseinkommens pro
Arbeitskraft in ökologisch wirtschaftenden Betrieben 298

Abb. 7.2: Kontext-, situationen- und akteursspezifische
Verknüpfung kritischer Relationen im konkreten
Aufgabenbezug 316

Abb. 7.3: Rahmen des relationalen Umsetzungspotenzials 321

Abkürzungsverzeichnis

AF	Ackerfläche
AKST	Agricultural Knowledge, Science and Technology
BE	Biologische Evolution
BMBF	Bundesministerium für Bildung und Forschung
CAS	Complex Adaptive Systems
DAS	Deutsche Anpassungsstrategie
EEG	Erneuerbare Energien Gesetz
EP	Endpoints
ESAP	East & South Asia & the Pacific
GHG	Greenhouse Gas
GIS	Geoinformationssystem
IAASTD	International Assessment of Agricultural Knowledge, Science and Technology for Development
IAM	Integrated Assessment Model
ICT	Information and Communication Technologies
IPCC	Intergovernmental Panel on Climate Change
IS	Innovation System
IT	Information Technologies
KE	Kulturelle Evolution

Abkürzungsverzeichnis

KLIMZUG	Klimawandel in Regionen zukunftsfähig gestalten
KW	Kilowatt
LAC	Latin America & the Caribbean
LCA	Life Cycle Assessment
LF	Landwirtschaftlich genutzte Fläche
LtG	Limits to Growth
LWK	Landwirtschaftskammer
NAE	North America & Europe
OECD	Organisation for Economic Co-operation and Development
PF	Problemfeld
R&D	Research and Development
RIS	Regional Innovation System
SPU	Service Providing Unit
WBGU	Wissenschaftliche Beirat der Bundesregierung Globale Umweltveränderungen
WSK	Wertschöpfungskette

Weitere sich im Text befindliche Acronyme oder Eigennamen sind an Ort und Stelle angegeben, wo erforderlich.

Einleitung

> *„Environmental policies are inherently related to scale. In an empty world, environmental goods and services are not scarce resources, and hence not the focus of policies. The issue is whether environmental policies address scale directly or only tangentially"* (Daly/Farley 2004, 427).

> *„In the long run we are all dead. Economists set themselves too easy, too useless a task if in tempestuous seasons they can only tell us that when the storm is long past the ocean is flat again."* (Keynes, 1923/2000, 80)

0.1 Ausgangslage: Nicht-nachhaltige Landnutzung

Landnutzung ist elementare Grundlage für menschliche Gesellschaften. Insofern sehr viele Aktivitäten auf der Erde mit Flächenbedarf verbunden sind, spiegeln sich in Form und Modi der Landnutzung zahlreiche Themen ökologischer, menschlicher, ökonomischer, regionaler und überregionaler Interaktion. Die absolut beschränkte Knappheit[1] hinsichtlich der Flächen findet in konkurrierenden Landnutzungsformen ihren Ausdruck. Insbesondere im Umgang mit fruchtbarem Boden wird schnell deutlich, dass es vor allem auch um qualitative Kriterien geht, die sich in Flächennutzungskonflikten und den ihnen inhärenten Prioritäten zeigen. Eine langfristige Regulierung dieser Konflikte steht gegenwärtig in Zusammenhang mit Herausforderungen wie dem Klimawandel, Verlust von Biodiversität, „herkömmlichem" Raubbau an Ressourcen oder der wach-

---

[1] „There is a long history of reflecting on the tension between ends and means. The keyword may be *scarcity*. Is scarcity an ontological factor or is it a social construct, pre-eminent in certain times and places?" (de Vries/Petersen 2009, 1007).

senden Weltbevölkerung. Die Land- und Ernährungswirtschaft ist von diesen Herausforderungen in zweierlei Hinsicht besonders betroffen: Erstens wirtschaftet dieser ökonomische Zweig unmittelbar mit Gütern und Ressourcen, die direkt in der ökologischen Umwelt liegen. Zweitens erwirtschaftet diese Branche eine der elementarsten Grundlagen menschlichen Daseins, nämlich Lebensmittel. Wie eng diese Branche gleichzeitig in ihren Funktionsweisen eingebettet ist in andere ökonomische Bereiche, wird zum Beispiel deutlich im Wert von Lebensmitteln in Finanzmärkten. Wechselwirkungen bestehen weiterhin in globalisierten Wertschöpfungsketten, die nicht nur in der Ernährungswirtschaft in den letzten Jahrzehnten veränderte Produktions- bzw. Absatzströme und Preispolitiken ermöglicht haben (Brandt et al. 2011, 13f). Weltweite Aufkäufe fruchtbaren Bodens durch Investoren, die auf die hohen Realwertrenditen setzen, zeigen die gesellschaftlich brisante Bedeutung der Landnutzungssituation.

Die Land- und Ernährungswirtschaft sieht sich in der Frage konkurrierender Landnutzungsformen aber nicht nur diesen exogenen Herausforderungen gegenüber, mit denen für und in der Branche möglichst ökologisch, sozial und ökonomisch nachhaltig umgegangen werden sollte. Sie ist durch ihre gegenwärtigen Produktionsmethoden und Geschäftsprozesse auch beteiligt und verantwortlich dafür, dass diese Problemlagen so dringend geworden sind.

Nachhaltigkeit kann hierbei als umfassender Begriff angesehen werden. Dieser bezieht sich auf Klimaschutz (Minderung des Klimawandels) wie Klimaanpassung (Folgenbewältigung)[2] und die Frage entsprechender Landnutzung, aber auch auf Schutz von Biodiversität in der agrarischen wie natürlichen Fauna und Flora. Zudem bedeutet Nachhaltigkeit auch gesellschaftliche Herausforderungen einzubeziehen, etwa konsumentenwie produzentenseitige Ernährungsverantwortung. Zudem aber spitzt der Klimawandel die Nachhaltigkeitsproblematik erheblich zu. Klimawandel bildet deshalb hier unter der Perspektive auf Klimaanpassung einen Schwerpunkt, wird aber als Teil der Frage nach den Optionen für kon-

---

[2] Die vorliegende Arbeit ist angebunden an das Projekt nordwest2050, insbesondere an die Forschungstätigkeiten im Cluster Ernährungswirtschaft. Es werden hier klimaangepasste Innovationsstrategien für die Metropolregion Bremen-Oldenburg erarbeitet. Die Projektlaufzeit ist 2009-2014, gefördert wird das Projekt im Rahmen des KLIMZUG-Verbunds durch das BMBF.

krete Nachhaltigkeit und einer entsprechenden Gestaltung bzw. Gestaltbarkeit unserer Gesellschaft eingeordnet. Damit ist ein wirtschaftlicher Wandel eingefordert, der konkret und rechtzeitig umgesetzt werden können muss.

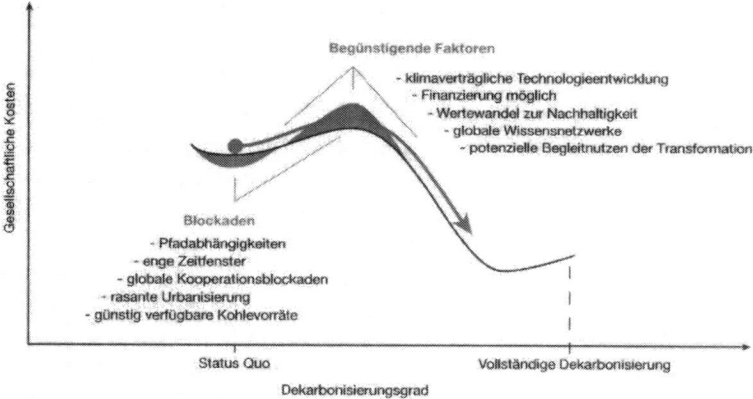

Abb. 0.1: Topographie der Transformation.[3] Quelle: WBGU (2011, 6).

Eine Überwindung dieser Nicht-Nachhaltigkeit kann deshalb als Ausgangspunkt der Problemstellung gelten. Obwohl die Nicht-Nachhaltigkeit durch wissenschaftliche Untersuchungen schon lange belegbar ist, entfalten diese im Hinblick auf die reale Bewältigung resultierender Problemlagen oft nur sehr geringes Potenzial. Ein zweiter Ausgangspunkt der Problemstellung ist deshalb die kritische Reflektion und Erneuerung wissenschaftlicher Konzeptionen und Methoden.

Die vorliegende Arbeit beschäftigt sich dabei weniger mit den Konsequenzen einer bestimmten angenommenen Gradzahl klimatischer Er-

---

[3] Aus der Legende zur Abbildung: „Um vom Status quo zu einer klimaverträglichen Weltgesellschaft (vollständige Dekarbonisierung) zu gelangen, sind zunächst Hürden zu überwinden, die als ein Anstieg der gesellschaftlichen Kosten dargestellt sind. Dieser Anstieg wird derzeit durch Blockaden [...] verstärkt [...]. Dem stehen jedoch begünstigende Faktoren gegenüber [...]. Mit Hilfe der begünstigenden Faktoren können die Hürden abgesenkt und so der Weg für die Transformation geebnet werden." (WBGU 2011, 6).

wärmung[4]. Im Zentrum der Betrachtung stehen die grundsätzliche Veränderbarkeit und damit die Bedingungen der Transformation (vgl. Abb. 0.1) ökonomischer Strategien. Aus Sicht der Akteure geht es dabei um *Erfordernisse, die gerade aus dem Unwissen darüber, welches Klimawandelszenario wie eintreffen wird* (und wie realistisch die modellierten Szenarien sind), für den *aktuellen Umgang mit diesen Themen im regionalen Kontext* resultieren. Die Land- bzw. Ernährungswirtschaft bildet für die Bearbeitung das Anwendungsfeld und zwar spezifisch für den *Problemzusammenhang regionaler Flächennutzungskonflikte* am Beispiel der Metropolregion Bremen/Oldenburg. Im Zentrum stehen dabei regionale Unternehmen, sowohl was Veränderungsbedarfe als auch proaktive Spielräume angeht.

0.2 Problemstellung: Regionale Landnutzungskonflikte

Vor dem Hintergrund aktuell gegebener Nicht-Nachhaltigkeit in der Ernährungswirtschaft und nicht gegebener Ernährungssicherheit (Kapitel 1) muss es für die zukunftsfähige Regulierung von Flächennutzungskonflikten um eine Neuausrichtung der Land- und Ernährungswirtschaft gehen. Im neuesten WBGU-Gutachten heißt es zum Transformationsfeld ‚Landnutzung':

> „Für die Landwirtschaft besteht die Herausforderung darin, die stark wachsende Nachfrage nach Agrargütern auf nachhaltige Weise, also auch unter Einschluss des Schutzes biologischer Vielfalt, zu decken und gleichzeitig auf der gesamten Wertschöpfungskette vom Acker bis zum Konsumenten die Emissionen zu mindern. Eine besondere Herausforderung stellen dabei die sich verändernden Ernährungsgewohnheiten in vielen Regionen der Welt zugunsten tierischer Produkte dar."
(WBGU 2011, 4)

In engem Zusammenhang dazu steht das zweite Transformationsfeld ‚Energie'. Hier liegt die Herausforderung laut dem Gutachten darin, die

---

[4] Wohl aber ist die Untersuchung orientiert an der Regionalisierung der Klimaveränderungen, wie sie im Projekt nordwest2050 errechnet wurde. Eine ausführliche Darstellung der regionalisierten Klimaszenarien kann unter Schuchardt et al. (2010a und 2010b) eingesehen werden.

CO_2-Emissionen aus der fossilen Energieversorgung stark zu reduzieren. Gleichzeitig müssen rund 3 Milliarden Menschen Zugang zu einer existenziellen Grundversorgung mit modernen Energiedienstleistungen erhalten. Dies erscheint nur realisierbar, wenn insgesamt die Energienachfrage begrenzt werden kann (WBGU 2011, 3). Auch das dritte vom WBGU beschriebene Transformationsfeld ‚Urbanisierung' beinhaltet eine Restrukturierung des Flächenverbrauchs und beeinflusst die land- und ernährungswirtschaftliche Landnutzungssituation.

Daraus ergeben sich offensichtlich Flächenkonkurrenzen. Diese sind seit Jahren bekannt (vgl. bspw. Zebisch et al. 2005). Im Gutachten des WBGU wird diesbezüglich die Priorität nachhaltiger Landnutzungspolitik auf die Sicherung der Ernährung für die knapp eine Milliarde mangel- und unterernährter Menschen gelegt. Zusätzliche Nachfrage an Agrargütern wird außerdem durch den wachsenden Konsum tierischer Produkte zu erwarten sein. Biomasseproduktion für Industrie und Energie nimmt ebenfalls zu.

„Gleichzeitig wird die Konkurrenz um knappe Flächen durch Bodendegradation, Wassermangel und zunehmende klimawandelbedingte Auswirkungen verschärft. Die notwendige Senkung der Treibhausgasemissionen aus der Landnutzung kommt als zusätzliche Herausforderung hinzu. Aus diesen Gründen wird die Transformation der globalen Landnutzung zu einer zentralen Zukunftsaufgabe." (WBGU 2011, 14; ebenso in Foresight 2011, 165)

Für die Metropolregion Bremen-Oldenburg, in der die Land- und Ernährungswirtschaft das zweitgrößte Wirtschaftscluster darstellt und in der akut bereits Flächennutzungskonflikte vorliegen, bedeutet dies, dass die Landnutzung auch vor diesem Hintergrund betrachtet werden sollte. Es bedarf deshalb neuer Regulierungsansätze, die nunmehr auch globale und langfristige Herausforderungen einbeziehen. Dazu gehören gegebenenfalls auch solche Herausforderungen, die nicht direkt in der Branche der Land- und Ernährungswirtschaft angesiedelt sind oder sichtbar werden, wohl aber auf deren Unternehmen zurückschlagen können bzw. durch diese verursacht sind (wie z.B. Biodiversitätsverlust). Es ist deshalb notwendig, die Problematik entsprechend den spezifischen Schwachstellen und Verletzlichkeiten[5], die durch nicht-nachhaltige Bewirtschaftung ökonomisch aber auch sozial und ökologisch entstehen, aufzubereiten. Mit Konflikten kooperativ und konstruktiv umzugehen erscheint so als essentielle Aufgabe, die nicht nur im regional konkreten Zusammenhang sondern auch im weiteren Kontext der angesprochenen Herausforderungen eine wichtige Rolle spielt: „To put it simply, what such multi-level, coevolutionary models suggest is that communities that do not manage to deal with selfish free-riders and avert the tragedy of the commons through cooperative behavior and proper incentive structures are likely to be weeded out in the long-run by group or sequential selection." (Kallis/Norgaard 2010, 695). Dies beinhaltet, dass Prioritäten und konkret-inhaltliche Bezüge ersichtlich werden müssen. Ein Regulierungsansatz kann desweiteren nur entsprechend den Gestaltungsmöglichkeiten vor Ort entwickelt werden. Damit ist für die wissenschaftlichen Zugangsebenen zur Problematik eine weitere wichtige Aufgabe benannt, denn die Ergebnisse müssen für die Akteure der Praxis greifen. In diesem Fall sind das die Unternehmen der Land- und Ernährungswirtschaft. Konzeptionell fehlt theoretisch-ökonmischen Zugängen oft entweder der Einbezug der ökologischen (bio-physikalischen) Prozesse (vgl. Kapitel 2) oder aber es mangelt an der Operationalisierung dieser ökologischen (bio-physikalischen) Prozesse für unternehmerische Organisationen und deren Spielräume (vgl. Kapitel 1 und 3). Neben der Erschließung von konkreten regionalen Lösungsansätzen ergibt sich die Problemstellung also zudem aus der Erarbeitung einer Behebung dieser Defizite. Es sollen neue Impulse gegeben werden, um die wissenschaftliche Aufbereitung von komplexen und dynamischen Problemlagen im Kontext von Nachhaltigkeit rechtzeitig und enger an die ökonomische Praxis zu heranzubringen. Dazu wird für die Analyse der regionalen Landnutzungskonflikte an Methoden der qualitativen Sozialforschung angeknüpft. Für den methodischen Zugang wird weiter eine Integration von Theoriesträngen aus dem ökonomischen (evolutorischen und organisationstheoretischen) sowie sozio-ökologischen (*complex adaptive systems*) Bereich[6] ent-

---

[5] Siehe dazu weiter unten das Konzept der *Vulnerabilität*.

[6] Hier und im gesamten Fortgang der Arbeit ist grundlegende Voraussetzung für Untersuchung und Argumentation, dass es zahllose Wechselwirkungen zwischen bio-physikalischem und sozio-ökonomischen Prozessen gibt. Mehr noch wird da-

wickelt. Die Integration der konzeptionellen Ansätze wird dabei in Form eines Fähigkeitenansatzes erweitert. Dadurch sollen Bedeutungszusammenhänge identifiziert werden, die besonders für Veränderungen im Verhältnis zwischen unternehmerischen Strategien und der landschaftlichen Situation relevant sind. Die derartig konzeptionelle Erschließung der konkreten Situation soll es erlauben, die regionale Problematik vor dem globalen Hintergrund zu analysieren. In der empirischen Anwendung auf die Unternehmen der Metropolregion Bremen-Oldenburg ergeben sich daraus Potenziale und Defizite hinsichtlich konkreter Umsetzungsschritte. Für offen bleibende Fragen, etwa in Bezug auf die Optimierung und Operationalisierung von regional relevanten Daten, wird im letzten Kapitel ein Modellierungsansatz vorgestellt.

0.3 Fragestellung

Aus dem Fokus auf regionale Unternehmen ergibt sich nun also folgende Fragestellung zur Bearbeitung:

Wie können unternehmerische Akteure in unübersichtlichen, schwer beurteilbaren, dynamischen, aber strategisch essentiellen Problemlagen proaktiven nachhaltigen Wandel gestalten und erreichen?

Insofern es um die nachhaltig zukunftsfähige Regulierung von Flächennutzungskonflikten zur Sicherung der Ernährungsversorgung unter Klimawandel geht, kann die Fragestellung für diesen Problemzusammenhang wie folgt konkretisiert werden:

– *Wie lässt sich der erforderte Wandel (Überwindung der Nicht-Nachhaltigkeit in der Anwendung auf Flächennutzungssituation) in eine konkrete Soll-Ist-Diskrepanz für die regionalen Akteure überset-*

---

von ausgegangen, dass sich diese Wechselwirkungen nicht voneinander unabhängig betrachten oder gar trennen lassen. Zum Zweck der Analyse konkreter Verhältnisse wird aber gegebenenfalls von „bio-physikalischen" oder „ökologischen" Prozessen im Gegensatz zu „sozio-ökonomischen" oder „wirtschaftlichen" die Rede sein. Damit soll nur die Perspektive der Betrachtung ausgedrückt werden, nicht aber die Vorstellung, es lägen voneinander separate Systembereiche vor. Gerade deren koevolutorische Verzahung steht im Zentrum der Arbeit.

zen? Wodurch bestimmt sich daraus Handlungsrelevanz in den Unternehmen?

– *Wie beziehen sich (a) Konflikte und (b) möglicherweise regulierend wirkende Ansatzpunkte aufeinander? Welche strategische und operationale Bedeutung ergibt sich daraus für Unternehmen?*

– *Wie können die Entscheidungsoptionen, die aus den regionalen Verhältnissen resultieren, von ökonomischen Akteuren trotz Unsicherheit gewählt und gewichtet werden?*

– *Welche Bedingungen und Fähigkeiten sind es, die Unternehmen dazu in die Lage versetzen, entsprechende Veränderungserfordernisse zu bewältigen?*

Neben den Fragen, die sich auf Unternehmen beziehen, zeigt sich hier der methodische Bedarf. Denn mit der Vielzahl an Wechselwirkungen gehen Unsicherheit und Unübersichtlichkeit in der angesprochenen Situation einher. Das heißt, Analyseinheiten lassen sich nur schwer abgrenzen (Schurz 2011). „[H]uman decision making as a unit for socio-cultural evolution is a more complex process than either a rational utilitarian problem or an exclusively socially instiututed one." (Gual/Norgaard 2010, 709; vgl. auch Schurz 218ff und 225f). Eine sinnvolle Zuordnung von *für die Akteure bedeutsamen* Inhalten ist dabei abhängig von der Einbettung dieser Inhalte in weitere Zusammenhänge. Dabei sind diejenigen Themen und Inhalte, die *für die Problematik aus ökologischer oder langfristiger Sicht eine Rolle spielen*, ebenfalls von vielerlei Zusammenhängen abhängig. Dies gilt gerade vor dem aktuellen Status Quo, in dem unternehmerische Strategien die Wechselwirkungen mit dem ökologischen System oft eher nicht einbeziehen. Der *Bedeutungsgehalt als semantische Struktur* ergibt sich deshalb in derart komplexen Zusammenhängen für die Akteure erst, wenn der Problemzusammenhang und entsprechende Aufgabenbezug *strukturell mit expliziert* wird. Mit anderen Worten, es ist wichtig, dass ersichtlich wird, warum und worin die Aufgabenstellung für den Anwendungszusammenhang besteht. Für die Bearbeitung regionaler Flächennutzungskonflikte, die unter dem Bezug auf Klimawandel und Sicherung der Ernährungsversorgung untersucht werden, bedarf es also neben der Erarbeitung unternehmerischer Fähigkeiten *einer konzeptionellen und methodischen Erschließung der Problematik für den Handlungs- und Entscheidungshorizont* der regionalen Unternehmen.

0.4 Zielsetzung

Die Zielsetzung der Arbeit besteht somit in der

(1) Analyse der regionalen Situation im Hinblick auf Landnutzungskonflikte, Potenziale und Konsequenzen für die Unternehmen der Ernährungswirtschaft.

(2) Entwicklung eines für (1) geeigneten konzeptionellen Rahmens unter Berücksichtigung der methodischen Fragen.

(3) Integration beider Zugangsebenen (der regional konkreten und der konzeptionell methodischen) für den hier relevanten Anwendungskontext.

(4) Eines Ansatzes, wie mit offen bleibenden Fragen bspw. durch eine IT-gestützte Lösung umgegangen werden kann.

Unter der Zielsetzung, Ansatzpunkte für strategischen Wandel und die Konkretisierung unsicherer, übergeordneter, komplexer und dynamischer Problemlagen herauszuarbeiten, werden also Wechselwirkungen betrachtet und zueinander in Beziehung gesetzt. Daraus ergibt sich ein Ansatz, wie ein koevolutorisches[7] Management der *Landnutzungssituation von und zwischen unternehmerischen Akteuren im regionalen Kontext* realisiert werden kann.

---

[7] Auf diese Begrifflichkeit wird im dritten Kapitel ausführlich eingegangen. Zunächst steht Koevolution hier sowohl für die wechselseitige abhängige Evolution in und zwischen Unternehmen als auch für die wechselseitig abhängige Evolution zwischen Unternehmen bzw. gesellschaftlich-wirtschaftlichen Prozessen und der ökologisch-natürlichen Umwelt. Koevolutorisches Management würde somit für unternehmerische Strategien bedeuten, dass solche Wechselbeziehungen mit Blick auf langfristige Nachhaltigkeit (hier: ernährungssichere und ökologisch tragfähige Landnutzung) effektiv berücksichtigt werden.

28   Einleitung

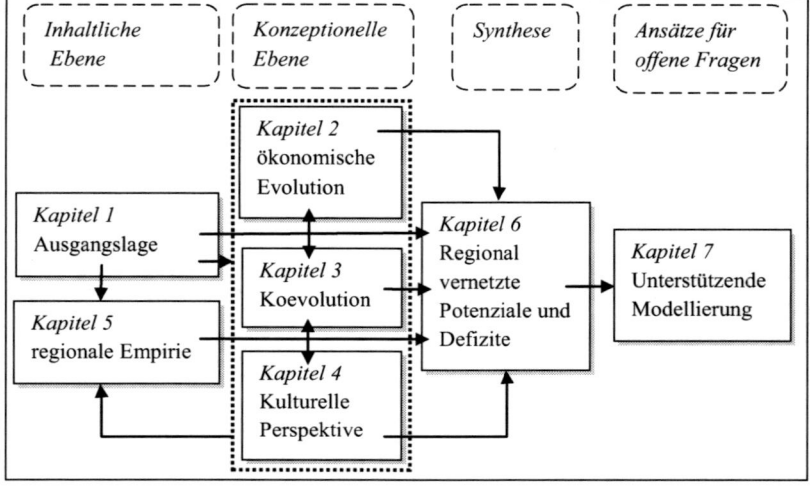

*Abb. 0.3: Überblick über den strukturellen Aufbau der Arbeit.
Eigene Darstellung.*

0.5 Gang der Untersuchung

Im ersten Kapitel wird die Ausgangslage beschrieben, die den konkreten Problemzusammenhang skizziert, der im Folgenden untersucht wird. Dabei geht es (1) um die Einbettung der regionalen in die überregionale Perspektive, (2) um die Wechselwirkungen zwischen branchenspezifischen und branchenübergreifenden Themen, sowie (3) um die bio-physikalischen und sozio-ökonomischen Inhalte, an denen sich das Querschnittsproblem „Flächennutzungskonflikte" festmacht. Im zweiten Kapitel wird ausgehend von der Evolutorischen Ökonomik und dem organisationstheoretischen Konzept der Dynamic Capabilities der theoretische Hintergrund beschrieben, durch den Unternehmen im Umgang mit turbulenten Umwelten als evolutorische proaktive Akteure konzipiert werden können. Im dritten Kapitel wird das koevolutorische Verhältnis zwischen bio-physikalischen und sozio-ökonomischen Gegebenheiten *ausgehend vom ökologischen Kontext* betrachtet. Es zeigt sich hier, dass eine Operationalisierung besondere Aufmerksamkeit auf funktionale Prozesse in beiden Bereichen erfordert. Daraus ergibt sich, dass diese in praktikabler Weise zueinander in Bezug gesetzt werden können müssen, damit sich so etwas wie adäquate Einheiten erzeugen lassen. Im vierten Kapitel wird das koevolutorische Verhältnis darum *ausgehend von der unternehmerischen Seite* betrachtet; und es findet eine Präzisierung der in Kapitel 2 dargelegten Ansätze im Hinblick auf konkrete und kritisch-reflexive kulturelle Fähigkeiten statt. Im Anschluss an die methodischen Überlegungen wird hier besonders der semantische Gehalt (s.o.) für eine effektive Vermittlung der unterschiedlichen Wechselwirkungen und Kontexte betrachtet.

Die ersten vier Kapitel schaffen die inhaltliche und konzeptionelle Grundlage, um im fünften Kapitel die im Rahmen einer explorativen Studie[8] erarbeiteten empirischen Befunde zur Flächennutzungssituation in der Metropolregion Bremen-Oldenburg darzustellen und das empirische Vorgehen vor dem Hintergrund dieser Grundlage zu erläutern. Im sechsten Kapitel wird ausgehend von diesen Ergebnissen der Rahmen für eine regionale Regulierungsdynamik entworfen. Im zweiten Teil des sechsten Kapitels wird anschließend an Kapitel 5 eine Analyse regionaler Potenziale und Defizite durchgeführt, die durch beispielhafte konkrete Maßnahmen ergänzt wird. Für das siebte Kapitel werden im Hinblick auf die konkrete Erreichbarkeit einer solchen Regulierungsdynamik vor allem die oben angesprochenen methodischen Fragen aufgegriffen. Weiterführende Überlegungen und die Beschreibung weiteren Forschungsbedarfs beziehen sich hierbei insbesondere auf Möglichkeiten und Grenzen von Modellierungen im gegebenen und in ähnlichen Problemzusammenhängen. Achtens folgen Konklusion und abschließende Bemerkungen. Der strukturelle Aufbau der Arbeit kann auch der obigen Abbildung 0.3 entnommen werden.

0.6 Begriffliche Bestimmungen

Sicherung der Ernährungsversorgung bedeutet die Aufrechterhaltung sowohl bio-physikalischer als auch sozio-ökonomischer Nachhaltigkeit. Wenn nun eine Gefährung der Ernährungsversorgung unter dem Einfluss klimatischer Veränderungen auf eine regionale Landnutzungssituation

---

[8] Diese wurde im Rahmen des Projekts nordwest2050 durchgeführt. Genaueres dazu siehe Kapitel 5 oder unter www.nordwest2050.de.

bezogen wird und die Fragestellung zudem auf die Rolle der Unternehmen gerichtet ist, so heißt das, dass Gefährdungen nicht unabhängig davon, *wer wovon* gefährdet ist, betrachtet werden können. Für eine derartige Engführung zwischen analytischen und inhaltlichen Ebenen sind wissenschaftliche Ansätze rar, die eine *konkretisierte Verknüpfung bis auf die Ebenen von Umsetzungsschritten* zulassen. Um dieser Problematik gerecht zu werden, bietet sich zunächst ein speziell relational evolutorischer Bezug auf das Konzept der Vulnerabilität an.

0.6.1 Vulnerabilität

Die vorliegende Arbeit betrachtet Abhängigkeiten und Interaktionen des Wandels als evolutorische Prozesse und steht unter einer grundsätzlich dynamischen Perspektive. Diese evolutorisch prozedurale Zugangsweise soll es ermöglichen, Wechselwirkungen zwischen verschiedenen aber abhängig gekoppelten Bereichen zu untersuchen. Vulnerabilität als Konzept ist basal für diesen Blickwinkel. Der Risikoaspekt von Vulnerabilität wird abhängig von *exposure units* (wer ist vulnerabel und wogegen?) akut. Clark et al. (2000) definieren Vulnerabilität

„as the risk of adverse outcomes to receptors or exposure units (human groups, ecosystems, and communities) in the face of relevant changes in climate, other environmental variables, and social conditions." (Clark et al. 2000, 2; vgl. McLaughlin/Dietz 2007)

Nach Smit und Wandel (2006) fällt die Vulnerabilität dabei in die Unterkomponenten *exposure, sensitivity* und *adaptive capacity*[9]:

„Consistent throughout the literature is the notion that the vulnerability of any system (at any scale) is reflective of (or a function of) the exposure and sensitivity of that system to hazardous conditions and the ability or capacity or resilience of the system to cope, adapt or recover from the effects of those conditions." (Smit/Wandel 2006, 296; vgl. auch Parry et al. 2007).

---

[9] Eine ausführliche Beschreibung dieser Subkomponenten findet sich bspw. bei Schuchardt et al. 2011.

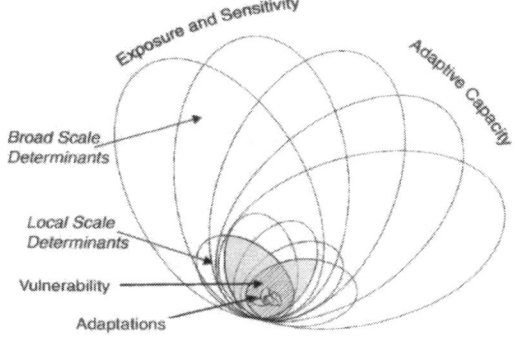

*Abb. 0.2: Modell der hierarchischen Verschachtelung von Vulnerabilität.
Quelle: Smit/Wandel (2006, 286).*

Die im Folgenden dargelegte Auffassung von Vulnerabilität zeigt, wie im weiteren Fortgang gearbeitet wird. Es wird dabei vor allem darum gehen herauszuarbeiten, wie das spezielle Wirkungs- und Gestaltungsverhältnis zwischen Akteuren und ihren Umwelten ist. Dafür bildet der Ansatz von McLaughlin und Dietz (2007) eine gute Grundlage. Die Autoren gehen davon aus, dass „a comprehensive theory of vulnerability must be capable of addressing the interrelated dynamics of social structure, human agency and the environment(s)." (McLaughlin/Dietz 2007, 104). Für *social structure* leiten sie hieraus ab, dass Veränderungen in Zahl, Größe und Charakteristika *sozialer Einheiten auf verschiedenen Analyseebenen* bestimmt werden können sollten. Sie vertreten dabei eine multilineare Perspektive auf soziale Struktur und deren Wandel (ebd. 104). *Human agency and culture* fassen die Autoren auf als die *Kapazität menschlicher Akteure*, im Kontext gegenwärtiger Kontingenzen *alternative zukünftige Möglichkeiten* zu entwerfen. Dabei betonen sie, dass dies nicht nur passiv gedacht werden dürfe. Für eine Analyse sei hierbei besonders wichtig zu verstehen, „how [actors] ‚frame' issues such as well-being and deprivation [...] because ‚frames' play a central role in the legitimating and delegitimating struggles." (ebd. 105)[10]. Für die Perspektive auf *environ-*

---

[10] „ ‚[F]rames' include a set of (not necessarily consistent) beliefs over ‚what the problem is' and the goals that should be achieved in that case; cognitive categories

ment(s) schlagen sie vor, „attempt to find *patterns and relationships in the interactions between variability and context* (Sober, 1980). From the point of view of the latter, ‚The' environment disappears conceptually and is replaced by multiple environments defined relationally with respect to the individual organism, population or ecosystem in question." (ebd. 105; *Hervorhebung NK*). Vulnerabilität erscheint also als *inherent relationale bzw. kontextuelle Größe*, die als *Dynamiken* zwischen sozialen Einheiten in *Wechselwirkung* unterschiedlicher Ebenen analysiert werden muss. Vulnerabilität wird entsprechend bei McLaughlin und Dietz (2007) als evolutorischer Ansatz definiert (ebd.; vgl. auch Underdal 2010).

Das ist maßgeblich für den Kontext dieser Arbeit und auch deshalb besonders interessant, weil es den Herausforderungen an die Land- und Ernährungswirtschaft entspricht, wie sie bspw. von der Weltbank formuliert werden:

> „A common theme […] is the critical *evolutionary* and *integrated* nature of contemporary challenges and opportunities facing agriculture. These challenges and opportunities are evolutionary in the sense that they emerge in unpredictable ways (as with changing trade standards or consumer preferences) and that dealing with these new conditions often requires new alliances and patterns of collaboration. […] Evolutionary challenges are strongly related to changing market regulation, changing patterns of competition, and consumer preferences, but also to changes unrelated to markets, such as emerging crop and animal diseases, climatic variability, and natural calamities […]" (World Bank 2006/2010, 58).

Insofern Vulnerabilität also für die *evolutorischen* und *integrierten* Herausforderungen in der Land- und Ernährungswirtschaft bestimmt bzw. behoben werden können muss, ist damit für den analytischen Zugang ein Problembegriff Voraussetzung, der dieses inhaltlich und methodisch trotz großer Unsicherheiten konkret zulässt. Hierfür sollen in der vorliegenden Arbeit die wirtschaftswissenschaftlichen Möglichkeiten weiterentwickelt werden.

---

deemed to be appropriate to the problem; and a related menu of behavioral repertoires." (Dosi et al. 2005, 265).

0.6.2 Problembegriff

Konzeptionelle und methodische Überlegungen werden im Folgenden gekoppelt an die konkrete Situation regionaler Akteure bearbeitet. Das heißt, dass der Problemzusammenhang inhaltlich an den Handlungskontext der Akteure gebunden ist. Der Problemzusammenhang umfasst zudem Einflüsse dieser Akteure auf sowie die Beeinflussung durch übergeordnete Herausforderungen. In vielen Wissenschaften werden unter dem Begriff „Problem" Fragestellungen verstanden, die allein aus der Wissenschaft heraus immanent festgelegt sind. „Derartige Probleme sind, weil sie auf Begriffe und Methoden der jeweiligen Wissenschaft hin formuliert werden, prinzipiell mit deren Instrumentarium zu bearbeiten." (Schiller et al. 2005, 144). Hingegen sollen hier für die Bearbeitung eines *„Problems"* die „zu leistenden Forschungen im Horizont einer Fragestellung stehen, die gesellschaftliche Relevanz besitzt. Die forschungsleitende Thematik stammt somit aus der außerwissenschaftlichen Lebenswelt der Gesellschaft, und ihre Bearbeitung ist letztendlich für eben diese Lebenswelt bestimmt." (ebd.). Die Konkretisierung des Problemzusammenhangs findet dabei nicht nur im Hinblick auf die thematische Rahmung (nachhaltige Landnutzungsregulierung unter Klimawandel) sondern auch im Hinblick auf ein konkret gegebenes Akteursgefüge statt (Ernährungswirtschaftliche Unternehmen der Metropolregion Bremen-Oldenburg). Das sich wandelnde Klima bedeutet zudem, dass der Umgang mit unsicheren nicht bekannten Entwicklungen zunehmend berücksichtigt werden muss. Unter diesem realen Bezugsrahmen zeigt sich *ökonomisches Handeln*, wie es bei Antoni-Komar und Pfriem (2009, 12) definiert wird, als: „[I]ndividuelles wie kollektives, auf Generierung von Neuem in eine prinzipiell offene Zukunft gerichtetes Handeln in Bezug auf etwas." Konzeptionell wie methodisch geht es dabei darum, die Voraussetzungen und Grundlagen der wissenschaftlichen Fragestellung so zu verwenden bzw. anzupassen, dass sie für die tatsächlich gegebene Situation *und* im Anschluss an den wissenschaftlichen (weiteren) Hintergrund aussagekräftig sind (vgl. Schiller et al. 2005, 144ff).

Im weiteren Verlauf der Arbeit wird mit den Begriffen *System, Funktion und Information* operiert. Diese stehen in der Literatur in vielen verschiedenen Kontexten und werden zum Teil recht unterschiedlich verwendet. Es soll an dieser Stelle deshalb eine definierende Bestimmung[11] gegeben werden.

0.6.3 System

Für die koevolutorische Perspektive bietet es sich an, konkrete Gegebenheiten als interagierende Systeme zu betrachten. Im hier relevanten Problemzusammenhang liegt Komplexität und Dynamik vor und Systemgrenzen können deshalb nur schwer abschließend bestimmt werden. Für den Zweck dieser Arbeit soll folgende Definition als zwischen verschiedenen Kontexten integrierend angenommen werden:

> „Ein System ist ein aus interagierenden Teilen bestehendes Ganzes, das eine (hinreichend enge) Identität in der Zeit besitzt. Während diese Identität für physikalische Systeme durch idealisierte Geschlossenheitsbedingungen gewährleistet wird, kommt sie in offenen evolutionären Systemen durch selbstregulative Fähigkeiten zustande. Betrachtet man die Entwicklung eines Systems in der Zeit in Abhängigkeit von seinen inneren und äußeren Bedingungen, so spricht man von einem *dynamischen System.*" (Schurz 2011, 275)

Darüber hinaus geht es um die Gestaltbarkeit von Systemen, insbesondere um die evolutionäre Entwicklung von systemischen Veränderungen in Wechselwirkung zueinander:

> „Jede Art von Evolution besteht zuallererst aus ihren spezifischen *evolutionären Systemen* – das sind jene Systeme, die in direkter Interaktion mit der Umgebung stehen. In der biologischen Evolution (BE) sind dies die Organismen, in der kulturellen[12] Evolution (KE) sind dies die vom Menschen geschaffenen kulturellen Systeme – sozialer, technischer oder ideeller Art. Evolutionäre Systeme sind systemtheoretisch betrachtet offene selbstregulative und selbstreproduzierbare

---

[11] Weitere und präzisierende Bestimmungen werden in den Kapiteln vorgenommen.
[12] Fußnote Nana Karlstetter „[C]ulture consists of shared ideational phenomena (values, ideas, beliefs, and the like) in the minds of human beings. It refers to a body or ‚pool' of information that is both public (socially shared) and prescriptive (in the sense of actually or potentially guiding behavior)." (Durham 1992, 3) Vgl. auch Pfriem (2011a, 205f).

Systeme, die innerhalb adaptiv normaler Umgebungsbedingungen ihre Identität in der Zeit aufrechterhalten." (Schurz 2011, 194; vgl. Pfriem 2011a, 371ff)

Für die oben im Hinblick auf Vulnerabilität eingeforderte Bestimmung spezifischer *exposure units* in Relation zu den konkreten Herausforderungen und der gegebenen oder zu entwickelnden Bewältigungskapazität bedeutet die Überschneidung von verschiedenen Ebenen oder Skalen unterschiedlicher Systembereiche Folgendes: (i) Systemgrenzen und (ii) Einheiten bzw. (iii) Messeinheiten müssen unter (iv) Bedingungen gesehen bzw. festgelegt werden, die in Abhängigkeit von Interessen, Bewertungen und Fähigkeiten (und deren unterschiedlichen Konstellationen) stehen. Indem es um dynamische Situationen geht und Wandel als solcher a priori Bewegung und Beweglichkeit voraussetzt bzw. zur Konsequenz hat, muss mit einem adäquaten Systembegriff die zueinander in Abhängigkeit stehende *Veränderung der Rahmen- bzw. Zustands- oder Anfangsbedingungen* bei gleichzeitiger *Starrheit* (Pfadabhängigkeiten) *durch Hemmnisse* mit betrachtet werden können.

0.6.4 Funktion

Die Funktion von Prozessen bezieht sich zunächst auf die Fähigkeit eines Produktes oder einer Komponente, innerhalb eines größeren Zusammenhangs bestimmte Aufgaben zu lösen (vgl. Duden online 2011). Das heißt, dieser Begriff kann unabhängig von einer konkreten Aufgabe (die sich aus einem Problemzusammenhang ergibt) oder einer Bedeutung, die eine Person, ein Vorgang oder ein Teilsystem im Rahmen einer Gesamtaufgabe oder eines Gesamtsystems hat, nicht bestimmt werden (vgl. Schubert/Klein 2006). Das bedeutet, dass durch den Begriff der Funktion immer eine *operationale Kopplung* ausgedrückt wird, die *wirksam* in Bezug auf *Etwas* ist (vgl. oben). In der Spezifik der Funktionalität aber zeigt sich außerdem die *Ausrichtung*[13] *des Verlaufs* der durch die Funktion bezeichneten Wirkungen über die Zeit:

---

[13] „Differenz(ial)gleichungen fassen die Zustandsfunktion des Systems als *Funktionsvariable* auf und geben für jeden beliebigen Zeitpunkt an, wie sich der Systemzustand in Abhängigkeit vom gegenwärtigen Zustand und von den System-

„Grundform einer Funktionsaussage: Systeme des Typs (bzw. der Spezies) S besitzen ein Merkmal (bzw. ein Organ) M, *damit* dieses die Funktion F ausführen kann." (Schurz 2011, 157)

Die evolutorische Funktion zielt dabei auf die (erfolgreiche) Entwicklung von Systemen ab:

„Ein kausaler Effekt E eines Organs oder Subsystems einer Spezies bzw. eines evolutionären Systems S ist eine *evolutionäre Funktion* genau dann, wenn (g.d.w.), 1) E ein reproduziertes („erbliches") Merkmal ist und die E zugrunde liegenden Gene bzw. Reprônen selektiert wurden, und zwar 2) deshalb, *weil* sie durch den Effekt E in der Geschichte der Spezies S überwiegend zur evolutionären Fitness von S beigetragen haben." (Schurz 2011, 157)

Mit dem Funktionsbegriff sind deshalb für den hier vorliegenden Kontext zwei Fragen verbunden: (1) wofür ist etwas funktional? Und (2) welche Verknüpfung systemischer Subkomponenten ermöglicht die Funktionalität für (1)? Für die Verwendung des Begriffs im Kontext von unternehmerischen Akteuren ist bedeutsam, dass es um die *Funktionalität von Prozessen* (Interaktionen, materieller und energetischer Austausch etc.) für die Zielsetzung oder den Zweck, die/der durch das Unternehmen erreicht werden soll, geht. Es geht hier also insbesondere auch um die Verzahnung endogener mit exogenen Faktoren im Unternehmen, die nicht abgekoppelt von dessen strategischer Ausrichtung betrachtet werden können.

---

parametern *ändert.* [...] Zugleich sind Differenz(ial)gleichungen die natürliche Beschreibungsform evolutionärer Systeme, denn sie beschreiben die Systementwicklung in *lokal-rekursiver* Weise – sie teilen uns also nicht schon den gesamten zukünftigen Entwicklungsverlauf mit, sondern lediglich die Entwicklung für den jeweils nächsten Zeitpunkt, das aber für beliebige Zeitpunkte. Unter dem *Lösen* einer Differenz(ial)gleichung versteht man die schwierige Aufgabe, aus dieser lokal-rekursiven Beschreibung die möglichen Gesamtentwicklungen zu extrahieren, und zwar in Form von zeitabhängigen Zustandsfunktionen $z_t(z^0)$ in Abhängigkeit von gegebenen Anfangsbedingungen z^0, welche die rekursive Differenzialgleichungsbedingung $dz_t/dt = \varphi\ (z_t(z^0))$ erfüllen (Fußnote: [...] Nicht alle komplizierten Differenzialgleichungen besitzen eindeutige Lösungen). Jede mögliche „Lösung" entspricht einer möglichen Trajektorie; die tatsächliche Trajektorie hängt von den tatsächlichen Anfangsbedingungen ab." (Schurz 2011, 276f).

0.6.5 Information

Wie oben dargelegt, geht es für den vorliegenden Kontext um die Realisierung von Wandel. Das heißt es liegen kontingente[14] Situationen vor. Dies zusammen mit einer Zielsetzung, die kontrafaktisch zum Status Quo ist (Soll-Ist-Differenz). Wesentlich ist hierbei, dass sowohl Kontingenzen als auch das Soll weder exakt noch statisch bestimmt werden können. Damit ist *unvollständige Information* eine *grundsätzliche Voraussetzung*, mit der in dieser Arbeit gearbeitet wird. Es geht also nicht darum festzulegen, welche Zukunft angestrebt werden soll oder gar muss, um dann zu begründen, warum diese erforderlich ist und wie dazu vorgegangen werden muss. Vielmehr wird angestrebt, mit *konkretem Bezug zur gegenwärtig vorliegende Situation*, so wie diese ist – sei sie unsicher oder nicht messbar oder geprägt von konfliktiven Interessen und impliziten Interpretationen – *von dieser auszugehen*. Es soll so erarbeitet werden, worin Veränderungspotenziale liegen könnten, wie diese genutzt und eingesetzt werden können und zwar angesichts der ebenfalls gegenwärtig – mehr oder weniger unscharf – bekannten Problemlagen.

„Information was defined in communication theory as a measure of uncertainty that caused an adjustment in probabilities assigned to a set of answers to a given question (Young, 1971)." (Ruth 1996, 135)

Es geht in diesem Zusammenhang insbesondere darum, dass Information dazu in der Lage sein kann, Veränderungen in und zwischen Systemen zu bewirken. Dabei ist weiter von Bedeutung, dass Information eine Struktur[15] aufweisen muss, um erkennbar zu sein. Der dritte hier wichtige Bestimmungsaspekt ist, dass Information dadurch einen Bedeutungs-, Formierungs- und damit Veränderungsgehalt hat, dass sie einen *Unter-*

---

[14] „Die Übertragung von Information ist nur als eine Übertragung von Alternativen möglich. Wenn nur ein möglicher Zustand übertragen werden soll, dann kann er höchst wirksam und mit geringstem Aufwand durch das Senden von überhaupt keiner Nachricht übertragen werden." (Wiener 1963, 37).
[15] „15. Jahrhundert; < lateinisch *informare* = (durch Unterweisung) bilden, unterrichten, eigentlich = eine Gestalt geben, formen, bilden, zu: forma, Form" (Duden online 2011).

schied[16] markiert. Ihre Qualität bestimmt sich also in Differenz zum bereits Bekannten. Der Informationsgehalt muss also zugänglich sein, damit diese Qualität eingesehen werden kann.

---

[16] „Bateson [...] defined information as any ‚difference that makes a difference', and such difference almost always involves the absence of something. All too many investigators, and even some theoreticians of information, remain unaware that IT [information theory] is predicated primarily upon the notion of the negative." (Ulanowicz et al. 2009, 28).

1 Kapitel

Flächennutzung, Klimawandel und Ernährungsversorgung

„Zwischenräume, die die Szene organisieren, weiße Flecken [...]."
(Irigaray 1980, 175)

Die dramatisch sinkende Ernährungssicherheit ist nach Dyer (2010, z.B. 17ff oder 39ff) eines der schwerwiegendsten Probleme, die mit dem Klimawandel verbunden sein werden. Auch Bommert (2009) und Hirn (2009) schildern eindringlich, wie Bodendegradation und Erosion zusammen mit veränderten Niederschlagsbedingungen den weltweiten Kampf um fruchtbares Ackerland zunehmend verschärfen werden. Flächennutzung für erneuerbare Energien, die Emissionen reduzieren sollen, macht bebaubaren Boden zusätzlich zu einem hart umkämpften Gut (Bommert 2009, 261ff; Edenhofer et al. 2010, 114ff).

In der Erzeugung von Biomasse für die verschiedenen Formen von Bioenergie liegen dabei sehr wohl auch große Potentiale. Diese sind allerdings stark abhängig davon, welche erneuerbare Energie, wo, wie und zu welchen (gesellschaftlichen) Bedingungen angebaut und hergestellt wird (Knauf/Lübbeke 2007; WBGU 2008; Edenhofer et al. 2010, 114ff; Beringer et al. 2011). Auch in der ernährungswirtschaftlichen Produktion stehen sehr unterschiedliche Optionen im Umgang mit Ressourcen, Produktionsweisen sowie dem Produktportfolio und dessen Integration in gesellschaftliche Kontexte offen. Diese hängen längst nicht nur mit der Klimawandelproblematik zusammen (vgl. Idel 2010; Schaber 2010; Foer 2010). Klimawandel als Querschnittsproblem ist sozio-ökonomisch und bio-physikalisch mit verschiedenen anderen aktuellen Herausforderungen verknüpft (EEA Report 2008). In der Flächennutzung überlagert sich die Klimawandelproblematik mit Themen wie z.b. dem Verlust von Biodiversität oder der (globalen) Bevölkerungsentwicklung. „Land conversions are perhaps the greatest threat to biodiversity, particularly deforestation and conversion of grasslands and savannas to biofuel crops." (Howarth et al. 2009, 5).

Das Spannungsfeld „Flächennutzung" wirft eine Vielzahl von Fragen auf, die auch regional besonders von Bedeutung sind. Deshalb müssen Lösungen vor Ort in der Praxis greifen, sich dabei aber auf den übergeordneten Kontext beziehen (Horstmann 2008; Hahn/Fröde 2010; Aktionsplan Anpassung 2011). Natürlich ist die Situation in (Nord)Europa und speziell in Deutschland (als ökonomisch gut dastehendem und vom Klimawandel direkt relativ gering betroffenem bzw. z.T. sogar profitierendem Land[17]) zu differenzieren von der Situation in anderen Ländern und Kontinenten, wie z.b. Bangladesch (Dyer 2010) oder Afrika (Bommert 2009). Die überregionalen Herausforderungen kommen für den regionalen Kontext spezifisch zum Tragen. Gleichzeitig entstehen die überregionalen Herausforderungen aus den vielen regionalen Kontexten heraus.

Für den regionalen Kontext der Metropolregion Bremen-Oldenburg soll erarbeitet werden, wie mit den regionsspezifischen Flächennutzungskonflikten umgegangen werden kann, während diese zugleich im übergeordneten Kontext gesehen werden. Wie im regionalen Kontext Prioritäten gesetzt werden, ob diese sich bspw. auf nationale oder internationale Ernährungssicherheit oder einen langfristigen Ressourcenschutz beziehen und in welcher Weise hiermit ökonomische Wettbewerbsfähigkeit verbunden wird, ist damit ein zentraler Fokus der Arbeit. Dieser Fokus spiegelt sich im konzeptionellen, methodischen, inhaltlichen Zugang zur regionalen Flächennutzungskonfliktsituation zwischen Ernährungswirtschaft und Biogas-Erzeugung. Die in der Einleitung formulierte

---

[17] Vor allem in Nordeuropa kann mit erhöhten Erträgen durch verlängerte Wachstumsperioden und Veränderungen in Niederschlagsmenge und Verteilung gerechnet werden (Edenhofer et al. 2010, 40ff). Gleichzeitig werden sich die Verschiebungen in anderen Teilen der Welt (bspw. schon im Mittelmeerraum) (sehr) negativ auswirken, wodurch sich das Versorgungsgefälle und damit soziale Konfliktpotentiale verschärfen können (Bommert 2009, 37ff; Dyer 2010, 36ff).

Fragestellung wird im Folgenden für eine Beschreibung dieser Thematik unter betrieblicher Perspektive aufgegriffen.

1.1 Die Ausgangslage

Das vorliegende Kapitel nähert sich dem regionalen Kontext in der Metropolregion Bremen-Oldenburg und den daraus hervorgehenden Erfordernissen für Unternehmen bezüglich einer langfristig nachhaltigen und klimaangepassten Flächennutzungsstrategie über zwei Zugangsebenen. *Die erste Ebene* (Abschnitte 1-3) beschreibt die konkret vorliegende Flächensituation und stellt die Zugangsebenen dar, anhand derer das Problemfeld aufgerollt wird. *Die zweite Ebene* (Abschnitt 4) bezieht sich auf die Stellung der Unternehmen in der regionalen Ernährungswirtschaft vor dem Hintergrund dieser Situation. Es wird damit eine strukturierte Differenzierung zwischen dem Problemkontext als solchem und den Möglichkeiten von Unternehmen, mit diesem umzugehen, entworfen. Da sich die Untersuchung daran im Fortgang der Arbeit orientiert, werden zunächst einige begriffliche Klärungen vorgenommen, die für die weitere Bearbeitung von Bedeutung sind.

1.1.1 Begriffliche Klärungen

Fruchtbarer Boden als Teil eines intakten Ökosystems ist Basisressource für die Produktion von Nahrungsmitteln. Die Ernährungswirtschaft ist unmittelbar auf diese Flächen angewiesen. Phänomene wie Klimawandel, Verschmutzung und der Verlust von Biodiversität wirken sich auf diesen Wirtschaftsbereich besonders direkt aus. Langfristig orientierte Nachhaltigkeit kann somit recht grundsätzliche Fragen aufwerfen. Diese müssen mit den ökonomischen Strategien nicht nur aus normativen Gründen, sondern wegen einer *zukunftsfähigen Bewahrung der auch für den ökonomischen Erfolg essentiellen Basisressourcen* vereinbart werden: „Why is climate change important to achieving development and sustainability goals? The threat of climate change contains the potential for irreversible damage to the natural resource base on which agriculture depends and hence poses a grave threat to development. In addition, climate changes are taking place simultaneously with increasing demands for food, feed, fiber and fuel [ESAP Chapter 4; NAE Chapter 3][18]. Addressing these issues will require a wide range of adaptation and emission reduction measures." (McIntyre 2009, 46).

Nachhaltigkeit wird hier für die Zwecke dieser Arbeit wie folgt definiert:

„[D]evelopment is here defined to be sustainable if it does not decrease the capacity to provide non-declining per capita utility for infinity. [...T]hose items that form the capacity to provide utility are called capital. Capital is defined broadly as a stock that provides current and future utility. Natural capital is then the totality of nature – nonrenewable and renewable resources, plants, species, ecosystems and so on – that is capable of providing human beings with material and nonmaterial utility [...] Man-made capital is what has traditionally been subsumed under ‚capital' that is factories, machineries, roads, infrastructure and so on. Human capital is knowledge and human skills." (Neumayer 2010, 7f)

In Anlehnung an den Welternährungsgipfel 1996 wird für Ernährungssicherheit außerdem folgende Definition gewählt:

„Ernährungssicherheit ist gegeben, wenn alle Menschen zu jeder Zeit physischen und ökonomischen Zugang zu ausreichenden, sicheren und nahrhaften Lebensmitteln haben, um ihre Ernährungsbedürfnisse und -präferenzen für ein aktives und gesundes Leben zu erfüllen." (Edenhofer et al. 2010, 45f; vgl. auch McIntyre 2009, 5)

Es fallen hierbei vornehmlich zwei Aspekte ins Auge: Beide Definitionen sind vollständig und umfassend angelegt: Die *Totalität der Natur* als Basisbezugsgröße auch hinsichtlich menschlicher Ressourcen soll *gar nicht* in ihrer Kapazität eingeschränkt werden, und zwar *grundsätzlich* und für eine *unendlich angenommene* Zukunft. Sowie: *alle* Menschen sollen zu *jeder* Zeit *qualitativ hochwertig* ihren Hunger *ganz* stillen können. Die aktuelle globale wie regionale Situation entspricht dem bei

---

18 Die Abkürzungen beziehen sich auf die Sub-Global Reports des IAASTD Volume II „East & South Asia & the Pacific" (ESAP) und Volume IV „North America & Europe" (NAE). Diese können online abgerufen werden unter: http://www.agassessment.org/.

weitem nicht. Dies gilt für die Ausgangssituation dieser Arbeit ebenso umfassend.

Daraus folgt: Jegliche Entwicklung, die mindestens eine dieser beiden Definitionen zu Grunde legt, sieht sich konfrontiert mit einer kontrafaktischen Zukunft, d.h. einer solchen, die sich relativ grundsätzlich verändern müsste. Jeder Umgang mit Flächenkonkurrenzen, der auf Ernährungssicherheit abzielt, nachhaltig für Ökonomie *und* Ökologie sein soll und damit Klimawandel, Biodiversität und die Entwicklung der Weltmärkte auch in Abhängigkeit von ökonomischen Bedingungen zwischen verschiedenen Branchen einbezieht, wird mit dem rechtzeitigen Erreichen von sozioökonomischem *Wandel* konfrontiert sein. Positiv ausgedrückt müsste also die Fähigkeit gefördert werden, diesen Wandel zu generieren und zu beschleunigen (vgl. Edenhofer et al. 2010; Foresight 2011; WBGU 2011; Hisas 2011).

Die umfassende Formulierung in den obigen Definitionen erfordert also konsequenterweise eine Realisierung dieses Wandels. Andernfalls dürften die Definitionen nur auf bestimmte Teile der Bevölkerung bezogen sein und sich nur auf bestimmte oder Anteile der natürlichen Ressourcen beziehen, die erhalten werden sollen[19]. Insofern müssen Maßnahmen, die ausdrücklich im Anschluss an diese Definitionen stehen, hinsichtlich konkreten Wandels betrachtet werden. Eine auch wissenschaftlich methodische Untersuchung solcher Problemlagen, die nicht konsequent bis zur Erzielung realer Veränderung zu Ende gedacht und ausgeführt wird oder werden kann, wäre somit defizitär, nicht nur was konkrete Wirkungslosigkeit angeht, sondern auch wegen einer unzureichenden konzeptionellen Konsistenz.

Das Feld der Ernährungswirtschaft kann als beispielhaft und zugleich von besonderer Relevanz (Idel 2010, 29ff) für die Konkretisierung sozioökonomischen Wandels angesehen werden. Eine Regulierung von Nutzungskonkurrenzen wird hierbei in der vorliegenden Untersuchung als besonders bedeutsam eingeschätzt. Dies *erstens methodologisch* hinsichtlich der Frage, wie ein derart dynamisches und komplexes Aufga-

---

[19] Vgl. dazu den WBGU Budgetansatz: „Das *Gleichheitsprinzip*, welches ein unterschiedsloses Recht Einzelner auf Nutzung globaler Gemeinschaftsgüter postuliert, wird von vielen Staaten anerkannt. Es ist bislang aber nicht rechtlich verankert." (WBGU 2009).

benfeld analysiert und umsetzungsbezogen aufbereitet werden kann. Und *zweitens inhaltlich* hinsichtlich der *Brisanz*, an der sich konkrete Veränderung mit dem Ziel einer nachhaltigen Ernährungssicherheit unter Klimawandel beweisen müsste.

1.1.2 Skizze des Problemfeldes

Die Herausforderungen, die für das Erreichen von Ernährungssicherheit bestehen, verschärfen sich, wenn Märkte und marktgetriebene landwirtschaftliche Produktionssysteme sich weiterhin in einem „business as usual"-Modus entwickeln (McIntyre 2009, 22)[20]. Underdal (2010, 2f) weist auf die Diskrepanz zwischen Einzelinteressen und entsprechenden Anreizsystemen sowie den Prioritäten, die durch eine übergeordnete Perspektive entstehen, hin. Indem diese Fragen den Handlungshorizont Einzelner zeitlich und räumlich überschreiten und somit die Entscheidungen und Handlungen Vieler zusammengenommen essentiell die Funktionstüchtigkeit der sie tragenden Systeme beeinflussen (vgl. auch Ostrom 2011), spiegelt sich in der Flächennutzungsproblematik eine für nachhaltigen Wandel maßgebliche Prozessdynamik. Dabei ist diese eng gekoppelt an funktionale Zusammenhänge zwischen ökonomischen Systemen[21], in denen Wettbewerbsfähigkeit die möglichst effiziente Maximierung von Eigentum bedeutet. Es handelt sich hierbei um Güter, die für *eine* Nutzungsform und für *einen* Nutzer ausschließlich zur Verfügung stehen. Dies ist bspw. dann der Fall, wenn Pachtpreise von bis zu 1500 Euro/ha (laut Aussagen regionaler Experten) regeln, wer eine bestimmte Parzelle wie nutzt, ohne dass Bedingungen wie Biodiversität oder der Erholungswert der Landschaft maßgeblich sind.

---

[20] Vgl. hierzu auch Turner 2008.

[21] „System" kann hier im Anschluss an die Definition in der Einleitung als Umriss um ein *Prozessgefüge, das durch Interaktionen, Energie- und Informationsaustausch geprägt ist und als dynamischer (komplexer) und mehr oder weniger scharf abgegrenzter Bereich mit anderen Systemen in (rekursiver) Verbindung oder Abhängigkeit steht* (vgl. Lehmann-Waffenschmidt/Sandri 2007; de Vries/Petersen 2009, 1008; Ruth/Davidsdottir 2009, 226), verstanden werden. Zur weiteren Bestimmung sei auf die Ausführungen im 2. und 3. Kapitel verwiesen.

Dementsprechend ergibt sich im Anschluss an die zuvor angegebene Definition von Nachhaltigkeit und Ernährungssicherheit unter Klimawandel eine konfliktträchtige Konkretisierung:

„The principle of sustainability implies the use of resources at rates that do not exceed the capacity of the earth to replace them. Thus water is consumed in water basins at rates that can be replenished by inflows and rainfall, greenhouse gas (GHG) emissions are balanced by carbon fixation and storage, soil degradation and biodiversity loss are halted, and pollutants do not accumulate in the environment. [...] Sustainability also extends to financial and human capital; food production and economic growth must create sufficient wealth to maintain a viable and healthy workforce, and skills must be transmitted to future generations of producers. Sustainability also entails resilience, such that the food system, including its human and organisational components, is robust to transitory shocks and stresses. In the short- to medium-term non-renewable inputs will continue to be used, but to achieve sustainability the profits from their use should be invested in the development of renewable resources." (Foresight 2011, 72)

Die „Übersetzung" dieser Nachhaltigkeitsziele in die regionale Realität bedeutet die Beantwortung von Fragen, die massiv quer zu den Ebenen dieser überkommenen Vorstellung ökonomischer Wettbewerbsfähigkeit liegen: Es überschneiden sich hier Ziele mit Fragestellungen und thematischen Bereichen, die erst in größeren Skalen deutlich werden, als es für einzelne Unternehmen eine Rolle spielt (vgl. Foresight 2011, 73; De Vries/Petersen 2009, 1011). Ist für ein Unternehmen bspw. eine kurzfristige Planung für einen regional abgezirkelten Bereich relevant, der z.B. bestimmte Parameter der Ressourcennutzung (wie politische Rahmensetzungen hinsichtlich des Nitrateintrages) beinhaltet, sind es in der übergeordneten Perspektive – sowohl was soziale als auch ökologische Nachhaltigkeit angeht – längere Zeiträume, die Summierung einzelner Phänomene (z.B. hinsichtlich Habitatfragmentierung, Verschmutzung oder Temperaturänderung) oder weitaus größere geographische Gebiete, die für das Überschreiten von kritischen Grenzwerten ausschlaggebend sind. Konkret heißt das, dass nicht nur ökonomisch motivierte Prioritäten gesetzt werden müssen, um Entscheidungen zu fällen über Fragen, wie (1) Worauf bezieht sich Nachhaltigkeit genau, *was* soll erhalten werden? (2) Bis zu welchem *Ausmaß* soll etwas erhalten werden? (3) Für *welchen*

Zeitraum soll etwas erhalten werden? Oder (4) Wie *sicher oder unsicher* ist die Erhaltungsstrategie? (Baumgärtner/Quaas 2009, 28; vgl. auch Eriksson/Andersson 2010).

H1 Hypothese 1:
Aus der *regionalen Spezifik der konkreten Problemzusammenhänge* könnte folgen, dass sich diese auch *regional spezifisch lösen* lassen, bzw. sich der dazu notwendige Wandel regionen-spezifisch anstoßen lässt (vgl. Allen 2009, 141; Cox et al. 2010; Evans et al. 2008). Es wird angenommen, dass diese regionalen Handlungsrahmen deshalb signifikant für das Potential der Veränderung sind, weil im *regionalen Kontext* die *kulturellen Bindungen und Interaktionen zielgerichtet* auf konkrete und kooperative *Handlungszusammenhänge* sind und deshalb die *Komplexität in einem Rahmen* steht, der sie *bewältigbar* macht (vgl. Duschek 2002; Mengel 2008; Antoni-Komar/Pfriem 2009, 24ff; Starbuck 2009).

Es folgt daraus die Frage ob, welche und wie Problemlagen (Foresight 2011, 18f) sich in der Region wiederfinden, in welcher Gewichtung und mit welchen Entscheidungen vor Ort bzw. im Unternehmen (vgl. Gavetti 2005, 604) gehandelt werden müsste, damit die Regulierung nicht nur regional sondern auch global, nicht nur kurzfristig sondern auch langfristig legitim bzw. effektiv ist (vgl. Ruth 2006a).

Es ergeben sich daraus zwei Forschungsfragen:

1. F1: Wie kann diese Problematik für den regionalen Rahmen konzeptionell und methodisch aufbereitet werden?

2. F2: Welche Kompetenzen müssen Unternehmen mitbringen bzw. erwerben, um für Schritte hinsichtlich der Integration von ökologischen und ökonomischen (bzw. sozialen) Zielen unter Unsicherheit gerüstet zu sein und diese proaktiv voran bringen zu können?

1.1.3 Status Quo: Nicht-Nachhaltigkeit der Land- und Ernährungswirtschaft (und der Energieerzeugung und...)

Gegenwärtig befindet sich die Land- und Ernährungswirtschaft[22] überwiegend in einem Zustand der Nicht-Nachhaltigkeit.

„Die Agrarproduktion in Deutschland ist mit negativen Umweltwirkungen verbunden und daher nicht nachhaltig. Zu den Umweltwirkungen gehören Stickstoffbelastungen von Magerstandorten, Gewässern und Wäldern, Schadstoffeinträge in Böden und Gewässer sowie die Beeinträchtigung von Lebensräumen für wildlebende Tiere und Pflanzen. Auch der Energiepflanzenanbau in Deutschland ist derzeit teilweise mit spezifischen Umweltbeeinträchtigungen verbunden. Regional sehr enge Fruchtfolgen sowie hohe und zum Teil noch zunehmende Flächenanteile von Mais und Raps kennzeichnen die gegenwärtigen Anbausysteme. Diese Entwicklung führt beispielsweise zu Beeinträchtigungen ökologischer Bodenfunktionen (vgl. http://umweltdaten.de), Gewässerbelastungen durch Nährstoffauswaschung in das Grundwasser, durch Abschwemmung gedüngten Bodens und durch den Eintrag von Pflanzenschutzmitteln sowie zu einer Ausbreitung von Schadorganismen, wie beispielsweise des Westlichen Maiswurzelbohrers[23]." (Knoche et al. 2009; vgl. auch Wiehe et al. 2009).

Die Landwirtschaft trägt darüber hinaus global zum Klimawandel in verschiedener Weise bei. Klimarelevante Negativbilanzen entstehen z.b. durch aus Flächenumnutzungen folgende CO_2-Freisetzungen, Entwaldung und Degradierung von Wäldern, durch fossile CO_2-Emissionen der Fuhrparks und verarbeitenden Maschinen, durch Düngemittel- und Pestizidproduktion, Stickstoffdünger, Methan, das als ebenfalls schädliches Klimagas in der Intensivtierhaltung stark emittiert wird, durch Verdunstung aus großflächig unbedeckten bzw. neu umgebrochenen Böden oder durch Transportkosten und Schadstoffe, die wegen einer zunehmend grö-

---

[22] Da im Projekt nordwest2050 Klimaanpassungsstrategien für die regionale Ernährungswirtschaft untersucht werden, Umgang mit fruchtbarer Fläche und Nicht-Nachhaltigkeit aber ebenso in der Landwirtschaft von Bedeutung ist und in weiten Teilen der Literatur auch auf Landwirtschaft fokussiert wird, finden hier beide Begriffe Verwendung in Abhängigkeit vom Kontext der Argumentation.

[23] Fußnote im Zitat: „Zum Beispiel die Bekämpfung des Westlichen Maiswurzelbohrers erfordert wiederum einen erhöhten Einsatz von Insektiziden."

ßer werdenden Distanz zwischen Produktionsort und Konsument entstehen (McIntyre 2009, 46f). Global gesehen ist die Landwirtschaft zu etwa 14% an den menschlich verursachten Treibhausgasen beteiligt (Edenhofer et al. 2010, 111).

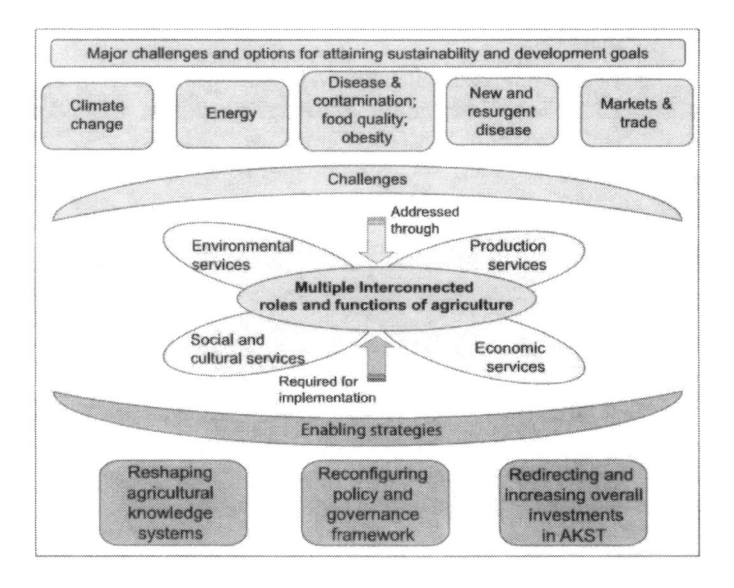

Abb. 1.1: Herausforderungen und Handlungsoptionen für die Erreichung von Nachhaltigkeit in der Land- und Ernährungswirtschaft.
Quelle: Anderson et al. (2009, 6). AKST: agricultural knowledge, science and technology

Besonders die Zusammenhänge zwischen Landwirtschaft und Wasserverfügbarkeit und die Einbindung in die internationalen Preisentwicklungen sind von Bedeutung: „Etwa 16% der weltweiten landwirtschaftlichen Fläche werden künstlich bewässert, wobei diese knapp 40% der gesamten Produktion abdeckt. Weltweit ist die Landwirtschaft für etwa 70% des Süßwasserverbrauchs verantwortlich. In Zukunft wird der Wasserbedarf der Pflanzen infolge der höheren Temperaturen steigen, was allerdings durch den CO_2- Düngungseffekt zum Teil ausgeglichen wird." (ebd. 39). Außerdem weisen „[j]üngste Studien des International Food

Policy Research Institute (IFPRI) [...] darauf hin, dass sich die Preise für Weizen, Mais und Reis ohne Klimaeffekte bis 2050 aufgrund der steigenden Nachfrage im mehrjährigen Durchschnitt um 40-70% im Vergleich zum Jahr 2000 erhöhen könnten. Sollte der CO_2-Düngungseffelt relativ schwach ausfallen, könnte der Preisanstieg bei über 100% liegen." (ebd. 45).

Um den CO_2-Ausstoß durch fossile Brennstoffe zu reduzieren, steigen gleichzeitig die Bemühungen, erneuerbare Energien so lukrativ zu produzieren, dass mit ihnen als wettbewerbsfähige Alternative zu fossilen Brennstoffen neue Märkte und emissionsreduzierte Energieträger erschlossen werden können[24]. Allerdings müsste dafür Bioenergie so angebaut werden, dass nicht zusätzliche Treibhausgase entstehen. Aus einem Bericht zu erneuerbaren Energien geht jedoch hervor, dass hauptsächlich Bioenergie erster Generation hergestellt wird, die zu zusätzlichen Emissionen führt[25] (siehe auch WBGU 2008 und Howarth et al. 2009).

In der Metropolregion Bremen-Oldenburg besonders zum Tragen kommende Gründe für Landnutzungsänderungen liegen in der steigenden Biogasproduktion aus Mais (Thrän/Rode 2009; 3N 2010; Thrän et al. 2011; Schütte 2011) auf Grund der staatlichen Subventionen im Zuge des Erneuerbare Energien Gesetzes. Zusätzlich gehen pro Jahr nach wie vor ausgedehnte Flächen durch Siedlungen und Verkehr verloren[26]. So zeigt

---

[24] Der IPCC hat speziell zu diesem Thema einen Report (IPCC WG III SRREN) erstellt, der unter http://srren.ipcc-wg3.de/ eingesehen werden kann.

[25] „Assuming there is no further action undertaken to address ILUC [Indirect Land Use Change], the major increase in the use of conventional biofuels and the consequent change in land use has been calculated to lead to between 44 and 73 million tonnes of CO2 equivalent being released on an annualised basis. Even when the GHG emission savings required under the RED sustainability requirements for biofuels are taken into account, rather than aiding climate change mitigation up to 2020, the use of these biofuels would lead to the production of additional GHG emissions. As a consequence the use of these additional conventional biofuels could not be considered to contribute to the achievement of EU climate change policy goals." (Bowyer 2010, 21).

[26] „In den Jahren 2005 bis 2008 nahm die Siedlungs- und Verkehrsfläche in Deutschland insgesamt um 3,3 Prozent oder 1.516 Quadratkilometer zu. Das entspricht nach aktuellen Angaben des Statistischen Bundesamtes einem durchschnittlichen Anstieg von 104 Hektar oder etwa 149 Fußballfeldern pro Tag." (Bock et al. 2011, 21). In den letzten Jahren ist dieser Schnitt zwar leicht zurück gegangen, liegt

sich der sorglose Umgang mit Fläche in historisch gewachsenen gesellschaftlichen Entwicklungen und ebenso in den Entwicklungen in anderen Branchen[27]. Um der tatsächlich vorliegenden Problematik gerecht zu werden, müssen Wechselbeziehungen und funktionale Verflechtungen, die sich gegenseitig zur Folge haben, also in Beziehung gesetzt werden können. Dabei sind diese Problemlagen schon seit längerem bekannt (WBA 2010, 14ff). Auch die deutsche Anpassungsstrategie sieht vor, dass Flächenbedarfe nachhaltig und klimaangepasst zugeschnitten und reduziert werden sollen (DAS 2009). Im Nationalen Biomasseaktionsplan (2009) wird die Flächenkonfliktsituation ebenfalls erkannt und Regulierungsabsicht bekundet. Bereits in einer Publikation des Umweltbundesamtes von 2005 wird auf die Problematik zunehmender Flächenkonkurrenzen auch in Deutschland hingewiesen (Zebisch et al. 2005). Die Initiative für Umgang mit entsprechenden Risiken (z.b. Preisvolatilitäten) wird jedoch seitens des wissenschaftlichen Beirates Agrarpolitik (WBA) vor allem in der Verantwortung der unternehmerischen Akteure gesehen (vgl. WBA 2011, 24ff).

1.1.4 Klimaanpassung in der Ernährungswirtschaft und Flächennutzung

„Die Ernährungswirtschaft ist in hohem Maße von kurzfristigen Witterungsschwankungen wie auch langfristigen Klimaveränderungen betroffen." (Edenhofer et al. 2010, 38). Dyer (2010) etwa beschreibt, welch elementare Aufgabe die Ernährungsversorgung in Zukunft unter den zu erwartenden klimatischen Veränderungen sein wird. Ebenso eindringlich kommen Bommert (2009) und Hirn (2009) zu dem Ergebnis, dass Misswirtschaft schon jetzt dazu führt, dass großflächig global fruchtbare Flächen gefährdet sind (bspw. durch Winderosion), und dass diese Effekte durch die Auswirkungen des Klimawandels z.T. erheblich verstärkt werden könnten. Idel (2010) weist auf Gefahren (bspw. für die Bodenbe-

---

täglich aber immer noch bei ca. 90 ha pro Tag (ebd. 35). Dabei entstehen neue Siedlungsgebiete vor allem in ländlichen Regionen (ebd. 25).

[27] Vgl. Perspektive der Pfadabhängigkeit, auf die ab dem 2. Kapitel noch ausführlich eingegangen werden wird.

schaffenheit) durch industrielle Bewirtschaftungsmethoden hin. Auch im Weltagrarbericht (McIntyre 2009) wird ausgeführt, dass die Ernährungswirtschaft vor Herausforderungen steht, die infolge der gegenwärtigen Nicht-Nachhaltigkeit bereits bestehen und durch den Klimawandel sowie die globale Bevölkerungsentwicklung *verschärft* werden. Der Nachhaltigkeitsaspekt von Klimaanpassung stellt damit eine Aufgabe dar, die neben den bio-physikalischen von weitreichenden gesellschaftlichen und ethischen Voraussetzungen abhängt.

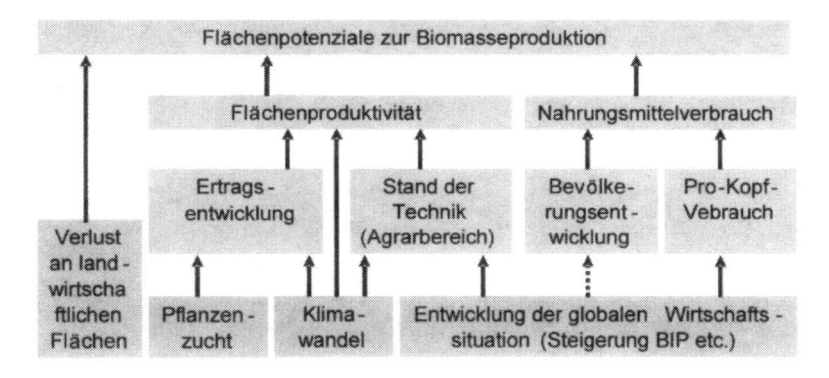

Abb. 1.2: Wesentliche Einflussfaktoren auf die Flächenverfügbarkeit zur Biomasseproduktion (schematische Darstellung).
Quelle: Thrän/Rode et al. (2009, 50).

Neben den direkten Auswirkungen des Klimawandels wie veränderten Temperaturen, Verschiebung und Ausdehnung von Extremereignissen (vgl. Kreft 2009) und der Veränderung jahreszeitlicher Witterungsdynamiken, sind es auch die indirekten Auswirkungen, welche die Ernährungswirtschaft besonders betreffen (vgl. Akamp/Schattke 2011). Indirekte Auswirkungen können hierbei in den bio-physikalischen Gegebenheiten entstehen (Einwanderung von Schädlingen). Sie können aber auch im gesellschaftlich-ökonomischen Kontext stattfinden, etwa durch die Abhängigkeit von Weltmärkten oder Ko-Abhängigkeiten von anderen Branchen (bspw. der Logistik).

Der Klimawandel wie auch die ökonomischen Bedingungen sind dabei einerseits regional-spezifisch, andererseits ist die regionale Situation eingebunden in die globalen Prozesse, beeinflusst diese und wird durch diese bedingt. „These region-specific agricultural systems have the potential to be either highly vulnerable or sustainable, due to the inescapable interconnectedness and tradeoffs between the different roles and functions of agriculture." (MyIntyre 2009, 23). Für die entwickelten Länder, wie Europa, ergibt sich daraus in besonderem Maße eine Verantwortlichkeit, die übergeordneten sozialen und ökologischen Fragen mit einzubeziehen: „To address local and regional challenges in NAE[28] and sub-regions, future agricultural research and development as a whole must deal with the multiple functions of agriculture explicitly and directly." (Anderson et al. 2009, 6; vgl. auch Smeets 2009). Die komplexen Zusammenhänge, die das Flächenpotenzial für den Biomasseanbau prägen, gehen auch aus Abbildung 1.2 hervor. Eine Integration „on the ground" würde bedeuten, dass den Akteuren vor Ort bewusst und möglich ist, warum und wie sie sich langfristig sinnvoll aufstellen können (vgl. Olesen/Bindi 2002; Nitsch et al. 2004; Rounsevell et al. 2005; Nitsch 2008; Ribaudo et al. 2010).

1.2 Konflikte – Wie lassen sich diese zuordnen?

Eine an langfristiger Nachhaltigkeit orientierte Regulation der angesprochenen Konflikte müsste vor diesem Hintergrund immer schon die Vermittlung[29] von Interessen beinhalten, die (1) hochgradig und dynamisch interdependent sind und deren Spezifizität (2) darin besteht, dass Einzel-

---

[28] North America and Europe.

[29] „Vermittlung" steht hier und in der gesamten Arbeit *nicht* für eine simple „Regulierung" durch die Schaffung gleicher (oder gleichberechtigter) Anteile verschiedener Nutzungsformen, ohne deren tatsächliche inhaltliche Bedeutung kritisch zu reflektieren. Eine Verschiebung der Nutzungsansprüche, die gerade diese konkreten Inhalte in ihrem weiteren Zusammenhang einbezieht und entsprechend argumentiert gewichten kann, wäre ein Ziel, das unter Umständen gerade auf erhebliche Veränderungen der bestehenden Nutzungsverhältnisse hinausliefe. Dass eine stärkere Gewichtung von ökologischer Nachhaltigkeit und langfristiger Ernährungssicherheit gerade mit tiefgreifenden zusätzlichen Konflikten verbunden sein könnte, kann zudem angenommen werden. Allerdings kann und will die Arbeit auch nicht versuchen, eine bestimmte „optimal" nachhaltige und klimaangepasste Landnutzung in der Metropolregion Bremen-Oldenburg vorzuschlagen.

interessen denen, die im Allgemeinwohl liegen, gegenüberstehen. Abgesehen davon geht mit einer konkreten Einschätzung der Lage einher, dass (3) die Intensität von Konflikten gegeneinander zu gewichten ist. Dies bezieht sich (4) nicht nur auf den akut gegebenen kurzfristigen Zusammenhang, sondern auch auf längerfristige Zeithorizonte. Dadurch entstehen zwangsläufig zusätzliche Unsicherheiten, die Unsicherheiten *bezüglich der klimatischen Veränderungen* intensivieren[30] (vgl. Ribaudo et al. 2010, 2088). Eine sozusagen hydraförmige Komplexität und Dynamik (vgl. WBGU 2011), die sich in vielfältigen und typischer Weise schwer oder nicht steuerbaren Prozessen und Ereignissen „on the ground" abspielt, ist bezeichnend für diese Thematik. Es überschneiden sich verschiedene Konflikttypen, die für die Analyse und Einordnung der Situation in der Metropolregion Bremen-Oldenburg in die globale Bedeutung des Flächennutzungsproblems wesentlich sind. *„Umweltinduzierte"* Konflikte sind hierbei von *„Verteilungskonflikten"* zu unterscheiden. Erstere werden durch vom Menschen verursachte Zerstörung von erneuerbaren Ressourcen verschärft oder beschleunigt (so z.B. durch Degradation von Boden). Es ist davon auszugehen, dass der Klimawandel als Kontextfaktor auf diesen negativen Umweltwandel zusätzlich wirkt. Die umweltindizierten Konflikte überlagern sich mit den Verteilungskonflikten. Letztere werden durch den Klimawandel indirekt zwar auch beeinflusst, sind aber eher gekennzeichnet durch die sozio-ökonomischen Verhältnisse und weniger durch eine unmittelbare Abhängigkeit von biophysikalischen bzw. ökologischen Ressourcen (vgl. Carius et al. 2007, 14).

„Der Begriff Ressource bezeichnet hier nicht nur materielle „Güter", die von der Natur zur Verfügung gestellt werden, wie z. B. Öl, Diamanten oder Gold. Auch erneuerbare „Güter" und „Dienstleistungen" der Natur stellen vom Menschen genutzte Ressourcen dar, z.B. Trinkwasser, Boden, Wald, Luft, Atmosphäre und Klima, Meere oder Biodiversität. Diese Güter und Dienstleistungen sind erneuerbar, da sie ökologisch prinzipiell in ein „Rückmeldesystem" integriert sind, das im Idealfall die Erneuerung und Bewahrung ihrer Qualität garantiert." (ebd.)

---

[30] Zu Möglichkeiten und Grenzen von Modellen in diesem Zusammenhang siehe Kapitel 7.

Die Problematik ist also in einem Feld aus überlappenden Ebenen angeordnet, die in vielerlei Hinsicht prinzipiell unvollständige Information enthalten. Trotzdem sind diese Ebenen in hohem Maße abhängig von menschlichen Entscheidungen. Diese finden nicht zuletzt in ökonomischen Zusammenhängen statt, die sehr wohl größtmögliche Kalkulierbarkeit erfordern. Allerdings bezieht sich die Kalkulation zumeist auf die vergleichsweise recht kleinräumigen bzw. singulären Handlungsrahmen einzelner Akteure und deren Interaktionen (Underdal 2010).

Für eine unternehmerische Regulierungsstrategie entsteht somit die Frage, wie eine Analyse angesetzt werden kann, die einerseits an die eigentlichen Konfliktlagen herankommt, und andererseits so aufgebaut ist, dass daraus Schlüsse gezogen werden können für eine betriebswirtschaftliche[31] Perspektive auf konfliktregulierende *und* langfristig nachhaltige Maßnahmen. Die Definierung von messbaren bzw. beurteilbaren Veränderungen, Daten und Einheiten für die wesentlichen Prozesse ist hierbei eine Problematik an sich (Wiggering et al. 2006; Fisher et al. 2007; Winter 2009; Piorr et al. 2009). Diese realisiert sich im jeweils gegebenen *konkreten* Problemzusammenhang (vgl. dazu auch Kapitel 5 bis 7).

Mit anderen Worten, wenn Maßnahmen für eine spezifisch bestimmte Problemstellung gefunden werden sollen, sind die *maßgeblichen* empirischen Eckpunkte abhängig von dieser Problemstellung. Das heißt, sie liegen nicht absolut fest, sind insofern nicht objektiv ablesbar und lassen so gesehen keine (mindestens prinzipiell) vollständige Erhebung zu. Es macht damit einen erheblichen Unterschied, zu welchem Zweck Daten erhoben werden, beispielsweise in Bezug auf die Zeitspanne, zu der diese Daten in Bezug gesetzt werden (Winter 2009)[32]. Die Unsicherheit in Bezug auf die Datenlage gilt im Besonderen, wenn es um Interessen geht, die sich z.T. antagonistisch gegenüber stehen. So müssen bspw. die Auswirkungen der Land- und Ernährungswirtschaft auf den Klimawandel verknüpft mit der weltweiten Preisentwicklung für Nahrungsmittel gesehen werden (Webb 2010; Godfray et al. 2011). Hieraus gehen je nach

---

[31] Im Gegensatz zu beispielsweise einer governance-, ökosystem-orientierten oder raumplanerischen Perspektive.

[32] Wie dies für die vorliegende Arbeit gelöst worden ist, wird in Kapitel 5 und 6 ausführlich dargestellt.

Weltsicht und nationalen oder unternehmerischen Interessen durchaus unterschiedliche Gewichtungen und Verhältnismäßigkeiten hervor. Für eine datenbasierte oder empirische Erhebung vom Status Quo und Entwicklungsmöglichkeiten kann dies entscheidend sein. Ähnlich verhält es sich mit dem Verhältnis zwischen Bedürfnissen der Bevölkerung und der Rolle, die den tragenden Ökosystemfunktionen für den Erhalt der existentiell wesentlichen Lebensgrundlagen beigemessen wird (vgl. Brunstad et al. 2005; Mooney et al. 2009). Eine Balance ist hier somit abhängig von einer Vielzahl von Gewichtungen, die im Zweifelsfall trotz unvollständiger Information und im relativen Verhältnis der veranschlagten Relevanzen entschieden werden müssen. Landnutzungsformen sind abhängig von der strategischen Ausrichtung der Land- und Ernährungswirtschaft sowie den Prioritäten, die zwischen Ernährungsproduktion und erneuerbaren Energien oder Siedlungsplanung einerseits und Umweltschutz andererseits gesetzt werden (DeFries et al. 2004). Das Aufzeigen systembedingender und systemerhaltender Funktionen (bspw. von Biodiversität) kann deshalb zentral sein (vgl. Hooper et al. 2005).

Quantitative und qualitative Aspekte spielen in der Realität zusammen und können für Rückschlüsse auf geeignete Entscheidungen nicht separat betrachtet werden, ohne den Zusammenhang zu verzerren. Es bedarf deshalb Analysemethoden, die qualitative und quantitative Zugänge in Bezug auf den konkreten Problemzusammenhang und die jeweiligen Akteure integrieren (vgl. Dofour et al. 2007; Groot et al. 2009).

1.2.1 Regulierung bedeutet Verhandlung(sspielraum) und Veränderung(smöglichkeit)

Laut Aussagen regionaler Experten schlagen die globalen Entwicklungen zunehmend auf den regionalen Raum durch und die Land- und Ernährungswirtschaft steht vor einem epochalen Wandel. Weiter kann demzufolge angenommen werden, dass vermehrt Wirtschaftscluster und nicht mehr so sehr einzelne Betriebe im Fokus stehen müssen. Wegen der Vielfalt der Verflechtungen sind es also vor allem multifunktionale unternehmerische Strategien, die an Bedeutung gewinnen.

Im Fokus der Arbeit steht die Erarbeitung konkreter Ansatzpunkte für eine regionale Flächennutzungsregulierung, die auch im übergeordneten

Kontext als nachhaltig angesehen werden kann. Damit geht es um eine möglichst nah an den real gegebenen Bedingungen, Hindernissen und Möglichkeiten orientierte Aufbereitung der Problemlage. Dies bedeutet, dass erstens die *regionale Situation mit der überregionalen* und zweitens die *betriebliche Situation mit der landschaftlichen bzw. ökosystemischen* sinnvoll verknüpft werden muss. Für die *methodische Umsetzung* der vorliegenden Untersuchung heißt dies deshalb, dass die Erarbeitung des Problemzusammenhangs konzeptioneller Grundlagen bedarf, die es einerseits erlauben *der realen Dynamik gerecht zu werden,* und andererseits Ergebnisse erzeugen, die *im konkret inhaltlichen Bezug (der Akteure) stehen* und argumentiert werden können.

Hier zeigt sich das oben schon angeschnittene Problem: Indem die Komplexität, die eigentlich mit einbezogen werden müsste, den Rahmen der tatsächlich beteiligten Stakeholder sprengt, ist es sehr schwierig, Ansatzpunkte zu finden, die deutlich machen, worin die konkrete Herausforderung in der Praxis besteht (Underdal 2010). Weiterhin können nachhaltige Zielsetzungen nur schwer jenseits von ökonomischer Profitoptimierung argumentiert werden. Für einen Regulierungsansatz, der auf Unternehmen der Ernährungswirtschaft im regionalen Rahmen fokussiert ist (vgl. Hypothese 1), ergeben sich somit in Bezug auf die beiden Forschungsfragen F1 und F2 zwei wesentliche Konkretisierungen:

3. F3: Wie kann die für die Regulierung der Situation relevante Information so gebündelt werden, dass sie in die Strategien von Unternehmen sinnvoll und machbar integriert werden kann?

4. F4: Wie können Interaktionen zwischen Unternehmen (und anderen Akteuren, z.B. NGOs, Forschungseinrichtungen oder Verbänden) so gestaltet werden, dass Vernetzungsprozesse entstehen, die zu weiterreichenden Verhandlungsspielräumen und Synergien führen, als dies bislang der Fall ist?

H2 Hypothese 2:
Folglich beinhaltet *Hypothese (H2)*, dass durch *adäquate Bündelung* von Information in Verbindung mit *entsprechender Vernetzung* von Interaktionen, solche *Prozesse angeregt* und *bewertet* werden können, die (i) zur *Regulierung* regionaler Flächennutzungskonflikte beitragen und die (ii) gleichzeitig eingebettet sind in die *Forcierung nachhaltigen Wandels*. Es

wird hierbei davon ausgegangen, dass letzteres nicht nur aber auch vor dem Hintergrund sich verstärkenden Klimawandels besonders für die Ernährungswirtschaft eine der drängendsten Herausforderung für die nächsten Jahre darstellt (Bommert 2009; McIntyre 2009; Hirn 2009; Dyer 2010; Idel 2010; Foresight 2011; Hisas 2011).

1.3 Die Situation im Nordwesten – Flächenkonflikte in der Metropolregion Bremen-Oldenburg

Wie in der Einleitung schon angedeutet, ist diese Dissertation in Zusammenhang mit einem Teilprojekt des Projektes nordwest2050, eines der BMBF-geförderten KLIMZUG-Projekte zur Entwicklung regionaler Klimaanpassungsstrategien, entstanden. Unter der Aufgabenstellung *"Entwicklung einer Strategie zur klimaangepassten Regulierung von Flächennutzungskonflikten zur Sicherung der Ernährungsversorgung"* wurde dazu im Jahr 2009 eine Bestandsaufnahme der Flächennutzungssituation in der Metropolregion Bremen-Oldenburg durchgeführt. Aufbauend darauf und auf der kontinuierlichen Arbeit mit Praxispartnern und weiteren regionalen Akteuren wurde ein analytischer Ansatz entwickelt, um die Ergebnisse zu strukturieren und für die Entwicklung eines Prozessmodells aufzubereiten. Die vorliegende Arbeit basiert maßgeblich auf diesen Untersuchungen und stellt den konzeptionellen Kern der umsetzungsorientierten Prozessstrategie dar. Die folgende Beschreibung der Ausgangslage in der Metropolregion Bremen-Oldenburg greift unter anderem auf die in der Bestandsaufnahme dargestellten Inhalte zurück (Karlstetter/Pfriem 2010). Eine detaillierte Beschreibung der empirischen Erhebung und deren weitere Analyse finden sich in Kapitel 5 und 6.

Die Ausführungen zur regionalen Situation und ihrer Einbettung in den globalen Zusammenhang beruhen darüber hinaus auf einer umfassenden Literatur- und Dokumentenanalyse, die seit 2009 kontinuierlich überarbeitet wurde. Es handelt sich hierbei um Fachartikel und wissenschaftliche Publikationen in unterschiedlich eng an der praktischen Umsetzung orientierten Forschungszweigen, desweiteren Berichte zu Forschungs- und Umsetzungsprojekten, vornehmlich im deutschsprachigen, aber auch internationalen Raum (z.B. MOUNTLAND, ETH Zürich oder SUNREG III, Leibniz Universität Hannover). Weitere Ressource für die

Erarbeitung der Ausgangslage waren zahlreiche Publikationen der deutschen Ämter und Ministerien sowie der Landwirtschaftskammer, in Form von Informationsmaterial und Umsetzungsstrategien, Print- und Online-Medien (z.b. Umweltbundesamt, Bundesmat für Naturschutz oder Bundesanstalt für Landwirtschaft und Ernährung). Dabei waren die recherchierten Informationen angesiedelt in den Themengebieten: Klimawandel (Klimaanpassung und Klimaschutz), Land- und Ernährungswirtschaft, Nachhaltigkeit, Umweltschutz bzw. Biodiversitätsschutz, Erneuerbare Energien (speziell Biogas) sowie Raum- bzw. Regionalplanung. Da die Datenlage für die Metropolregion Bremen-Oldenburg nicht immer unmittelbar gegeben war, wurde die Fokussierung auf die Metropolregion Bremen-Oldenburg wo nötig durch einen an der Wirtschaftsclusterstruktur (vgl. Brandt et al. 2011) in der Metropolregion orientierten Verschnitt der Situation in Niedersachsen bzw. Deutschland bzw. Europa erreicht. Untermauert wurden die Spezifika der Metropolregion durch a) den Abgleich mit regionalen Pressemitteilungen und b) eine Abstimmung über den direkten Austausch mit durch ihre Qualifikation, Position und Erfahrung ausgezeichneten Schlüsselakteuren in der Region. Hierbei wurde besonders darauf geachtet, dass die regionale Situation jeweils vor dem Kontext einer globalen Einbettung betrachtet werden konnte. Im weiteren Fortgang der Arbeit wird unter Verwendung eigener empirischer Ergebnisse (Kapitel 5) aus den besonders schwerwiegenden Zusammenhängen ein Analyseraster entwickelt (Kapitel 6). Die Fokussierung auf die betriebliche Perspektive und damit Möglichkeiten und Spielräume unternehmerischer Akteure stand bei dieser Zugangsweise von vorn herein im Zentrum.

Die nachfolgend explizit genannten Zitate stellen deshalb nur einen Ausschnitt des zu Grunde liegenden Materials dar. Der Gang der Argumentation und die Setzung der Schwerpunkte für Problemaufriss und Darstellung der Ausgangslage basieren auf der Analyse des gesamten Materials.

1.3.1 Flächennutzungskonkurrenzen: Bioenergieproduktion und Ernährungssicherung

In global orientierten Reporten wie z.b. Foresight 2011 oder MyIntyre 2009 kommen dringliche Handlungsfelder zum Ausdruck, wie das Verhältnis zwischen Angebot und Nachfrage in der Ernährungswirtschaft neu zu balancieren, Technologien verantwortungsbewusst einzusetzen, die Volatilität der Nahrungsmittelmärkte und Auswirkungen auf ärmere Bevölkerungsschichten zu beachten. Die Herausforderungen beinhalten auch, den Hunger auf der Welt zu beenden und gleichzeitig eine emissionsarme Welt zu gestalten. Dabei muss außerdem der Biodiversitätsschutz sichergestellt werden und zwar bei gleichzeitiger Erhöhung der Nahrungsmittelproduktion, die durch die steigende globale Bevölkerung notwendig wird. Edenhofer et al. (2010) äußern sich ähnlich. In Hisas (2011) wird besonders das Verhältnis zwischen Klimawandel und Ernährungssicherheit untersucht und es ergibt sich mit Perspektive auf 2020 – trotz diverser Regionen, die durch eine angenommene Erwärmung von 2,4° C profitieren und zusätzliche Erträge verbuchen könnten – bei Wiezen, Reis und Mais global ein Defizit von 14%, 11% bzw. 9%. Einzig im Sojaanbau kann laut dieser Studie mit 5% Überschuss gerechnet werden. Dabei spielt besonders die Wasserverfügbarkeit eine Rolle. Empfehlungen gehen in Richtung Verringerung des Fleischkonsums und ein generell verändertes Verbraucherverhalten. Nordeuropa – als eines der Länder, die im Klimawandel ihre Erträge eher steigern können – steht dabei zwischen vielen Ländern (auch schon in Europa), die ihren Ernährungsbedarf unter Umständen nicht mehr ausreichend decken können (vgl. auch Dyer 2010). Die sozialen und nationalen Konflikte, die daraus erwachsen könnten, sind gravierend (Dyer 2010, Edenhofer et al. 2010). Sie können vor allem insofern als bedrohlich eingeschätzt werden, als die Diskrepanz zwischen den in diesen Studien empfohlenen und den tatsächlichen Strategien sehr groß ist. „The food security challenge is likely to worsen current conflicts, cross border tensions, and environmental security concerns." (MyIntyre 2009, 22). In Anbetracht der Tatsache, dass die politischen Verhandlungen scheitern, sind mit diesen Prozessen auch *unternehmerische Akteure* derjenigen Länder angesprochen, in denen gute Erträge auch langfristig zu erwarten sind.

Neben den Konflikten[33], die langfristig durch klimatisch bedingte Bodendegradation, Wasserverknappung und die Gefährdung von Ökosystemfunktionen entstehen, sind es dabei vor allem auch die Konflikte mit der Produktion erneuerbarer Energien, die global und regional gelöst werden müssen.

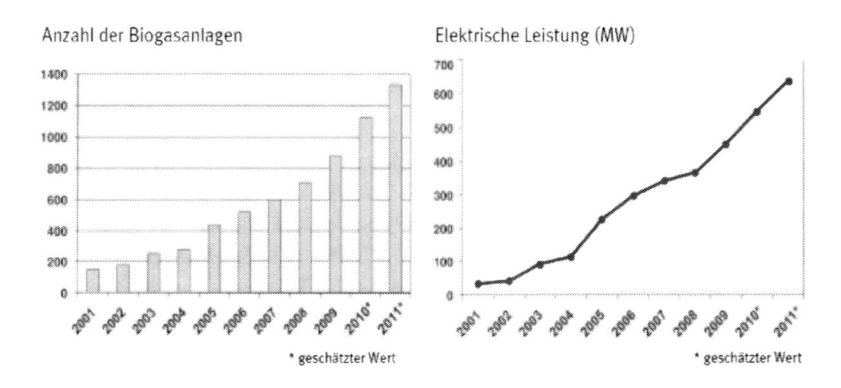

Abb. 1.3: Entwicklung der Biogaserzeugung 2001 – 2010 in Niedersachsen.

Quelle: Niedersächsisches Ministerium für Umwelt und Klimaschutz, Niedersächsisches Ministerium für Ernährung, Landwirtschaft, Verbraucherschutz und Landesentwicklung, Bearbeitung: 3N-Kompetenzzentrum Niedersachsen Netzwerk Nachwachsende Rohstoffe (2010, 3).

„Niedersachsen verfügt über gut 2,6 Mio. ha landwirtschaftlich genutzte Fläche (LF), davon werden etwa 2/3 (rd. 1,92 Mio. ha) als Ackerland (AF) und rd. 0,75 Mio. ha als Grünland genutzt. Zu den dominierenden Ackerkulturen zählen in Niedersachsen nach wie vor die Getreidearten, die auf 860.000 ha Anbaufläche produziert werden, dicht gefolgt vom Mais, der auf 28% der AF sowohl für die Futter- als auch die Biogasproduktion erzeugt wird." (3N 2010, 12)

---

[33] Eine detaillierte Übersicht über die Situation der Landwirtschaft in Deutschland im Hinblick auf die Umwelt kann den Daten zur Umwelt, einer Publikation des Umweltbundesamtes entnommen werden (Appelhans et al. 2011).

Die in der Metropolregion Bremen-Oldenburg vorliegende agrarische Intensivbewirtschaftung ist durch eine Konzentration der Veredelungswirtschaft gekennzeichnet. Agrar- und Ernährungswirtschaft bedeuten zusammen mit der Kompetenz im Bereich Biogas ausgezeichnete wirtschaftliche Produktivität. Damit ist Südoldenburg eine der wachstumsstärksten Regionen in Deutschland (vgl. Brandt et al. 2011). Dass dies zwar vordergründig gute Wettbewerbsfähigkeit bedeutet, gleichzeitig aber gerade ursächlich für die oben angesprochenen Problemlagen ist, zeigt wie unmittelbar und gravierend eine nachhaltige Flächennutzung mit herkömmlichen ökonomischen Strategien kollidieren kann.

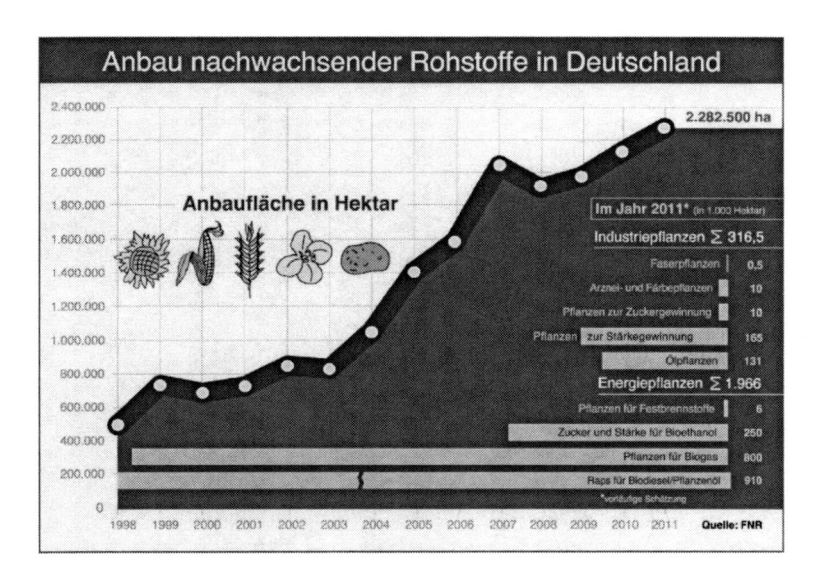

Abb. 1.4: *Anbau nachwachsender Rohstoffe in Deutschland. Quelle: Fachagentur für Nachwachsende Rohstoffe (online abgerufen Oktober 2010).*

Es sind also nicht nur die Konflikte zwischen verschiedenen Nutzungsansprüchen im Hinblick auf eine begrenzte Fläche von Belang, sondern auch die Konflikte, die aus einer *bestimmten (nicht-nachhaltigen) Nutzungsform als solcher* resultieren. Aktuelle Landnutzungsänderungen stehen hier momentan insbesondere in Abhängigkeit von politischen Rahmensetzungen (z.B. Erneuerbare Energien Gesetz oder Grünlandumbruchregelung; vgl. Schütte 2011(web)). Bis Ende 2010 wurde in Deutschland ein Ausbau der Biogasanlagen (vgl. Abb. 1.3) auf „5.800 Anlagen mit einer Produktionskapazität von circa 2.300 MWel. erwartet. Niedersachsen leistet hierzu einen wesentlichen Beitrag." (3N 2010, 3). Die Investition in Anlagen ist für die Betreiber (u.a. viele Landwirte) deshalb so interessant, weil die Vergütungsregelung im Erneuerbare Energien Gesetz seit 2004 diese Form der Energiegewinnung lukrativ macht (ebd.).

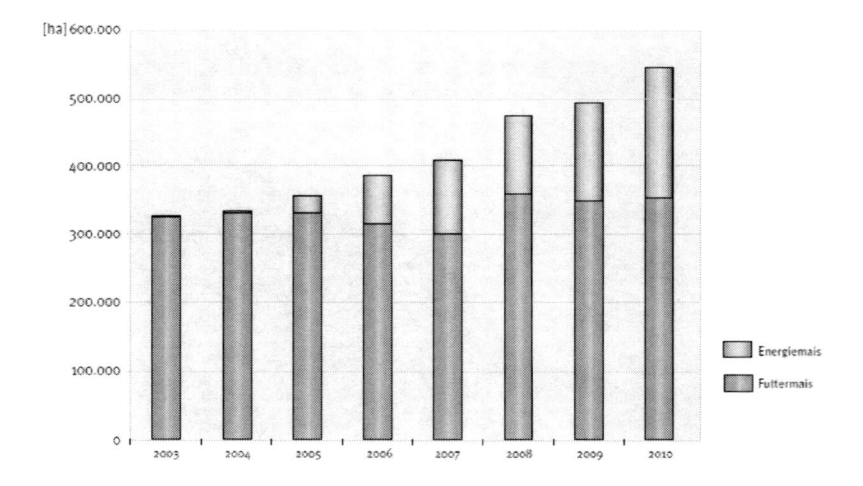

Abb. 1.5: Entwicklung des Maisanbaus in Niedersachsen. Quelle: Statistisches Landesamt, Servicezentrum für Landentwicklung und Agrarförderung (INVECOS), 3N-Kompetenzzentrum, verändert (2010).

Dies wirkt sich auf die Landnutzung aus (Schütte 2011): „Nach der vorläufigen Ernteberichterstattung des Landesbetriebes für Statistik und Kommunikationstechnologie Niedersachsen (LSKN) hat der Maisanbau in 2011 mit 83.000 ha abermals sehr stark zugenommen und eine Anbaufläche von jetzt über 615.000 ha erreicht. Das entspricht annähernd 1/3 der Ackerfläche und 1/4 der gesamten LF [landwirtschaftlich genutzte Fläche] von Niedersachsen." (Schütte 2011(web)).

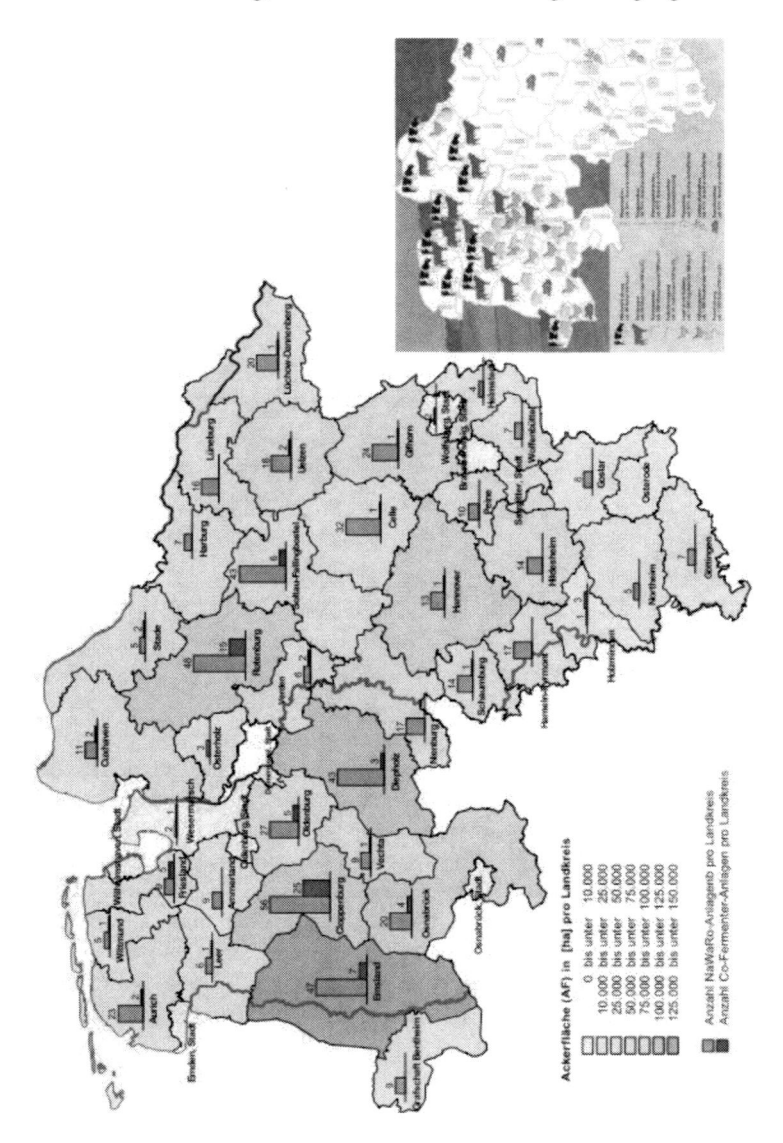

*Abb. 1.6: Anzahl NaWaRo- und Co-Ferment-Anlagen pro Landkreis.
Quelle: Höher (2009)*

Dabei betrifft diese Zunahme ausschließlich Silomais, der den überwiegenden Anteil des Maisanbaus darstellt und Rohstoff für Biogasanlagen ist (521.000 ha von 615.000 ha Mais gesamt). Demgegenüber nimmt der Getreideanbau ab. Er hat 2011 einen historischen Tiefststand erreicht. „Zugleich war der diesjährige Getreideanbau von Unbilden der Witterung begleitet, so dass der Ertrag stark gelitten hat. Infolge der wiederum und in diesem Jahr fast flächendeckend aufgetretenen Frühjahrstrockenheit wird beim Getreide eine 6,7 %ige Ertragsminderung erwartet." (ebd.). Die Frühjahrstrockenheit wird den Trend zur Beregnung verstärken und wirkt sich auch auf das Grünland negativ aus. Mais hingegen kommt mit dieser Niederschlagsverteilung gut zurecht.

Wie aus der Abbildung 1.6 hervorgeht, ist hierbei die Verteilung der Biogasanlagen in Niedersachsen, speziell in der Metropolregion Bremen-Oldenburg z.T. recht unterschiedlich. Statistisch lässt sich damit der Eindruck bestätigen, der sich auch subjektiv aufdrängt, wenn bspw. von „Vermaisung" der Landschaft gesprochen wird. So gibt es verbreitet Ballungsräume mit über 80 Anlagen pro Landkreis und entsprechend weit ausgedehnten Anbauflächen (vgl. 3N 2010, 4):

> „Die regionalen Schwerpunkte der Biogasproduktion liegen in Niedersachsen in den Regionen Soltau-Fallingbostel, Rotenburg-Bremervörde und den Veredlungsregionen Cloppenburg, Oldenburg und Emsland. In diesen Regionen standen bereits 2009 circa 38% der niedersächsischen Anlagen. Der Anlagenzuwachs setzte sich auch 2010 in den Landkreisen mit bereits hoher Anlagendichte fort. Ebenso fand in 2009 ein deutlicher Ausbau in den Landkreisen Grafschaft Bentheim, Diepholz, Osnabrück und Celle statt. Ferner sind seit 2008 vermehrt Landwirte in der norddeutschen Grünlandregion, besonders in den Landkreisen Cuxhaven und Stade in die Biogaserzeugung eingestiegen. Hier werden Synergien durch die Verwertung von Gülle und späten Grünlandaufwüchsen genutzt. Insgesamt standen 2009 103 Anlagen in Landkreisen mit hohem Grünlandanteil. Für 2010 sind weitere 90 Anlagen geplant." (3N 2010, 5)

Obwohl mit der Produktion von Biogas CO_2 eingespart wird und damit laut 3N (2010) ein wirksamer (je nach Anlagenart und Substrateinsatz unterschiedlicher) Beitrag zum Klimaschutz geleistet wird, wird die Produktion von Bioenergie insgesamt kontrovers diskutiert (vgl. auch

Bowyer 2010 und Howarth et al. 2009). Im Sondergutachten des WBGU „Zukunftsfähige Bioenergie und nachhaltige Landnutzung" von 2008 wird Bioenergie z.b. höchstens als Brückentechnologie bezeichnet (WBGU 2008, Kurz, 9). Während Biogas eher positiv abschneidet heißt es darin bspw. auch:

> „Für den Klimaschutz schneiden die Biokraftstoffe der ersten Generation, bei denen auf Ackerland mit temperaten, einjährigen Anbaukulturen gearbeitet wird (z.b. Biodiesel aus Raps oder Bioethanol aus Mais) sehr ungünstig ab. Unter Berücksichtigung der Emissionen aus indirekten Landnutzungsänderungen führen sie in der Regel sogar zu höheren Emissionen als die Nutzung fossiler Kraftstoffe. […] Auch Biokraftstoffe der zweiten Generation schneiden hier nicht grundsätzlich besser ab." (WBGU 2008, kurz, 8)

Neben der CO_2-Bilanz ist es für die *monokulturell bedingten Auswirkungen auf die Artenvielfalt bzw. den Naturhaushalt* relativ unerheblich, mit welcher Produktionsweise bspw. Mais verarbeitet wird (vgl. Wiehe et al. 2009). Dies gilt sowohl für Flora als auch Fauna in Gebieten, deren Bewuchs/Zusammensetzung sich durch Energiepflanzenanbau ändert. Eine Studie des Potsdamer Instituts für Klimafolgenforschung (PIK) beschreibt unter der Anwendung vier verschiedener Entwicklungsszenarien, die *(1) Klimaentwicklung, (2) Nachhaltigkeitskriterien für Ernährungsproduktion, (3) Umweltschutz und Emissionsreduktion* ebenso wie *(4) das für Bioenergieproduktion genutzte Land* berücksichtigen und dem strikten Paradigma »food first« folgen, ein relativ gesehen großes Potential von Bioenergie (Beringer et al., 2011). Im Ergebnis kann hier Bioenergie selbst unter Umweltschutz- und Nachhaltigkeitsgesichtspunkten als wesentliche Quelle erneuerbarer Energie eingeschätzt werden. Nichtsdestotrotz ist die *Art der Umsetzung des Bioenergieanbaus* entscheidend und kann deshalb zu sehr unterschiedlichen Bilanzen führen, sowohl was den Beitrag zum Klimaschutz als auch die Konsequenzen für abhängige Themen (bspw. die funktionale Kopplung mit Wasserverfügbarkeit (ebd. 8)) angeht: „Bioenergy will only contribute to greater energy security, reduced emissions of greenhouse gases, and rural development if coordinated transformations in agriculture, energy systems, environmental protection, international trade and global cooperation are achieved." (ebd. 10).

Natürlich gelten in verschiedenen regionalen Situationen nicht nur wegen der landschaftlich verschiedenen Bedingungen, sondern auch wegen der gesellschaftlichen und politischen Unterschiede sowie der unterschiedlichen ökonomischen Mächtigkeit der entsprechenden Akteure sehr verschiedene Bedingungen. Die national und regional verschiedenen Auswirkungen des Klimawandels differenzieren langfristig diese Verschiedenheiten noch. Andererseits verbinden sie sie aber auch, denn aus den globalen Problematiken folgt unmittelbar, dass es darum geht, insgesamt und unter Beteiligung und Mitwirkung aller eine Lösung zu finden.

1.3.2 Zusätzliche Konflikte: Siedlung & Verkehr und Umweltschutz

Der Flächenverlust durch Siedlung und Verkehr wurde bereits thematisiert. Er soll hier nur kurz aufgegriffen werden:

> „[T]he German Federal Government has in 2002 proposed the so-called „30-hectaresgoal". As a part of the national „sustainability strategy" the Federal Government has stated the aim to reduce by 2020 the transformation rate of land into urbanised area from currently over 100 ha/d to 30 ha/d (Bundesregierung 2002, 2008)." (Fischer et al. 2009, 2)

Die Umwidmung der Flächen für Siedlung und Verkehr speist sich dabei hauptsächlich aus zuvor landwirtschaftlich genutzten Flächen (vgl. Bock et al. 2010, 29). Neben dem Erhalt fruchtbaren Bodens zur Ernährungsversorgung ist der Erhalt unbebauter Flächen für die Intaktheit der Ökosysteme ebenso erforderlich wie um klimawandelinduzierte Auswirkungen zu puffern: „There are strong links between biodiversity, ecosystem services and climate change on many levels – via direct and indirect impacts (including impacts of human responses to climate change) and the role of ecosystem services[34] both for general human well-being and in our efforts to tackle the causes and consequences of climate change." (Cowan et al. 2009, 7).

Die Problematik der Flächenkonkurrenz ist also weder sozio-ökonomisch noch bio-physikalisch isoliert zu betrachten. Für einen wissen-

---

[34] „[E]cosystem services are the aspects of ecosystems utilized (actively or passively) to produce human well-being." (Fisher et al. 2007). Weitere Ausführungen zu diesem Konzept finden sich in Kapitel 3.

schaftlichen Zugang, der methodisch in sinnvolle Ergebnisse münden soll, erfordert dies entsprechende konzeptionelle Grundlagen. Diese müssen dazu in der Lage sein, *verteilte Problemlagen*[35] zu erschließen. Hier liegen erhebliche Schwierigkeiten vor, was eine umsetzungsbezogene Integration von (1) thematischen Inhalten, (2) unterschiedlichen zeitlichen und geografischen Horizonten und (3) Abstraktionsgraden angeht (vgl. dazu auch Kapitel 3 und 7). Wenn z.B. weder nur die regionale Situation noch nur die Branche der Ernährungswirtschaft in den Blick genommen wird, entstehen im Zusammenspiel der Konzepte unterschiedlicher wissenschaftlicher Disziplinen schnell Kompatibilitätsprobleme: Ökonomische Wertschöpfung, volatile Märkte und politische Rahmenbedingungen spielen ebenso eine Rolle wie die bio-physikalische Situation der Ökosysteme; Klimawandel ebenso wie Artenvielfalt; Wasserhaushalt oder eventuelle Degradierung von Flächen ebenso wie Schadstoffeinbringung oder die Definierung regionaler Identität. Dementsprechend kann auch die Problematik der Klimaanpassung (Folgenbewältigung) nicht isoliert vom Klimaschutz (Minderung des Klimawandels) betrachtet werden. *Damit steht und fällt die Vulnerabilität einer Landschaft, einer Branche oder der menschlichen Bevölkerung mit der Nachhaltigkeit ihrer gegenseitigen Wechselwirkungen, der gewählten Perspektive und dem Verhältnis regionaler Bedingungen im Verhältnis zur globalen Verletzlichkeit.* Für Unternehmen resultiert aus diesen verschiedenen Einflussfaktoren erhebliche Unübersichtlichkeit, die dazu führt, dass die Situation schlecht eingesehen und eingeschätzt werden kann. Dies hängt auch damit zusammen, dass die relevanten Informationen im jeweiligen Kontext abhängig von Daten und Fakten sind, die wiederum untereinander oft nicht in Beziehung stehen. Es bedarf deshalb insbesondere auch *neuer wissenschaftlicher Möglichkeiten*, wie gerade das Zusammenspiel solcher Prozesse schlüssig erhoben und in den Anwendungskontext vermittelt werden kann. Dazu möchte die vorliegende Arbeit einen Beitrag leisten. Im Folgenden soll deshalb die geschilderte Situation speziell aus Sicht der Unternehmen betrachtet werden (vgl. H1 und H2).

---

[35] Die über eine singuläre Behandlung einzelner Zusammenhänge weder schlüssig aufgeworfen noch gelöst werden können.

1.4 Flächennutzung und Akteure – Prioritäten, Preise und Verfügbarkeit von Informationen

Das zentrale Konfliktfeld im Anbau von Biomasse (im Speziellen für die Produktion von Biogas in der Metropolregion Bremen-Oldenburg) ist der Flächenverbrauch für die verwendeten Substrate[36] (vgl. Thrän/Rode 2009).

„In 2010 erhöhte sich der Energiemaisanteil auf circa 35% der Gesamtmaisfläche in Niedersachsen, wobei auf Landkreisebene deutliche regionale Unterschiede bestehen. Während in den südniedersächsischen Ackerbauregionen bis zu 90% in die Biogaserzeugung fließen, sind es in den Veredelungsregionen zwischen 2% und 20% der Gesamtanbaufläche von Mais.[...] In Gebieten mit hoher Biogas- und Viehdichte, wie zum Beispiel in der Weser-Ems-Region, führt der zunehmende Maisanbau für die Biogasproduktion und die Veredlung dazu, dass der Mais in einigen Gemeinden über 50% der Ackerfläche einnimmt. Hierdurch verändern sich Landschaftsbild und Artenvielfalt." (3N 2010,13f).

Neben der ethischen bzw. langfristigen Debatte um den eigentlichen Nutzen von Bioenergie macht sich die Nutzungskonkurrenz dabei akut an der zum Teil erheblichen Erhöhung der Pachtpreise bemerkbar (3N 2010, 16; Theuvsen et al. 2010). Zudem wird das Preisniveau für agrarische Flächen auch durch Nachfrage von Umwidmungen z.B. für Bauland beeinflusst. Gleichzeitig sind ökonomisch strategische Möglichkeiten in der Ernährungswirtschaft mit abhängig vom Konsumentenverhalten, das sich bspw. in Absatzmärkten oder der Bereitschaft zur monetären Wertschätzung qualitativ hochwertiger Lebensmitteln ausdrücken kann.

Wenn also Nutzungskonkurrenzen (vgl. Thrän/Rode 2009[37]) im Hinblick auf Ernährungssicherheit und Nachhaltigkeit für einen regionalen Rahmen reguliert werden sollen, ist neben der Vielzahl der Themen die *Schwere der Veränderungen* entscheidend, die für betriebliche Akteure in

---

[36] „Bei einem mittleren Flächenbedarf von 0,36 bis 0,4 ha pro kWh werden im Landesdurchschnitt ca. 10% der Ackerläche oder ca. 8% der landwirtschaftlichen Nutzfläche als Substratgrundlage benötigt. Ein Großteil der Biogasanlagen setzt neben Energiepflanzen anteilig Gülle ein, wodurch sich der Flächenbedarf reduziert." (3N 2010, 12).

[37] Für eine sehr ausführliche und detaillierte Darstellung siehe Thrän et al. (2011).

Flächennutzung, Klimawandel und Ernährungsversorgung 69

der Region in ihr ökonomisches Alltagsgeschäft integriert werden müssen. Vor der konkreten Umsetzung von aktiv oder proaktiv generiertem Wandel steht Einsicht in die Notwendigkeit oder Nützlichkeit von Veränderung. Daneben ist jedoch auch die Abhängigkeit zwischen der Fähigkeit den Wandel durchzusetzen und der Beurteilung der entscheidenden Ansatzpunkte, um dieses zu erreichen, von Belang. Vor dem oben schon angesprochenen Hintergrund struktureller und sonstiger Unsicherheiten angesichts der Thematik, ist für diese Abhängigkeit eine relativ unübersichtliche Informationslage festzustellen. Diese Unübersichtlichkeit kann sowohl aus der Perspektive von Stakeholdern in der Praxis (zumal, wie später noch ausgeführt wird, hier hohe Heterogenität im Akteursgefüge besteht) als auch hinsichtlich des wissenschaftlichen Zugangs näher bestimmt werden:

1.4.1 Querschnittsthema „Flächennutzung, Klimawandel und Nachhaltigkeit" erzeugt Unübersichtlichkeit

Zunächst gibt es noch kaum regionale Informationsangebote, die sich konkret mit dem hier aufgespannten Themenfeld in der Kombination Klimawandel, Flächennutzung und nachhaltiger Ernährungswirtschaft auseinandersetzen.

Das heißt, in vorhandenen Netzwerken und Informationsplattformen ist die Information jeweils ausgerichtet entweder auf Biogaserzeugung bzw. Erneuerbare Energien (z.B. 3N Kompetenzzentrum, DBFZ, FNR)[38], auf Nachhaltigkeit in der Ernährungswirtschaft bzw. Ökolandbau oder bäuerliche Landwirtschaft (z.B. AFZ, Ökolandbau, ABL)[39], auf die Interessen der (inklusive oder exklusive der ökologisch wirtschaftenden) Betriebe bzw. auf das Clustermanagement der (industriellen) Ernährungs-

---

[38] 3N-Kompetenzzentrum Niedersachsen Netzwerk Nachwachsende Rohstoffe; DBFZ Deutsches BiomasseForschungsZentrum; FNR Fachagentur Nachwachsende Rohstoffe.
[39] AFZ Alternativen für Zukunft; www.oekolandbau.de; Arbeitsgemeinschaft Bäuerliche Landwirtschaft.

wirtschaft (z.B. LWK, NieKe, a+ef bzw. food nordwest)[40]. Oder aber es geht vornehmlich um die Umweltschutzperspektive (z.b. NABU, BUND)[41] bzw. seit neuerem um Klimawandel (z.b. KomPass, CSC)[42]. Die Differenzierung der konkreten Konsequenzen für die Land- bzw. Ernährungswirtschaft sowie der Unterschied zwischen Klimaanpassung und Klimaschutz sind für Anwender im praktischen Umfeld z.t. noch wenig bewusst bzw. nachvollziehbar. Die Thematik des Flächenverbrauchs wird hierbei vornehmlich im Bereich der Raum- oder Regionalplanung behandelt und ist ein Thema, das eher auf kommunaler Ebene angesiedelt ist (vgl. z.b. REFINA[43], Arbeitskreis Raumstruktur als Gremium im Rahmen der Metropolregion Bremen-Oldenburg). Die betriebliche Perspektive ist oft eher auf Wertschöpfungsketten fokussiert, weniger auf ihre Rolle in Bezug auf eine integrierte Flächennutzung und damit den langfristigen Erhalt fruchtbaren Bodens. Allerdings gibt es, wie bspw. aus der Zusammenarbeit mit der Landwirtschaftskammer hervorgeht, den Bedarf nach neuen Konzepten (z.b. für Kompensationsflächen) und Integration von Themen wie Wasserhaushalt und Biodiversität (und dem Austausch mit entsprechenden Verbänden bzw. Stakeholdern). Darüber hinaus entstehen Institutionalisierungen und Projekte, um neue Ansätze für die Region zu entwickeln, zu testen und auf den Weg zu bringen (z.b. Grünlandzentrum Ovelgönne, Bioenergieregion-Südoldenburg).

1.4.2 Unübersichtlichkeit durch heterogene Datenaufbereitung

Ein weiterer Faktor, der die Beurteilung eines zukunftsweisenden Umgangs mit Flächennutzung erschwert, ist die Unübersichtlichkeit der Information seitens der wissenschaftlichen Bearbeitung bzw. Aufbereitung.

---

[40] LWK Landwirtschaftskammer; NieKe Niedersächsisches Kompetenzzentrum Ernährungswirtschaft; a+ef agrar- und ernährungsforum Oldenburger Münsterland; Food Nordwest Cluster Ernährung in der Metropole Nordwest.

[41] NABU Naturschutzbund Deutschland; BUND Bund für Umwelt- und Naturschutz Deutschland.

[42] KomPass Kompetenzzentrum Klimafolgen und Anpassung; CSC Climate Service Center.

[43] REFINA Forschung für die Reduzierung der Flächeninanspruchnahme und ein nachhaltiges Flächenmanagement.

Die Heterogenität angewandter Modelle und Erhebungsverfahren im Kontext von Flächennutzung, Flächennutzungsänderung und Flächennutzungskonflikten ist groß. Langfristige Prognosen zur Änderung des Klimas unter verschiedenen Szenarien (vgl. IPCC, Edenhofer et al. 2010) wie auch groß angelegte Untersuchungen zur Rolle von Ökosystemen (MA), der Entwicklung der Land- und Ernährungswirtschaft (IAASTD) sowie der Rolle, die der Biodiversität beigemessen werden sollte (TEEB, ATEAM)[44] kommen zwar zu Ergebnissen, die deutlich machen, dass die Ernährungsversorgung ein sehr wichtiger Eckpfeiler einer sicheren Zivilisation darstellen wird. Regionale Szenarien sind ob der Komplexität und Dynamik der Zusammenhänge aber schwierig zu errechnen sowie auf spezifische thematisch konkrete Problemzusammenhänge anzuwenden.

Zudem dauert die Erhebung des Datenmaterials im ungünstigen Fall länger, als es notwendig wäre, um den tatsächlichen Entwicklungen „on the ground" sinnvoll entgegen zu kommen. Und es kann sein, dass mit der Datenanalyse zur gegebenen Situation und eventuell möglichen Entwicklungen (Szenarien) noch nichts darüber ausgesagt ist, wie eine Umsetzung im Gefüge der tatsächlich betroffenen, verantwortlichen und handlungskompetenten Akteure geschehen kann (vgl. Hahn/Fröde 2010). Trotz verschiedenster Darstellungsmethoden und z.T. erheblicher Mengen an verarbeiteten Daten ist es oft schwierig, betriebswirtschaftliche Entscheidungen wirkungsvoll zu unterstützen, da viele der diesbezüglich relevanten Prioritäten durch Traditionen geprägt und in Pfadabhängigkeiten verfestigt sind, die über einzelne Unternehmen und die Ernährungswirtschaft als Branche hinaus gehen. Insofern fehlt die Verbindung der globalen Resultate mit den sozio-ökonomischen Gegebenheiten vor Ort. Im Umkehrschluss fehlt der Rückbezug der regionalen Situation auf den größeren Kontext.

---

[44] IPCC Intergovernmental Panel on Climate Change; MA Millennium Ecosystem Assessment; IAASTD International Assessment of Agricultural Knowledge, Science and Technology for Development; TEEB The Economics of Ecosystems and Biodiversity; ATEAM Advanced Terrestrial Ecosystem Analysis and Modelling.

Dabei können diese Zusammenhänge in keinster Weise als linear oder homogen angenommen werden. Sie – und damit die Auswirkungen von Entscheidungen – sind in unterschiedlichster Weise abhängig von vielen Interrelationen zwischen Themenbereichen und deren Gewichtung in Abhängigkeit von den zu Grunde liegenden Interessen und mentalen Modellen (Grin et al. 2010; Pascual et al. 2010). Die Unübersichtlichkeit der Information rührt nicht nur her von der quer gelagerten *Thematik*, sondern auch daher, dass Daten und deren Interpretation für die Darstellung der Flächennutzungsproblematik abhängig von diversen *Skalen* sind. Das heißt, der Zusammenhang, der in einer Statistik oder Modellierung jeweils dargestellt werden kann, stellt oft nur einen recht reduzierten Ausschnitt dessen dar, was für eine langfristige Perspektive regionaler Flächennutzung tatsächlich relevant ist. Andererseits ist die Problematik so diffizil und von vielen Faktoren abhängig, dass eine Beurteilung der *Situation* ebenso wie eine Beurteilung von *Ausrichtungs- und Steuerungsoptionen* ohne die Integration unterschiedlicher Perspektiven (und damit Informationen und damit Datensätze) nicht denkbar scheint.

„Information" verstanden als objektive Abbildung eines (statischen) Zustandes suggeriert durch die Messung Messbarkeit, obwohl Prioritäten und Voraussetzungen nur implizit oder gar nicht einsehbar sein können[45]. Damit entsteht in diesen dynamischen und nicht-linearen Gegebenheiten die Notwendigkeit eines *anderen als auf Vollständigkeit und lineare Herleitung ausgerichteten Informationsbegriffs*. Information kann oder muss hierbei also insbesondere heißen, dass *Defizite in der Verfügbarkeit* offengelegt und kontrastiert werden zu den Elementen, die als gesichert gelten können (inklusive einer transparenten Argumentation dazu, weshalb bestimmte Aspekte als (relativ) sicher angenommen werden können). Es spielen deshalb insbesondere die *Relationen, in denen diese Elemente und Defizite zueinander stehen,* eine entscheidende Rolle. Denn aus ihnen ergibt sich der Wert, den eine derartige *Information* für eine aktuell gegebene Situation (*als Referenzpunkt*) bekommt. Aus diesen

---

[45] Die der „Information" zu Grunde liegende Kombination und Auswahl von Aspekten, mithilfe derer die Komplexität reduziert wurde, kann demnach genau genommen nicht objektiv festgestellt werden. Eine Vermittlung von Ergebnissen müsste deshalb immer unter expliziten Bedingungen von Unsicherheiten stattfinden.

Relationen geht hervor, ob und unter welchen Gegebenheiten, die Situation in ihrem Beziehungsgefüge und mit den benannten Unsicherheiten für reale Akteure von Relevanz ist.

1.4.3 Unübersichtlichkeit durch Interessenlagen und Prioritäten

Die dritte Perspektive, aus der eine relativ unübersichtliche Situation resultiert, nimmt die verschiedenen Interessenlagen und Prioritäten in den Blick. Vordergründig betrachtet beeinflussen staatliche Regulierungen die Pachtpreise (Theuvsen et al. 2010). Damit werden ökonomische Sachzwänge geschaffen, die den Landwirten keinen Spielraum lassen.

Sowohl in Fällen, in denen es ums existenzielle Überleben geht (eher kleinere Betriebe), als auch in den Fällen, in denen maximaler ökonomischer Profit als oberstes Ziel erfüllt werden soll, stehen deshalb alternative Strategien oft nicht zur Debatte. Andere Interessen bspw. Interessen seitens anderer Branchen, wie dem Tourismus oder den Interessen von NGOs setzen zusätzliche andere Prioritäten an Nutzen und Wert der Landschaft. Und auch innerhalb der Land- und Ernährungswirtschaft gibt es lange schon sehr verschiedene Ansichten über Form und Intensität der Bewirtschaftung (Bommert 2009; Schaber 2010; Idel 2010; Foer 2010). Zwar gibt es Ansätze, durch Zertifikate und Nachhaltigkeitsstandards (WWF 2009; Ostertag et al. 2009; Thrän et al. 2010) Orientierung zu schaffen, allerdings bestimmt der ökonomische Druck nicht nur bei kleineren Betrieben oft die Umsetzung (Theuvsen et al. 2010). Deren Bedingungen sind in mehrerlei Hinsicht eingebettet in größere Zusammenhänge: Sei es (i) in Bezug auf die Strategien in anderen Branchen, wo ebenfalls ökonomische Optimierung im Vordergrund steht, sei es (ii) in Bezug auf überregionale Wertschöpfungsketten oder (iii) in Bezug auf die eben schon angesprochene Abhängigkeit von politischen Rahmenbedingungen[46].

---

[46] In letzteren ist das Problem der langfristig nachhaltigen Sicherung der Ressourcen unter Klimawandel ein allmählich aber zaghaft zentraler werdendes Thema. Vgl. EU Gemeinsame Agrarpolitik nach 2013 und die entsprechende kontroverse Debatte dazu (z.B. http://www.die-bessere-agrarpolitik.de/Positionen. 1009.0.html). Landwirte müssen"künftig auf mindestens 7 Prozent ihrer Fläche

Daraus ergibt sich, dass im Umgang mit wertvollen Flächen Synergien oder Allianzen als konkrete Veränderungsstrategien umgesetzt werden müssen, die für (a) sich verändernde bio-physikalische und geografische Gegebenheiten und (b) ökonomische Gegebenheiten wie volatiler werdende Märkte geeignet sind. Dies kann bedeuten, dass Traditionen und Prioritäten in Frage stehen. Regionale und globale Agenden müssen also neu ausgerichtet werden können, um sie anzupassen an Problemlagen, die verursacht wurden durch sozio-ökonomische (auch globale) Entwicklungen, die *durch eben diese Prioritäten konstituiert* wurden. Das heißt, die Herausforderung besteht zum einen darin, einen *effektiven* Umgang mit in diesem Sinne noch nie aufgeworfenen Herausforderungen zu finden (also Strategien anzupassen an Knappheiten, die anders gelagert sind als früher). Zum anderen besteht die Herausforderung aber gerade darin, dies auf eine Art und Weise zu tun, die sich *signifikant unterscheidet* von den Strategien, die diese neuen Knappheiten verursacht haben.

Die Fundamentalität der Themen, die hiermit angesprochen ist – wie zum Beispiel die Sicherung der Ernährungsversorgung durch und in einem hochindustrialisierten Land im Verhältnis zu globaler Verantwortung und drohenden sozialen Problemen – erzeugt eine Brisanz, die eine Beurteilung der Lage trotz und im Lichte unterschiedlicher Interessen zuspitzt und zugleich ein pragmatisches und umsichtiges Handeln aber erst recht erfordert.

1.4.4 Betriebliche Perspektive

Wie bereits angedeutet, ist die Beeinflussung der Betriebe durch die politische Regulation in den Metropolregion Bremen-Oldenburg erheblich. Es stellt sich also die Frage, in welcher Weise aus betriebswirtschaftlicher Perspektive überhaupt Spielräume beschrieben werden können, die für einzelne Betriebe oder Netzwerke in der Ernährungswirtschaft einen nachhaltigen Umgang mit wertvollem Boden und/oder die Regulierung von Flächennutzungskonflikten erlauben.

ökologische Vorrangflächen wie Buntbrachen, Blühstreifen oder Hecken anlegen" (Schöne 12.10.2011(web)).

Die unterschiedlichen Interessenlagen, die sich in den aktuell bereits vorliegenden Konflikten zeigen, spiegeln sich hierbei wider in den unterschiedlichen Vorstellungen davon, worin die Zielsetzung der „guten zukünftigen Entwicklung" der Region (vgl. Leitlinien ordnungsgemäßer Landwirtschaft 2009) besteht. Die Problematik der Flächennutzungskonflikte ist beispielhaft für schwerwiegende strategische Entscheidungen, etwa deshalb, weil der Verlust von Bodenfruchtbarkeit bspw. durch Erosion oder Verdichtung (Bommert 2009, Idel 2010) nur schwer rückgängig zu machen ist. In anderen Fällen ist er grundsätzlich irreversibel, mindestens auf sehr lange Zeit. In diesem Zusammenhang fallen Flächenverluste durch Siedlungen und Verkehr schwer ins Gewicht (vgl. Arnold et al. 2009, 14; Bock et al. 2010; Franck/Peithmann 2010).

Während gleichzeitig global betrachtet die Sicherheit der Ernährungsversorgung unter Klimawandel eine der vorrangigsten Aufgaben darstellt (WBGU 2008 und 2009, Edenhofer et al. 2010, Dyer 2010), stellte diese Aufgabe bislang für den hiesigen (speziell den deutschen, insbesondere den niedersächsischen Raum) keine wirkliche Relevanz dar. Mit der gravierender werdenden vorsommerlichen Trockenheit (die aktuell im Frühjahr 2011 sogar noch stärker ausgeprägt war als im Jahr davor) und dem darauf folgenden verregneten Sommer wächst jedoch der Bedarf, sich mit klimatischem Wandel auseinanderzusetzen. Es entstehen so neue Motivationslagen, die eigenen betrieblichen Strategien zu betrachten und einzuordnen, während gleichzeitig auch seitens der Bevölkerung und im Umgang mit den Konsumenten ein dynamischer Wandel zu beobachten ist (vgl. Akamp/Schattke 2011).

Die Unternehmen der Ernährungswirtschaft sind aufgerufen, ihre gängigen Erfolgs- und Qualitätskriterien nunmehr unter der Bedingung anderer Bezugs- und Relevanzrahmen anzulegen. Unternehmensbefragungen belegen dies (vgl. CEMBO 2009). Dinge wie Ausfallsicherheit und Wasserverbrauch ebenso wie Preisstabilität und authentische Reputation beziehen sich damit auf inhaltliche Settings, die sich unterscheiden von denen, die bislang Beachtung fanden. Der *Flächenverbrauch* und die *Art der Flächenbewirtschaftung* sowie die *Form der Flächennutzung* sind hierbei ein thematischer Bereich, der es ermöglicht, die unternehmerische Strategie unter verschiedenen Perspektiven einzuordnen. Deshalb sind trotz oder gerade wegen der ausgeprägten Abhängigkeit von politischen Rahmensetzungen die Kompetenzen von Unternehmen gefragt, proaktiv auch mit diesen übergeordneten komplexen Fragestellungen umzugehen. Es geht darum, für ihren Betrieb, ihre Zulieferer, Abnehmer und Partner *und* für die Region, in der sie leben, Spielräume zu schaffen, die den veränderten bio-physikalischen Bedingungen jetzt und in den nächsten Jahren gerecht zu werden versprechen. So könnte auch ein langfristig nachhaltiger Umgang mit fruchtbarem Boden bereits in die heutigen Entscheidungen einbezogen werden. In diesem Zusammenhang wäre sogar die nach wie vor zunehmende Einbindung der regionalen Wertschöpfungsketten in die Weltmärkte als Chance zu sehen. Nämlich dann, wenn diese Einbindung für eine Beförderung derjenigen Veränderungsprozesse genutzt werden könnte, welche global gesehen zukunftsfähigen Umgang mit fruchtbarem Boden, Klimaschutz und Klimaanpassung, Wahrung von Biodiversität und nicht zuletzt sozialer Nachhaltigkeit beschleunigen.

Insofern bietet gerade die Komplexität dieser Problematik ein spannendes Feld für die Erprobung betriebswirtschaftlicher Konzeptionen und Methoden, die in ihrem Wert für den *Praxisnutzen* ebenso wie für den auf langfristige Zukunftsfähigkeit ausgerichteten *Erkenntnisgewinn* auf dem Prüfstand stehen.

1.5 Fazit aus der Ausgangslage

Auf Basis dieses ersten Überblicks über die Problematik lässt sich Folgendes zusammenfassen:

Unter einer langfristigen Ausrichtung, die sowohl für Klimawandel als auch Nachhaltigkeit und damit auch für Ernährungssicherheit notwendig ist, lässt sich das Problem der Flächennutzungskonkurrenz nicht isoliert betrachten (vgl. EEA Report 2008; Horstmann 2008; DAS 2009; Underdal 2010; Foresight 2011). Trotz schon lange bestehender Ziele hinsichtlich Flächenverbrauchs, Nachhaltigkeit in der Ernährungswirtschaft und Ernährungssicherheit (vgl. oben angegebene Definitionen) sind diese weit entfernt von der Realität.

Daraus folgt *unmittelbar* (wegen der Verzahntheit der Themen) und *mittelbar* (wegen der Interpretationsleistung, die die Einschätzung von Prioritäten erfordert), dass es neuer wissenschaftlicher Ansätze bedarf. Für eine Beurteilung dessen, was akut und zukünftig problematisch ist, muss dieses in engen und weiteren Kontexten gleichzeitig eingeordnet werden können. Es fehlt die Umsetzung der Problematik (1) konzeptionell den realen vielfältigen Verflechtungen entsprechend und (2) für konkrete Handlungsrahmen (bspw. denen von Unternehmen). Die Unsicherheiten, die grundsätzlich für zukünftige Ereignisse, komplexe Zusammenhänge (im sozio-ökonomischen und bio-physikalischen System) gelten, überlagern sich mit den Unsicherheiten, die aus unterschiedlichen Interessenlagen und Zielsetzungen in Entwicklungsszenarien hervorgehen. Diese Unsicherheiten sind irreduzibel und können nicht ignoriert werden, weil sie sich für einzelne Unternehmen und deren Interaktion in Netzwerken auswirken. Umgekehrt ergibt sich aus der Dringlichkeit der Problemlagen (vgl. Hisas 2011, Idel 2010, Schaber 2010, Hirn 2009) die *relativ große Sicherheit*, dass eine Neuausrichtung der Ernährungswirtschaft (und anderer Branchen) und des Umgangs mit Fläche (auch im Verhältnis zwischen den Ländern dieser Welt) erforderlich ist. Diese Neuausrichtung bemisst sich dabei an ganz konkreten (Über-Lebens)Bedingungen. Der Wandel, der damit verbunden wäre, müsste sich zudem in Zeitfenstern abspielen, die insofern relativ sicher bestimmbar sind, als sie inzwischen eher klein sind (Lenton et al. 2008; Schellnhuber 2010a; WBGU 2011).

Im Ansatz dieser Untersuchung werden deshalb (i) funktional wesentliche Kopplungen im Anschluss an (ii) konkrete Problemzusammenhänge bestimmt, anhand derer sich für (iii) die betreffenden Akteure ausschlaggebende (iv) Aufgabenstellungen (Maßnahmen, Interaktionen, die umgesetzt werden können) ergeben. Diese sind somit einerseits spezifisch für die jeweilige Situation, bieten andererseits aber den Anschluss zu übergeordneten Fragen. Die übergeordneten Fragen sind ausdifferenziert im Hinblick auf den jeweils inhaltlichen Bezug, gemäß dem konkreten Problemzusammenhang und den dafür notwendigen Spielräumen und Fähigkeiten der involvierten Akteure. Für die vorliegende Arbeit sind dieses in der Hauptsache Unternehmen der Ernährungswirtschaft. Der konkrete Problemzusammenhang bezieht sich auf eine regionale Regulierung von Flächennutzungskonflikten. Die übergreifende Perspektive ergibt sich hierfür aus den Herausforderungen, die mit nachhaltigem Umgang mit dem Klimawandel und einer Ernährungssicherheit einher gehen. Über den Ansatz der *funktionalen Kopplung* sollen konkret gegebene inhaltliche Zusammenhänge in ihrer Wechselwirkung für die Perspektive bestimmter Akteure bestimmt werden. Damit soll ein Weg aufgezeigt werden, wie die oben beschriebene Unübersichtlichkeit schlüssig gerahmt und gebündelt werden kann. Neben der Bestimmung, um welche konkreten Inhalte es sich dabei für die Metropolregion Bremen-Oldenburg handeln kann, werden dazu verschiedene konzeptionelle Erweiterungen vorgenommen.

Der analytische Zugang dieser Arbeit steht dabei weiter unter der Annahme, dass es im Spannungsfeld von Klimawandel und Nachhaltigkeit diverse solcher sehr komplexer und dynamischer Problemlagen gibt, die einerseits (thematisch, räumlich und zeitlich) isoliert nicht betrachtet werden können und andererseits nur ausgehend von den Strukturen und Prozessen, wie sie vor Ort vorliegen, konkret bewältigt werden können. Damit ist neben der Konkretion des Problemzusammenhangs eine der im Hintergrund mitlaufenden Fragen die nach der Übertragbarkeit dieses Ansatzes auf andere Zusammenhänge. Die oben angegebenen Hypothesen sind deshalb so formuliert, dass die *funktional zusammenhängenden Prozesse* mit Bezug auf das regionale Akteursgefüge in den Blick genommen werden können. *Sich direkt oder indirekt beeinflussende Komponenten von dynamischen und interaktiven Gefügen, die für die Funktionalität des jeweiligen sozio-ökonomischen und bio-physikalischen Bezugssystems wesentlich sind, werden also in Zusammenhang mit den Handlungsmöglichkeiten vor Ort betrachtet.* Dies beinhaltet eine entsprechende methodische Erhebung und Beschreibung, um eine Aussage darüber treffen zu können, ob und wie Veränderungen greifen.

Der konzeptionelle Rahmen wird in den folgenden drei Kapiteln entwickelt und soll es ermöglichen, einerseits die Veränderungs- und Gestaltungskapazitäten von Unternehmen (Kapitel 2) und andererseits die Prozesse in und für die ökosystemare Situation (Kapitel 3) trotz der gegebenen unvollständigen Information in ihrer gegenseitigen funktionalen Bedeutung aufeinander zu beziehen. Es wird deutlich werden, dass hierfür ganz bestimmte kulturell verankerte Fähigkeiten und eine semantisch explizite Vermittlung von Information von Vorteil sein können (Kapitel 4).

Kernaussage:

In der Metropolregion Bremen-Oldenburg machen sich Flächennutzungskonflikte zunächst an der Zunahme von Energiemaisanbau in den letzten Jahren fest. Die Komplexität und Dynamik dieser Problematik beinhaltet aber vielfältige weitere konfliktive Aspekte. Obwohl sie im regionalen Rahmen reguliert werden muss, wird sie insbesondere langfristig und global akut. Einerseits überschneiden sich Themen wie Klimawandel, Biodiversitätsverlust und Ernährungssicherheit und machen es so für einzelne Akteure schwer, sich dazu konkret zu positionieren. Andererseits besteht in der Land- und Ernährungswirtschaft ein nicht-nachhaltiger Status Quo, der dringend Änderung erfordert. Es bedarf also eines konzeptionellen und methodischen Zugangs, der (1) die vielen Aspekte integrieren kann, (2) flexibel genug ist und (3) in konkrete Umsetzungschritte mündet.

2 Kapitel

Evolutorische Realität und kontrafaktische Erfordernisse

> „‚Meter? Wir messen hier in Kilometer, Dr. Mallory.' ‚Wahrhaftig! Soviel Energie?' ‚Soviel Ärger, könnte man genauso sagen', antwortete Wakefield mit einer knappen Bewegung seiner weißbehandschuhten Hand." (Gibson/Sterling 1992, 176)

Das vorliegende Kapitel befasst sich aus evolutorischer Perspektive mit den Fähigkeiten ökonomischer Akteure. Dabei werden diese insbesondere im Spannungsfeld zwischen (a) ökonomischen und ökologischen, (b) kurz- und langfristigen sowie (c) regionalen und überregionalen Prozessen untersucht. Die Betrachtung geht von dynamischen Nichtgleichgewichtszuständen aus, in denen vollständige Information ebenso wie absolut rationale Entscheidungen nicht gegeben sind. Nichtsdestotrotz wird angenommen, dass (strategische) Entscheidungen Beurteilungskraft und Gestaltungskapazität beinhalten. Nachhaltigkeit kann im Anschluss an Pfriem (2011a) verstanden werden als (kulturelles) Angebot von Unternehmen an die Gesellschaft im Sinne eines proaktiven strategischen Umgangs mit entsprechenden Herausforderungen. Mit Bezug auf die im vorherigen Kapitel dargestellte Ausgangslage wird somit in diesem Abschnitt ein konzeptioneller Rahmen für Unternehmen und deren evolutorische Handlungsspielräume im konkreten Problemzusammenhang aufgespannt. Dieser Rahmen soll es ermöglichen, im weiteren Fortgang der Arbeit hinsichtlich *anderer ebenso unübersichtlicher aber wesentlicher Problemlagen* im Kontext von Wandel zu Nachhaltigkeit zu abstrahieren.

Indem im Bereich der Ernährungs- und auch anderer Wirtschaftszweige vom aktuellen Status Quo der Nicht-Nachhaltigkeit ausgegangen werden muss, ergibt sich eine mit Bezug auf den Veränderungsbedarf kontrafaktische Situation. Es entsteht so ein von vornherein kritischer Blickwinkel auf die hier dargestellten theoretischen Stränge der Evolutorischen Ökonomik (Abschnitt 2) und das organisationstheoretische Konzept der Dynamic Capabilities (Abschnitt 3): „Die Evolutorische Ökonomik beschäftigt sich so gut wie gar nicht mit dem Naturproblem. Als Befund ergibt sich eher: Durch Übertragung dynamischer Ordnungsmuster aus der Natur auf die Ökonomie wird die Evolutorische Ökonomik blind für die Bedingungen, die innerhalb der Ökonomie erfüllt sein müssen, damit die Natur in hinreichendem Maße bewahrt und stabil bleiben kann." (Antoni-Komar/Pfriem 2009, 12) Ähnlich äußert sich van den Bergh, wenn er den gesellschaftlichen Zustand als fehlangepasst beschreibt: „A very general perspective arising from evolutionary thinking is that human-induced environmental degradation can be interpreted as the human species being maladapted to its current natural environment. Maladaptation may even get worse since the environment is not exogenous but is being transformed by humans at an unprecedented rate." (van den Bergh 2007, 523). Dies erfordert folglich, dynamische Ordnungsmuster ökonomischer und bio-physikalischer Evolution besser miteinander in Beziehung setzen zu können. Gual und Norgaard schreiben dazu: „As the evolution of cultural systems seems to accelerate its destructive power on our planet, there is a clear need to unveil the links between the units, the systems and the processes of cultural and biological evolution." (Gual/Norgaard 2010, 708). Zunächst soll deshalb noch einmal der inhaltliche Hintergrund rekapituliert werden, vor dem die dann folgenden konzeptionellen Ansätze diskutiert werden (Abschnitt 1):

2.1 *Querschnittsproblem Klimawandel – Unsicherheit als Konstante*

Das *branchenübergreifende Problem des Klimawandels* bildet für die im vorigen Kapitel für Ernährungswirtschaft und Flächennutzung beschriebene Ausgangslage den Referenzrahmen. Dieser ist deshalb als Ausgangspunkt auch für den theoretischen Zugang und die Auswahl der hier vorgestellten theoretischen Stränge bedeutsam: „[B]ecause of the overwhelming complexity of the climate-change problem, neither a credible and comprehensive cost-benefit-analysis is possible nor the identification of a sharp red line that separates global climate comfort from global climate disaster." (Schellnhuber 2010a, 231; vgl. Allison et al. 2009). Es können ohne größere Unsicherheiten keine detaillierten Aussagen über räumliche und zeitliche Diskontinuitäten gemacht werden. Diese Diskontinuitäten stehen in Zusammenhang mit irreversiblen sogenannten *tipping elements* (Kipppunkte) im Erdsystem. Das Überschreiten ihrer Kippschwellen zieht möglicherweise hochgradig bedrohliche Folgen nach sich (Schellnhuber 2010a, 234; Lenton et al. 2008). Die Definition solcher Kippelemente und ihrer Kipppunkte geht dabei aus von „ ‚abrupt climate change' as occurring ‚when the climate system is forced to cross some threshold, triggering a transition to a new state at a rate determined by the climate system itself and faster than the cause' (National Research Council 2002) which is a case of bifurcation (i.e., one that focuses on equilibrium properties, implying some degree of irreversibility)." (Lenton et al. 2008, 1786). Diese Definition wird präzisiert durch nichtklimatische Variablen, unterschiedlich schnelle Prozesse im bio-physikalischen und sozio-ökonomischen Gefüge, schwerwiegende Folgen kleiner Veränderungen der momentanen Situation und eine Differenzierung zwischen (prinzipiell) reversiblen und irreversiblen Übergängen (ebd.).

Schellnhuber (2010a) zeichnet ein recht pessimistisches Bild der gesellschaftlichen Möglichkeiten, die zur Abwendung schwerwiegender Auswirkungen zur Verfügung stehen. Als ähnlich schwierig und politisch nahezu aussichtslos beschreiben Edenhofer et al. die Situation (Edenhofer et al. 2010, 9ff). „I personally feel that a ‚new contract between science and society' (Jasanoff 2005; Potsdam Memorandum 2007) has to be crafted and signed. However, I also think that this should primarily imply stronger and better interactions between science and society according to proper rules, not a clandestine or open merger of those entities which need to be separated." (Schellnhuber 2010, 237). Das Streben nach nachhaltiger Entwicklung entfaltet sich hierbei in einer Reihe von *Makro-Problemlagen*, die hoch aggregierte Komplexität aber geringen Konsens hinsichtlich Werte und Wissen beinhalten. Dabei sind diese charakterisiert durch fehlende Transparenz und non-lineare Dynamiken. Sie erfordern deshalb eine „post-normal science" (De Vries/Petersen 2009). „*Organizations*, and not individuals, are the actors in the societal networks which run the human world with its macro-problems – although every organization is the expression of individuals." (ebd. 1016, ebenso bei Allen 2010, 20). Der regionale Rahmen der Ausgangssituation und ihrer unternehmerischen Akteure erscheint vor diesem Hintergrund sehr weit entfernt von Sprache und Bezugshorizonten der oben zitierten Quellen. Dennoch sind es diese regionalen Rahmen und ihre Akteure, die im konkreten Kontext über das *Wissen für reale Veränderungen* verfügen[47]. Gleichzeitig wird aus dieser Art von Ergebnissen, wie sie die oben genannten Quellen darstellen, für die konkreten Handlungs- und Entscheidungsrahmen nicht deutlich, worin *regionale (Kompetenz-)Defizite* bestehen[48]. Obige Informationen belegen zwar, dass eine Gefährdung hinsichtlich der Kipppunkte besteht, es geht aber nicht daraus hervor, wie (1) entsprechender Wandel erreicht werden kann bzw. in welcher Weise die erhobenen Daten hierfür hilfreich sind, noch wie (2) die erhobenen Wechselwirkungen (im Sinne der in der Einleitung erläuterten relationalen Perspektive auf Vulnerabilität) mit den interaktiven und gestaltbaren sozio-ökonomischen Prozessen auf der regionalen Akteursebene vermittelbar sind. Umgekehrt fehlt aus der regionalen ökonomischen Sicht heraus die Möglichkeit diese global maßgeblichen Prozesse in die regionalen Dynamiken zu integrieren.

2.1.1 Hemmnisse und Chancen in der Realisierung von Wandel

Klimawandel als solches ist eingebettet in viele Prozesse (vgl. Mooney et al. 2009 oder Eriksson/Andersson 2010), die bereits lange unter dem Sammelbegriffen wie Umweltschutz oder Nachhaltigkeit diskutiert werden. In allen diesen Prozessen spielen Konsequenzen, die ökonomische

---

[47] Welche Pflanzen bspw. in welchen Vegetationsperioden am besten wachsen oder welche für die Intagration mehrerer Anbauzyklen in einer Saison geeignet sind.

[48] Es wäre z.B. wichtig einzusehen, wie im regionalen Kontext argumentiert werden kann, dass Biodiversität insbesondere im Zusammenhang mit den klimatischen Veränderungen eine besonders wichtige Rolle spielt, warum eine langfristig orientierte ökonomische Nachhaltigkeit gegebenenfalls stärker priorisiert werden müsste als eine kurzfristige, dass eine entsprechend andere Prioritätensetzung grundlegende Veränderung der Wertschöpfungsketten bedeuten würde und dass damit eine veränderte Landnutzung einherginge.

Strategien weltweit haben, eine entscheidende Rolle. Die Geschichte von scheiternden Veränderungsbemühungen und Warnungen auf Grund wissenschaftlicher Ergebnisse ist lang. Sie lässt sich zurückverfolgen bis mindestens in die 70er Jahre des letzten Jahrhunderts (Turner 2008) und findet sich ebenfalls in Themengebieten, wie z.B. den Biodiversitätsschutzzielen[49] (siehe auch WBGU 2011, 41ff). Im Vergleich mit den Szenarien der Limits to Growth-Studie von Meadows (1979) schneidet die tatsächliche Entwicklung nicht besonders gut ab. Turner schreibt:

> „[T]he observed historical data for 1970-2000 most closely matches the simulated results of the LtG50 ‚standard run' scenario for almost all outputs reported; this scenario results in global collapse before the middle of this century. [... I]n addition to the data-based corroboration [...], contemporary issues such as peak oil, climate change, and food and water scarcity resonate strongly with the feedback dynamics of ‚overshoot and collapse' displayed in the LtG ‚standard run' scenario (and similar scenarios)." (Turner 2008, 38).

Aus dieser Perspektive ist ein verbesserter Diskurs zwischen Wissenschaft und Gesellschaft − und damit vor allem auch mit der Wirtschaft − vor allem dort erforderlich, wo gegenwärtige Strategien *einerseits schwerwiegende Auswirkungen haben, andererseits aber ein hohes Ge-*

---

[49] „Der Ausschuss der Regionen stellt fest, dass das Aussterben von Pflanzen- und Tierarten rascher (schätzungsweise 1000 Mal schneller) voranschreitet, als dies seit der Entstehung der Erde vor 4,5 Milliarden Jahren und der Entwicklung von Leben vor 3 Milliarden Jahren je der Fall war; verweist auf die vorrangige Bedeutung der Artenvielfalt für das Überleben der Menschheit [...]; weist darauf hin, dass sich die Klimaentwicklung auch heute schon auf die Dynamik und Verbreitung der Arten auswirkt; stellt fest, dass der Mensch nicht in einem rein mineralischen Umfeld, wohl aber in einem wärmeren Klima leben kann, und schließt daraus, dass der Schwund der Artenvielfalt viel schwerwiegendere Folgen für die Menschheit haben wird als der Klimawandel; weist zudem darauf hin, dass der Rückgang der Artenvielfalt und die abnehmende Leistungsfähigkeit der Ökosysteme bereits heute negative Auswirkungen auf die Gesellschaft und die Wirtschaft haben; macht darauf aufmerksam, dass die Hauptgründe für den Rückgang der Artenvielfalt erwiesenermaßen in der Bodennutzung durch den Menschen und der Verbreitung exotischer Pflanzen- und Tierarten liegen; stellt fest, dass die biologische Vielfalt auf lokaler Ebene angegangen und erhalten werden muss, damit sie weltweit geschützt werden kann." (Souchon 2009, 2).

[50] Limits to Growth.

staltungs- und Interaktionspotenzial besteht. Der unternehmerische Akteur als Entrepreneur, Erfinder und Innovator[51] aber auch als verantwortungsbewusster Bewahrer[52] von (nicht nur ökonomischen) Werten, scheint mit Rückbezug auf Schumpeter (1991, siehe Fußnote) mindestens ebenso angesprochen wie Wissenschaft, Politik, NGOs und andere Stakeholder.

Sulston (2009) betont die Wichtigkeit der Verfügbarkeit relevanter Information als Basis für partizipative Veränderungsprozesse. In ähnlicher Weise äußern sich auch Hess und Ostrom. Information wird hier unter anderem beschrieben als „commodity, as a perception of pattern, as a constitutive force in society" (Hess/Ostrom 2003, 131). Wichtig ist dabei vornehmlich, „how people use information" (ebd.). Die Autoren beziehen sich im Weiteren auf Hayek, indem sie betonen, dass Information erst durch das spezifische Wissen im aktuellen Kontext und ihren Gebrauch

---

[51] „[E]conomic behavior is at every point of time dominated by the effects, actual or anticipated, of the technological or commercial change and cannot understood without it. [...] The consequences of overlooking the fact that revolution in existing industrial and commercial patterns is the permanent state of things – instead of being something that occasionally happens to disturb the „normal" flow of economic processes – carry over, on the one hand, into our attitudes towards practical problems and, on the other hand, into the conceptual apparatus of economic theory." (Schumpeter 1991, 407) Und: "[T]he entrepreneur and his function are not difficult to conceptualize: the defining characteristic is simply the doing of new things or the doing of things that are already being done in a new way (innovation)." (ebd. 412) [Aus der ersten Fußnote des Artikels: „This article was probably written in 1946 in response to [...] Arthur H. Cole [...]. Major parts of the manuscript appeared in 1947 in *The Journal of Economic History* as ‚The Creative Response in Economic History.' "].

[52] Die Wertschätzung Schumpeters für seine bahnbrechenden Analysen steht nichts desto trotz eingebettet in den historischen Kontext. Das heißt, dass das Bewahren von Strukturen ebenso wie die Einstellung zu Innovation inzwischen in einer umfassend globalisierten Welt betrachtet werden müssen. Indem Wertschöpfungsketten durch schöpferische Zerstörung und fortwährende ökonomische und produktorientierte Innovation globalisiert wurden, sind ebenfalls globale Problemlagen entstanden, die nun sehr unmittelbar – und möglicherweise ebenfalls zerstörerisch – auf ökonomische Strategien zurückfallen. Eine „revolutionäre unternehmerische Funktion" (siehe obiges Schumpeterzitat), erfordert deshalb heute gerade das Schließen von Denk-, Handlungs- und Rückkopplungszyklen, die über „industrial and commercial patterns" hinausgehen.

im kulturellen Interaktionsgefüge tatsächlichen Wert erhält[53]. Vertrauen spielt in diesen Dingen eine wesentliche Rolle (vgl. Ostrom 2011, Sulston 2009). Deshalb bedarf die (wissenschaftliche) Untersuchung nachhaltiger Entwicklungsschritte methodischer und konzeptioneller Ansätze, die der Komplexität und Dynamik aber auch der notwendigen Konkretisierung für den jeweiligen organisationalen Rahmen im Unternehmen gerecht werden: „A challenge that AKST[54] needs to overcome is the lack of research in geographical, social, ecological, anthropological, and other evolutionary sciences as applied to diverse agricultural ecosystems. These are necessary to devise, improve and create management options and contribute to multifunctionality and may help in improving the sustainability of these resources and their effective use in production systems." (McIntyre 2009, 23, vgl. auch Underdal 2010, 5).

2.1.2 Der unternehmerische Akteur – definierende Annahmen

Im Folgenden geht es um Bewältigung dieser Herausforderungen insbesondere durch Unternehmen als evolutorische Akteure. Mit dem Begriff des Akteurs[55] wird hierbei in Anlehnung an folgende Definition gearbeitet:

---

[53] „[Hayek] wrote in 1945 that while we are used to respecting scientific knowledge gathered by experts, it is only in combination with ‚local knowledge' that the knowledge takes on a real value. All of the valid research on common-pool resources involves this combination of scientific knowledge with time and place analysis, or as Hayek puts it, the ‚special knowledge of circumstances' (Hayek 1945, 521). In any discussion of information [...] it is useful to remember that information is a human artifact, with agreements and rules, and strongly tied to the rules of language itself. [...]Thus, information has an important cultural component as well as intellectual, economic, and political functions. As such, it is a ‚flow resource' that must be passed from one individual to another to have any public value." (Hess/Ostrom 2003, 131).

[54] Agricultural knowledge, science and technology.

[55] In den englischen Quellen sind die Begriffe „agent", „agency" und „actor" in Gebrauch. Im direkten Bezug auf bestimmte Autoren werden sie für den deutschen Text hier entsprechend verwendet (bspw. „agentensensitiv" und „agenteninsensitiv" vgl. Abschnitt 2.2.2.2). Sofern kein unmittelbarer Bezug auf einen bestimmten

„An *autonomous agent* is a system situated within and part of an environment that senses that environment and acts on it, over time, in pursuit of its own agenda and so as to effect what it senses in the future." (Franklin/Graesser 1997, 26)

Dabei ist mit Bezug auf die Transformationsnotwendigkeit besonders der Aspekt des durch Akteure generierten und getragenen Wandels von Bedeutung: „[A]gents can introduce structural changes in their methods on the basis of experience and information acquisition." (Tesfatsion 2007, 344). Ähnlich konzipieren auch King, Felin und Whetten den Begriff des Akteurs: „We believe that actors have the capability to make decisions and behave on their own volition, and we hold them accountable for the decisions they make" (King et al. 2010, 292)[56].

Der ökonomische Akteur wird im Kontext dieser Arbeit *erstens* festgelegt auf die *organisationale bzw. kollektive Ebene*, also auf Unternehmen als Akteure (vgl. Pfriem 2011a und 2011b; Lautermann/Pfriem 2010). Handlungen können hierbei angesehen werden als „deriving from a view of the self – a reflexive, subjective point of view – that guides choices and directs the behavior of the organizsation's member-agents." (King et al. 2010, 292; vgl. auch Hanappi 2008). Wesentlich ist hier, dass Organisationen und Unternehmen im Speziellen *weder unabhängig von Personen existieren noch unabhängig von Personen handeln*, insbesondere keine Entscheidungen treffen (vgl. Dosi/Nelson 2010, 81ff). Demgegenüber erzeugen und koordinieren Organisationen emergente Spielräume: „Agent and structure are regarded as different facets of a unity. [...W]hat separates one layer from another is the existence of *emergent properties* at the higher level. Units exist at higher levels that are not mere epiphenomena of lower-level units. A viable and irreducible

Autor und dessen Begrifflichkeit vorliegt, wird der deutsche Begriff „Akteur" benutzt.

[56] An dieser Stelle wird bereits deutlich, dass ein konsequenter und mit der Zurechnung von Verantwortung verbundener Gebrauch des Akteursbegriffs ohne eine entsprechende Konzipierung von *Fähigkeiten* nicht möglich ist. Dies gilt umso mehr, wenn es um die Bewältigung von Herausforderungen geht, in denen Entscheidungen zwischen dem organisationalen Eigenwohl und dem Wohle übergeordneter Kontexte gefällt werden müssen: „To hold organization accountable and responsible for its actions but to not treat it analytically as an actor is a conceptual disconnect [...]." (King et al. 2010, 292).

hierarchical ontology depends upon the notion of emergent properties. A property may be said to be *emergent* if its existence and nature depend upon entities at a lower level, but the property is neither reducible to, nor predictable from, properties of entities found at the lower level." (Hodgson 2007, 103). Für die Beschreibung unternehmerischer Akteure ist damit *zweitens* von Bedeutung, dass die *organisationalen Bedingungen* unterschiedlich gestaltet sein können. Das heißt auch, dass diese für Individuen mehr oder weniger bzw. qualitativ anderen Spielraum anbieten können[57]. *Drittens* ist die Nutzung und Generierung dieser Spielräume abhängig von *Personen und deren Fähigkeiten,* welche die Fähigkeiten auf Unternehmens- bzw. Organisationsebene[58] mitbestimmen. Die daraus hervorgehenden Prozesse sind außerdem abhängig von Einstellungen, Motivationen und Einsichten (mentalen Modellen), die für Personen in ihrer jeweiligen Position und im Unternehmen als Ganzes gelten (vgl. dazu auch den Ansatz zu Schlüsselakteuren in Karlstetter et al. 2010). Weil es in Bezug auf langfristigen ökonomischen Wandel (wie für die Regulierung regionaler Flächennutzungskonflikte) an zentralen Stellen um Prioritätensetzung und/oder deren Verschiebung geht, kann deshalb von Personen als individuellen Akteuren nicht grundsätzlich abstrahiert werden[59]. „Each actor is co-evolving with the structures resulting from

---

[57] „An agent sensitive institution is one in which the reigning equilibria or conventions can be significantly altered if the preferences or dispositions of some agents are changed, within a feasible set of personality types." (Hodgson 2006, 16).

[58] „There seems to be a consensus that a capability does not represent a single resource in the concert of other resources such as financial assets, technology, or manpower, but rather a distinctive and superior way of allocating resources. It addresses complex processes across the organization such as product development, customer relationship, or supply chain management. In contrast to rational choice theory and its focus on single actor decisions, organizational capabilities are conceived as collective and socially embedded in nature." (Schreyögg/Kliesch-Eberl 2007).

[59] In der Metropolregion Bremen-Oldenburg gibt es bspw. eine sehr unterschiedlich dichte Verteilung von Biogasanlagen (vgl. Kapitel 5). In der später ausführlich erläuterten Exploration wurde deutlich, dass diese unterschiedlich dichte Verteilung von Biogasanlagen in bestimmten Landkreisen zum Teil mit einzelnen Personen gekoppelt ist, deren Prioritätensetzung ihre Entscheidungen entsprechend geprägt hat. Es konnte außerdem festgestellt werden, dass sich professionalisierende Bürgerinitiativen durchschlagende Erfolge hinsichtlich einer Abwendung großer Bio-

the behavior and knowledge/ignorance of all the others, and surprise and uncertainty are part of the result. The selection process results from the success or failure of different behaviors and strategies in the competitive and co-operative dynamical game that is running." (Allen 2010, 20).

Viertens wird die begriffliche Bestimmung des Unternehmens als Akteur auch *über die Binnenstruktur hinaus* gedacht. Diese wird in Wechselwirkung mit Prozessen gesehen, die gerade auch zwischen Unternehmen[60] maßgeblich für proaktives Handeln sein können (vgl. z.B. Duschek 2002). Denn gerade hieraus wird deutlich, dass Erfolg oder Versagen von Strategien in unterschiedlichen Horizonten oder Zeitspannen sehr unterschiedlich bewertet werden können (vgl. Allen 2010).

Diese Zugangsweise ist konsistent mit dem regionalen Fokus und dem Schwerpunkt auf Netzwerkbildung, wie er im Projekt nordwest2050[61] vertreten und umgesetzt wird. Das Unternehmen wird hier als eingebettet in vielfältige Vernetzungsaktivitäten in und über die Region hinaus sowie in und über die Branche hinaus verstanden. Innerhalb des Unternehmens als Organisation werden ebenfalls prozesshafte Diversität und Heterogenität in Nichtgleichgewichtszuständen angenommen, die durch Personen und organisationale Bedingungen geprägt werden.

Es werden damit Annahmen getroffen, die mit denen in der Evolutorischen Ökonomik übereinstimmen und mit dem organisationstheoretischen Konzept der Dynamic Capabilities vereinbar sind (vgl. Witt 2003b, 2008a; Dopfer 2005; Dosi/Nelson 2010; Schreyögg/Kliesch-Eberl 2007; Lichtenthaler/Lichtenthaler 2009). Wie oben schon angedeutet,

---

gasparks erzielen konnten. Entsprechend hat die Arbeit mit regionalen ökologisch wirtschaftenden Unternehmern gezeigt, dass etwa Pioniere ökologischen Landbaus aus einer bestimmten Einstellung heraus ihre unternehmerischen Prozesse verändert und durchgesetzt haben.

[60] Siehe hierzu insbesondere auch Kapitel 6.

[61] Das vorliegende Kapitel basiert unter anderem auf einer im Sommer 2009 durchgeführten intensiven Journalrecherche zum (unternehmerischen) Akteur im Theoriekontext der Evolutorischen Ökonomik. Die Journalrecherche ist im Februar 2010 aktualisiert worden. Es wurden insgesamt diverse wissenschaftliche Fachzeitschriften (die genauen Angaben finden sich im Anhang) und mehrere hundert Artikel ausgewertet, um eine Übersicht über die Verwendung und Konzeption dieses Begriffsfeldes zu erzielen. Die Ergebnisse gingen unter anderem ein in die Erarbeitung des Theorierahmens für das Projekt nordwest2050 (vgl. Fichter et al. 2010).

bestehen in den entsprechenden theoretischen Ansätzen allerdings konzeptionelle Defizite, *speziell in Beschreibung und Analyse des Wandels zu nachhaltiger Entwicklung.* Den Gedanken der funktionalen Kopplung aus dem vorigen Kapitel aufgreifend, können hiermit die Hypothesen H1 und H2 aufgenommen werden. Die Forschungsfragen lassen sich für das evolutorische Verhältnis zwischen (a) individuellen Akteuren und den organisationalen Bedingungen, (b) kollektiven Akteuren im Verhältnis zu einander und (c) zu exogenen (gesellschaftlichen) Herausforderungen wie folgt reformulieren:

1) Wie können Problemlagen so fokussiert werden, dass sie den evolutorischen Gestaltungsmöglichkeiten und Fähigkeiten der Akteure vor Ort entsprechend greifbar werden? Eine methodische und analytische Aufbereitung müsste es erlauben, daraus evolutorische Potenziale und (dynamische) Fähigkeiten abzuleiten, die bei unternehmerischen Akteuren (und den betreffenden organisationalen Bedingungen) gegeben sein bzw. generiert werden müssen, um diese Problemlagen zu bewältigen. Aus den bisherigen Ausführungen geht hervor, dass unternehmerische Strategien konkret und in integrierter Wiese im Zusammenhang mit der Tragfähigkeit des gesamten regionalen Systems gesehen werden müssten. Die Qualität dieses Zusammenhangs müsste darum konsistent mit den globalen Herausforderungen beurteilt werden können.

2) Gerade regionalen Prozessen kann ein Potenzial für proaktives und vorausschauendes unternehmerisches Handeln zugesprochen werden. Insbesondere scheint dies wahrscheinlich, wenn es um Branchenzusammenhänge geht, die eine starke Verankerung in regionalen Wertschöpfungsketten haben. Begründen lässt sich dies damit, dass durch vernetztes proaktives Vorgehen Veränderungsprozesse für viele der regionalen Akteure gleichzeitig auf den Weg gebracht werden könnten. Daraus ergibt sich als Lösungsansatz für Problemlagen, die nicht isoliert für ein Unternehmen gelten, dass evolutorische Aspekte unternehmerischen Handelns besonders hinsichtlich Kooperation (Allianzen) und Informationsaustausch näher bestimmt werden müssten. Weil Diversität (Witt 2005, Dosi/Nelson 2010, 92ff) als Faktor für flexible und innovative regionale Strukturen gelten kann, könnte so für ein Geflecht unternehmerischer Akteure gerade aus spezifisch

heterogener Unterschiedlichkeit eine gemeinsame Funktion für zukunftsfähigen ökonomischen Wandel entstehen.

2.2 Ökonomische Evolution – Der Akteur zwischen Heterogenität, Selbst-Organisation und Regeln

Die Evolutorische Ökonomik befasst sich mit der Beschreibung und Erklärung ökonomischen Wandels. Sie erscheint für die vorliegende Arbeit besonders geeignet als theoretischer Ansatz, weil die oben dargestellte kontrafaktische Diskrepanz mit einem Wandel in zweierlei Hinsicht verbunden ist. Erstens bedeutet Wandel in Bezug auf die Behebung der gegenwärtigen Nicht-Nachhaltigkeit, dass (unter einer knappen Befristung (WBGU 2011)) eine *bestimmte und gleichzeitig indeterminierte (unsichere) Änderung (in der Sache)* herbeigeführt werden müsste, die durch heterogene Akteure, heterogene Prozesse und heterogene Ziele gekennzeichnet ist. Zweitens bedeutet Wandel in Bezug auf einzelne Unternehmen und deren Fähigkeiten, dass jene in turbulenten und unvorhersehbaren Situationen agieren und reagieren müssen. Dies beinhaltet *Entscheidungen über Veränderung und Gestaltung des unternehmerischen Regelsystems sowie des strategischen Managements.* Und zwar in einer Weise, in der mit Blick auf übergeordnete Zusammenhänge Prioritäten gesetzt und Bewertungen vorgenommen werden sollten.

Seit Darwin wurde Evolution von vielen als Entwicklung beschrieben, deren Mechanismen, Dynamiken und Regeln unter dem Paradigma von *Variation, Selektion* und *Retention* zusammengefasst werden können (Dopfer 2001, 2005; Schurz 2011). Mit der Evolutorischen Ökonomik hat sich ein theoretischer Ansatz entwickelt, der dieses Konzept als Erklärung für ökonomischen Wandel und das Entstehen von Neuem nutzt. Der menschliche Akteur als *Entscheidungsinstanz*, die absichtsvoll handelnd Einfluss auf seine Umwelt nimmt, bildet in Abgrenzung zur biologischen Evolution einen zentralen Unterschied. Demgegenüber ist der ökonomische Akteur von den Umweltbedingungen aber ebenso betroffen. Die Details der Beziehung zwischen natürlicher und kultureller (und damit gesellschaftlicher) Evolution werden in der Literatur kontrovers diskutiert (Eldredge/Grene 1992; Metcalfe 2001; Benseler et al. 2004; Hodgson 2005; Hodgson/Knudsen 2006b, 2006c; Witt 2007, 2008a und

2008b; Vromen 2007, 2008;). Neben der Annahme, dass das Darwinsche Schema die generelle evolutorische Ablaufstruktur bildet, stehen Sichtweisen, die der biologischen Evolution die gesellschaftliche zwar im direkten Anschluss beiordnen, wegen struktureller Unterschiede allerdings die direkte Vergleichbarkeit der Prozesse bestreiten[62]. Es gibt zu dieser Auseinandersetzung durchaus auch kritische Stimmen, die bspw. besagen, dass „[t]his ongoing discussion, while making interesting points, seems to slow down the efforts to devise a better understanding of sociocultural evolution." (Gual/Norgaard 2010, 710).

In neueren Ansätzen ist es vor allem die Perspektive komplexer dynamischer Systeme, die einerseits die weiträumige kaum trennbare Verzahnung vieler struktureller Ebenen aufzeigt, andererseits deutlich macht, dass in komplexen Gegebenheiten Kausalitäten nur schwer zuordenbar sind (Sartorius 2006; Burgelman/Grove 2007a und 2007b; Allen et al. 2007; Norberg/Cumming 2008, Helbing/Johannsen 2009, Crutchfield 2009, Grin et al. 2010)[63]. Damit könnte diese Perspektive eine Vermittlungsfunktion gewinnen. Insbesondere ökologische Fragestellungen lassen sich so unter Umständen neu in ökonomischen Dimensionen entwerfen (Van den Bergh 2007; Kallis/Norgaard 2010; Gual/Norgaard 2010; Hodgson 2010b). Grundsätzlich kann davon ausgegangen werden, dass für Individuum und Organisation in gegenseitiger Abhängigkeit Spielräume und Optionen gelten. Damit ist auch das Problem der Pfadabhängigkeit (siehe weiter unten) und die Frage der Entscheidung über Kontingenzen angesprochen (Lehmann-Waffenschmidt/Reichel 2000; Augier/ Teece 2008; Ortmann 2009).

Für die evolutorischen Prozesse des Auswählens, Entscheidens und Gestaltens (Baum/Singh 1994a; Baum/Singh 1994b; Baum/Singh 1994c; Weick 1995 und 2001; Dosi et al. 2004 und 2005; Vromen 2006; Witt

---

[62] Dass die Biologie als Wissenschaft zusammen mit den Wirtschaftswissenschaften (und auch anderen Wissenschaften) „evolviert" ist und eventuell beide Wissenschaften im Hinblick auf Nutzen, Zweck und Optimierung von Strategien und Wettbewerb durch eine (militärische) Missinterpretation von Abläufen in der Natur geprägt sein könnten – mit den entsprechend fatalen Konsequenzen in der Entwicklung und Gestaltung sozialer Schichten sowie der Rechtfertigung von Unterschieden zwischen Menschen, Geschlechtern und Ethnien – ist ein Thema, das hier nicht ausgeführt werden soll (vgl. Daly/Farley 2004, 249f oder Schurz 2011).

[63] Vgl. hierzu auch Kapitel 3.

2011; Vromen 2011) spielt Lernen als Hauptschnittstelle zwischen Wissen und Tun auf der personellen und der interpersonellen sowie der organisatorischen und interorganisatorischen Ebene eine entscheidende Rolle (Allen et al. 2007; Cayla 2008; Senge/Sterman 2009). Das experimentelle und aktive Handeln des Entrepreneurs findet unter der Annahme von Unsicherheit bzw. Unwissen und einer prinzipiell nicht vorhersehbaren Zukunft statt (Lehmann-Waffenschmidt 2009; Pfriem 2011a). Desweiteren wird in der Evolutionären Ökonomik vorausgesetzt, dass gleichgewichtsferne Zustände vorliegen, in denen selbstorganisierende Kräfte wirksam werden (Dopfer 2005). Insbesondere dadurch ist die evolutorische Sicht zur neoklassischen Ökonomik abgegrenzt. In der Folge können *„process units of change"* (Dopfer/Potts 2008) unter Annahme von Nichtgleichgewichtszuständen betrachtet werden, womit Wandel nicht nur als heterogen, sondern als prinzipiell verlaufsoffen erscheint. Unter komplexen Gegebenheiten ergibt sich hieraus, dass strategische Entwicklung non-linear und damit als rekursive Kompetenz von Akteuren konzipiert werden muss (Senge 2000; Lehmann-Waffenschmidt/Sandri 2007; Senge/Sterman 2009). Diversität kann dabei als Voraussetzung für flexible und robuste systemische Eigenschaften gesehen werden, „the lack of which could provoke instability and eventually lead to the collapse of the system. Since in present-day economics the selective effect of market competition is rather strong, self-sustained maintenance of a high degree of diversity cannot be taken for granted. Especially with regard to the uncertainty associated with long-term sustainability problems, it may therefore even be necessary to actively keep competition in a more early stage – against the self-enforcing advantages of productivity-increasing specialization (see Kemp 1997)" (Sartorius 2006, 277). Dabei muss bedacht werden, dass der Erhalt von Diversität mit Kosten verbunden ist, weil (i) in Humankapital investiert werden muss, das für das Erlernen neuer Strategien erforderlich ist; insofern (ii) besonders radikale Änderungen für ihre Diffusion (staatlicher) finanzieller Unterstützung bedürfen; indem (iii) die Aufrechterhaltung eines Zustandes zwischen Diversität und Wettbewerb Effizienz (im herkömmlichen Sinn) reduzieren kann. Diversität bedeutet (iv), dass kostenreduzierende Potenziale im Hinblick auf „economies of scope and scale" zugunsten von Lerneffekten nicht ausgeschöpft werden (Sartorius 2006, 277). Das Verhalten von Akteuren ist hier maßgeblich dafür, ob die spezifischen *Potenziale der Ist-Situation* mit den *Potenzialen von für langfristige Aufgaben notwendigen Veränderungen* einander gegenübergestellt, gewichtet, selektiert und in die gegenwärtigen Entscheidungsspielräume (bspw. als Regeländerungen) integriert werden. Die Diskrepanz zwischen der Komplexität und Unsicherheit und der Einschätzung von Kosten und Nutzen wird im Weiteren zentral sein. In Kapitel 5 wird diese Schwierigkeit für die konkrete Situation in der Metropolregion Bremen-Oldenburg im Hinblick auf langfristig nachhaltige Flächennutzung aufgegriffen.

2.2.1 Evolutorische Ökonomik – Eckpunkte der historisch-theoretischen Entwicklung

Die Evolutorische Ökonomik geht auf Quellen zurück, die den Begriff „evolutorisch" selbst nicht unbedingt enthalten, trotzdem aber als Grundlagen angeführt werden können. Wandel wird hier bereits als Nicht-Gleichgewichtsprozess konzipiert, der mindestens eingeschränkt durch unternehmerische Akteure gestaltet und geprägt wird. Dabei ist die Evolutorische Ökonomik bis heute ein konzeptionell heterogener Theoriediskurs geblieben. Ursprünge finden sich bei Veblen (1899), Schumpeter (1934), Penrose (1959) und von Hayek (1960, 1967) sowie Georgescu-Roegen:

> „An eminent contribution to evolutionary economics, that is very explicit about [...emphasis on human inventiveness and imitation as important drivers of the development of institutions and technology], is the work of Georgescu-Roegen (1971). [...M]ajor recurring themes in his writings are the role of novelty in driving evolution and the role of entropy in constraining evolution. Both issues are given a broad methodological and conceptual discussion and are finally applied to reformulating economic production theory." (Witt 2008b, 560)

2.2.1.1 Routinen

Bahnbrechend befassen sich Nelson und Winter (1982) mit Routinen als endogen wirksamer, regulierender aber auch veränderbarer Komponente organisatorischer Prozesse und Organisationsgrenzen (Nelson/Winter 1982; siehe auch Cyert/March 1963). Dabei beinhalten Routinen diverse

Phänomene wie Regeln, Prozeduren, Strategien, Technologien, Konventionen, Kulturen und Überzeugungen, die in und um Organisationen angesiedelt sind. „Routines are the means by which organisations carry out activities by matching appropriate procedures to situations they face, whether ordinary or extraordinary. This process of matching generally does not involve rational choices between alternatives, but is rather the enactment of processes that are seen as suitable and legitimate given a recognised set of circumstances." (Berkhout et al. 2006, 137) Es handelt sich hierbei also um *operativ wirksame Strukturierungen*, die für die Organisation stehen und umgekehrt. „At any one moment, the routines enacted by individuals and subunits in an organisation are those that have been selected as being advantageous through a process of experience and learning. These activities, which are geared to the operational functioning of the organisation, have been referred to as operating routines (Zollo and Winter, 2002: 340)" (ebd.). Allerdings werden Routinen modifiziert und angepasst, wenn die Organisation mit neuen Ereignissen konfrontiert ist, für die bislang keine Umgangsweise entwickelt wurde, wenn sich bestehende Routinen als erfolglos herausstellen oder wenn alternative interne oder externe Routinen entdeckt werden, die größere Vorteile versprechen. Routinen sind damit auch *strategisch wirksam* (vgl. ebd. und Gavetti/Levinthal 2000; Witt 2011; Vromen 2011).

Die verschiedenen Funktionen von Routinen, insbesondere deren Veränderung für und innerhalb der Organisation, bilden einen wesentlichen Schwerpunkt für die Bedingungen evolutorischen Wandels (Witt 2011). Diese strukturelle Perspektive wurde im Anschluss an Lerntheorien, insbesondere denen zu Lernen höherer Ordnung (wenn Regeln selbst verändert werden), für individuelle und kollektive Akteure weiter bearbeitet. Grundlegend ist dabei bspw. das Werk von Aldrich (1999), der Organisationen als zielorientierte, koordinierte Aktivitätssysteme definiert. In engem Zusammenhang steht der Begriff der *learning communities of practice* (Brown/Duguid 1996). Damit ist erneut das Verhältnis von *agents* als individuellen und *agencies* als kollektiven Akteuren (vgl. Dopfer/Potts 2008) angesprochen.

Witt gibt eine Definition für Institutionen, die für den vorliegenden Zusammenhang der Flächennutzungsregulierung deshalb von Vorteil ist, weil sie zweierlei Situationen einschließt, nämlich solche, in denen „institutions result from strategic interaction and those where the individuals involved do not notice that their own decisions affect those of others" (Witt 2003a, 220):

„An institution is a unique behavioral regularity spread out among individuals or a pattern of diverse, but coinciding, possibly even mutually dependent, behavioral regularities. It is displayed whenever the involved individuals are faced with the same constituent situation of choice." (Witt 2003a, 220)[64]

Hodgson (2007) differenziert – im Anschluss an Giddens (1984) – zwischen Institutionen und Organisationen. Organisationen werden hier be-

---

[64] Mit Bezug auf die folgenden Kapitel (insbesondere 5, 6 und 7), scheint die folgende Ergänzung bereits an dieser Stelle sinnvoll: „In any case, the fact that the regularities may be more or less spread out in a population of individuals (or groups of interacting individuals) points to a crucial feature of institutions, their varying degree of propagation or relative frequency of adoption. For expository convenience assume that the decision to adopt (a) or not to adopt with (n) is fully informed with respect to what kind of behavior is required, be it a unique and independent regularity or one that has, in a division of activities, to contribute to a pattern of coinciding regularities. The respective behavior may be adopted by none, some, or all of the individuals. Accordingly, if F(a) indicates the relative frequency of adoption, the propagation of an institution can be measured by F(a) on the unit interval" (Witt 2003a, 156f). Mit den bei Witt (ebd. 157f) folgenden beiden Annahmen wird im Prinzip derselbe Zusammenhang ausgedrückt, wie er weiter hinten am Anfang des 5. Kapitels im Anschluss an Ostrom und Dopfer nachgezeichnet wird: „*Assumption 1:* The individual probability of adopting a new behavioral regularity f(a) is the larger, the larger the individual net benefit from choosing a rather than n is assessed provided the net benefit is positive, otherwise f(a) = 0." Und „*Assumption 2:* The extent to which an individual is able to improve his position by adopting a behavioral regularity depends on the relative frequency F(a) with which other individuals in the population have already adopted (or in certain cases can be expected to adopt) the respective regularity or regularities.". Diese Annahmen lösen allerdings nicht (vgl. Kapitel 5) die Schwierigkeit, dass für die Bestimmung von Kosten und Nutzen, und damit für eine kritisch-reflexive Entscheidung eines Akteurs als kompetenter Instanz, *Informationen erforderlich wären, die unter komplexer Unsicherheit nicht vollständig abgeleitet werden können.* Insofern bedarf es seitens der *Befähigungen* (siehe weiter unten) und seitens der *Aufbereitung von Daten* wie auch im *Umgang mit Messungen* (siehe Kapitel 7), einer für informational unvollständige inhaltliche Bereiche strukturierten, nachvollziehbaren und beweglich gehaltenen Methodik.

züglich Institutionen als Unterkategorie mit signifikant höherer Kohärenz bezeichnet. Damit geht einher, dass eine Abgrenzung etabliert wird, andere Modi der Mitgliedschaft erzeugt werden und darüber hinaus Verantwortungs- und Koordinationsfunktionen anders gelagert sind. Hodgson unterscheidet zwischen agentensensitiven und agenteninsensitiven institutionellen Formen, wobei er sich hier auf die Sensitivität gegenüber individuellen Akteuren bezieht (Hodgson 2006, 16ff). Es zeigt sich hieran schon das Spannungsfeld zwischen den Kompetenzen und inhaltlichen Einstellungen (vgl. auch Schumacher 2009) von Personen und den sie bestimmenden bzw. den durch sie bestimmten organisationalen Gegebenheiten. Das Unternehmen als Gesamtheit kann hierbei emergente Möglichkeiten und Restriktionen für die operative wie strategische Entscheidungsgestaltung bedingen (Hamel 2008; Prahalad/ Krishnan 2009). Vor diesem Hintergrund beschreibt Hodgson etwa Routinen als „organizational meta-habits, existing on a substrate of habituated individuals in a social structure." (Hodgson 2009, 29f). Insofern Routinen auch als prozedurales organisationales Gedächtnis angesehen werden können, stehen sie neben dem *Verhaltensaspekt* vor allem auch im Zusammenhang zu *Fähigkeiten* (vgl. siehe weiter unten). Sie entstehen dabei laut Hodgson aus der „capacity of an organization to provide conditions to energize a series of conditional, interlocking, sequential behaviors among several individuals within the organization." (ebd. 35; vgl. Hodgson 2010a). Indem Routinen zwischen Organisationsstrukturen und Individuen bestehen, sind in ihnen also prozedurale Grundlagen dahingehend enthalten, welche Vorgänge, Fähigkeiten, Möglichkeiten und Informationsströme im Unternehmen entstehen und genutzt werden. Damit steht die *konkret inhaltliche Ausprägung* von Routinen stark in Abhängigkeit zum *Unternehmen als Akteur* und *Instanz von Veränderungen* (vgl. obige Definitionen).

Da im vorliegenden Problemzusammenhang die Situation in vielerlei Hinsicht grundsätzlich neu ist (obwohl schon geraume Zeit absehbar), bleibt die Frage offen, welche Routinen oder Fähigkeiten für solche Situationen erforderlich sind, in denen keine Routinen (im Sinne von Erfahrungswissen) vorhanden sind und darüber hinaus bestehende Routinen zu den aktuellen Problemlagen geführt haben.

2.2.1.2 Das Entstehen von Neuem

Origination, Adoption und Retention von Trajektorien (z.b. prozeduralen (technologischen oder organisationalen) oder portfoliobezogenen Entwicklungssträngen)[65], bestehend aus Trägerstruktur und Regelwerk werden bei Dopfer und Potts (2008) für die Ebenen Mikro, Meso und Makro beschrieben. Dabei ist der individuelle Akteur in der Mikroebene und die Unternehmung in der Mesoebene angesiedelt. Wenn Routinen und die ihnen zu Grunde liegenden Regeln sich verändern, kann dieses absichtsvoll bzw. strategisch geschehen. Es kann aber auch durch selbstorganisierende, emergente oder turbulente Prozesse beeinflusst sein, die innerhalb und außerhalb der Organisation wirksam sind. Dopfer und Potts nennen Vorgänge, die das Regelsystem als solches ändern, Regeln 2. Ordnung. Der Umgang mit diesen regelnden Prozessen bedeutet für die Organisation den *Gebrauch bedeutsamer Abstraktionen*, die für die in der Organisation arbeitenden und entscheidenden Personen Sinn machen und praktikabel sind (Weick 2001; Weick/Sutcliffe 2001; Gavetti/Warglien 2007; King et al. 2010). Zugleich wird damit deutlich, dass interaktive Prozesse im organisierten Alltag neben der endogenen Funktion für die Organisation (Witt 2011) auch über die Organisation hinaus evolutorisch wirksam sind. Sie gestalten Entwicklungstrajektorien, die wiederum eingebettet in gesellschaftliche Entwicklungen sind, mit. Insbesondere die zeitliche Dimension (Lehmann-Waffenschmidt 2009; vgl. auch Underdal 2010) dieser Trajektorien kann für die rekursive Bearbeitung von Pfaden durch Akteure aus evolutorischer Perspektive bedeutsam sein: Indem ökonomische Prozesse durch kreatives, proaktives und innovatives strategisches Handeln geprägt sind, können Dynamiken geformt und gestaltet werden (Augier/Teece 2008; Gavetti 2005).

Diese Gestaltungsmöglichkeiten werden allerdings vor allem in höherkomplexen thematischen Zusammenhängen, wie z.B. Klimaanpassung,

---

[65] Zum Begriff der Trajektorie siehe auch Schurz 2011; 275ff: „Die Zustandsentwicklung eines Systems in der Zeit (unter gegebenen Anfangsbedingungen) nennt man eine zeitabhängige *Trajektorie* des Systems […] Die Menge aller naturgesetzlich möglichen zeitlichen Zustandsentwicklungen des Systems nennt man den *Trajektorienraum* […] des Systems."

durch zahlreiche Faktoren[66], eingeschränkt (Lautermann/Pfriem 2010; Gupta et al. 2010). Berkhout et al. (2006) schreiben dazu: „[The] extent [of] organisational climate sensitivity is multifaceted and determined by the interplay between particular factors and conditions. As these are frequently organisation-, location- and time-specific, detail matters enormously in assessing the climate-sensitivity of a company, or of any other organisation." (ebd. 144). Und „Given the limits to experiential learning, the ambiguous link between adaptation and performance, and the indirect nature of feedback, an adapting organisation needs to employ some ‚guiding principles' in making choices between alternative approaches to climate adaptation under conditions of high uncertainty." (ebd. 15; vgl. Allen et al. 2007).

Sich gegenseitig bedingende Abläufe und Interdependenzen sind in ihrer Relevanz für das Entstehen von Neuem für Organisationen operational und damit evolutionär wirksam erst durch menschliche Interpretation (Witt 2009). Das heißt, sie können zwar emergent auftauchen oder automatisch entstehen, müssen dann aber in (positiv) rückgekoppelten Interaktionen bestätigt und beurteilt werden. Hierzu bedarf es der menschlichen Entscheidung (vgl. auch Gavetti/Levinthal 2000; Lehmann-Waffenschmidt/Sandri 2007). Indem Ereignisketten ökonomische Pfadentwicklungen bilden, stellen sie evolutorisch gesehen Trajektorien in komplexen Systemen dar. Ökonomische Evolution kann in diesem Sinn als solche Prozesse des Wandels beschrieben werden, deren Dynamik einerseits als selbstorganisierend und andererseits durch Wechselwirkungen zwischen Struktur und Akteur geprägt ist. Innovation bedeutet somit „evolution with design" (Augier/Teece 2008), nämlich die interaktive Kopplung von Entwicklungsdeterminanten inhaltlich konkreter Kontexte mit dem aktiven Gestalten durch unternehmerische Akteure (Rahmeyer 2005; Arthur 2007; Nelson 2008; Dosi/Nelson 2010, 91ff; Karlstetter et al. 2010).

---

[66] Wie z.B. Unsicherheiten, Unübersichtlichkeit, Kaskaden von Wechselabhängigkeiten oder die Schwierigkeit Informationen im Hinblick auf ihre konkrete Relevanz zu beurteilen.

2.2.2 Kritische Anmerkungen

Oben wurde Heterogenität, Nicht-Gleichgewicht bzw. Dynamik und Verlaufsoffenheit, Selbstorganisation bzw. Emergenz und non-lineare Komplexität vorausgesetzt. Desweiteren wurde angenommen, dass ökonomische und unternehmerisch aktive Akteure fähig zu Origination, Selektion und Retention sind. Daraus ergeben sich Prozesse, die regelnd und routinisierend organisationale Bedingungen und Spielräume schaffen, diese verändern und strukturell fixieren. Wie bereits angedeutet, befassen sich die Autoren der Evolutorischen Ökonomik zwar ausführlich mit Themen wie ökonomischer Veränderung und Innovation, allerdings ohne sich darauf einzulassen, wozu bzw. mit welchen (den ökonomischen Kontext übersteigenden) Konsequenzen die analysierten Regeln und Routinen genutzt werden. Auf die Inhalte, um die es in Routinen geht, wird kaum genauer eingegangen. Somit bleiben auch die Zielsetzungen der untersuchten Unternehmen außen vor. Unter den heutigen Bedingungen strukturellen und existenziellen Wandels und damit einhergehender auch ökonomischer Dynamisierung und zunehmender Volatilität (Hamel 2008; Prahalad/Krishnan 2009) kann der inhaltlich nicht konkretisierte Fokus auf endogene unternehmerische Ressourcen und eine diesbezügliche ökonomische Optimierung routinierter Abläufe nur einen dekontextualisierten Ausschnitt darstellen (vgl. Allen et al. 2007). Laut dem neuesten WBGU-Gutachten ist eine umfassende Transformation erforderlich, die abhängig von der „Gestaltung des Unplanbaren" (WBGU 2011, 1) ist und zwar innerhalb eines inzwischen recht eng gesteckten zeitlichen Rahmens (vgl. oben bzw. Einleitung). Hierbei ist Wandel unmittelbar an die Veränderung alter Routinen und Leitbilder geknüpft. Die Herausforderung besteht darin, trotz gegebener Unsicherheiten die wissenschaftlichen Befunde zur bio-physikalischen Situation unserer Lebensgrundlagen und die zu erwartenden Auswirkungen in vorausschauender Weise in die sozio-ökonomischen Strategien und Prozesse einzubeziehen (WBGU 2011, 4f). Den realen Konflikten, die das bedeutet, wird der theoretische Zugang der evolutorischen Ökonomik nicht gerecht. Vielmehr muss befürchtet werden, dass die vordergründige Betonung von Wandelbarkeit und ökonomischer Dynamik – ohne dass diese im konkreten Bezug zu realen Inhalten und Konsequenzen steht – verschleiert, dass für eine tiefergreifende Veränderung ökonomischer Strategien im Sinne des WBGU ein Wandel erforderlich ist, der den in der evolutorischen Ökonomik beschriebenen Prozessen zuwiderläuft. Die hohe und komplizierte Abstraktheit, die typisch für diesen Theoriestrang ist, tut dazu ein Übriges. Mehr noch verhindert die hohe Abstraktionsebene unter dem gleichzeitigen Bezug auf „natürliche" Evolution stellenweise sogar, dass im Rahmen dieser Konzeption über reale Inhalte gesprochen werden kann. Wenn nämlich „*process units of change*" rein aus strukturellen inhaltsleeren Zusammenhängen heraus erklärt werden können, fällt es schwer, eine konkrete Orientierung anhand von inhaltlichen Zusammenhängen zu argumentieren. Selbst schwerwiegende inhaltliche Probleme wie der Klimawandel oder der Biodiversitätsverlust (siehe oben) können „evolutorisch ökonomisch" mit dem Argument ‚wie Unternehmen einen Wandel verweigern sollten, wenn dieser passiert, weil er ökonomisch evolutionär erfolg- bzw. ertragreich ist', ausgehebelt werden. Das Passieren und die ökonomische Effizienz solchen Wandels würde ja sogesehen der darwinistischen Vorstellung voll entsprechen und birgt deshalb eine Gefahr innerhalb dieser theoretischen Strömung. Um diese verkürzte Sicht aufzubrechen, soll die Evolutorische Ökonomik im Zuge dieser Arbeit für reale Zusammenhänge in Anwendung gebracht werden.

„Aus historischen Analysen lässt sich lernen, dass ‚Häufigkeitsverdichtungen von Veränderungen' (Osterhammel 2009) historische Schübe und umfassende Transformationen anstoßen können. Die gesellschaftliche Dynamik für die Transformation in Richtung Klimaschutz muss also durch eine Kombination von Maßnahmen auf unterschiedlichen Ebenen erzeugt werden." (WBGU 2011, 6). Für die konkrete Beschreitung der Transformationspfade sieht der WBGU zwei idealtypische Optionen. Beide sind orientiert an einer aktiven und proaktiven Interaktion zwischen (auch ökonomischen) *Akteuren als Pionieren des Wandels* und deren Strategien sowie der Einflussnahme durch einen Staat, der sich diesen Themen sorgsam gestaltend, konkret und umsetzungsbezogen widmet. Zum ersten ist dies die *polyzentristische Strategie*, bei der es um Bündelung vieler und vielfältiger Umbaubemühungen geht. Die andere Option ist die *fokussierte Strategie*, die durch große Weichenstellungen von hoher transformierender Wirkung gekennzeichnet ist. Beide Strategien sind auf *möglichst effektive Beschleunigung des nachhaltigen Wandels* ausgerichtet: „Die polyzentrische und die fokussierte Transformationsstrategie zielen jedoch beide auf eine ‚Große Transformation' ab und unterscheiden sich somit von der inkrementellen Politik des kurzfristigen Krisenmanagements und der stets aufschiebenden Kompromissfindung." (WBGU 2011, 9). Indem ökonomische Entwicklungen aus vielen unternehmerischen Akteuren mit ihren spezifischen ökonomischen Strategien bestehen, können sie eine, wenn nicht sogar *die zentrale Rolle* für polyzentrische Veränderungen spielen (siehe auch Berkhout et al. 2006). Insofern scheint es sinnvoll, Erkenntnisse über evolutorische Veränderungspotenziale unter Unsicherheit, das Lösen von Pfadabhängigkeiten und Lock-ins (siehe weiter unten) aufzugreifen und für derartig zielorientierten Wandel einzusetzen (vgl. Kallis/Norgaard 2010, Gual/Norgaard 2010, Grin et al. 2010)[67]. Ein theoretischer Hintergrund, der (1) dazu in der Lage ist, Nicht-Gleichgewichtszustände sowie das Verhältnis von bewusster aktiver Gestaltung und Selbstorganisation zu beleuchten, dabei (2) Heterogenität zur Voraussetzung hat und Entscheidungen als kontingent und prinzipiell verlaufsoffen konzipiert, könnte also vielversprechend sein, um diese Prozesse in der Realität voranzubringen (vgl. auch Berkhout et al. 2006; Grin et al. 2010).

2.2.2.1 Evolutorische Akteure und (ihre) Funktionen

Akteure üben in diesen Prozessen also eine spezifisch evolutionäre Funktion aus.

„[B]eing readily recognizable as a certain type of actor is a prerequistite for sustainable social interaction; and an actor's identity makes self-governance possible by serving as the corner stake against which all attitudes, beliefs, and actions are brought into a practical degree of alignment." (King et al. 2010, 295).

Der konkrete Bezug der evolutionäreren Sichtweise bspw. auf längerfristige Zielsetzungen einerseits und auf akute Entscheidungen andererseits (vgl. Underdal 2010) muss für ein strategisches Management dabei in zweierlei Hinsicht umsetzbar sein:

---

[67] Zur koevolutorischen Perspektive siehe Kapitel 3.

1) müssen kontingente, pfadbildende und rekursive Optionen anhand konkreter Abläufe auf ihr evolutionäres Potenzial bspw. für Innovationen beurteilt werden.

2) können übergeordnete Zielsetzungen nur durch ständiges flexibles Monitoring für die gegenwärtige Dynamik in eine absichtsvolle Richtungsgebung überführt werden.

Beide Schritte erfordern hohe Sensibilität für Konfliktpotenziale und hohe kommunikative Kompetenz, da die Vermittlung von Unsicherheit, gegebenen Bedingungen und notwendigen Experimentierräumen *prinzipiell nicht fixiert* werden kann. Für eine Vermittlung dieser *prinzipiell erforderlichen* (konzeptionellen) *Beweglichkeit*, die gleichzeitig dazu in der Lage ist, komplexe Zusammenhänge für konkrete Handlungszusammenhänge zu bündeln, wird im Weiteren ein Vorgehen ausgearbeitet. Indem Abläufe dynamisch und verlaufsoffen wahrgenommen werden können, bedeutet ein (aus ökonomischen wie ökologischen Gründen) auf diese Transformation hin orientierter evolutorischer Ansatz, dass von der Unternehmung permanent flexibel ausgesteuert werden muss. Dieses muss in Kenntnis sowohl der endogenen Prozesse also auch im strategischen Verbund mit Zielsetzungen und Austausch zu anderen Organisationen geschehen (vgl. Fichter et al. 2010; Schreyögg/Sydow 2010; Raisch et al. 2009; Cayla 2008). Die Perspektive auf kulturelle Prozesse kann hier analytisch Aufschluss geben über den jeweils relevanten Kontext[68].

Die Risiken, die für die Gesellschaft und die Ökonomie (vgl. Stern 2009; Kumar 2010) mit globalen Problemlagen, wie dem Klimawandel jenseits der 2°C-Erwärmungsmarke (Dyer 2010), dem weiteren Verlust fruchtbarem Bodens (Bommert 2009) oder Artenverlust (Hooper et al. 2005) verbunden sind, stehen dabei den unmittelbaren (ökonomischen) Risiken für einzelne Akteure gegenüber. Die Verschiebung hin zu nachhaltigen (und damit klimaschützenden und klimaangepassten) Strategien sind darüber hinaus nicht nur insofern unsicher, als jegliche Ausrichtung auf die Zukunft mit Unsicherheit verbunden sind, sondern es sind gerade auch die Veränderungen zweiter Ordnung (im Sinne der Veränderung von Regeln und Routinen), die zu tiefergreifenden akuten Unsicherheiten führen können. Schwerwiegende Gefahren, die diese Veränderungen not-

---

[68] Vgl. ausführlich Kapitel 4.

wendig machen, resultieren aus eben diesen Regeln und Routinen ökonomischer und gesellschaftlicher Evolution. Sowohl komplexe bio-physikalische als auch sozio-ökonomische Systeme sind multidimensional verzahnt und zeigen non-lineares Verhalten (Pascual et al. 2010; Ring et al. 2010; Elmqvist et al. 2010). Unsicherheit und abrupte Veränderung kann dabei speziell in der Nähe von Schwellenwerten auftreten (Lenton et al. 2008; Helbing 2009a und 2009b; Schellnhuber 2010a). Es ist deshalb notwendig, dass ökonomische Akteure ihre Wahrnehmung und ihren Umgang mit diesen Zuständen schulen (Berkhout et al. 2006). Dazu wird sowohl der direkte Kontext ihrer Unternehmung als auch ein erweiterter Kontext übergeordneter Problemlagen relevant und zwar (1) was die *Verursachung* dieser Problemlagen durch die unternehmerischen Strategien als auch (2) was die *Gefährdung* des Unternehmens durch diese Problemlagen angeht. Ökonomische Akteure gestalten Prozesse. Diese Prozesse sind dabei *funktional*[69] (vgl. Nooteboom 2008; Schurz 2011, 157; Daly/Farley 2004, 94) in dem Sinne, dass und wie sie Abläufe ökonomischer Evolution prägen. Welche dieser Abläufe für ein Unternehmen als vorteilhaft und erfolgreich erachtet werden, bemisst sich am *Kontext*, der *Relevanz* und der *Bedeutung*, die einem Ereignis beigemessen werden. Daraus ergeben sich *Beziehungen*, die zwischen unterschiedlichen Informationen zu Prozessen und Ereignissen gesehen oder hergestellt werden können. Diese sind damit essentiell für das *Entstehen neuer Optionen*, die *Selektion* und das *Sortieren von Möglichkeiten* und damit auch für die *Erzeugung von Bedingungen* für zukunftsfähige unternehmerische Strategien: „However, before change can be initiated, a signal needs to be recognised as evidence of a novel situation, in response to which existing routines are inappropriate or ineffective. One of the main conclusions from research on sense-making in organisations is that interpretations of experience depend on the frames of reference within which that experience is understood." (Daft/Weick 1984 in Berkhout et al. 2006,138).

---

[69] Im Hinblick auf die Kopplung ökonomischer Prozesse mit ökologischen wird die funktionale Komponente ökonomischer Evolution im nächsten Kapitel ausführlich behandelt.

2.2.2.2 Agentensensitive und agenteninsensitive Bedingungen – und Kontexte

Im Anschluss an Hodgsons Unterscheidung zwischen *agentensensitiven* und *agenteninsensitiven* Organisationen (Hodgson 2006), bedeutet Agentensensitivität demnach, dass die zugrundeliegenden Routinen individuellen Akteuren die Möglichkeit geben, die Organisation zu verändern. Agenteninsensitivität bedeutet, dass die organisationalen Bedingungen (bspw. in Bezug auf Handlungsrahmen und Hierarchien) so aufgebaut sind, dass sie von individuellen Akteuren nicht beeinflusst werden können. Bezugnehmend auf den bei Dopfer und Potts (2008) beschriebenen Übergang zwischen Mikro- und Mesoebene könnte angenommen werden, dass auch für den regionalen Rahmen – bezogen auf Unternehmen als (gesellschaftliche) Akteure – mehr oder weniger sensitive Routinen bestehen, die mitverantwortlich sind (bzw. proaktiv geändert werden müssen) für die Veränderung regionaler Wirtschaftsmuster, bspw. im Umgang mit Fläche.

Indem also evolutorisch gesehen von prinzipieller Verlaufsoffenheit ökonomischer Entwicklung und Veränderbarkeit der Routinen und Regeln ausgegangen wird, besteht mithin die Möglichkeit, Regeln 2. Ordnung zu generieren. So kann durch innovatives und Sinn schaffendes Eingreifen von individuellen und kollektiven Akteuren das interaktive Gefüge aus agentensensitiven und agenteninsensitiven Aspekten, sowie deren Qualität und Inhalt gewandelt werden (Ostrom 2010). In Bezug auf die oben umrissenen übergeordneten Problemlagen (im Sinne der Notwendigkeit einer ‚großen Transformation') würde dies bedeuten, dass sich aus dieser konzeptionellen evolutorischen Perspektive ableiten ließe, *wie sensible Änderungen vorgenommen werden können*, welche sowohl für das Unternehmen also auch im Hinblick auf einen erweiterten Kontext sinnvoll sind.

Mit diesen erweiterten Kontexten geht eine höhere bzw. anders gelagerte Komplexität[70] einher. Für die funktionale Kopplung zwischen bio-

---

[70] „As complexity increases, it becomes more difficult to balance the risk of being trapped on inferior peaks with the risk of spending too much time „in transit" while searching for better peaks. In consequence, fitness generally decreases with higher levels of complexity. [...] It is commonly thought that the socio-economic world is becoming more complex (Pryor 1996; Hodgson 1999). According to our results,

physikalischem Zusammenhang und damit für die *Bedingungen, unter denen Unternehmen wirtschaften*, bedeutet das, dass für ein Unternehmen als evolutorischen Akteur jetzt und in den nächsten Jahren hier spezielle Fähigkeiten wichtig werden. Um diese wird es im folgenden Abschnitt gehen.

2.3 Dynamic Capabilities – Komplexität, Kontingenz, Pfadabhängigkeit

Der Umgang mit Unvorhersagbarkeit und Turbulenzen wird für Organisationen zunehmend wichtiger und kann entscheidenden Einfluss auf ihre Innovationsfähigkeit haben (Dopfer 2004; Teece 2007; Gavetti/Warglien 2007; O'Reilly/Tushman 2008). Innovation stellt eine der signifikantesten Ausprägungen von Kontingenz dar. Kontingenz meint, dass Entwicklungspfade prinzipiell nicht festgelegt sind auf einen vorliegenden Zustand, sondern dass es sich immer auch anders entwickelt haben könnte, somit auch anders sein könnte oder sich anders weiterentwickeln könnte. Damit ist die prinzipielle Verlaufsoffenheit von Prozessen benannt (Nelson 2008; Lehmann-Waffenschmidt 2009; vgl. auch Gavetti/ Levinthal 2000). Der ökonomische Akteur wählt zwischen Möglichkeiten und erschafft neue (Gavetti 2005; Nelson 2008; Hanappi 2008).

Der Umgang mit sehr dynamischen Umgebungen erfordert Fähigkeiten, die den Entwicklungspfad des Unternehmens in Relation zu den Turbulenzen, die auf es einwirken, aussteuern (Brown/Eisenhardt 1998; Burgelman/Grove 2007a und 2007b; Raisch et al. 2009). Die Umgebung des Unternehmens muss dabei sowohl im Hinblick auf ökonomische als auch ökologische Kontexte als zunehmend dynamisch angesehen werden. Ko-Abhängigkeiten und Wechselwirkungen zwischen beiden Bereichen sind zahlreich, komplex und können gravierend sein. Sie erfordern deshalb spezielle organisationale Fähigkeiten, mit entsprechenden Turbulenzen umzugehen.

such development would favor the emergence of more innovative (less inert) and self-reliant organizations. Both egalitarian cultures that favor imitation and traditional cultures that favor inertia would be challenged by innovating organizations emerging in response to increasing complexity." (Hodgson/Knudsen 2006a, 291ff).

2.3.1 Umgang mit Turbulenzen

Das Konzept der Dynamic Capabilities[71] ist im Bereich der strategischen Organisationstheorie entstanden und im strikten Sinn nicht unbedingt ein evolutorisches Konzept (Burgelman 2008; Easterby-Smith et al. 2009; Lichtenthaler/Lichtenthaler 2009). Teece, Pisano und Shuen (1997) beschrieben Dynamic Capabilities als die Fähigkeit von Firmen, interne und externe Kompetenzen zu integrieren, aufzubauen und zu rekonfigurieren und zwar im Hinblick auf die Befassung mit sich rapide ändernden Umwelten (ebd. 1997, 516). Diese anfängliche Definition ließ allerdings die Frage offen, wie diese Fähigkeiten konstituiert werden, was ihre Merkmale ausmacht, wie sie erkannt werden können und wodurch sie entstehen (Easterby-Smith et al. 2009, S2). Zollo und Winter (2002) definieren Dynamic Capabilities wie folgt: „A dynamic capability is a learned and stable pattern of collective activity through which the organization systematically generates and modifies its operating routines in *pursuit of improved effectiveness*." (Zollo/Winter 2002, 341; *Hervorhebung NK*). Helfat et al. (2007, 4) dagegen definierten Dynamic Capabilities als die *Kapazität einer Organisation ihre Ressourcenbasis zweckgebunden zu erzeugen, auszuweiten oder modifizieren*. Es wird also deutlich, wie diese Fähigkeiten sich zwischen den endogenen Prozessen und den exogenen Bedarfen einer Organisation abspielen. Insofern wird ersichtlich, dass der Kontext, in dem eine Organisation als evolutorischer Akteur ihre Strategien einordnet, von entscheidender Bedeutung für die Beurteilung der *Effektivität* bzw. *Zweckgebundenheit* ist. Erneut spielt hierbei der Kostenfaktor (wie schon oben in Bezug auf die Aufrechterhaltung von Diversität) eine wichtige Rolle: „Incremental improvements can be accomplished through the tacit accumulation of experience and sporadic acts of creativity. Dynamic capabilities are unneccessary, and if developed may prove too costly to maintain. But in a context where technological, regulatory, and competitive conditions are subject to rapid change, persistence in the same operating routines quickly becomes hazardous." (Zollo/Winter 2002, 342). Der Bezug auf turbulente Umwelten

---

[71] Für eine ausführliche Darstellung dieses Ansatzes siehe Hölzner (2009). Weitere Ausführungen zum Kompetenzmanagement und dessen dynamischen Komponenten finden sich bspw. auch bei Schreyögg/Konrad (2006), Easterby-Smith et al. (2009) oder Lichtenthaler (2009).

– und damit das *Entstehen von Kontingenzen, die unter Umständen rapiden und grundsätzlichen Wandel* erfordern – vereint demnach *unterschiedliche Gewichtungen* von Routinen oder der Ressourcenbasis. Weitere Definitionen fassen diesen Zusammenhang unter anderen aber ähnlich gelagerten Begrifflichkeiten:

„Several authors comment on types of dynamic capabilities such as operational (zero level) and dynamic (Winter, 2003) and first category and meta capabilities (Collis, 1994). Ambrosini, Bowman and Collier (2009) build on these typologies and suggest that there are three levels: incremental, renewing, and regenerative. The distinction is that incremental and renewing capabilities utilize and leverage the current resource base, but regenerative dynamic capabilities evaluate and adapt the overall portfolio. Although not explicitly addressed in prior literature, it would seem that organizations can have several different kinds of dynamic capabilities such as idea generation capabilities, market disruptiveness capabilities, new product development capabilities, marketing capabilities or new process development capabilities." (Easterby-Smith et al. 2009, S4)

Nach Teece (2007) können Dynamic Capabilities eingeteilt werden in die Kapazität, (1) Möglichkeiten und Bedrohungen wahrzunehmen und zu formen, (2) Handlungsoptionen zu ergreifen und (3) Wettbewerbsfähigkeit aufrechtzuerhalten, indem die unternehmensrelevanten materiellen und immateriellen Assets verbessert, kombiniert, vor Schaden bewahrt und – falls nötig – rekonfiguriert werden. Dabei sind es vor allem die schwer imitierbaren Fähigkeiten eines Unternehmens, einer Organisation, eines Akteurs, die für die Flexibilität in sich verändernden Spielräumen zentral sind (Teece 2007, 1319f.) [72].

---

[72] Wenn im vorliegenden Zusammenhang die Subventionierung von Biogasproduktion zu stark ansteigenden Pachtpreisen führt und dann akut auftretende frühsommerliche Trockenheit durch flächendeckende Bewässerung gelöst wird, heißt das konkret, dass Turbulenzen entstehen, die für einkommensschwächere Betriebe in mehr als einem Kontext Schwierigkeiten bedeuten. Kontingent ist diese Situation z.B. aus zweierlei Gründen: erstens ist es für große Betriebe möglich, die Dynamik die durch den Klimawandel entsteht (einerseits Rolle erneuerbarer Energien, andererseits Verknappung von Wasser) in Bezug auf ihre eigenen Wertschöpfungsprozesse *mehr oder weniger* stark zu gewichten. Zweitens können dynamische Fähigkeiten bei kleineren Betrieben dazu führen, dass sie *proaktiv Strukturen*

„They [die Dynamic Capabilities] also embrace the enterprise's capacity to shape the ecosystem it occupies, develop new products and processes, and design and implement viable business models. It is hypothesized that excellence in these ‚orchestration' capacities undergirds an enterprise's capacity to successfully innovate and capture sufficient value to deliver superior long-term financial performance. The thesis advanced is that while the long-run performance of the enterprise is determined in some measure by how the (external) business environment rewards its heritage, the development and exercise of (internal) dynamic capabilities lies at the core of enterprise success (and failure)." (Teece 2007, 1320).

Dynamic Capabilities müssen in der Organisation differenziert verortet werden. Es gibt unterschiedliche Aspekte, die z.B. dem Management oder den produzierenden Einheiten zugeordnet werden können. Dem strategischen Management kommt hierbei allerdings eine Schlüsselrolle zu (vgl. hierzu ebenfalls Teece et al. 1997; Zollo/Winter 2002; Schreyögg/Kliesch-Eberl 2007; O'Reilly/Tushman 2008; Lichtenthaler 2009). Aus den genannten Quellen geht allerdings nicht hervor, wie die im vorigen Kapitel aufgeworfene Nicht-Isoliertheit der Problematik konzeptionell und/oder real im Unternehmen umgesetzt und integriert werden kann. Der Begriff *„ecosystem"* bezieht sich im vorstehenden Zitat auf den ökonomischen Kontext. Die Kritik, die hier an dieser Konnotation der Begrifflichkeit formuliert wird, schließt an die oben ähnlich angesprochene Reduzierung ökonomischer Evolution auf ökonomische

schaffen, die frühzeitig darauf abzielen, ihre Handlungsfähigkeit und den Zugang zu Boden und Wasser zu gewährleisten. Wie dazu das Konzept der Dynamic Capabilities (ebenso wie den evolutorischen Ansatz) stärker an ökosystemische Funktionen angeschlossen werden kann, wird in den folgenden beiden Kapiteln ausgeführt. Im Hinblick auf die Nicht-Imitierbarkeit von Dynamic Capabilities muss hier insofern differenziert werden, dass sich natürlich der ökonomische Erfolg einzelner Unternehmen in Konkurrenz zu anderen bestimmt, auch dann, wenn es sich um einen Wandel hin zu nachhaltigen Bewirtschaftungsformen handelt (vgl. Hart/Dowell 2011). Andererseits kann ein Wandel, der ganze Branchenzweige betreffen würde und die Konfliktregulierung einer Situation ermöglichen soll, die durch viele Unternehmen gebildet und beeinflusst wird (wie im Fall der Landnutzungssituation), gerade auch bedeuten, dass es darum geht, die Fähigkeit auszubauen mit gemeinsamen Strategien regionale Nachhaltigkeit zu befördern (siehe dazu vor allem Kapitel 6).

Wertschöpfung ohne Einbezug der ökologischen und sozialen Konsequenzen an: Die zentrale Rolle dynamischer Prozesse innerhalb der Organisation und in Wechselwirkung zwischen Organisation und Umgebung wird so zwar aufgeworfen und anhand des Fähigkeitsbegriffs analytisch strukturiert, allerdings bleiben Begriffe wie Komplexität und innovative Entwicklungsfähigkeit der Organisation enggeführt auf Wettbewerbsfähigkeit im herkömmlichen Sinne[73].

2.3.1.1 Erweiterter Kontext „Nachhaltigkeit" – Turbulenzen höherer Ordnung

Mit der strategischen Ausrichtung auf langfristige Zukunftsfähigkeit[74] werden Fragen aufgeworfen, wie ‚Wie kann die Forderung nach langfristiger Nachhaltigkeit operationalisiert werden?' oder ‚Welche spezifischen Konflikte tauchen zwischen Assets bzw. Ressourcen und den damit verbundenen Kontexten auf und wie kann ein Unternehmen mit diesen umgehen?', ebenso wie ‚Wie beeinflussen nachhaltige Strategien das (dynamische) Gefüge und die Routinen des Unternehmens? Gibt es spe-

---

[73] Koch et al. (2009) untersuchen bspw. den Effekt von Komplexität auf das Entscheidungsverhalten in einem sehr engen inhaltlichen Kontext: „[W]e focus on *only one particular context factor*: the degree of complexity. We apply an experimental approach in order to *isolate the context effect and to control for possible interferences* on both the contextual level and the level of self-reinforcement (ebd. 68). [...W]e further try to explore how complexity has an impact on path dependence. For this, we refer to basic dimensions of information which are (1) alternatives, (2) attributes, and (3) time (ebd. 71). [...]Students were advised *to make several consecutive purchase decisions for a mobile service provider out of a set of four alternative providers. Information concerning the costs of the mobile services and the participants' usage behavior in the present and the near future* was provided on the computer screen. For each decision, participants were given *a budget of 100 units to be used up and they had up to 60 seconds to browse* the provided information. If they did not make a decision within the given timeframe, the previous decision was kept (ebd. 73f.)" *(Hervorhebungen NK).* Im Vergleich zu den multiplen Kontexten im Zusammenhang mit Herausforderungen, wie sie für diese Arbeit relevant sind, scheint dieses experimentelle Design recht begrenzt (vgl. etwa Abb.1.1 oder 1.2). Ähnlich bei Burgelman (2008).

[74] Unter Berücksichtigung der akut anstehenden Problemlagen und des Wandels der notwendig ist, um eine entsprechende Umlenkung ökonomischer Pfade zu erzielen.

zielle Turbulenzen, die mit dem Wandel im Sinne der großen Transformation für das Unternehmen einhergehen?' oder ‚Wie können Unternehmen als Akteure (und die betreffenden Individuen) trotz Unsicherheiten, turbulenter Bedingungen und der „normalen" Wettbewerbssituation so entscheiden, dass eine nachhaltige Ausrichtung (bzw. der Wandel dahin) im Austausch mit anderen Unternehmen proaktiv realisiert werden kann?'. Damit stehen sämtliche Fähigkeiten − seien es solche, die an der Ressourcenbasis ansetzen oder solche die Prozesse oder Produkte weiterentwickeln − im Kontext von Dynamiken, die die *Trajektorie des Unternehmens in nicht nur ökonomische Wechselwirkungen einbinden*. Eine diesbezügliche Erarbeitung von kausalen und routinierten Mechanismen im Unternehmen (vgl. Sterman 2000), müsste deshalb Aufschluss geben auch über den Umgang mit erweiterten Kontexten (vgl. Gavetti 2005, 613) und den damit verbundenen Problemlagen: „[A]ll learning, and the attainment of skills, depends on the acquisition of habits. Knowledge and skills involve the capacity to address a complex problem and to identify rapidly the means of dealing with it. Experience and intuition are crucial here, and these must be grounded in acquired habits of thought or behavior that dispose the agent to identify the crucial aspects of or responses to the problem." (Hodgson 2009, 28l; vgl. auch Hodgson 2010a). Konkret wird also die Frage aufgeworfen, unter *welchen* Bedingungen, mit *welchen* Ressourcen und in *welcher Art und Weise* diese thematisch erweiterte Umwelt durch das Unternehmen wahrgenommen und bearbeitet werden kann. O'Reilly/Tushman (2008) prägen für die Wahrnehmung und Ergreifung von Möglichkeiten und Chancen die Begriffe *sensing* und *seizing*. Allerdings beziehen auch diese sich nur auf den ökonomischen Kontext. Eine Öffnung und Flexibilisierung der Managementmuster ist allein schon vor den Veränderungen im ökonomischen Bereich angezeigt (vgl. Prahalad/Krishnan 2009; Hamel 2008). Umso wesentlicher scheint es, Steuerungsansätze und beinhaltete Annahmen im Sinne von Routinenänderungen 2. Ordnung zu explizieren und zu erneuern.

Evolutorische Realität und kontrafaktische Erfordernisse 113

2.3.1.2 Die Grenzen des Unternehmens – Kapazitäten der Gestaltung

Dass die Grenze zwischen endogenen und exogenen Prozessen nicht mehr nur als Abgrenzung verstanden werden kann, geht schon aus einer ökonomischen Perspektive ohne den Bezug auf ökologische Systeme oder Ressourcen hervor (vgl. Schreyögg/Sydow 2010). Sie wird auch hier in zunehmendem Maße als interaktive Schnittstelle eines beiderseits konstruktiven Austauschs aufgefasst (siehe auch Hamel 2008, 355ff). Lichtenthaler und Lichtenthaler (2009) schlagen bspw. sechs Dimensionen vor, an denen sich die organisationale Kapazität für dynamische Fähigkeiten endogen und exogen spezifizieren lässt (siehe Abb. 2.1).

	Knowledge exploration	Knowledge retention	Knowledge exploitation
Internal (Intrafirm)	Inventive capacity	Transformative capacity	Innovative capacity
External (Interfirm)	Absorptive capacity	Connective capacity	Desorptive capacity

Abb. 2.1: Überblick über ‚knowledge-capacities' (im Original konzipiert für offene Innovationsprozesse) als Beispiel für Dimensionen dynamischer Fähigkeiten in und zwischen Unternehmen.
Quelle: Lichtenthaler/Lichtenthaler (2009, 1318)

Der evolutorische Pfad einer Firma entsteht demnach als Managementstrategie in Bezug auf diese Ebenen. Es können so bspw. Diskrepanzen zwischen bestehenden Optionen und der gegenwärtigen Position bestimmt werden (ebd. 1324).

„[T]he benefits from a strong knowledge management capacity will materialize to a higher degree in dynamic environments. [...] Besides structural mechanisms, successful reconfiguration and realignment may be achieved by means of contextual mechanisms, which refer to the systems, processes, and beliefs that shape behaviours (Gibson and Birkinshaw, 2004). Firms may design this context to encourage all subunits and individuals to facilitate coordination and renewal by actively managing changes and interfaces with other units. [...] As the relevant knowledge is distributed across different organizational levels and units, collective knowledge processes and social integration mechanisms strongly contribute to capability development because they facilitate knowledge sharing and integration (Matusik and Heeley, 2005; Nahapiet and Ghoshal, 1998)." (Ebd.1327ff).

Die Wechselseitigkeit der Gestaltung betrifft also beide Seiten der Abgrenzung um ein Unternehmen. Indem dieses organisationstheoretische Konzept aufzeigt, wie Fähigkeiten und deren Generierung im Unternehmen vorkommen, könnte es auch in Bezug auf einen erweiterten Umweltbegriff angewendet werden: „[A]t the task network level of analysis, internal transactions are a very small subset of *all* the transfers that take place within a firm." (Baldwin 2007, 43). Wesentlich wäre hierbei dann, dass die Komplexität in Form überschaubarer Aufgaben und im Anschluss an die Prozesse im Unternehmen aufbereitet wird. Umgekehrt wird eine Integrierung von erweiterten Kontexten in unternehmerische Prozesse ohne einen entsprechenden Fähigkeitsbegriff schwer auskommen[75]. Evolutorisch gesehen ist das Unternehmen nicht nur eingebettet[76] in komplexe Prozesse, sondern in mehr oder weniger losen oder engen, direkten oder indirekten, kausalen oder zufälligen Kopplungen mehr oder minder aktiv gestaltend eingebunden (Sterman 2000; Augier/Teece 2008). Konsequenz daraus ist, dass Kontingenzen durch *aktive Bearbeitung im Unternehmen* dann zu Entscheidungsspielräumen gewandelt werden können, wenn die entsprechenden Fähigkeiten vorhanden sind. Neben der Aufgabe mit erweiterten und damit höherkomplexen Kontexten umzugehen, besteht für den Wandel zu einer ökologisch und gesellschaftlich verträglichen Wirtschaft zusätzlich die Herausforderung, festgefahrene und lang tradierte (und rein ökonomisch sehr erfolgreiche)

---

[75] „Dynamic Capabilities emerge from the coevolution of tacit experience accumulation processes with explicit knowledge articulation and codification activities." (Zollo/Winter 2002, 345).

[76] Eine auf *complex systems theories* beruhende Präzisierung dieser Einbettung und ein Anschluss zur Operationalisierung, die auf die Ausgangslage im vorigen Kapitel rückbezogen ist, findet sich im anschließenden Kapitel.

Strukturen zu lösen. Daraus ergibt sich ein weiterer Aspekt, der deshalb eine wesentliche Rolle spielt – die Pfadabhängigkeit.

2.3.2 Pfadabhängigkeiten – historische Prägungen vs. zukünftige Erfordernisse

Das Management von Kontingenzen wirkt sich erstens in den *small events* aus, die komplexe Prozesse oft kennzeichnen. Zweitens betrifft es die Phasen und Zonen der Kontingenz, die für das Unternehmen jeweils relevant sind (Ortmann 2009). „Wie klein aber jenes kleine, zufällige, aber weichenstellende Ereignis sein kann, um doch noch auslösende Wirkung zu entfalten, und ob ein Management dafür in berechnender Absicht sorgen kann, das hängt vom Kontext ab." (Ortmann 2009, 69). Das heißt, das Management dieser Kontingenzen kann und wird *im Jetzt wirksam*, im aktuellen Bezug auf Etwas (vgl. Antoni-Komar/Pfriem 2009 und Einleitung), *trotz oder gerade wegen historischer Prägungen*, Erfahrungen, möglicher Irreversibilität und dem Vorhandensein diverser Möglichkeiten für die zukünftige Gestaltung. Es ergibt sich hieraus, dass *Indifferenz durch aktive Interpretation entschieden* werden muss. Ortmann kommt zu dem Schluss, dass diesen Dynamiken ein Management gewachsen sein kann, das Einfluss auf die unternehmensübergreifende Strukturierung seines Handlungsfeldes nehmen kann und will. Insofern sind *private governance regimes* verknüpft mit responsiven unternehmerischen *communities of practice*. Netzwerken und Allianzen schreibt er hier eine besondere Schlüsselrolle zu.

Dass dabei unternehmerische *Interessen*, unternehmerische *Methoden*, ebenso wie unternehmerische *Produktportfolios* in Pfadabhängigkeiten fest liegen können, ist eine Tatsache, die allein mit der Forderung, sie zu überwinden, nicht an Gewicht verliert. Historisch gewachsene Pfade aus rekursiv verkoppelten kausalen wie komplexen Ereignisketten (Arthur 1989, 1994; David 2001, 2005; Sydow et al. 2009) können suboptimale Bedingungen erhalten, trotz des Vorhandenseins besserer Alternativen. Pfade rasten ein (Lock-In) durch ein multiples selbstverstärkendes Zusammenspiel dynamischer Abläufe (Burgelman 2008), des Handelns von Akteuren und struktureller Gegebenheiten. Es kann Möglichkeiten geben, sie zu lösen (Lock-Out), sie aufzubrechen oder durch Generierung neuer

Pfade abzulösen. Pfade aus der Sicht von Unternehmen sind eingebunden in Trajektorien regionaler und darüber hinaus global wirksamer Dynamiken. Welche inhaltlichen Zusammenhänge hierbei als sub-optimal bzw. pfadabhängig oder aber als strategisch geplante „nachhaltige" Unternehmensevolution gelten, kann abhängig sein von Interessen und Einstellungen zu ihren Inhalten bzw. der Bedeutung, die diese wiederum für weitere Kontexte haben (vgl. Döring et al. 2007; Ott/Döring 2008; Burgelman 2008; Neumayer 2010).

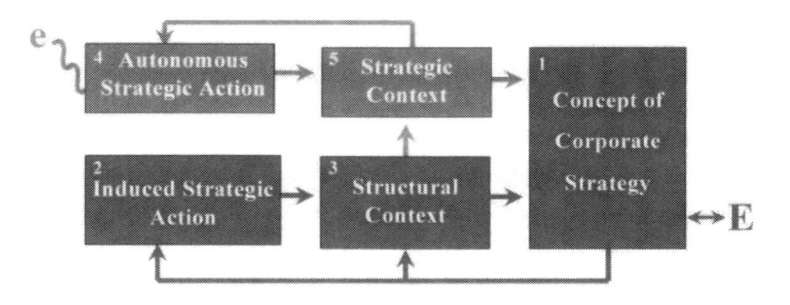

Abb. 2.2: Evolutorische Struktur im strategischen Prozess in Unternehmen. Quelle: Burgelman (2008, 6).

Die Ebene, von der aus Pfade – und damit der für sie relevante Kontext (inhaltlich, wie methodisch) – betrachtet werden, kann also unterschiedlich sein. In diesem Sinne sind Strategien zur Umlenkung von Pfaden essentiell daran gekoppelt, wie ein Unternehmen, eine Organisation, ein Netzwerk ihren Handlungs- und Entscheidungsbezugsrahmen definiert. Dies stellt einen aktiven Akt der Antwort auf Umwelten dar und entspricht einem evolutorischen Ansatz: Denn die im Unternehmen aktiven Personen interagieren und verhandeln in rekursiven Schleifen. Sie selektieren, bringen Neues ein und interpretieren. D.h. sie entscheiden auf Grund unterschiedlicher mentaler Modelle und Erfahrungen, überdenken Zielsetzungen und orientieren sich am Markt und anhand anderer Zusammenhänge. Damit gestalten sie die *Ausrichtung und Umsetzung der Strategien sowie das unternehmenseigene Regel- und Routinengefüge* (vgl. Abb. 2.2).

Hierbei können mehr oder weniger ausgeprägte Fähigkeiten zum Einsatz kommen und diejenigen, die zur Anwendung kommen, können mehr oder weniger für den Kontext nachhaltiger Zielsetzungen geeignet sein (vgl. De Vries/Petersen 2009; Avnimelech/Teubal 2008; Pandza/Thorpe 2009). Im konkreten Umgang mit Turbulenzen zeigen Forschungsergebnisse, dass ein kontinuierliches Monitoring angezeigt ist, um Pfade möglichst flexibel zu halten (Hodgson/Knudsen 2006a; O'Reilly/Tushman 2008; Raisch et al. 2009; Lichtenthaler/Lichtenthaler 2009; Schirmer/ Ziesche 2010; Schreyögg/Sydow 2010). Für die Integration unterschiedlicher Kontexte in die bestehende Entwicklung, ist laut Gavetti und Levinthal (2000) einerseits die rückwärts gerichtete Perspektive, die erfahrungsbasiert funktioniert, und andererseits der Abgleich mit der zu erwartenden oder wünschenswerten Entwicklung, also einer in die Zukunft gerichteten Perspektive, bedeutsam. Mentale Modelle können für die Interpretation von Handlungsoptionen entscheidend sein:

„Intelligent action is driven both by one's understanding of the world and adaptive responses to prior experiences. The former is limited by one's representation or mental model of the world, while the latter is constrained by the limited number of experiences that one may have relative to the vast set of possible actions that one may take. As a result, cognitive and experiential processes are complementary. Cognitive search is broad in that it considers a wide array of alternatives simultaneously, but misspecified in that these alternatives are evaluated on the basis of an incomplete mental model of the world. In contrast, experiential search is narrow because it enables actors to explore only a small set of alternatives at a given moment but lets them test these alternatives on the basis of the actual environment rather than a mere representation of the environment." (Gavetti/Levinthal 2000, 135).

Dem Wahrnehmen (*sensing*) und der Umsetzung (*seizing*) (O'Reilly/ Tushman 2008) von strategischen Möglichkeiten und Vorteilen können unter evolutorischer Perspektive somit *prozedurale funktionale Elemente* zugeschrieben werden (vgl. Noteboom 2008; Pandza/Thorpe 2009; Witt 2011), die auf *Flexibilisierung, Lenkung* und *Gestaltung* von Pfaden Einfluss nehmen. Über das Konzept der Dynamic Capabilities können diese prozeduralen Elemente als Fähigkeiten von individuellen und kollektiven Akteuren aufgeschlüsselt werden. Insbesondere indem das Verhältnis zwischen der (individuellen oder kollektiven) Akteursseite und der (organisationalen oder gesellschaftlichen) Bedingungsseite im Hinblick auf agentensensitive und agenteninsensitive Aspekte konzeptionell direkt untersucht werden kann, könnte sich so ein vielversprechender *Zugang zu konkreten Einzelfällen* ergeben. Dieser könnte darüber hinaus wertvoll sein für die *Abstrahierung von konkreten Spezifika*. Wenn die vorhandenen (oder durch einen bestimmten Problemzusammenhang erforderten) Fähigkeiten im Hinblick auf Regelveränderungen expliziert werden können, bietet sich damit ein konzeptioneller Ansatz, um verschiedene Entscheidungskontexte einerseits und die Ressourcenbasis eines Unternehmens andererseits in Abgleich mit Routinen(änderungen) zu bringen.

2.4 Organisationale Flexibilität – in Anwendung auf den konkreten Problemzusammenhang

Für eine Abwendung derjenigen Turbulenzen, die mit dem Klimawandel in Verbindung stehen, müssen Prozesse zusammen kommen, die über das einzelne Unternehmen, über einzelne Branchen und über einzelne Regionen hinaus wirksam werden. Dabei sind diese nicht denkbar ohne das proaktive Gestalten unternehmerischer Akteure. Auch im Hinblick auf eine Regulierungsstrategie für Flächennutzungskonflikte unter Priorisierung der Sicherung der Ernährungsversorgung geht es darum, solche Prozesse zu beschleunigen. Neben den Steuerungsfähigkeiten für den ökonomischen Erfolg einzelner Unternehmen gilt es *diejenigen Kontexte zu bestimmen, aus denen eine Organisation Maßnahmen zur langfristig nachhaltigen Vermittlung von Flächenansprüchen ableiten kann*. Für einzelne Unternehmen würde das bedeuten, dass sie in der Integration dieser Kontexte flexibel agieren können und gegebenenfalls auch dazu in der Lage sind, schnell auf Veränderungen zu reagieren. Würde also ein kontinuierliches Monitoring einerseits für laufenden Informationstransfer sorgen, so bedeutete das für die Organisation gleichzeitig, dass sie flexibel genug sein muss, um erforderliche Anpassungen umsetzen zu können (Hodgson/Knudsen 2006b; Schreyögg/Kliesch-Eberl 2007; Schirmer/ Ziesche 2010). Es sind hierbei wiederum die Fähigkeiten von individuellen Akteuren und jene der Organisation als kollektiver Akteur angesprochen. Im Hinblick auf das spezifische Verhältnis zwischen agentensensitiven und agenteninsensitiven Aspekten bietet sich an dieser Stelle ein Rückbezug auf die oben angesprochene Rolle von Heterogenität an. Mit Schirmer und Ziesche folgt aus der bisherigen Analyse, dass

„Beobachtungen, Vielstimmigkeit und Perspektivenvielfalt, Dissens und Diskurs in Organisationen […] eng mit Machtbeziehungen verknüpft [sind]. Folgt man dieser Argumentation, dann stellt sich aus unserer organisationspolitischen Untersuchungsperspektive des Fähigkeitenmonitoring also das Problem, die machtpolitischen Bedingungen und Arrangements zu analysieren, die Vielstimmigkeit und Perspektivenvielfalt ermöglichen. Unsere *These* lautet: Polyarchisch strukturierte Organisationen sind eine dem Fähigkeitenmonitoring adäquate politische Organisationsform (Regime), um notwendige Vielfalt an Beobachtungen (Vielstimmigkeit, Öffnung) und Konflikte um Wahrheits- und Geltungsansprüche zu regulieren." (Schirmer/Ziesche 2010, 32).

Im Zusammenhang mit dem vorliegenden konkreten Fall der Flächennutzungsregulierung betrifft dies speziell die Aspekte, welche mit Blick auf eine *nachhaltige und klimaangepasste Landnutzungsstrategie* wichtig werden. Der konzeptionelle Beitrag an dieser Stelle soll es im Weiteren ermöglichen, zur Bearbeitung der Hypothesen H1 und H2 in der Analyse der empirischen Ergebnisse die wesentlichen Interdependenzen herauszuarbeiten. Aus ihrer Beziehung zueinander in der konkret vorliegenden Situation sollen dann Ansatzpunkte für eine regulierende Flächennutzungsstrategie erschlossen werden. Damit einhergehende Veränderungen können so im Anschluss an die Fähigkeiten und Potenziale regional ansässiger Unternehmen beschrieben werden.

Es gibt zum Thema organisationaler Flexibilität eine Reihe neuerer Strömungen, die unterschiedlichste Vorschläge zur Flexibilisierung von Organisationsformen machen. Diese beziehen sich etwa auf Hierarchien und Netzwerkstrukturen, Programm- oder Koordinationsregeln spontaner Interaktion, der Einrichtung spezialisierter Departments oder temporärer Projektteams und unterschiedlich organisierte Kommunikationswege. Die Betonung liegt hierbei auf Diversität statt Ähnlichkeit[77]. Maßgeblich für diese Organisationsformen ist, dass sie wenig auf bewährtes Wissen

---

[77] Die ausführlichen Verweise hierzu finden sich bei Schreyögg/Sydow 2010, 1251f.

setzen, sondern stattdessen besonders die kontinuierliche Aktualisierung von Wahrnehmungen und Erwartungen fördern (Schreyögg/Sydow 2010, 1252). Grundsätzlich scheint dies eine recht vielversprechende Fähigkeit für die hier aufgeworfenen Fragen darzustellen. Schreyögg und Sydow entgegnen allerdings, dass aus ihrer Sicht darin zu wenig beachtet wird, was es für eine Organisation bedeutet, „organisiert" zu sein und *in einer* bzw. *als Organisation* zu handeln. Insbesondere betonen sie, dass die Effektivität von Organisationen an die „often hidden institutional logic and self-sustained dynamics of organizations" (ebd.) geknüpft ist und diese mitbeachtet werden müssen. Neben Identität und Abgrenzung sind „self-reinforcing dynamics of organizational processes and practices" (ebd.) damit als wichtiger Fokus für die dynamische Kapazität von Unternehmen benannt (vgl. Jun/Sethi 2009). Es wird also deutlich, dass die Prozesse, die zu Pfadabhängigkeiten führen können, auch ganz wesentlich sein können, um anpassungsfähige Entwicklung organisationaler Trajektorien zu ermöglichen bzw. aufrechtzuerhalten.

Eine umweltbewusste und problemsensible Zuordnung und Abwägung verschiedener Entscheidungshorizonte durch Akteure als evolutorische Entscheidungsinstanzen, bleibt deshalb ein irreduzierbares Gut. Schreyögg und Sydow schreiben weiter: „It is necessary to establish and maintain interpretive action *patterns* that distinguish the system from its environment." (Schreyögg/Sydow 2010, 1253). Dem muss an dieser Stelle entgegengehalten werden, dass es auf den inhaltlichen Bezug ankommt. Denn in Bezug auf Konsequenzen wirtschaftlicher Prozesse für bio-physikalische Umwelten, ist gerade die unverantwortliche (konzeptionelle) *Abtrennung* von unternehmerischen Systemen und dementsprechend ökonomischen Einheiten von den ökologischen problematisch (vgl. Isenmann 2003). Es folgt aus diesem Schritt der Argumentation also, dass von koevolutorisch zu sprechen wäre. Indem die bio-physikalische Ressourcenbasis wechselseitig in die evolutorischen Prozesse im und zwischen Unternehmen einbezogen wird, entsteht ein anderer Blick auf die Muster der Praktiken und deren Stellenwert (1) im Unternehmen, (2) für den bio-physikalischen Zusammenhang und (3) in der Gesellschaft. Dieser Stellenwert kann vor einem solchen Hintergrund anders eingeordnet und bewertet werden. So können originäre Inhalte auch entlang der langfristigen Zielsetzung von Nachhaltigkeit (statt der herkömmlich rein ökonomisch motivierten) evolutorisch zielgerichtet werden (vgl. dazu auch Avnimelech/Teubal 2008):

> „A singular success can trigger the building of a capability, but a capability is not actually constituted unless a reliable „practice" has evolved over time as well. Capabilities, therefore, are replicable, learnt, and historic in nature (Winter 2003; Burgelman 2009). [...]The evolution of organizational capabilities is therefore recursive in nature: past experience builds the frame of reference for future action and is thereby reproduced, even though some transformation is likely to occur in the reproduction process (Giddens 1984, Feldman 2000, Helfat and Peteraf 2003)." (Schreyögg/Sydow 2010, 1255)

Dies bedeutet, dass der *konkrete Problemzusammenhang, der für ein Unternehmen als relevant angesehen wird*, mitbestimmt, welche *Bedeutung die Routine oder das Interaktionsmuster* für das Unternehmen hat. Damit stellen sich Prioritäten heraus, die in strategischen Entscheidungen innerhalb der strukturellen organisatorischen Möglichkeiten umgesetzt werden. Das heißt auch und vor allem, dass gezielt nach *den im konkreten Kontext erforderlichen Fähigkeiten gesucht* und diese mit Bezug auf jenen *generiert werden können*. Damit kann Komplexität problem- oder aufgabenorientiert reduziert werden (vgl. auch Lichtenthaler 2009):

> „Organizational practices, routines, and capabilities provide a set of problem-solving patterns that enable the system to master tasks in a complex environment. To make use of these advantages implies that only a specific set of procedures/connections is employed, whereas other potentially available alternatives are excluded or ignored. Thus, organizing is by its very nature as selective as it is repetitive." (Schreyögg/Sydow 2010, 1258).

Schreyögg und Sydow schlagen weiter ein „constant balancing" (ebd. 1259) vor. In ähnlicher Weise beschreiben Hodgson und Knudsen das Verhältnis zwischen organisationaler Trägheit und Innovation (Hodgson/ Knudsen 2006a). Auch die Ansätze von Tushman und O'Reilly (2008) sowie Raisch et al. (2009) sind hier anschlussfähig.

Im Anschluss an die bei Dopfer und Potts (2008) beschriebene Kopplung zwischen individueller und organisationaler Ebene (*micro/meso level*) und dem Übergang zu Prozessen zwischen Organisationen (*meso/ macro level*) können Unternehmen als evolutorische Akteure (sortieren,

Regeln und Routinen verändern, generieren von Neuem) aktiven Einfluss nehmen – insbesondere auf die Dynamik höherstufigen organisationalen Lernens (Lichtenthaler 2009). In Kombination mit dem Blick auf dynamische Fähigkeiten ergeben sich daraus Erkenntnisse zu turbulenten Dynamiken und damit dem Unplanbaren (vgl. WBGU 2011). Folglich kann ein ökologisch und gesellschaftlich nachhaltiger Wandel unter Verwendung der hier erläuterten organisationstheoretischen Ansätze erst dann beschrieben werden, wenn diese sich mit den Systemprozessen, die im bio-physikalischen Bereich systemerhaltende Bedeutung haben, auch konzeptionell verknüpfen lassen. Eine relationale Sicht auf Vulnerabilität ist abhängig ist davon, (a) wer wodurch verletzlich ist und (b) in welchem Zusammenhang diese verschiedenen Verletzlichkeiten stehen (vgl. Einleitung, Abschnitt 0.6.1). Für eine regionale Regulierung von Flächennutzung erfordert die Bündelung der Zusammenhänge (vgl. H1 und H2) deshalb, dass die organisationale Flexibilität konkret in Kopplung mit den ökosystemisch relevanten Funktionen gesehen, eingeschätzt und evolutorisch gestaltet werden kann. Dazu ist es notwendig, dass die gravierende inhaltliche Bedeutung der eingangs beschriebenen – *durch die herkömmliche ökonomische Vorstellung von Wettbewerbsfähigkeit erzeugten* – Gefahren prozedural und im Entscheidungskontext der Akteure mit Informationen belegt werden kann. Es geht also (i) um die *Explikation des jeweiligen funktionalen Zusammenhangs* und (ii) dessen *Operationalisierung für betroffene Unternehmen* (vgl. Hart 1995; Raisch/Birkinshaw 2008; Hart/Dowell 2011[78]).

2.4.1 Rückbezug auf die Hypothesen H1 und H2 und den konkreten Zusammenhang „Flächennutzung"

Wenn also das Problem der Regulierung von Flächennutzungskonflikten (wie auch viele andere Probleme mit langfristiger Ausrichtung) isoliert nicht zu betrachten ist, ist das zunächst eine relativ triviale Erkenntnis.

---

[78] Zur Beachtung sei hier angemerkt, dass Hart und Dowell (2011) sich in der Aktualisierung „A Natural-Resource-Based View of the Firm: Fifteen Years After" *zentral auf das Konzept der Dynamic Capabilities beziehen* und ebenfalls versuchen, es für die Verknüpfung mit ökologischen Umwelten und entsprechenden Dynamiken stark zu machen.

Nichttrivial ist, konkrete Handlungsoptionen (aktuell und potentiell) für Unternehmen zu erschließen und darüber hinaus gangbare Strategien zu entwickeln. Indem aber die Überwindung der hierdurch deutlich werdenden Diskrepanzen in Kopplung mit vorhandenen oder notwendigen Fähigkeiten gesehen werden kann, spannt sich ein Raum auf, in dem Veränderungsmaßnahmen *im gegenseitigen Verhältnis verschiedener für das Unternehmen und die jeweilige Problematik spezifischer Inhalte* stehen. Diese Inhalte bedeuten, dass Informationen gemäß den mentalen Modellen, dem Regel- und Routinensystem und den Fähigkeiten gebündelt und interpretiert werden können. So kann eingesehen werden, worin die *konkrete Bedeutung* für ein Unternehmen bzw. für die Problematik bspw. in kurz- und langfristiger oder regionaler und überregionaler Perspektive bestehen kann. Darüber könnte ein Profil an Handlungsmöglichkeiten bestimmbar sein, die einerseits für die Unternehmen als kollektive *evolutorische Akteure funktional* sind, in dem Sinne als diese den Unternehmensprozessen entsprechend sinnvoll machbar sind, und andererseits für die *Problematik funktional* sind, in dem Sinn, dass sie zur Lösung (nachhaltige Regulierung) beitragen.

2.5 Zwischenergebnis und weiteres Vorgehen

Der Frage, wie und unter welchen Bedingungen unternehmerische Akteure generell mit dynamischem Wandel umgehen und in denselben proaktiv eingreifen können, ist im vorliegenden Kapitel theoretisch nachgegangen worden. In Bezug auf die Hypothesen kann das Zwischenergebnis festgehalten werden, dass zwar bislang konzeptionell hergeleitet werden kann, wie dynamische Prozesse in und zwischen Unternehmen vor sich gehen (vorliegendes Kapitel) dass der Zusammenhang zwischen sozio-ökonomischer und bio-physikalischer Situation gravierend gegeben ist und worin er sich bemerkbar macht (für die Umwelt und im Unternehmen) (Kapitel 1). Es bleibt allerdings auch festzuhalten, dass beide Seiten nur schwer aufeinander bezogen werden können. Folglich scheint es angebracht, zum einen die koevolutorische Verflechtung zwischen sozio-ökonomischem (hier in Bezug auf die Unternehmen der Land- und Ernährungswirtschaft) und bio-physikalischem System (hier in Bezug auf die ökologische regionale Ressourcengrundlage und Landschaft) zu spezifizieren. Diese Spezifikation müsste dabei so aufgebaut sein, dass sie mit Möglichkeiten zur Operationalisierung für Unternehmen ausgestattet ist (folgendes Kapitel). Zum anderen scheint es erforderlich, den Fähigkeitenbegriff im Hinblick auf die jeweiligen konkreten Inhalte und Bedeutungen, die für einen nachhaltigen Kontext im Unternehmen relevant werden, zu präzisieren. Für die Problemlagen im Kontext von langfristiger Zukunftsfähigkeit entsteht diesbezüglich vor allem die Herausforderung, mit höherer Komplexität und tiefergreifender Gefährdung umgehen zu können, sowie Organisationen gleichzeitig veränderbar, flexibel und stabil genug zu halten. Es kann angenommen werden, dass heterogene Prozesse hierbei für die Integration vieler verschiedener Ebenen eine wichtige Rolle spielen. Hierbei muss vorausgesetzt werden, dass Fähigkeiten bestehen, diese Heterogenität zu organisieren.

So ergeben sich zwei Folgefragen, mit denen nun weitergearbeitet werden soll:

1) Wie genau kann die funktionale Kopplung zwischen biophysikalischer und sozio-ökonomischer Situation lösungsorientiert für eine spezielle Problematik hinsichtlich der für Unternehmen funktionalen Prozesse und deren Einwirkungen auf (regionale) Umwelten konkretisiert werden (Daly/Farley 2004)?

2) Welche Datengrundlage ist für die Unternehmen sinnvoll bzw. wie kann vorhandenes Wissen und auch Unsicherheiten (z.B. seitens der Wissenschaft) so aufbereitet werden, dass es für die Unternehmen möglich wird, an diese funktionalen koevolutorische Prozesse besser heranzukommen (vgl. Sulston 2009; Ostrom 2010)?

Zusammengefasst für den konkreten Kontext hier bedeutet das, die Problematik (siehe Ausgangssituation) so schlüssig aufzuwerfen, dass die Problemlagen in der regionalen Ernährungswirtschaft aufgegriffen werden können aber auch im übergreifenden Kontext an der Regulierung dieser Flächennutzungskonflikte gearbeitet werden kann.

Mit anderen Worten, weil es darum geht, für den jeweiligen Problemzusammenhang und für das jeweilige Unternehmen zu bestimmen, worin konkret die *funktionale Kopplung* besteht und wie lang- und kurzfristig kompetent mit ihr umgegangen werden kann, bedarf es einer Erweiterung der hier beschriebenen konzeptionellen Grundlagen. Dazu soll im folgenden Kapitel ein integrierter Ansatz erarbeitet werden, der diese funktionale Kopplung als koevolutorischen Zusammenhang zwischen sozioökonomischer und bio-physikalischer Ebene entwickelt. Auf diesen aufbauend werden dann im vierten Kapitel die in diesem Kapitel vorgestellten Zugänge für Unternehmen und deren Fähigkeiten präzisiert.

Kernaussage:
Mit dem Theoriestrang der evolutorischen Ökonomik kann der ökonomische Akteur hinsichtlich seiner Gestaltungs- und Erneuerungskraft insbesondere bezüglich ökonomischen Wandels untersucht werden. Das Konzept der Dynamic Capabilities erlaubt es, organisationale Fähigkeiten hinsichtlich der Aufrechterhaltung und Erweiterung der Ressourcengrundlage insbesondere in turbulenten Umwelten zu betrachten. Vor dem Hintergrund einer regionalen und nachhaltig orientierten Flächennutzungsregulierung besteht hier aber ein erhebliches Defizit, insofern beide Ansätze das spezifische Verhältnis ökonomischer Strategien mit dem ökosystemischen Bereich ausblenden. Eine Identifizierung und Konkretisierung der für eine bestimmte Problematik wesentlichen funktionalen Schnittstellen erfordert deshalb die konzeptionelle Integration von inhaltlichen Prioritäten, um z.B. verschiedene Zeithorizonte oder ökonomische und ökosystemische Konsequenzen von Entscheidungen differenziert in Beziehung zu setzen.

3 Kapitel

Koevolution in komplexen sozio-ökonomisch-ökologischen Systemen

> *„Genau gesagt gibt es keine geschlossenen Systeme innerhalb des Universums. Wir können lediglich die Frage stellen, ob in dem betreffenden Fall die Anzahl der Kontaktstellen, durch die das übrige Universum auf das von uns zur Isolierung vorgenommene System einwirkt, groß oder klein ist."* (von Hayek 1996, 287)

Folgender Zwischenstand lässt sich bis hierher festhalten:

- Das Problem regionaler Flächennutzungskonflikte im Nordwesten von Deutschland kann *nicht isoliert* betrachtet werden und muss deshalb auch entsprechend bearbeitet werden können.

- Für das Unternehmen als evolutorischen Akteur rücken dessen *Gestaltungsfähigkeiten* unter Unsicherheit, trotz Komplexität, bei gleichzeitig konkurrierender Knappheit und mit Blick auf eine langfristig nachhaltige Entwicklung ins Zentrum.

- Aus dem gegenwärtigen Status Quo folgt, dass aktuell vorhandene und routinisierte Gegebenheiten *verändert* werden müssen, um strategische Ziele auf nachhaltige und langfristig sichere Ernährungsversorgung auszurichten.

- Daraus folgt, dass die *funktionale Kopplung* zwischen sozio-ökonomischen und ökologischen Systembereichen in Fähigkeiten und Spielräumen der Unternehmen entsprechend repräsentiert werden können muss.

Die Dimensionen von Wandel bzw. Veränderung können somit differenziert werden als einerseits (1) aktuelle und (2) zu erwartende Dynamik. Die Dynamik kann dabei in (a) der endogen Unternehmenssituation und (b) der(den) exogenen Unternehmensumwelt(en) auftreten, wobei letztere (i) mehr mit bio-physikalischen Prozessen oder (ii) mehr mit sozio-ökonomischen Prozessen zu tun haben können (oder beides). Die unternehmensseitigen Prozesse (a) bezüglich dieser Dimensionen können somit eine (x) absichtsvolle oder (y) auf Grund von Problemlagen erzwungene Veränderung der (strategischen) Entwicklung unter langfristiger Perspektive beinhalten.

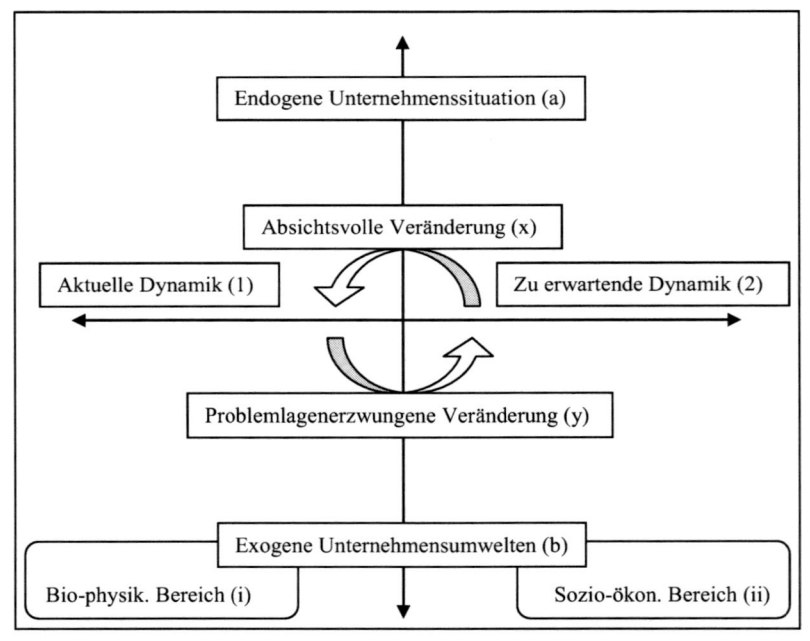

Abb. 3.1: Dimensionen der Veränderung; der Ursprung des Koordninatenkreuzes kann als verschiebbar angenommen werden. Eigene Darstellung.

Evolutorisch gesehen sind hiermit Regeln, Routinen und deren Veränderung im Wechselverhältnis zwischen individuellen und kollektiven Akteuren sowie organisationalen Bedingungen verbunden. In Bezug auf konkrete inhaltliche Zusammenhänge ist darüber hinaus die Präzisierung wichtig, worum die es für die Bewältigung einer bestimmten Problematik für einzelne Unternehmen und deren Wechselverhältnisse jeweils gehen müsste. Diese Präzisierung wird in zwei Schritten vorgenommen. Erstens soll hierzu im vorliegenden Kapitel von der Ausgangslage (Kapitel 1) auf unternehmerische Akteure hingeführt werden, indem mithilfe eines koevolutorischen Ansatzes die landschaftlich ökosystemare Situation mit den evolutorischen Prozessen im Unternehmen *konzeptionell integriert* wird. Im folgenden vierten Kapitel soll dann in die entgegengesetzte Richtung gearbeitet werden: Ausgehend von den im Unternehmen vorliegenden Fähigkeiten und Bedingungen wird gefragt, wie es möglich werden kann, die ökosystemaren Prozesse *im Unternehmen* besser wahrzunehmen und zu berücksichtigen. Durch diese Integration wird der bislang beschriebene Rahmen insofern erneuert, als erstens *unternehmerische Evolution direkter mit ökosystemischen Funktionen verknüpft* betrachtet werden kann. Zweitens stellt diese Integration die Voraussetzung für die *methodische Umsetzung* der weiteren Analyse dar (Kapitel 5, 6 und 7). Dies erlaubt es, die in Kapitel 1 und 2 beschriebene Lücke zwischen komplexer und schwer beurteilbarer Ausgangslage und den inhaltlich nicht hinreichenden und zu abstrakt bleibenden theoretischen Ansätzen zu schließen. In der methodischen Anwendung auf den regionalen Kontext gehen daraus Erkenntnisse (Kapitel 5, 6 und 7) hervor, die im direkten Anschluss zu Umsetzungsschritten stehen.

3.1 Rekapitulation der bisherigen Argumentation

Weder ökonomisch bzw. wirtschaftlich relevante Vorgänge in einer bestimmten Branche (der Ernährungswirtschaft) noch Abläufe in der biophysikalischen Seite der Landnutzung können unabhängig von vielerlei anderen Faktoren und Entwicklungen betrachtet und beurteilt werden (vgl. Gunderson et al. 2008, 224). Dennoch müssen Entwicklungen in einzelnen Unternehmen als Managementproblem spezifisch behandelt werden können. Eine Veränderung von Pfaden bedeutet dabei die flexible Handhabung dieser Managementprobleme (Dooley 1997; Alkemade et al. 2009). Nachhaltigkeit als evolutorisches Problem äußert sich hierbei als „omnipresent problem of *local and immediate scarcity*, as well as problems of pressing specific and global resource constraints. These circumstances present specific problems that the entities must solve to minimize degradation and raise their chances of survival. In short, these entities are engaged in a *struggle for existence*" (Hodgson 2010b, 702). Mit diesem Zitat zeigt sich die unmittelbar gegebene Relevanz für die Flächenkonkurrenzsituation. Genau genommen heißt das, dass das selektive (Miss)Verständnis von evolutionärem Fortschritt als *ausschließende Optimierungsstrategie* zu dieser akuten neuen Form von Knappheit geführt hat. In der absoluten Knappheit der fruchtbaren Fläche dieses Planeten (wie auch anderer natürlicher Ressourcen) wird also gerade deutlich, dass integrierte und damit koevolutorische Strategien erforderlich sind.

Konkret bedeutet dies unterschiedliche Handlungsrahmen, Spielräume, Entscheidungskompetenzen und Zurechnungsmöglichkeiten von Verantwortlichkeit für bestimmte Themen (vgl. Gunderson et al., 231). Missstände werden hauptsächlich erst dann deutlich, wenn sie bereits Realität sind. Sie sind oft schwer wieder rückgängig zu machen, bzw. können irreversibel sein, wie bspw. der Verlust fruchtbaren Bodens durch Winderosion (vgl. Baumgärtner 2000, 217ff; Schroeter et al. 2004, 22f; Antle et al. 2006; Bommert 2009).

Es liegen Diskrepanzen vor zwischen der Brisanz, die das Thema bereits hat (vgl. auch Kapitel 5) und der Möglichkeit oder Bereitschaft von Unternehmen, proaktiv damit umzugehen. Diese Diskrepanz lässt sich anhand der Dynamiken in den oben genannten Veränderungsdimensionen (1),(2), (a),(b) und (i),(ii) strukturieren. Die politischen Rahmenbedingungen spielen hierbei eine wesentliche Rolle, sollen für die vorliegende Arbeit aber nicht eingehend behandelt werden. Nichtsdestotrotz sind die Vorgaben seitens der Agrarpolitik und anderer Rahmenbedingungen im kritischen Abgleich zu sehen mit langfristigen Entwicklungszielen, wie sie bspw. der WBGU (2011) beschreibt. Dass Forderungen nach nachhaltiger Entwicklung, Umsetzung von Klimaschutz und Klimaanpassung, Biodiversitätsschutz und globaler Ernährungssicherheit schon lange vorliegen, trotzdem aber keine befriedigenden Ergebnisse erzielt worden sind, ist eine Diskrepanz, die sich auf die Dynamik der Punkte (x),(y) beziehen lässt. Dieses Scheitern wirft die Frage auf, ob vielleicht grundsätzlich bestimmte inhaltliche oder funktionale Zusammenhänge zu wenig deutlich werden, um die kritische Schwelle für essentielle Veränderung zu überwinden:

„Land-use change to provide food, fiber, timber, and space for settlements is one of the foundations of human civilization. There are often unintended consequences, including feedbacks to climate, altered flows of freshwater, changes in disease vectors, and reductions in biodiversity. Land-use decisions ultimately weigh the inherent trade-offs between satisfying immediate human needs and unintended ecosystem consequences, based on societal values. Ecological knowledge to assess these ecosystem consequences is a prerequisite to assessing the full range of trade-offs involved in land-use decisions. [...] The intended consequence of this land use is clear – to appropriate primary production for human consumption (Vitousek et al. 1986). The unintended consequences for the watershed, atmosphere, human health, and biological diversity often remain hidden." (DeFries et al. 2004, 249)

Die Realisierung nachhaltigen Wandels ist für Unternehmen riskant. Sie ist dies über den Rahmen hinaus, in dem Veränderungen immer mit Risiken einhergehen. Jedoch gilt dies nur unter einer kurzfristigen und kleinräumigen Perspektive. Angesichts der globalen und langfristigen Risiken, die aus den gegenwärtigen Entwicklungspfaden (nicht nur aber auch) in der Land- und Ernährungswirtschaft entstehen, scheint es deshalb insgesamt notwendig, Risiken neu gegeneinander zu gewichten. Zukünfte werden immer unvorhersagbar sein. Klimawandel oder Ressourcenknappheit, um nur zwei Themen im Kontext von Nachhaltigkeit zu nennen, sind verbunden mit Unsicherheiten, die grundsätzlich als gefährlich eingeschätzt werden müssen (Eriksson/Andersson 2010; Neumayer 2010; WBGU 2011). Die bio-physikalischen ökologischen Systeme, die die Lebensgrundlage auf diesem Planeten darstellen, und die sozio-ökonomischen Systeme sind ineinander und untereinander über viele Ebenen und Skalen hinweg untrennbar verschränkt (Norberg et al. 2008). Diese funktionale Kopplung[79] zwischen ökologischer und ökonomischer systemischer Komplexität erfordert also *eine beidseitige Zugangsweise* (vgl. Karlstetter 2011). Der bisher vornehmlich auf den ökonomisch evo-

---

[79] Zu *funktionalen Komponenten* in bio-physikalischen und sozio-ökonomischen Systemen, insbesondere im Zusammenhang mit Diversität vgl. Norberg et al. (2008).

lutorischen und organisationstheoretischen Hintergrund gerichtete theoretische Bezug wird deshalb nun verknüpft mit ausgewählten Ansätzen zu komplexen (adaptiven) bio-physikalischen Systemen.

3.2 Bio-physikalische Systeme und Ressourcen vs. sozio-ökonomische Systeme und Kapazitäten – die Beschreibung von Wechselwirkungen

Van den Bergh (2007) beschreibt ausführlich verschiedene Ansätze zum Wechselverhältnis zwischen Ökonomie und natürlicher Umwelt.

Evolutionary economics	Ecological Economics	Environmental Economics
Evolutionary potential	Optimal scale	Optimal allocation
Agent, technique, and product diversity	Biodiversity	Representative agents
Innovation-recombination/ mutation	Divergent views on innovation	Optimal R&D
Fitness	Equity (intra/intergenerational)	Efficiency, cost-effectiveness
Evolutionary stability	Resilience	Sustainable macro growth
Adaptive limits	Limits to growth	Growth of limits
Path-dependence	Ecological irreversibility	Economic irreversibility
Varying time scales	Medium/long run	Short/medium run
Population/distribution indicators	Physical and biological indicators	Monetary indicators
Bounded rationality and selection	Myopic behaviour	Rational behaviour
Functional morality (fitness)	Environmental ethics	Utilitarianism
Adaptive individuals and systems	Causal processes	Equilibrium, comparative statics/ dynamics

Abb. 3.2: Unterschiede in der Gewichtung zwischen evolutorischer, ökologischer und konventioneller Umwelt- und Ressourcenökonomik. Quelle: Van den Bergh (2007, 527).

Je nachdem, ob es sich um die Betrachtung von Ressourcen im herkömmlichen Sinne handelt oder Nachhaltigkeit als normative Komponente theoretisch einbezogen wird, werden Differenzierungen und begriffliche Bestimmungen anders gezogen. Diese Differenzierungen müssen demnach jeweils in Kopplung mit den Ausgangsfragen gesehen werden, die der jeweilige theoretische Strang als relevant bemisst (vgl. auch

Daly/Farley 2004; Döring et al. 2007; Ott/Döring 2008; Spash 2009; Neumeyer 2010; Eriksson/Andersson 2010).

Einen Überblick über Gewichtungsunterschiede verschiedener Richtungen, wie sie bei van den Bergh (2007; siehe auch Mulder/van den Bergh 2001) zusammengestellt sind, gibt Abb. 3.2.

3.2.1 Thermodynamische Perspektiven

Es gibt enge Zusammenhänge zwischen thermodynamischen[80] und evolutorischen bzw. koevolutorischen Zugangsweisen. Insbesondere ist der Begriff der Entropie[81] als Maß für die Unordnung (im Gegensatz zu Strukturiertheit) von Zuständen bedeutsam. „At the crossroads of biology and physics lies the insight that flows of material, energy, and information at and across various levels of system organization are essential for

---

[80] „A *thermodynamic system* is the entity of material objects, immaterial fields [...] and energy contained within a given spatial boundary at one given point in time. Objects, fields or energy may be involved in interactions (*processes*) with other objects, fields or energy inside or outside the system's boundary. [...O]ne distinguishes between the following types of thermodynamic systems: *Isolated* systems exchange neither energy nor matter with their surrounding environment. *Closed* systems exchange energy, but not matter, with their surrounding environment. *Open* systems can exchange both energy and matter with their surrounding environment. [...] Further, it should be noted that the distinction between isolated systems and closed or open systems in reality is not as clear as it might seem from the treatment in physics textbooks." (Baumgärtner 2000, 46f. vgl. ähnlich bei Schurz 2011, 149ff).

[81] „Entropy, a measure of disorder of a system, is said to eventually increase in all natural processes (e.g., death of an individual organism). The state of maximum entropy is one in which there are no gradients in temperature, pressure or material composition between a system and its surroundings. In the absence of these gradients the system is unable to change, or exert change on its environment." (Ruth 1996, 131). Vgl. Wiener (1963, 105f): „Die Größe, die wir hier als Informationsgehalt definieren, ist der Negativwert der Größe, die in ähnlichen Situationen als Entropie definiert wird. [...] Ein interessantes Problem ist das der Bestimmung der Information, die durch das Festhalten einer oder mehrerer Variablen in einem Problem gewonnen wird.". Vgl. Pfriem (2011b, 265): „Fragt man, *was* sich eigentlich im Wandel befindet, so gelangt man zu dem Problem, welches *die geeignete Ordnungsebene oder Analyseeinheit* sein sollte."

the generation of knowledge and evolution of a system." (Ruth 1996, 140). Über diese Begrifflichkeit hinaus kann hierauf nur am Rande eingegangen werden. Erwähnt werden soll aber, dass Negentropie als Information im Hinblick auf die Generierung entscheidender Unterschiede möglicherweise zentral ist. Allerdings ist die Zuordnung, *worin* eine Information *wofür* besteht und *ob* daraus eher *mehr oder weniger organisierte* Struktur resultiert, i.e. ob dies mehr oder weniger Ordnung bedeutet und wofür diese Ordnung topologisch gesehen Bedingungen schafft, wahrscheinlich abhängig von Perspektive, Zielsetzung oder disziplinärem Zugang:

> „For if ‚information can be changed into negentropy *and vice versa*' – as Brillouin claims[82] – then, naturally, neginformation should change into entropy. The equivalence must work in both ways. The point, I think, indicates that the Negentropy Principle of Information is only a mere play of words: negentropy replaces a decrease of entropy in a subsystem and information replaces negentropy." (Georgescu-Roegen 1971, 403).

Georgescu-Roegen (1971) hat einen frühen besonders für die ökologische bzw. nachhaltige Perspektive bedeutsamen Ansatz geliefert. Unter thermodynamischer Perspektive entwirft er eine Systematik, die wissenschaftstheoretische Grundlagenansätze mit ökonomischen, biologischen bzw. physikalischen Zusammenhängen verknüpft. Sein Werk gab Anlass zu neuen Sichtweisen, die grundlegend und bis heute aktuell sind. Besonders bedeutsam für den hier bearbeiteten Zusammenhang ist, dass Georgescu-Roegen Beziehungen zwischen menschlichem Verhalten und der damit verbundenen Gestaltungskraft zusammenführt mit einer physikalischen Sicht auf energetischen und materiellen Austausch. Er tut dies, indem er an vielen Stellen den unmittelbaren Bezug zur Realität sucht[83]. So schreibt er zum Beispiel:

---

[82] Fußnote in Zitat: „Brillouin, *Science and Information*, 231." (1962).

[83] „His concern with the fact that natural resources represent finite stocks that are degraded by human production activities induced him to criticize the abstract logic and subjective value accounting of canonical production theories that tend to play down these concerns." (Witt 2008, 560) Vgl. hierzu auch Georgescu-Roegens kontrastierende Untersuchung der Technologien und Institutionen bäuerlicher Wirt-

"It is all right for an economist to rest satisfied with the explanation of a catastrophic crop by some efficient causes triggered by random events. However, the science served by him is ordinarily interested in problems involving human actions. And if an economist wishes to analyze the actions of those who tilled the soil and cast the seeds, or of all those who have been hit by the scarcity produced by the crop failure, he will not arrive at a penetrating understanding if he refuses to look for the purposes that move them. For the truth that cannot be oblitered by the current behavioristic landslide is that we all – the fans of behaviorism included – act from a purpose. And one more circle is closed by recalling that all our important purposes – namely, to stay alive and to keep a place under the sun – lead to entropic transformations of our neighbouring universe. This means that the realizations of our purposes sets us on a never-to-return journey." (Georgescu-Roegen, 1971, 195)

Demnach wird die Art und Weise, in der ökonomisch entschieden wird, abhängig sein von der Art und Weise, in der Inhalte und Absichten in Unternehmen verknüpft sind:

"The statement that the fundamental principles of economics are universally valid, therefore, may be true only as their *form* is concerned. Their *content*, however, is determined by the institutional setting. And without this institutional content, the principles are nothing but „empty boxes", from which we can obtain only empty generalities. This is not to say that standard theory operates with „empty boxes". On the contrary, as we have seen, those boxes are filled with an institutional content distilled from the cultural patterns of a bourgeois society. They may be only partly filled – as is certainly the case. Indeed many traits of such societies have been left out because they were not quite ripe at the time the foundations of standard theory were laid, others because they cannot be fitted into the arithmetic structure a theory necessarily has." (ebd. 324).

Ein späterer thermodynamischer Ansatz, der sich mit der Produktion in Unternehmen und deren umweltrelevanten – erwünschten und unerwünschten – Konsequenzen beschäftigt, findet sich bei Baumgärtner (2000). Die Produktion von Gütern kann unerwünschte Nebeneffekte ha-

schaftsformen mit denen der modernen industriellen Wirtschaftsweise (Georgescu-Roegen 1976, Kapitel 6 und 8).

ben, tatsächlich hat sie dies in den allermeisten Fällen (vgl. Baumgärtner 2000, 86). Besonders interessant ist hier, wie der Bezug zwischen den Auswirkungen *auf* das Umweltsystem und den Produktionsprozessen *im* Unternehmen konzeptionell hergestellt wird:

> „1. Production, seen as a transformation of energy and matter, is subject to the laws of nature. Economic assumptions about production must not violate these laws. 2. Time is irreversible and so is any process of change, be it in the economy or in the natural system (isolated or closed/open) this time-irreversibility may find expression in different forms. In particular, environmental processes, resource extraction, the use of resources in production and the consumption of goods are irreversible. 3. Since both the economic process of production and processes within ecosystems are governed by the laws of thermodynamics, the interaction between the two areas can consistently be described in an integrated framework which is based, among other elements, on thermodynamics." (Baumgärtner 2000, 64)

Einerseits ergibt sich aus der Irreversibilität die Rolle von Geschichtlichkeit und damit der unmittelbare Bezug zur Pfadabhängigkeit (ebd. 63). Andererseits geht aus der daraus resultierenden Bedeutung von unvollständiger Information *und* der Rolle von Wahlentscheidungen (vgl. Baumgärtner 2000, 63 und 217f) gerade auch hervor, dass Produktionsoutputs erstens in multiplen Zusammenhängen stehen, und zweitens deren Bewertung ebenfalls aus multiplen Zusammenhängen hervorgeht. Ambivalenzen bestehen also auf verschiedenen Ebenen:

> „Joint productions may be ambivalent. One output may be a positive valued good in some instances and a negative valued bad in some other instances. So, what are the factors that determine the value of joint outputs? [...]The analysis confirms [...] that the phenomenon of ambivalent joint production requires consideration of the interdependence of conditions of production, resource endowment, impact on the natural environment caused by the joint output as well as by other outputs, and preferences." (ebd. 219)

Baumgärtner geht im Weiteren auf vier verschiedene Funktionen der natürlichen Umwelt ein, die zurückgehend auf Siebert (1995) als konstituierend angenommen werden können für ökonomische Wertschöpfung:

"1. Public good for consumption 2. supplier of raw materials for production, 3. location space, and [...] 4. reception medium for wastes and pollutants from production and consumption. The different uses of the environment are competing with each other if the environmental endowment is scarce for given demand. This competition between different possible uses of the environment is one of the main reasons for environmental problems (Siebert 1995: Chapt. 2)" (ebd. 257).

Aus Perspektive der ökosystemaren Situation stehen diese Umweltfunktionen unter Einwirkung ökonomischer Strategien, die ökosystemisch funktionale Prozesse bedingen bzw. beeinträchtigen. Indem mit der Thematik des Klimawandels oder des Biodiversitätsverlusts solche Beeinträchtigungen wiederum *aus dem ökosystemischen Bereich heraus* auf die Möglichkeiten unternehmerischer Strategien *zurückwirken*, wäre es von Vorteil, diese Rückbezüglichkeiten im Unternehmen mit zu verorten. Insbesondere ergibt sich daraus evolutorisch gesehen ein Ansatz, der die Gestaltungs-, Anpassungs- und damit Regulierungsfähigkeit von Unternehmen *für beide systemischen Bereiche* in den Vordergrund rückt.

3.2.2 Das Gesetz von der erforderlichen Varietät

Conant und Ashby (Ashby 1956; Conant/Ashby 1970) haben gezeigt[84], dass jedes Steuerungssystem einer Situation eine Varietät besitzen muss, die zur Situation, die es steuert, äquivalent ist. Das bedeutet, dass die Varietät des Managementprozesses einer Situation abhängig ist von der Varietät (Vielfalt/Diversität) der Zustände, die diese Situation beinhaltet. (*Law of Requisite Variety*). Insbesondere wenn es sich um komplexere Problemlagen handelt, die über eine „einfache" Steuerung von gut abgegrenzten Prozessschleifen hinausgehen, oder wenn es um den Bezug zwischen ökosystemisch *verteilten* Multilevel-Prozessen zu denen in wirtschaftenden *organisational abgegrenzten* Unternehmen geht, ist eine *konkret operationalisierbare Anwendung* des *Laws of Requisite Variety*

---

[84] „[A]ny regulator that is maximally both successful and simple must be isomorphic with the system being regulated. [...] The theorem has the interesting corollary that the living brain, so far as it is to be successful and efficient as a regulator for survival, must proceed, in learning, by the formation of a model (or models) of its environment." (Conant/Ashby 1970, 89).

auf den realen Kontext schwierig. Im weiteren Fortgang soll dies für den Fall der Regulierung von Flächennutzungskonflikten erreicht werden. Zunächst müsste dazu der Regulierungsanreiz für viele Unternehmen bzw. weitere betroffene Akteure der Thematik entsprechend *inhaltlich zugänglich* sein. Dabei müsste er zudem so gerahmt sein, dass die Themenkomplexität auch für einzelne Unternehmen konkret aufgegriffen werden kann.

Die Fragestellung bezieht sich hier konkret auf die Fähigkeiten, Gegebenheiten und damit Spielräume der Unternehmen. Dabei werden diese Fähigkeiten (i) für Unternehmen als evolutorische Akteure (ii) im regional spezifischen Rahmen und (iii) mit einer strategischen Ausrichtung, die an klimaangepasster und langfristig nachhaltiger Flächennutzung orientiert ist, konzipiert. Um eine proaktive Regulierung in Bezug auf den konkreten Problemzusammenhang zu ermöglichen, folgt damit aus dem *Law of Requisite Variety*, dass der Problemzusammenhang „Flächennutzung" dergestalt für die Unternehmen zugänglich sein muss, dass *Varietät von Bezugshorizonten* und *Diversität der Inhalte* mit den *Themen und Bezugsskalen*, die *im Unternehmen* als relevant wahrgenommen werden, vereinbar sind[85].

Cumming et al. (2008) führen aus, wie Asymmetrien in Landschaften als ein Maß für deren Ordnung gesehen werden können, das eng korreliert ist mit Heterogenität, Diversität, der Ähnlichkeit der Nutzung und gleichzeitiger Separation und Fragmentierung von Zellen in Landschaften:

> „Heterogeneity refers to the differentiation of landscape elements (at any given scale) in space. Variation, in its commonest usage, is effectively heterogeneity in time. Asymmetry has much in common with heterogeneity but is not identical to it. Heterogeneity implies differentiation of system components but not necessarily asymmetry. Asymmetry refers only to systematic differentiation – so in thinking about

---

[85] Vgl. die im vorigen Kapitel in Anlehnung an O'Reilly und Tushman (2007) beschriebenen Ebenen *sensing* und *seizing* für organisationale Fähigkeiten. Andererseits müssten demnach (siehe nächstes Kapitel) die Fähigkeiten und Inhalte, mit denen im Unternehmen Entscheidungen gefällt und Strategien entwickelt werden, im realen Kontext (und damit der entsprechenden Varietät) der betreffenden Problemlagen (auch im ökologischen Sinne) stehen.

landscape asymmetry we focus on the role of nonrandom spatial and temporal differentiation (heterogeneity, variation) in ecological systems." (Cumming et al. 2008, 17).

Für das Problem der Flächennutzungskonkurrenzen und den korrespondierenden und zu Monokulturen führenden landwirtschaftlichen Pfaden ist dieser Ansatz besonders interessant. In der Interaktion zwischen sozio-ökonomischen und ökologischen Systemen können landschaftliche Asymmetrien in Abhängigkeit von wirtschaftlichen und damit gesellschaftlichen Prozessen aufgefasst werden: „Asymmetries in foraging patterns may be a response to environmental heterogeneity or a consequence of self-organization (Portha, Deneubourg, and Detrain 2002). In businesses asymmetries in returns may result from differences in the past activity and the ensuing difference in activity costs (Acemoglu and Scott 1997)" (ebd. 18).

Asymmetrien können hierbei wesentliche Konsequenzen sowohl für den ökologischen als auch den sozio-ökonomischen Bereich nach sich ziehen: „Depending on their nature and context, environmental asymmetries will play a central role in creating edges and channels within landscapes. [...] Once created, edges may serve as channels or corridors for the movements of organisms and their propagules (e.g. Machtans, Villard, and Hannon 1996)." (ebd. 25). Dabei lassen sich insbesondere Wechselwirkungen mit dem sozio-ökonomischen System feststellen: „Asymmetry in land tenure regimes can have profound consequences for related social, economic, and political processes. Flying over the continental United States for the first time, one is immediately struck by the unusual symmetry in the landscape." (ebd. 25).

Eine Verknüpfung dieser Einsichten mit dem Konzept evolutorischer strategischer Gestaltung von Entwicklungstrajektorien, dem Entstehen von Pfadabhängigkeiten und damit den Fähigkeiten, auf turbulente Dynamiken zu reagieren, liegt nahe. Ähnlich äußern sich auch Johnston und Wescoat (2008): „[B]ecause human-environment problems change, the viability or value of landscapes also change." (ebd. 211). Die grundsätzliche Annahme von Heterogenität (vgl. dazu auch Helbing 2009a, 433f) und Nichtgleichgewichtszuständen gibt im Anschluss an das *Law of Requisite Variety* für dynamische Fähigkeiten im funktionalen Bezug auf komplexe ökologische Systeme Anlass zu folgender Schlussfolgerung:

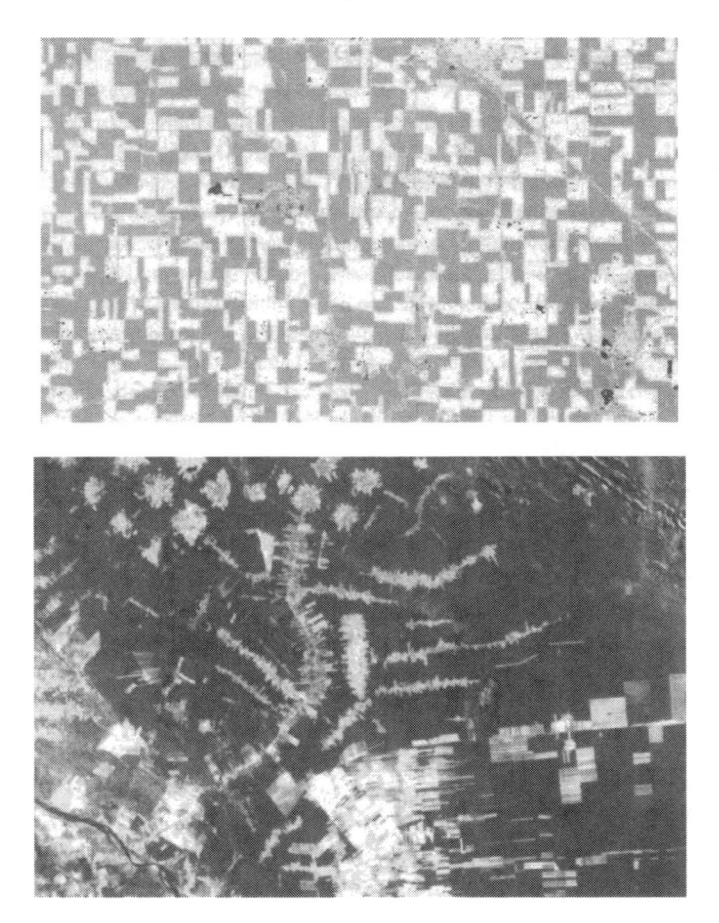

Abb. 3.3a und b: Zwei Landschaften mit sehr unterschiedlichen Symmetrieeigenschaften. (a) relativ symmetrische Landschaft (Indiana, USA): Elemente der Landschaft sind relativ austauschbar. Zufällige Umordnungen hätten kaum Konsequenzen für Gesamtstruktur oder -funktion. (b) Asymmetrische Landentwicklungsmuster in Lateinamerika (Bolivien). Quelle: Cumming et al. (2008, 26f) (Ausschnitte).

Wenn einerseits Asymmetrien (und damit verbunden Heterogenität, Diversität und *funktionale* Differenzierung) einen Hinweis geben auf einen strukturellen Anknüpfungspunkt im koevolutorischen Verhältnis zwischen ökologischer und sozio-ökonomischer Organisation, und andererseits das *Law of Requisite Variety* besagt, dass die Regulierung eines bestimmten Problems als Management durch ein Regulativ mit einer entsprechenden strukturellen Varietät passiert, dann ergibt sich daraus, dass sich eine (unternehmerische) Organisationsstruktur ändern müsste, um einen *in Bezug auf die Umwelt strukturell neuen (regulierenden) Schritt* zu tun. In diesem Sinne würde das bedeuten, dass *neue sozio-ökonomische Pfade durch die Aktualisierung von Kontingenz im Sinne funktionaler Handlungsoptionen entstehen*. Wobei diese *dann* zur Regulierung der übergeordneten Herausforderungen beitragen, *wenn* diese Aktualisierung von Kontingenz in funktionale Handlungsoptionen im Unternehmen *in Kopplung stehen zur konkreten Varietät* (den heterogenen Inhalten, Unsicherheiten, multiplen Zusammenhängen) *der entsprechenden ökologischen Problemlagen*[86]. Die landschaftliche Situation in der Metropolregion Bremen-Oldenburg weist eine zwar kleinräumigere aber ähnlich symmetrische Struktur wie in Abb.3.3a[87] auf. Diese Landschaftsstruktur zeigt was auch aus Aussagen regionaler NGOs hervorgeht, dass nämlich der Umwelt- und Naturschutz einer der Hauptverlierer in der momentanen land- und ernährungswirtschaftlichen Entwicklung ist. Eine auf maximale Effizienz ausgerichtete Bewirtschaftung führt demnach nicht nur im Boden zu Homogenisierung und Diversitätsverlust, sondern entsprechend der ökonomischen Homogenisierung auch im Landschaftsbild. Unternehmerische Strategien, die eine solche Bewirtschaftung nach sich ziehen, bestehen auch in anderen sozio-ökonomischen Sektoren. Sie können bspw. mit Beschleunigung und Effizienzmaximierung identifiziert werden (Antoni-Komar et al. 2010) und spiegeln sich wider im gleichzeitigen Verlust des Erholungswerts, den eine derart symmetrische Landschaft bedeutet.

---

[86] „While complex systems comprise a number of subsystems, these subsystems, in turn, encompass many components that work together to deliver needed functionality. A decision must therefore be made as to the unit of analysis appropriate for determining core and peripheral elements in a system." (MacCormack et al. 2010, 5).

[87] Vgl. z.B. Google-Maps: „49456 Bakum" oder http://www.lgn.niedersachsen.de /portal/live.php?navigation_id=11076&article_id51561&_psmand=35 (Menüpunkt ATKIS-DOP-Auswahl) oder http://www. geodaten.niedersachsen.de/portal/live. php?navigation_id=8673&article_id=25442&_psmand=28.

Im Anschluss an die oben dargelegten Gedanken zur die Situation regulierenden Varietät fällt auf, dass die Symmetrie der Landschaft mit einer sehr geringen Varietät identifiziert werden müsste. Daraus würde sich ergeben, dass Wertschöpfungskettenstrukturen, die zu diesem Landschaftsbild führen, nur eine sehr geringe Regulierungskapazität für dynamische Problemlagen besitzen. Dies könnte sich zum einen hinsichtlich der Unternehmensprozesse auf eine wenig flexible Anpassung an Veränderungen beziehen. Zum anderen könnte es ebenso für Defizite im Aufrechterhalten einer intakten ökosystemischen Situation durch eine entsprechend angepasste Bewirtschaftung stehen. Eine Zunahme der betrieblichen Varietät würde demnach ermöglichen auch höherkomplexe Problemlagen aus der Region heraus zu bewältigen und es wäre wahrscheinlich, dass diese höhere Varietät auch in einer asymmetrischeren Landschaft sichtbar werden würde.

Für den Zusammenhang zwischen mehr oder weniger symmetrischen Landschaften und entsprechenden sozio-ökonomischen Gegebenheiten (z.B. im Hinblick auf die Vernetztheit regionaler Wirtschafts- und Akteursgefüge oder deren Verzahnung entlang der Wertschöpfungsketten und den daraus resultierenden Flexibilitäten oder Rigiditäten) geht daraus Folgendes hervor: Da eindeutige Beziehungen zwischen ökologischer und sozio-ökonomischer Systementwicklung schwer zu bestimmen sind (Cumming et al. 2008, 38f), könnten die wesentlichen Interaktionen und Wechselwirkungen sich anhand von *Systemfunktionen* annähern lassen, die aus der konkret vorliegenden Situation (der ökologischen wie der sozio-ökonomischen) abgeleitet, beurteilt und gewichtet werden.
Daraus folgt,

1. dass für den konkreten Problemzusammenhang (siehe Ausgangslage) eine inhaltliche Bündelung entwickelt werden müsste, die (a) eine übergeordnete Perspektive in ökonomischer und ökologischer Hinsicht, (b) die regionalen Bedingungen und die Gegebenheiten im einzelnen Unternehmen sowie (c) Fähigkeiten der (kollektiven) Akteure im heterogenen Gefüge beinhaltet.

2. dass auf Basis dieser Bündelung Bezugspunkte gefunden werden müssten, die für den konkreten Problemzusammenhang wie für die beteiligten Unternehmen eine Aussagekraft haben.

3.2.3 Koevolution – Konzeptionelle Eckpunkte

Das Verhältnis zwischen Organisation und Umwelt kann so als koevolutionäres Gefüge aufgefasst werden (Grin et al. 2010; Gual/Norgaard 2010; Kallis/Norgaard 2010; Hodgson 2010b). Resultierend findet damit eine Verknüpfung von makroökonomischen Prozessen und der Bedeutung endogener Prozesse im Unternehmen statt. Demensprechend viele Beziehungen gibt es zum Diskurs über Pfadabhängigkeit und Dynamic Capabilities (bspw. Burgelman 2008; Lichtenthaler/Lichtenthaler 2009; Easterby-Smith et al. 2009; Grin et al. 2010). Neben dem Bezug zur Pfadabhängigkeit hat die koevolutorische Abhängigkeit auch Einfluss auf das Entstehen von Neuem, das von beiden Seiten her motiviert sein kann. Die Emergenz von Neuem und dessen Interpretation durch den Menschen sind dabei für den sozioökonomischen Bereich untrennbar miteinander verbunden, insbesondere in Bezug auf strategische Entscheidungen und das Lösen von Problemen (van den Bergh 2007; Witt 2009; Gual/Norgaard 2010). Die theoretische Annäherung an diesen koevolutorischen Zusammenhang findet sowohl von der ökonomischen wie der ökologischen Seite statt: „There is also growing interest in a co-evolutionary view which links the firm to the environment in which it is competing." (Easterby-Smith 2009, S5; vgl. auch Wiggering et al. 2006). Dabei lässt sich die koevolutorische Perspektive direkt anschließen bspw. an die Konzeption bei Aldrich (1999): „Importantly, evolutionary and coevolutionary thinking offer a conceptual way out of a key issue in the social sciences, this of agency and structure, i.e. ‚how much scope do people have for independence and creativity in the face of social structural constraints on their understanding and behavior' (Aldrich 1999, 23)." (Kallis/Norgaard 2010, 692). Somit kann hier das Verhältnis zwischen agentensensitiven und agenteninsensitiven organisationalen Gegebenheiten unter Einbezug der Umgebung der Organisation aufgegriffen werden.

Insbesondere wenn es um Veränderungen und Transformation geht, bietet sich ein koevolutorischer Zugang an. Es wird so möglich, einerseits Transformationen über verschiedene Ebenen hinweg zu analysieren und zu verstehen. Andererseits können die Prozesse, die zwischen diesen Ebenen entstehen, konkret verortet werden. Kallis und Norgaard (2010) betonen in ihrer Defintion besonders das Verhältnis der *Generierung, Selektion* und *Retention* von gegenseitigen systemischen *Entitäten*:

"Evolution is a process of selective retention of renewable variation (Campbell 1969; Nelson 1995). It applies to complex populations of entities that are similar in key respects, but within each type there is some degree of variation (Hodgson 2010b). [...]Two systems coevolve when they both evolve in the above indicated sense and they have a causal influence on each other's evolution (Kallis 2007). Interacting systems might be biological, social or both." (Kallis/Norgaard (2010, 690).

Rammel, Stagl und Wilfing (2007) heben dagegen die *interaktive Komponente* und in der wechselseitigen *Abhängigkeit multipler Dynamiken* hervor:

"[W]e conceive co-evolution as dynamic interactions between two or more interdependent systems, which account mutually for each other's development. In detail, co-evolution can be seen as the evolutionary process among two or more elements/sub-systems/systems driven by reciprocal selective pressures and adaptations between these elements/sub-systems/systems. Thus, a co-evolutionary system can be defined by the totality of all he interacting elements/sub-systems" Rammel et al. (2007, 12).

Van den Bergh und Stagl (2003) entwickeln einen Ansatz, in dem die Koevolution zwischen Institutionen bzw. institutionellem Wandel und biologischer Evolution anhand von vier Interaktionsebenen beschrieben wird, nämlich *genetischen, individuellen,* denen von *Gruppen* und *institutionellen*. Für koevolutorische Prozesse, die besonders im Kontext von nachhaltiger Entwicklung von Belang sind, nennen Gual und Norgaard (2010) im Anschluss an Stagl (2007) drei wesentliche Bezugsebenen: "(1) coevolution of the environment and governance; (2) coevolution of technology and governance; (3) coevolution of human behavior and culture" (Gual/Norgaard 2010, 711). Sie weisen im Weiteren darauf hin, dass zur Konkretisierung (a) die Form der Interaktionen und (b) die Einheit(en) der Interaktionen zwischen den Systemen gerahmt werden müssen. Es gibt allerdings keinen Konsens hinsichtlich adäquater Einheiten, anhand derer sich diese Ebenen vergleichen und in Bezug setzen lassen (ebd.).

Einen besonders auch im neuesten Gutachten des WBGU (2011, 87ff) prominent vertretenen Ansatz liefern Grin, Rotmans und Schot (2010). Sie stellen vor allem den koevolutorischen Charakter von *Veränderungen* in den Vordergrund:

> „In a biological or economic context, co-evolution refers to mutual selection of two or more evolving populations. In the transition context, however, we speak of co-evolution if the interaction between societal subsystems influences the dynamics of the individual societal subsystems, leading to irreversible patterns of change (Perez 1983; Callon 1991; Nelson 1994; Oudshoorn/Pinch 2003; Kemp et al. 2007)" (Grin et al. 2010, 4)

In Weiterführung der in der Einleitung gegebenen Definitionen für Systeme sind hier besonders *complex adaptive systems* von Bedeutung:

> „Complex adaptive systems are special types of systems. They are adaptive in the sense that they have the capacity to change and learn from experience. Formulated otherwise, they are able to respond to and adjust themselves to changes in their environment. What makes a complex adaptive system special is the set of constantly adapting nonlinear relationships. Examples of complex adaptive systems are the stock market, ant colonies, living organisms, cities, the human brain, business companies, political parties and communities." (Grin et al. 2010, 117)

Grin, Rotmans und Schot (2010) entwickeln einen unter anderem auf Ansätzen der Evolutorischen Ökonomik basierenden Zugang, der Transformationen als langzeit-orientierte koevolutorische Prozesse konzipiert. Diese passieren über viele verschiedene Ebenen hinweg und können geprägt sein von radikalen Verschiebungen und kollektiven Interaktionsprozessen, in die viele (proaktiv handelnde) Akteure eingebunden sind (Grin et al. 2010, 11). Insofern finden sich beide anderen Definitionen hierin wieder. Grin, Rotmans und Schot beschreiben soziale Transformation damit unter systemisch-basierter und prozess-orientierter Perspektive. Insbesondere die Transformation hin zu nachhaltiger Entwicklung wird hierbei aufgefasst als *Verschiebungen in Strukturen, Kulturen* und *Praktiken*. Zusammengefasst adressiert die koevolutorische Perspektive Komplexität also dahingehend, dass sie sich (i) mit qualitativem Wandel und skalenübergreifenden Interaktionen befasst, (ii) Unsicherheiten bezeichnet und (iii) auf Lernprozesse ausgerichtet ist (vgl. Rammel et al. 2007).

3.2.3.1 Ecosystem Funktionen, Ecosystem Services, multifunktionale Landwirtschaft und Viabilität

Rammel et al. (2007) beschreibt eine nachhaltige gegenseitige Einbettung über verschiedene Ebenen hinweg wie folgt: „Between micro-level interactions and macro-level adaptivity, sustainability arises, if each subsystem fits successfully in the network, and if the network successfully fits into the wider environment." (Rammel et al. 2007, 11). Wie schon in der evolutorischen Sicht, die rein auf den ökonomischen Zusammenhang gerichtet ist, spielt auch im koevolutorischen Verhältnis Lernen und Lernfähigkeit in komplexen adaptiven Systemen[88] eine überaus wichtige Rolle (so z.B. im Management von Innovationspfaden, vgl. Grin et al. 2010, 80ff, siehe hierzu auch Hekkert et al. 2007). Insbesondere in anwendungsbezogenen Kontexten wird hierzu der Umgang mit interdependenten Komponenten vor dem praktischen Hintergrund und im Umsetzungskontext der konkreten Problematik notwendig: „Transformational learning is characterized by cross-scale surprise and/or the emergence of novel solutions. In these cases learning involves solving problems of identifying problem domains among sets of wicked and complex variables." (Westley 2002 in Gunderson et al. 2008, 231). Dabei ist das adaptive Management solcher Problemlagen typischerweise ein iterativer Prozess, in dem sich ein fortwährender Dialog zwischen den Funktionen des jeweiligen Systems und den Zielen des Managements entwickelt (ebd. 225).

Um nun ökosystemare Funktionen[89] für deren Wert im sozioökonomischen System beurteilbar zu machen, gerade dann, wenn es sich

---

[88] Zur Entstehung und Verwendung der *complex adaptive systems* Perspektive für organisationalen Wandel, insbesondere im Anschluss an die Entstehung von Pfadabhängigkeiten siehe Dooley (1997).

[89] Die Unterscheidung zwischen Ökosystemfunktion und Ökosystemdienstleistung wird unterschiedlich gehandhabt, in der TEEB Studie bspw. lautet die Definierung, die sich auf die folgende Abb. 3.4 bezieht, wie folgt: „[.A] lot goes on before services and benefits are provided, and decision-makers need to understand what this

nicht um die konventionelle ökonomische Ausschöpfung von Ressourcen handelt, hat sich das Konzept der Ökosystemdienstleistungen[90] etabliert „[E]cosystem services are the aspects of ecosystems utilized (actively or passively) to produce human well-being." (Fisher et al. 2007, 5; vgl. auch Costanza et al. 1997)[91]. *Joint production* (multiple Vorteile für den Menschen) und *benefit dependence* (Abhängigkeit der Einschätzung eines Vorteils von der Interessenlage der Menschen) sind hierbei ebenso wesentlich wie räumliche und zeitliche Dynamiken über verschiedene Skalen hinweg sowie die Schwierigkeit Gemeinschaftsgüter von Privateigentum abzugrenzen. Die Ko-Abhängigkeit dieser unterschiedlichen Charakteristika kann zu Konflikten auf unterschiedlichen Ebenen führen[92]. Im Ansatz der multifunktionalen Landwirtschaft findet sich dieser

involves. It is therefore helpful to distinguish „functions" from the even deeper ecological structures and processes in the sense that the functions represent the *potential* that ecosystems have to deliver a service which in turn depends on ecological structure and processes. For example, primary production (= process) is needed to maintain a viable fish population (= function) which can be used (harvested) to provide food (= service); nutrient cycling (= process) is needed for water purification (= function) to provide clean water (= provisioning service). The benefits of these services are manifold, for example, food provides nutrition but also pleasure and sometimes even social identity (as part of cultural traditions); clean water can be used for drinking but also for swimming (pleasure) and other activities aimed at satisfying needs and wants." (De Groot et al. 2010, 11). Bei Daly und Farley wird diese Unterscheidung wie folgt beschrieben: „In an ecosystem, the structural parts act together to create a whole that is greater than its parts. We refer to these emergent phenomena in ecosystems as *ecosystem functions* (Whether a particular element of an ecosystem is part of structure or part of function depends on perspective […].), and they include such things as energy transfer, nutrient cycling, gas regulation, climate regulation, and the water cycle." (Daly/Farley 2004, 94) Und weiter: „*We call an ecosystem function that has value to human beings an ecosystem service.*" (ebd. 103; vgl. auch Fisher et al. 2007).

[90] Einen kritischen Überblick zu aktuellen Studien und Ansätzen zum Konzept der Ecosystem services geben bspw. Seppelt et al. 2011. Auch Norgaard (2010) äußert sich kritisch zum Gebrauch und Nutzen des Konzepts.

[91] Zur kritischen Relevanz von Biodiversität als funktionale Komponente von Ökosystemen vgl. auch Hooper et al. 2005; Brookfield/Padoch 2007; Ceroni et al. 2007; Ring et al. 2010; de Groot 2010.

[92] Wie bereits in den Ausgangslage beschrieben zeigt sich hierin bspw. die methodische Schwierigkeit cross-skalige Zusammenhänge für den regionalen bzw. unter-

Gedanke wieder. Multifunktionalität bedeutet, dass so genannte *commodity* und *non-commodity outputs* der Landwirtschaft erfasst werden[93]: „Multifunctionality refers to the fact that an economic activity may have multiple outputs and, by virtue of this, may contribute to several societal objectives at once. Multifunctionality is thus an activity-oriented concept that refers to specific properties of the production processes and its multiple outputs." (OECD 2001, 11).

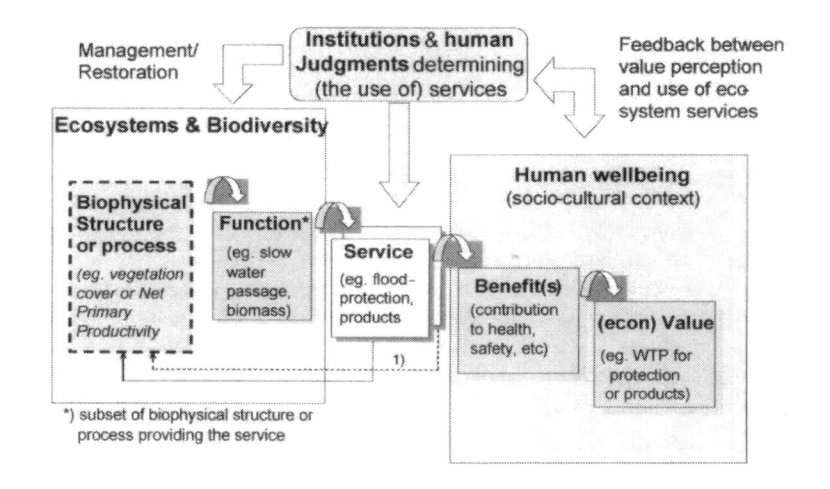

Abb. 3.4: Der Pfad von Ökosystemstruktur und -prozessen zu menschlichem Wohlergehen. Quelle: De Groot et al. (2010, 11) (dort in Anlehung an Haines-Young/ Potschin 2010 und Maltby 2009).

Dieses Konzept kann dabei helfen, verschiedene Ziele im Wirtschaften zu integrieren. Weingarten (2009, 28) beschreibt, wie Multifunktionalität

nehmerischen Handlungshorizont zu bestimmen, wie auch die in Kapitel 5 weiter ausgeführten verschiedenen ebenfalls konfliktiven Interessenslagen.

[93] „[M]ultifunctionality is used solely to express the inescapable interconnectedness of agriculture's different roles and functions. The concept of multifunctionality recognizes agriculture as a multi-output activity producing not only commodities (food, feed, fibers, agrofuels, medicinal products and ornamentals), but also non-commodity outputs such as environmental services, landscape amenities and cultural heritages." (MyIntyre 2009, 4).

an Kuppelprodukte anschließt, zwischen denen eine mehr oder weniger enge technologische Abhängigkeit besteht. Als klassisches Beispiel für marktfähige (commodity outputs) Kuppelproduktion nennt er die Produktion von Schaffleisch und Wolle (ausführlich bei Wüstemann et al. 2008).

„Beim Konzept der Multifunktionalität steht dagegen die simultane Produktion eines commodity outputs mit einem oder mehreren noncommodity output(s) im Mittelpunkt, die zumeist (positive oder negative) externe Effekte darstellen (s. OECD 2008, Wüstemann et al. 2008). Eine komplementäre Kopplung liegt vor, wenn ein Anstieg der Produktion des commodity outputs auch zu einem Anstieg der Erzeugung des non-commodity outputs führt. Bei einer konfliktären Kopplung sinkt dagegen die Produktion des non-commodity outputs (s. Wüstemann, Mann, Müller 2008)" (Weingarten 2009, 28).

Bei Groot et al. (2009) wird Multifunktionalität als transitionsorientierter Ansatz beschrieben: „(i) agriculture is understood as the coproduction of social, cultural and natural capital, (ii) multifunctionality is not created at a certain hierarchical level or scale, but results from the interaction between hierarchical levels (field – farm – landscape – region), and (iii) for realizing the full potential of multifunctionality, the recognition of the heterogeneity and diversity of not only bio-physical and ecological but also socio-institutional entities is important." (Groot et al. 2009, 3). Koproduktion bezieht sich dabei auf den verflochtenen Charakter von Landwirtschaft, Landschaft und Biodiversität sowie deren Funktionen und Dienstleistungen, die sie der Gesellschaft verfügbar machen (ebd.). Um effektiven Landschaftsschutz zu gewährleisten kommt es hier also insbesondere darauf an, die Funktionen räumlich verzahnter Einheiten zu sehen[94]. Entsprechend müssen ökonomische Prozesse auch in Vernet-

---

[94] „For example at regional level, multifunctionality can be found in the combination of dairy farms with agro-tourism and nature conservation, where the agglomeration of farms, farm lands and semi-natural landscape elements provides an attractive environment for recreation and wildlife. At field level multifunctionality can be achieved by combining cattle grazing and meadow bird conservation within the same field, but nature protection on single fields or farms does not enhance biodiversity (Kleijn et al., 2001), whereas modelling studies show that biodiversity can benefit from the spatial clustering of such protective measures at

zung zur Branchenebene und darüber hinaus bedacht werden können (vgl. Kapitel 6). Weingarten betont, dass „die Landwirtschaft […] als größter Flächennutzer immer eine wichtige Rolle für den abiotischen und biotischen Ressourcenschutz und für die Kulturlandschaft einnehmen [wird]. Ihr Beitrag für die ländliche Entwicklung wird umso größer sein, je stärker die diesbezüglichen non-commodity outputs in Wert gesetzt werden." (ebd. 36). Er gibt aber auch zu, dass neben Möglichkeiten, wie konsumentenseitiger Bereitschaft höhere Preise zu bezahlen oder die regionale und ästhetische Identität bestimmter Landschaften zu stärken, „das Grundproblem, dass viele non-commodity outputs der Landwirtschaft den Charakter öffentlicher Güter haben, [jedoch bestehen] bleibt." (ebd. 36). Weingarten 2009 leitet drei wesentliche Funktionen her, die er der Landwirtschaft für den ländlichen Raum zuschreibt: (1) Produktions-, Versorgungs-, Wirtschafts- und Arbeitsplatzfunktion, (2) Siedlungs- und Wohnfunktion, Erholungs- und Tourismusfunktion, worunter z.b. auch die oben schon angesprochene mehr oder weniger asymmetrisch gestalteten Landschaftsbilder fallen (vgl. Weingarten 2009, 32), und (3) die Ökotop- und Naturschutzfunktion[95].

Die unausweichliche Verzahnung sozio-ökonomischer Systembedingungen mit Ecosystem Services bzw. Ecosystem Functions (vgl. Abb. 3.5) bedeutet, dass diese Verzahnung in den Unternehmen der Land- und Ernährungswirtschaft *entsprechend den positiven und negativen Auswirkungen auf das ökosystemische Gefüge* repräsentiert sein müsste. Es liegen hier durchaus Defizite vor: „Despite the fact that these non-commodity ecosystem services are valued by consumers, fully functioning markets for them rarely exist." (Ribaudo et al. 2010, 2086). Dies hat zu tun mit dem nicht-rivalen und nicht-ausschließenden Charakter, den Ecosystem Services oft haben. Nicht-Rivalität bedeutet, dass die Nutzung durch eine Person nicht die von anderen Personen einschränkt. Nicht-ausschließend heißt, dass niemand von der Nutzung eines Gutes ausgeschlossen werden kann. Selbiges lässt sich deshalb nicht preislich eintei-

---

landscape scale (Geertsema, 2002). Moreover, time scales of agricultural production and other functions are often very different." (Groot et al. 2009, 3).

[95] Diese Funktionen sind recht gut anschlussfähig an die oben bei Baumgärtner (2000) genannten.

len. „These characteristics prevent the development of a market, primarily because ownership cannot be defined and enforced." (ebd.).

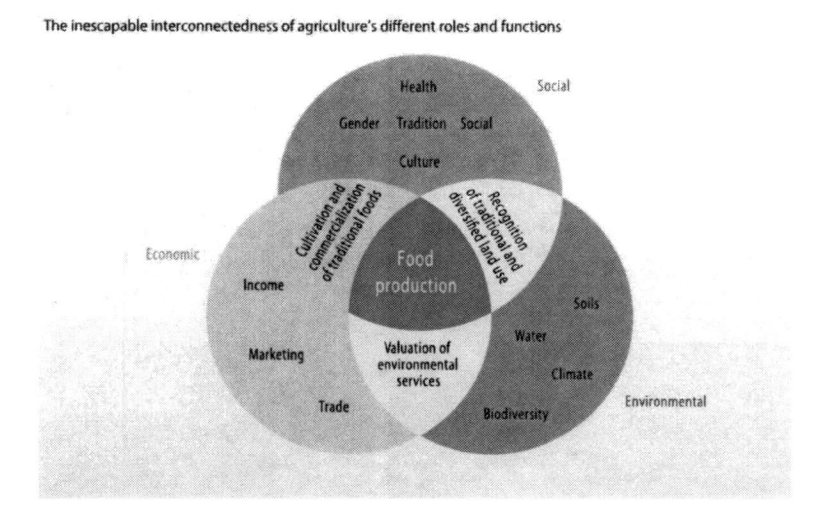

Abb. 3.5: Die unausweichliche Vernetzung der verschiedenen Rollen und Funktionen von Land- und Ernährungswirtschaft.
Quelle: McIntyre (2009, 19).

Im Umkehrschluss bedeutet dies, dass Ecosystem Services verloren gehen können, ohne dass sich dafür jemand (ökonomisch) verantwortlich fühlt. Dies ist der Fall, obwohl damit eine Gefährdung der Resourcengrundlage der Land- und Ernährungswirtschaft verbunden sein kann (u.a. im Hinblick auf die Klimaanpassungskapazität). Darüber hinaus wird deutlich, wie gerade die Unfähigkeit, kooperativ mit non-commodity Gütern umzugehen, zu ernsthafter, absoluter und möglicherweise irreversibler Knappheit führen kann, wie im Fall fruchtbaren Bodens[96]. Im Zuge des Klimawandels gilt es darüber hinaus – wie oben schon angesprochen – mehr und mehr auch die umgekehrte Richtung ambivalenter Auswir-

---

[96] Marktwirtschaftliche Spekulation auf Lebensmittelpreise und Phänomene wie das *landgrabbing* zeigen weitere schwerwiegende Konsequenzen dieser Unfähigkeit.

kungen (also durch das bio-physikalische System auf das sozio-ökonomische) zu beachten. Baumgärtner und Quaas arbeiten mit dem Konzept der Viability, um dieses koevolutorische Verhältnis für die ökonomische Seite anschlussfähig zu machen und zu integrieren:

„Viability, loosely speaking, means that the different components and functions of a dynamic, stochastic system at any time remain in a domain where the future existence of these components and functions is guaranteed with sufficiently high probability." (Baumgärtner/Quaas 2009, 2012).

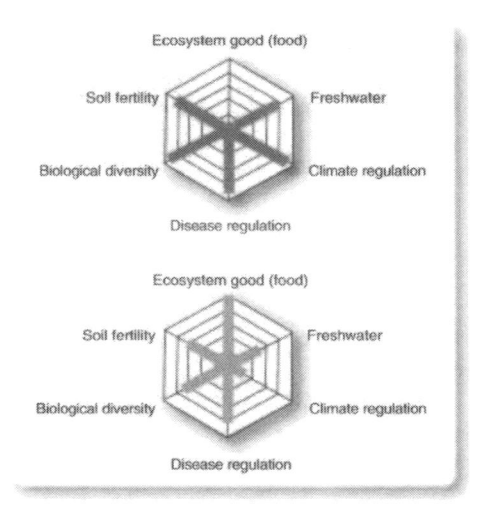

Abb. 3.6: Hypothetische trade-offs in der ökosystemischen Reaktion vor (oben) und nach (unten) Landnutzungsänderungen; einschließlich gewollter ökosystemischer Güter (z.B. Nahrung) und nichtbeabsichtigter ökosystemischer Effekte. Quelle: DeFries et al. (2004, 255)

Damit bezieht sich die adaptive Kapazität eines koevolutorischen Systems immer sowohl auf die bio-physikalische als auch auf die sozio-ökonomische Situation (Baumgärtner/Quaas 2009, 2013). Dieses wird insbesondere in Problemlagen der Land- und Ernährungswirtschaft besonders eindringlich deutlich[97]. In Anlehnung an den Ansatz der Viabilität ökonomischer Pfade kann nun vor dem Hintergrund der bisherigen Ausführungen ein Rahmen gesetzt werden, in dem sich die unternehmerische Aktivität als Entscheidungsfunktion *mit direktem Bezug auf das ökosystemisch funktionale Gefüge* beschreiben lässt[98]. Diesen konzeptionellen Rahmen gilt es nun im Hinblick auf den Problemzusammenhang zu konkretisieren.

3.2.4 Flächennutzung als koevolutorisches Problem – welche Analyseeinheiten sind erforderlich?

Folgende Ökosystemdienstleistungen können für die Problematik der Flächennutzungskonkurrenzen und in Bezug auf den Projektkontext nordwest2050 als relevant gelten (vgl. Costanza et al. 1997; Fisher et al. 2007; de Groot et al. 2010, 21)[99]:

---

[97] „In short, adaptive capacity refers to the design and potential of natural resource management (expressed in institutions, knowledge, policies and technologies) to change and adapt in response to altered conditions, crises, emergences and unpredictable effects of (co)evolutionary dynamics." (Rammel et al. 2007, 13). Dieser Punkt steht im Anschluss an die im ersten Kapitel angeführten Fragen (Abschnitt 1.1.2: Seite 45f): (1) Worauf bezieht sich Nachhaltigkeit genau, was soll erhalten werden? (2) In welcher Intensität oder bis zu welchem Ausmaß soll es erhalten werden? (3) Für wie lange soll etwas erhalten werden? Oder (4) Wie sicher oder unsicher ist die Erhaltungsstrategie? (Baumgärtner/Quaas 2009, 28; vgl. auch Eriksson/Andersson 2010).

[98] „Land-use decisions must ultimately balance competing societal objectives based on available information about the intended and unintended ecosystem consequences. […]Ecological knowledge to quantify the ecosystem responses in physical units underpins our ability to assess the trade-offs. Decision makers can only take the full range of consequences into account if the consequences are identified and quantified to the extent possible […]. Decision makers have been hindered from taking account of the full range of ecosystem consequences, partially because it is not possible with current scientific understanding to identify and quantify them over the appropriate temporal and spatial scales and to evaluate them in commensurate units." (DeFries et al. 2004, 253f).

[99] Es können weitere Ökosystemdienstleistungen im Abgleich mit der Auflistung, die sich in der TEEB-Studie (de Groot et al. 2010, 21) findet, als wesentlich ange-

1. Nahrungsmittel
2. Rohstoffe
3. Wasserverfügbarkeit und Wasserqualität
4. Genetische Ressourcen / Biodiversität
5. Fragmentierung der Landschaft

Tragende Systembedingungen für die sozio-ökonomische Situation als adaptives heterogenes Akteursgefüge können mit folgenden Eigenschaften beschrieben werden[100]:

- Ausfallsicherheit auf verschiedenen Ebenen z.B. in Bezug auf
  o Kapital /Finanzierung
  o Die Wertschöpfungskette: Zulieferer / Produktion (Tiere, Pflanzen, Technologie) / Absatz
  o Direkte / indirekte Auswirkungen des Klimawandels
  o Langfristige / kurzfristige Zeithorizonte
- Effizienz hinsichtlich
  o Ressourcenschonung
  o Wasser
  o Energie
- Preisstabilität / Marktpotential
- Rentabilität
- Produktivität

nommen werden. Im Allgemeinen werden Ecosystem Services untergliedert nach *Provisioning Services, Regulating Services, Habitat Services* und *Cultural and Amenity Services*. Entsprechend ist für das Flächennutzungsproblem natürlich auch bspw. die Kapazität der Landschaft, Klimawandelauswirkungen zu regulieren ebenso wie bspw. deren ästhetischer und Erholungswert für die Bevölkerung von Bedeutung. Da hier der Fokus auf Sicherung der Ernährungsversorgung liegt, sollen diese Services aber eher im Hintergrund mitgedacht werden. Die Auswahl der Ökosystemdienstleistungen konzentriert sich demnach auf die am direktesten mit den Bodenbedingungen der Fläche und damit mit deren Fruchtbarkeit in Verbindung stehenden.

[100] Basierend auf den Grundlagen zur Evolutorischen Ökonomik und Dynamic Capabilities, Gruppendiskussionen im Kontext des Projekts nordwest2050 und im Abgleich mit einer regionalen Unternehmensbefragung in der Ernährungswirtschaft (CEMBO 2009).

- Authentische Reputation
- Flexibilität / Diversität
  - Ökonomische: Reaktion auf verändertes Konsumentenverhalten
  - Bio-physikalische: Schädlingsresistenz / Temperatur- bzw. Feuchtetoleranz

Für die besonderen transformativen Anforderungen werden darüber hinaus besonders prozessuale Gegebenheiten als wichtig eingeschätzt, die wiederum im Anschluss an die oben schon angesprochene adaptive Kapazität und Lernfähigkeit in den sozio-ökonomischen Strukturen stehen (vgl. Gupta et al. 2010 und Hekkert et al. 2007):

- Offenheit gegenüber Neuerungen und zukünftigen Herausforderungen
- Integrative Sicht auf Probleme
- Kompetenzen
  - in Kommunikation und Vermarktung
  - Vorausschauende Kompetenz in Verhandlungsprozessen
  - Konfliktbewältigungskompetenzen
- Umgang mit und Beschaffung von Informationen
- Ab- oder Unabhängigkeit von politischen Regulierungen

Weil sowohl das sozio-ökonomische als auch das bio-physikalische Systeme hochdynamisch ist, kann eine *Operationalisierung und Bewertung* dieser Systembedingungen nicht statisch erreicht werden. Sie müssten *ebenfalls als flexibles und anpassbares Gefüge* aufgebaut werden. Das würde insbesondere auch bedeuten, dass eine solche Operationalisierung sich kontinuierlich überarbeiten und dialogisch aktualisieren lässt. Insofern wird in Bezug auf die in der Ausgangslage dargestellte „Unübersichtlichkeit" deutlich, dass es für eine erfolgreiche nachhaltige Entwicklung erforderlich ist, die koevolutorischen Wechselwirkungen entlang ihrer *funktionalen Zusammenhänge* für die Problematik im konkreten Fall umzusetzen. Dabei ist es wegen der Unvollständigkeit bedeutsam, dass mit impliziten Inhalten umgegangen werden kann (vgl. Brookfield/Padoch 2007). Kommunikation und damit auch strategische Verhandlung relevanter Zusammenhänge stellt deshalb eine der zentralen

156 Kapitel 3

Schwierigkeiten in nachhaltigem Landnutzungsmanagement dar (vgl. Rammel et al. 2007; de Vries/Petersen 2009; Karlstetter 2011). Trotzdem, oder gerade deswegen ist die Situation kontingent aber nicht beliebig. Ein koevolutorisches Management würde bedeuten, auf Basis systemisch relevanter Zusammenhänge Interessen zu integrieren und Wandel zu initiieren. Diese Zusammenhänge müssten dabei für multifunktionale Landnutzungsstrategien vermittelt werden können, die sowohl klimaangepasst und nachhaltig sind, als auch für die regionalen Akteure gegenwärtig umsetzbar (vgl. Brunstad et al. 2005; Varghese 2009; Liu et al. 2010). An dieser Stelle wird im Rückbezug auf die oben beschriebenen thermodynamischen Zugänge nun sehr deutlich, worin das Problem – neben der Ambivalenz in der Bewertung und der Varietät des Regulierungsrahmen – strukturell besteht:

„Systems that exhibit true novelty, such as complex adaptive systems, are „open", in the sense that the dimension of the state space may increase indefinitely. Such open ended systems are difficult to place in a traditional management context because management problems are inherently closed. Typically to manage a system, the dynamics must be known, and an explicit objective function must be stated. What is the management question if we admit we have no idea how the present set of imaginable management actions will affect the dynamics of the system in the future or what the set of management actions might look like? [...] Unfortunately, respecifying the problem in terms of a (better understood) closed system embedded in a larger (poorly understood) open system only partially eliminates the problem of trying to navigate an open system." (Anderies/Norberg 2008, 168f).

Andererseits erfordert ein anderer Umgang mit knappen, aber essentiell für die ökosystemare wie sozio-ökonomische Situation wichtigen Ressourcen gerade innovative Lösungsansätze, die genau für solche offenen Systeme operationalisiert werden können müssen:

„Promoting more diverse systems of local crop production at farm and landscape scale, to create more diverse habitats for wild species/ ecological communities and for the provision of ecosystem services. This will require institutional innovations to enable efficient marketing systems to handle diversified production. Establishing decentralized, locally based, highly efficient energy systems and energy efficient agriculture to improve livelihoods and reduce carbon emissions [ESAP; LAC]." (McIntyre 2009, 29)

Der Abgleich von verschiedenen Ökosystemdienstleistungen mit den ökonomisch relevanten Systembedingungen könnte hierbei entscheidende Vorteile bringen, sofern er sich konkretisieren und mit den unternehmerischen Strategien konstruktiv in Einklang bringen lässt (Ceroni et al. 2007). Mindestens bietet dieser Ansatz die Möglichkeit, die Konsequenzen ökonomischer Strategien für die regionale aber auch im Vergleich mit der globalen Situation zu evaluieren und einzuschätzen. Einer problemorientierten Bündelung dieser Services könnte dann die Verzahnung mit Interaktionen (umsetzungsbezogenen Maßnahmen) im sozio-ökonomischen Bereich folgen.

Es stellt sich damit relativ unmittelbar die Frage, anhand welcher Einheiten die unterschiedlichen Zusammenhänge integriert werden sollen (Karlstetter 2011), obwohl es sich um verteilte und nicht-singuläre Gegebenheiten handelt, die in dynamischer Wechselwirkung zueinander stehen. An dieser Stelle ist somit ersichtlich, inwiefern sowohl die Nicht-Isoliertheit der Problematik als auch der Bezug auf Lernfähigkeit auf verschiedenen Ebenen bzw. Organisationsformen weder trivial ist, noch statisch beantwortet werden kann. Insofern stellen diese Zusammenhänge neben der Notwendigkeit rechtzeitiger Umsetzung in der Praxis auch eine Herausforderung in konzeptioneller (und daran anschließend methodologischer) Hinsicht dar.

3.2.5 *Endpoints und Service Providing Units*

Wie oben beschrieben können relevante Ökosystemdienstleistungen für die Flächennutzungsproblematik benannt werden als (1) Produktion von Nahrungsmitteln sowie (2) Verfügbarkeit anderer Rohstoffe, aber auch (3) Wasserverfügbarkeit und Wasserqualität (4) sowie Biodiversität und (5) Fragmentierung der Landschaft. Damit ist *erstens* noch nichts darüber ausgesagt, in welchem Verhältnis eine *für das Ökosystem günstige Verteilung dieser Services* zur tatsächlichen Nutzung bzw. Beanspruchung (Degenerierung) durch die Unternehmen steht. *Zweitens* ergibt sich aus der Beschreibung der Ökosystemdienstleistungen noch keine Aussage dazu, wie, also mithilfe welcher Argumentation oder welchem Anreiz, ein sowohl für das Ökosystem als auch *für ein regionales Unternehmen günstiges Nutzungsprofil vertreten und erreicht* werden kann. *Drittens* sagt dieser zunächst regionale Bezug noch nichts darüber aus, in welchem Verhältnis das *regionale Nutzungs- und Bedingungs-Profil* (sowohl für die ökosystemare als auch die ökonomische Situation) zur *überregionalen bzw. globalen Nutzungsverteilung* steht und stehen müsste, um einer nachhaltigen Einbettung regionaler Strategien in übergreifende Zusammenhänge gerecht zu werden (vgl. Beringer et al. 2011).

Klar ist aber nun, wie die eingangs bestimmten Dimensionen des Wandels[101] (und die damit verbundene Kontrafaktik zur aktuell nichtnachhaltigen und konfliktreichen Situation) im Zusammenhang einerseits zu den relevanten Ökosystemdienstleistungen und andererseits zu den oben genannten tragenden Systembedingungen für die sozio-ökonomische Situation gesetzt werden können: Für die hier zugrunde liegende Aufgabenstellung aus dem Projekt nordwest2050 wird klimaangepasste und nachhaltige Landnutzung unter Priorisierung der ernährungswirtschaftlichen Produktion angesetzt.»food first« als Voraussetzung kann also für die Definition der Zielsetzung explizit so festgelegt werden. Aus dem Fokus auf die Nachhaltigkeit dieser Produktion folgt jedoch auch, dass ökologische Intaktheit in diese Voraussetzung eingerechnet werden muss. (vgl. Schroeter et al. 2004, 18f).

Damit ist ein Rahmen gespannt, vor dem sich die Operationalisierung für die Akteure im regionalen Bereich abspielen muss. Es zeigt sich somit, worin die evolutorische Umsetzungskapazität konkret bestehen müsste. Daran schließt sich demnach an, woraufhin bzw. woran ein wissenschaftlich basiertes Daten- und Informationsangebot an Praxisakteure ausgerichtet sein müsste. Kontogianni et al. (2010, 1481) stellen hierzu einen Ansatz vor, der vorschlägt, die Operationalisierung von Ecosystem Services anhand von sogenannten Endpoints vorzunehmen. Der Begriff der Endpoints geht zurück auf Boyd (2007, 27): Ökologische Endpoints

---

[101] Vgl. oben Seite 128: (1) Aktuelle und (2) zu erwartende Dynamik der (a) endogenen Unternehmenssituation und der (b) exogenen Unternehmensumwelt(en). Wobei Dynamiken (i) mehr mit bio-physikalischen Prozessen oder (ii) mehr mit sozio-ökonomischen Prozessen zu tun haben können (oder beides). Unternehmensseitige Prozesse (a) in diesen Dimensionen können somit eine (x) absichtsvolle oder (y) auf Grund von Problemlagen erzwungene Veränderung der strategischen Ausrichtung unter langfristiger Perspektive beinhalten.

sind „[...] concrete statements, intuitively expressed and commonly understood, about what matters in nature." Damit entwirft er diese Endpunkte als *konkret, greifbar* und *messbar.* Boyd konzipiert sie als eine Möglichkeit, wissenschaftlich basiertes Wissen in die Kommunikation mit Praxisakteuren zu bringen. Endpoints können dazu beitragen, (vorausschauende und rechtzeitige) Handlungskapazitäten trotz Unsicherheit zu stärken, indem sie ein *loses, aber definiertes Netz aus gut ausgewählten aber flexiblen Referenzpunkten* konstituieren (vgl. de Vries/Petersen 2009). Dabei wird hier erneut deutlich, wie wichtig die Anknüpfung an die für die Akteure in der Praxis *wesentlichen Bezugsebenen* ist. Kontogianni, Luck und Skourtos erklären

> „[...] that cognitive problems are related to the actual units used to express and communicate ecosystem changes. Cognitive problems arise because of the *functional opaqueness* of environmental assets; therefore, individuals cannot make comparisons across scales and have difficulty converting environmental goods and services into monetarized units for comparison with other goods. [...] As a result, there is often no clear connection of ecosystem functions to human services; economic valuation is therefore by necessity directed more towards the valuation of natural assets than towards services." (Kontogianni et al. 2010, 1481).

Sie schlagen deshalb vor, sogenannte *service providing units* zu definieren, um ökologische Werte zu bewerten und zu kommunizieren. Diese *service providing units* sollen anhand von untereinander korrelierten Endpoints konkretisiert werden: „Put simply, an SPU (service providing unit) can be defined as the collection of individuals from a given species and their characteristics necessary to deliver an ecosystem service at the level desired by service beneficiaries." (Kontogianni et al. 2010, 1481).

Indem sich die *service providing units* hier nur auf das Vorkommen bestimmter Tierarten beziehen, lässt sich der Ansatz so nicht direkt auf die für das Flächennutzungsproblem relevanten Ecosystem Services anwenden. Zudem bleibt, obwohl dieser Zugang einleuchtend scheint, unklar, warum damit ein alternativer (schonenderer) Umgang mit den biophysikalischen Ressourcen besser begründet werden kann. Die Frage, wie *konzertierte Einheiten* ausgearbeitet und in Umsetzung gebracht werden können, bleibt also offen. Nichts desto trotz könnte der Gedanke der *service providing units* ein Ansatz sein, mithilfe dessen sich eine Beziehung zwischen Ökosystemdienstleistungen und ökonomischen Systemdienstleistungen mindestens näherungsweise bestimmen oder rahmen lässt. Dieses Defizit soll für das Problem der Flächennutzungskonkurrenzen im Anschluss an konkrete Umsetzungsschritte im Weiteren behoben werden.

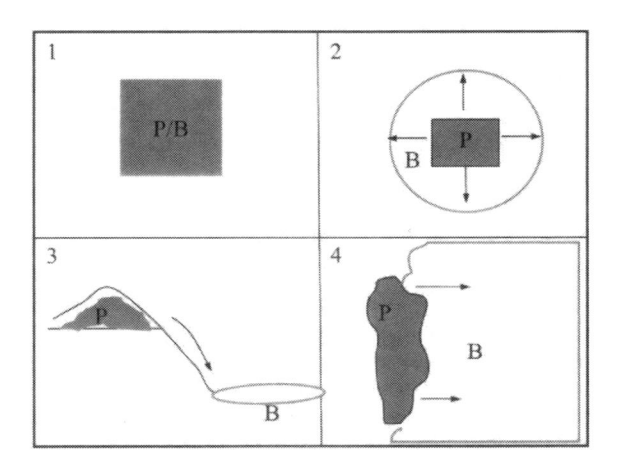

Abb. 3.7: Mögliche räumliche Verhältnisse zwischen serviceerzeugenden Einheiten (P) und serviceprofitierenden Einheiten (B). Feld 1: räumliche Identität (z.B. Bodeneigenschaften, Rohstoffe). Feld 2: ungerichtetes umfassendes Vorliegen des Services (z.b. Bestäubung, Kohlenstoffsequestrierung). Felder 3 und 4: Services mit spezifisch gerichtetem Nutzen: Feld 3: z.b. um Services in Verbindung mit einer Hanglage (z.B. Wasserregulierung durch Wälder). Feld 4: z.b. Küsten- und Sturmschutz durch Retentionsflächen. Quelle: Fisher et al. (2007, 12).

Fisher et al. (2007) schlagen in ähnlicher Weise vor, dass ein Ecosystem Services basiertes Klassifizierungssystem gebildet werden müsste aus „1) the characteristics of the ecosystem or phenomena unter investigation; and 2) the decision-making context for which ecosystem services are being considered." (Fisher et al. 2007, 2). Die Autoren unterscheiden bspw. zwischen *service production units* und *service benefit units*, womit eine Möglichkeit gegeben wäre, beide Systemseiten eines co-evolutorischen Verhältnisses im Sinne einer adäquaten Varietät aufeinander zu beziehen.

Wäre ein Set von *service providing units* verbunden mit explizit bestimmten *Dynamiken in einer bestimmten Situation* (so wie sie für die betreffenden (oder betroffenen) Akteure akut wird), könnten anhand der hierin zum Ausdruck kommenden Verzahnung von Prozessen, die regional oder überregional funktionalen Interdependenzen besser *bestimmt und kommuniziert* werden. In diesem Fall würde ein derartig begründetes koevolutorisches Management (vorausschauende) Maßnahmen für integrierte Landnutzungsstrategien im Anschluss an die konkrete regionale Situation bedeuten. Die funktionale Kopplung würde darin für ein *konkretes Setting (Problemzusammenhang) und entlang der evolutorischen Dimensionen des Wandels* ausgehend von der ökosystemaren für die ökonomische Situation operationalisiert werden (Bedingungen für die umgekehrte Richtung werden im folgenden Kapitel untersucht)[102].

Endpoints bzw. systemische Bezugspunkte des konkreten koevolutorischen Verhältnisses müssten dabei so aufgebaut sein, dass sie im Unternehmen zu strategischen und operativen Kommunikations- und Interaktionsprozessen[103] passen. Das heißt auch, dass Prozesse *unter der gegebenen Zielsetzung* besser bewertet (hier: nachhaltige Ernährungssicherung und klimaangepasste Regulierung von regionalen Flächennutzungskonflikten) werden könnten. Damit lässt sich für die konkret im Unternehmen erforderlichen Bedingungen und *Informationen* ein Rah-

---

[102] Ruth (2006, 339) schlägt für ein an adaptivem und vorausschauendem Management orientiertes Assessment die folgenden Ansatzpunkte vor: „ (a) a statement of the purpose, objective and goals for a proposed change; (b) a system and subsystem description appropriate for the analysis, including information about interrelationships among system components, interdependencies between the system of interest and its surroundings and information on material and energy flows across temporal and spatial scales; (c) a set of objective functions that include the needs and desires of the identified stakeholders; (d) the limits and balances that constrain and enhance the analysis and determine the boundaries of the solution space; and (e) an assessment of the effects of the proposed changes on all significant stakeholders, and a means to reconcile differences among the criteria applied to those stakeholders when they evaluate proposed changes."

[103] „In other words, we are looking at ‚organisations' not in terms of simply additive features and practices, but as mutually interactive ‚complexes' of constituent factors." (Allen et al. 2007, 417).

men aufspannen, der nun im folgenden Kapitel auf den unternehmerischen Akteur als Organisation mit proaktiven Handlungsspielräumen zurückgeführt werden soll. Es werden hierzu Kompetenzen spezifiziert, wie trotz Unsicherheiten und prinzipieller Unvollständigkeit in der Informationslage proaktiv und entschieden die Entwicklung einer entsprechend nachhaltigen *Viabilitäts-*Strategie vorangebracht werden kann. Hieraus ergibt sich dann im 5. Kapitel der Ansatz für die empirische Studie und deren Auswertung. Im weiteren Fortgang der Arbeit wird die Entwicklung adäquater Einheiten in regional vernetzten heterogenen Akteursgefügen wieder aufgegriffen. Die Argumentation wird dann auf die oben aufgeworfenen Überlegungen zu Varietät und Kontingenzen zurückkommen.

Kernaussage:
Für eine Integration eines ökosystemdienstleistungsbasierten Ansatzes mit den zuvor beschriebenen evolutorischen und organisationalen ökonomischen Ansätzen bietet sich der Blick auf komplexe adaptive Systeme an. In der Anwendung auf das Flächennutzungsproblem fehlt allerdings ein Weg, um die Einbettung unternehmerischer Akteure in ökosystemische Prozesse und weitere Ebenen operationalisiert zu verknüpfen. Dazu wurde hier der Ansatz der service providing units auf die Dynamiken und Prozesse im Unternehmen bezogen. Offen bleibt damit noch, welche speziellen Fähigkeiten im Unternehmen erforderlich sind, um die ökonomischen Strategien entsprechend nachhaltig auszurichten.

4 Kapitel

Eine kulturelle Perspektive auf unternehmerische Fähigkeiten

> *„Firms not only alter the environmental conditions necessary for the success of their actions, but, even more important, they know that they can alter them and that the environment is not independent of their own activities."*
>
> *(Penrose 1959, 42)*

Die Akteure der Transformation zeichnen sich den Ausführungen des WBGU (2011) zufolge insbesondere als Pioniere des Wandels aus. Die dort beschriebene Transformation bedeutet (radikalen) Wandel. Es muss trotz kontingenter Situationen entschieden gehandelt werden können. Dabei kann es auch sein, dass Kontingenzen (im Sinne neuer Handlungsoptionen) erzeugt werden müssen, wo keine bestehen, denn Veränderungen müssen entgegen vorherrschenden Routinen durchgesetzt werden. Dies erfordert Beurteilungsfähigkeit gegen den Hintergrund komplexer und dynamischer Problemlagen. Zudem besteht für die Umsetzung dieser Transformation hohe Dringlichkeit. Damit stellen die zu behebenden Problemlagen ihrem Gewicht und möglicher Konsequenz nach eine Herausforderung dar, die für die Menschheit als evolutionär entscheidender Schritt bewertet werden kann. Es geht dabei um *qualitativen Wandel*, dessen Bedeutung – wie im letzten Kapitel dargelegt – aus einer koevolutorischen komplexen Systemperspektive besonders deutlich wird[104].

---

[104] „[T]he real reasons that lie behind the evolution of human systems is about qualitative differences between individual elements, resulting from new capabilities, structural organization or simply new ideas and innovations. In this view,

4.1 Kulturelle Evolution

Schurz (2011) geht auf das Problem von Klimawandel und Nachhaltigkeit direkt zwar nicht ein, erläutert aber eindringlich, dass Informationsübertragung in der kulturellen Evolution eine zentrale Rolle spielt. Er spitzt die bei Boyd und Richerson (1985) beschriebene Idee – kulturelle Reproduktion sei mit Informationsübertragung im statistischen Sinn gleichzusetzen – zu, indem er sagt, „dass die bei der Reproduktion stattfindende Informationsübertragung hinreichend hoch bzw. genau sein muss, damit kumulative Evolution passiert. Lediglich ‚irgendein' positives Maß von Informationsübertragung ist [...] zu wenig, um [kulturelle Evolution] zu ermöglichen." (Schurz 2011, 221).

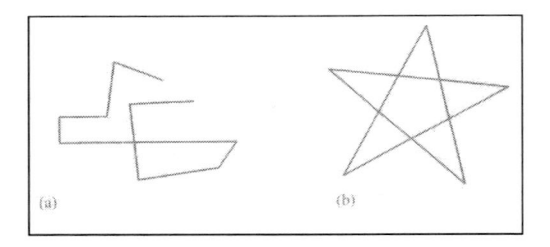

Abb. 4.1: (a) bedeutungsloses und (b) bedeutungsvolles Gekritzel derselben syntaktischen Komplexität. Beim Nachzeichnen von (b) tritt semantische Fehlerkorrektur ein. Quelle: Schurz (2011, 219).

Der Autor unterscheidet hierbei zwischen syntaktischer und semantischer Information (vgl. Abb. 4.1), wobei „ein Replikationsvorgang qua Teil-für-Teil-Kopiervorgang [...] ein physikalisch-syntaktischer Vorgang [ist]; die Erkenntnis des „Ganzen" bzw. der Gesamtbedeutung (falls eine solche existiert) wird dabei nicht vorausgesetzt. Im Gegensatz dazu wäre ein semantischer Reproduktionsvorgang ein intelligenter Mechanismus,

instead of ‚extreme events' referring to a known, given phenomenon, we see them as those events that change the system or situation qualitatively – as evolutionary steps." (Allen et al. 2010, 13).

der zunächst ein kognitives Gesamtmodell[105] der zu repräsentierenden Struktur entwirft und entsprechend diesem Gesamtmodell die zu reproduzierende Struktur dann nachkonstruiert." (ebd. 218). Wenn es nun darum geht, eine bestehende kontraproduktive, konfliktive oder mit der erwünschten Entwicklung diskrepante Lage zu verändern und insofern einen Wandel hin zu einer kontrafaktischen Zukunft anzustreben, müssen die betroffenen Akteure vorausschauend handeln. Desweiteren agieren sie dabei in Strukturen (z.B. Organisationen oder Pfaden), die zum einen möglicherweise verändert oder angepasst werden müssten, zum anderen aber gleichzeitig ihre Handlungsspielräume bestimmen (vgl. Kapitel 2).

„Die Evolution von Unternehmen wirkt beeinflussend und verändernd auf die *Evolution wirtschaftlicher Strukturen,* wie umgekehrt wirtschaftliche Strukturveränderungen neue Möglichkeiten und Restriktionen für unternehmenspolitisches Handeln aufbauen. Dieses Wechselspiel kann, [...] mit dem Begriff der Rahmenbedingungen heute nicht mehr angemessen beschrieben werden, dazu ist die Entwicklung zu dynamisch (business migration, Generierung nachhaltiger Zukunftsmärkte). Der Evolutionsbegriff verdeutlicht, dass es sich hier nicht nur um gleichförmige lineare Entwicklung handeln kann." (Pfriem 2011a, 515).

Indem aus evolutorischer Perspektive dieses Veränderungspotential relativ unmittelbar angesprochen werden kann, ergibt sich hieraus ein konkretisierbarer Anschluss für solche Kompetenzen, die explizit im Umgang mit den oben genannten Herausforderungen notwendig sind. In diesem Sinne suchen Akteure mit diesen Kompetenzen Antworten auf die Frage: Was heißt das nun also für die Betriebe (für meinen Betrieb)

---

[105] *Anmerkung NK*: falls eine Gesamtbedeutung nicht überschaubar ist, wäre der hier vertretene Vorschlag, dass Aufgaben im Sinne konkreter Umsetzungserfordernisse als *„relationale settings"* gebildet werden (ausführlich siehe weiter unten): Wenn die *Beziehungen und Relationen,* die die Aufgabe konstituieren, mit im *Handlungskontext gruppierten Entscheidungsprozessen* assoziiert werden, kann der Bezug zur Gesamtsicht gewährleistet werden, ohne dass diese vollständig bekannt sein muss. Begründet werden kann dies durch die *Verhältnismäßigkeit,* die so im *weiteren Beziehungszusammenhang näherungsweise, flexibel* (trotz unvollständiger Information) gebündelt bzw. eingeschätzt werden kann. Hierauf wird dann insbesondere in Kapitel 6 und 7 noch genauer eingegangen.

konkret? Welche Schritte und Interaktionen stehen damit in Zusammenhang? In einer Analyse historischer Transformationen stellt der WBGU fest, dass die

> „untersuchten historischen Transformationsprozesse sich als kollektive Akte vorausschauender Pioniere beschreiben [lassen], deren Ausgang prinzipiell nicht durch das Handeln eines Einzelnen oder kleiner Gruppen bestimmt werden kann, obwohl diese oft die ‚ersten Steine ins Rollen bringen'. […] Um die Aktivitäten dieser Pioniere herum überlagern und verdichten sich ökonomische, kulturelle, soziale, aber auch ökologische Prozesse unterschiedlicher Zeitebenen zu transformativen Dynamiken." (WBGU 2011, 114).

Transformationen werden dabei als zumeist offene Prozesse beschrieben, „bei denen das Ergebnis kollektiver Steuerung, trotz eines beschreibbaren Ziels, nicht sicher und nicht genau absehbar ist." (ebd.) Eine direkte Steuerung ist deshalb nicht möglich. Vielmehr käme es darauf an, „dem Transformationsprozess durch entsprechende Rahmensetzung eine Entfaltungsmöglichkeit in eine bestimmte Richtung zu eröffnen." (ebd.).

Informationsübertragung[106], die für eine nachhaltige Entwicklung, damit für eine nachhaltige Landwirtschaft und damit für einen nachhaltigen Umgang mit Fläche notwendig ist, bedeutet also eine typische evolutionäre Situation: Mechanismen, die die Entwicklung bislang bestimmt haben, müssen für die zukünftige Entwicklung *in ihrer Bedeutung für das Ganze* neu interpretiert und verändert werden. Ein hinreichend hoher bzw. genauer Informationsgehalt[107] sowie seine Übertragungswege können also insbesondere mit dem *semantischen Gehalt einer bestimmten spezifischen Situation eingebettet in weiterreichende Zusammenhänge*

---

[106] „Common to all theories of social interaction, however, is the recognition that collective action requires networks and flows of information between individuals and groups to oil the wheels of decision making." (Adger 2003, 289).

[107] Vgl. hierzu auch Witt (1992, 121): „[A]t each moment in time each member of the polity has a limited active knowledge which informs his/her evaluations and actions. […]However, from one moment of time to another, individual active knowledge may change because of learning, i.e., processing additional information, and forgetting. The crucial question then arises of what information, out of the vast amount of accessible in principle, is actually taken up […]? What kind of regularity governs the selection and retention of knowledge?"

identifiziert werden[108]. Unter Anwendung der kulturellen Perspektive auf unternehmerische Kompetenzen werden die Grundlagen des zweiten Kapitels in diesem Kapitel hinsichtlich dieses Bedeutungsgehalts spezifiziert (Abschnitt 2). Im dritten Abschnitt dieses Kapitels schließt sich dann die Entwicklung einer semantisch expliziten Ebene als bedeutungsvolle Vermittlung verschiedener Kontexte an. Es wird damit ein funktionales Element entworfen, um Bündelung von Information und Vernetzung von Interaktion zu fördern. Zunächst wird dieses Kapitel nachfolgend im Anschluss an die bisherigen Stränge verortet:

4.1.1 Kritisch reflexive Rahmensetzung in verteilten Strukturen – Heterogenität, mentale Modelle und Interaktionen

Grin, Rotmans und Schot (2010) betonen in ihrer theoretischen Grundlagenarbeit die Rolle von Heterogenität und Agency. Unter Unsicherheit und in innovativen Entwicklungen bedeutet dies, dass die „generation of technological novelties is better seen as a process of bricolage, which includes technical search and R&D, but also heterogeneuos alignment in local projects." (Grin et al. 2010, 39). Im Weiteren zitieren sie Campbell: „the concept of bricolage emphasizes more forcefully the innovative and creative side [...] by drawing attention to the fact that bit and pieces of several legacies (or principles) are creatively combined in a variety of ways. [...] Thus, bricolage also puts greater emphasis on agency." (Campbell 1997, 22). Weiter stellen sie fest: „Local bricolage is guided by broader rules and routines (e.g. regimes), but not determined by them. [...A]ctors draw upon these rules, which enable and constrain actions, but also leave room for interpretation and creativity." (Grin et al. 2010, 39). In ähnlicher Weise äußert sich auch Witt (1992, 123): „The choices of a collection of individuals, party A, is contingent on the individuals' active knowledge. The outcome of individual choices from what could be collectively desirable, some agent or group of agent, party B, may try to modify the information basic to party A's decision making. By shifting

---

[108] „Knowing is a complex, social phenomenon and always has a tacit dimension, as far as it is embedded in language and concepts inherited from other people (Polanyi 1962)" (De Vries/Petersen 2009, 1010).

attention [...] it may be possible to induce choices that allow a collectively desirable solution to be achieved."[109].

Es ist hiermit ein Spannungsfeld bezeichnet, das durch Unternehmen als evolutorische Akteure für konkrete Situationen mehr oder weniger kompetent ausagiert (aktualisiert) werden kann. Martin und Hansen (2009) beschreiben organisationale Kompetenz in Anlehnung an Sydow et al. (2003, 11) als

> "*bewusst-reflexive sowie kreative Bezugnahme sozialer Akteure auf Regeln und Ressourcen zum Zwecke der Aufrechterhaltung der Handlungsfähigkeit von Organisationen in sich verändernden Umwelten* [...]. Der Hinweis auf die „bewusst-reflexive Bezugnahme" verdeutlicht, dass Kompetenz von organisationalen Routinen bzw. sozialen Praktiken primär durch die bewusste oder intentionale „Freisetzung für neue Handlungsmöglichkeiten" (Joas 1992, 196) zu unterscheiden ist und eine kritische Distanzierung zu geltenden sozialen Praktiken impliziert." (Martin/Hansen 2009, 3).

In der Einleitung (Abschnitt 0.3) wurde die Schwierigkeit einer Abgrenzung von Analyseeinheiten benannt. Es wurde außerdem auf ihren *Bedeutungsgehalt als semantische Struktur* eingegangen. Werden diese Überlegungen mit dem *Law of Requisite Variety* verknüpft, folgt, dass *verteilte Strukturen* (vgl. Schurz 2011, 213) notwendig sind, um Regeln bzw. Routinen einerseits zu flexibilisieren und experimentelle Veränderungen andererseits auszurichten und zu bündeln. Denn die Entwicklung hin zu *einer zur Gegenwart kontrafaktischen Zukunft* erfordert, dass

---

[109] Vgl. Ostrom (2006): Sie geht mehr auf die regelgeleiteten Aspekte von Veränderung in kollektiven Strukturen ein: „It is likely that the individuals who initiate concern about rules are those somewhat disadvantaged by the current rules (or interpretation of them) and want to see a change to a rule more favorable to them and potentially to others. [...O]ne cannot create the perfect set of rules and [...] all efforts at reforms must be viewed as experiments [...]." (ebd. 119). Ein evolutionärer Ansatz für die Richtungsgebung in industriellen Clustern findet sich bei Avnimelech/Teubal (2008): „The proposed Evolutionary Targeting framework recognizes the importance for innovation/knowledge-based economic growth of new multiagent structures such as clusters, sectors, markets, industries, and product classes. It is an explicitly systems-evolutionary framework with respect both to policy formulation and implementation and to the underlying ‚positive' analysis and interpretation of the real world." (ebd.164). Siehe außerdem Parto (2005 und 2008).

Kontingenzen nicht nur theoretisch sondern auch praktisch konkret bestehen. Sie müssen machbar sein. Das heißt, sie müssen entsprechend gekoppelt an die vorhandenen Gegebenheiten zugänglich sein oder aber da, wo sie fehlen, generiert werden können. Für die Umsetzung einer Gestaltung von Informationsübertragung im Unternehmen, welche diesen Verhältnissen gerecht wird, ist die folgende Perspektive interessant:

Untersuchungen zeigen, dass strategische Entscheidungen unter Unsicherheit eng zusammen hängen mit dem Wettbewerb um Rahmensetzungen (*framing contests*): „The evidence suggests that interests cannot be seen as fixed properties of individuals. Which interests became salient depended on how actors framed the situation." (Kaplan 2008, 741)[110]. Hanappi (2008) führt aus, wie Entscheidungen mit Interpretationen und visionärer Innovation innerhalb von Umsetzungsbedingungen durch menschliche Wahlentscheidungen einhergehen: „Choice thus is not simply derived from innate properties; choice rather is part of an innovative process that enables an entity to build an internal model to guide its actions." (Ebd. 285, vgl. ebenfalls Kirman/Teschl 2006 und Hodgson 2010a). Zahra et al. (2006) beschreiben Dynamic Capabilities als „the abilities to re-configure a firm's resources and routines in the manner envisioned and deemed appropriate by its principal decisionmaker(s)." (ebd. 3). Sie gehen direkt auf die im Unternehmen vertretene Wahrnehmung von Möglichkeiten ein. Entsprechend beschreiben sie den Willen hinsichtlich bestimmter Veränderungen und dann die Fähigkeit zur Umsetzung derselben (ebd.). Ähnlich erörtern Gary und Wood (2011) die zentrale Rolle mentaler Modelle in strategischen Entscheidungen. Insbe-

---

[110] Vgl. auch Reichardt/White 2007; Dolfsma/Verburg 2008; Gary et al. 2009; Tsay/Bazerman 2009; Purdy/Gray 2009 oder Reid/Brentani (2004). Letztere beschreiben, wie das so genannte *fuzzy front end of innovation* zwischen der Perspektive auf die Unternehmensumwelt, die Individuen und die Organization in echte Neuerungen verdichtet werden kann. Dies spielt sich ihnen zufolge entlang verschiedener Mechanismen ab, die sie als Interfaces beschreiben, z.B.: „The gatekeeping interface is the point at which information flows from the environment are evaluated in terms of their relevance to the organization. [...] It is proposed that individuals who play both the boundary-spanning and the gatekeeping championing role in organizations are especially important under discontinuous new product development scenarios." (ebd. 197). Zur Rolle des *first movers* vgl. auch Rayna/Struikova 2009; zur Funktion von *cross-boundary information* und Innovation vgl. Tortoriello/Krackhardt 2010).

sondere stellen sie einen signifikanten Zusammenhang zwischen *Heterogenität in Entscheidungen* und der Performance von Unternehmen und *Heterogenität in den mentalen Modellen* der Entscheider fest[111] (vgl. auch Gary et al. 2009 oder Wrenn 2006). In ähnlicher Weise sehen Marsh und Stock (2006) die Generierung von Dynamic Capabilities (im herkömmlichen Sinn) in Verbindung mit der Interpretation und der Integration unterschiedlicher Bezugsrahmen, bspw. verschiedener zeitlicher Rahmen. Gleichzeitig ist es aber vor allem auch das Vorhandensein von *Reziprozität*, das für verteilte Strukturen, also auch über organisationale Grenzen hinweg, eine evolutionär positive Entwicklung beschleunigt. Jun und Sethi (2009) zeigen, dass hierbei das Auftreten von Kooperation eng verbunden ist mit der räumlichen Dichte des Netzwerks. Hierzu kann die Perspektive von Newey und Zahra (2009; ähnlich auch Sirmon/Hitt 2009) hinzugezogen werden, welche aufzeigen, dass gerade auch im Verhältnis zwischen *dynamischen und operativen* Fähigkeiten die *Informationsinterpretation* in Bezug auf verschiedene *Bezugsrahmen* (und deren Inhalte) wesentlich ist für die Art und Weise, in der durch dynamische Fähigkeiten die operativen Fähigkeiten rekonfiguriert werden. Das heißt, die *Umsetzung von Maßnahmen* ist unmittelbar davon abhängig, *welche* Interpretationen im Unternehmen *wie* in die operative Ebene überführt werden. Für sich schnell wandelnde, also dynamische bzw. turbulente Situationen, bedeutet dies also erst recht, dass die Informationsverarbeitung (vgl. auch Arenas et al. 2010) eine maßgebliche Rolle spielt. Wie oben bereits angedeutet, ist die *Relevanz spezifischer Informationen* wiederum abhängig davon, unter welchen mentalen Modellen sie interpretiert wird. Dies kann in Bezug gesetzt werden dazu, auf welche Weise Inhalte semantisch gebündelt werden. Im Rückbezug auf die Abschnitte 1.1. – 1.4 ermöglicht eine semantisch explizite Beschreibung, dass die übergeordneten (globalen) Aspekte im regionalen Handlungskontext besser priorisiert werden können. Die somit erfolgte

---

[111] Es geht hierbei z.B. um unterschiedlich genaue Anwendung des Wissens über Abhängigkeiten zwischen dem Unternehmen, den Konkurrenten und dem Markt oder um die qualitativ unterschiedliche Einschätzung von Treibern und treibenden Faktoren in Marktsituationen sowie um ein mehr oder weniger schnelles oder ausgeprägtes Wahrnehmen von Entscheidungsoptionen und der Reaktion (bzw. Nichtreaktion) auf Umweltveränderungen in Rückkopplung zu den Unternehmensprozessen.

konzeptionelle Integration erlaubt es im Anschluss an die oben entwickelten Hypothesen (H1 und H2)[112] nun funktionale Kopplungen zwischen Unternehmensprozessen und ökosystemisch relevanten Vorgängen herauszuarbeiten, die für den regionalen Kontext eine nachhaltige Landnutzungsregulierung bedeuten *und* von den gegebenen Möglichkeiten ausgehen. Mit einer ggfs. veränderten Priorisierung und/oder Investition in entsprechende Fähigkeiten können dann konkrete Maßnahmen entwickelt werden, die im regionalen Akteursgefüge greifen.

Es wird somit deutlich, inwiefern „[...] Unternehmensstrategien als kulturelle Angebote an die Gesellschaft zu verstehen [sind]. Angebote können (unverändert oder modifiziert) angenommen, können aber auch abgelehnt werden. Die Terminologie wirft ein Licht auf die unauflösliche Verschränkung beider Seiten der ökonomischen Interaktion, das permanente kommunikative Wechselspiel, weswegen eine kulturalistische Ökonomik[113] zweifellos einen ihrer wichtigsten Charakterzüge als *Interaktionsökonomik* ausweist." (Pfriem 2004, 183). King, Felin und Whetten (2010) argumentieren in eine ähnliche Richtung, indem sie unternehmerische Aktivität verstehen als „deriving from a view of the self – a reflexive, subjective point of view – that guides choices and directs the behavior of the organization's member agents." (ebd. 292).

Für die besonderen Erfordernisse im Zusammenhang mit Klimawandel bzw. Klimaanpassung sehen Berkhout, Hartin und Gann ebenfalls besonders Organisationen als Akteure: „Organisations, such as business firms, are the primary socio-economic units within which processes of

---

[112] H1: Es wird angenommen, dass diese regionalen Handlungsrahmen deshalb signifikant für das Potential der Veränderung sind, weil im *regionalen Kontext* die *kulturellen Bindungen und Interaktionen* zielgerichtet auf konkrete und kooperative *Handlungszusammenhänge* sind und deshalb die *Komplexität in einem Rahmen* steht, der sie *bewältigbar* macht. H2: Durch *adäquate Bündelung* von Information in Verbindung mit *entsprechender Vernetzung* von Interaktionen, können solche *Prozesse angeregt* und *bewertet* werden, die (i) zur *Regulierung* regionaler Flächennutzungskonflikte beitragen und die (ii) gleichzeitig eingebettet sind in die *Forcierung nachhaltigen Wandels*.

[113] „Als wichtige Bestimmungsmerkmale des kulturwissenschaftlichen Ansatzes erweisen sich also – die Sinnbezogenheit allen menschlichen (auch organisationalen) Handelns, – die Verschiedenheit (Pluralität) dieser Sinnbezüge, – Wandelbarkeit und Wandel dieser Sinnbezüge." (Pfriem 2011a, 227).

adaptation will take place, even if their vulnerability and adaptive capacity will be profoundly influenced by the market and regulatory contexts within which they operate." (Berkhout et al. 2006, 136). Eine kulturell aufmerksame unternehmerische Strategie, die aktiv die damit verbundenen gesellschaftlichen Herausforderungen annimmt[114], erfordert Entwicklungsoptionen, die für multifunktionale Zielsetzungen tauglich sein müssen. Eine Heterarchisierung von Regeln und/oder Organisationseinheiten kann deshalb ein Weg sein, Übergänge und Optionen (vgl. Ortmann 2009) zu schaffen und zu gestalten. So kann es möglich werden, alte Routinen zu diversifizieren und zu erneuern. Bei Pfriem (2011a, 514) findet sich dazu: „*Heterarchie* bedeutet, ‚dass jede Einheit ein Teilproblem auf ihrer eigenen Ebene in der Weise löst, dass Teillösungen sich zu einer optimalen Lösung für das Gesamtsystem addieren. Eine starke Kontrolle durch die höheren Ebenen ist nicht erforderlich, sondern nur das Zusammenführen und die Integration der auf den unteren Ebenen erarbeiteten Lösungen.' (Laszlo/Laszlo/von Liechtenstein 1992, 123)". Pfriem nennt dazu (ebd.) drei Schnittstellenprinzipien: (1) Beidseitig beobachten; (2) Koevoluution praktizieren; (3) Schmetterlingseffekte nutzen.

Von zentraler Bedeutung ist somit, wie die dynamischen mit den operativen Fähigkeiten verkoppelt sind. Dieses Verhältnis beinhaltet, Voraussetzungen und mentale Modelle, die bestimmen, welche *Verschiebungen von Bedingungen und Mustern* (Veränderungen zweiter bzw. höherer Ordnung) möglich werden. Und es beinhaltet wie solche Veränderungen kommuniziert und verhandelt werden. „Strategisches Management ist *doppelt interaktiv*: gegenüber den gesellschaftlichen Umwelten des Unternehmens wie mit Bezug darauf unternehmensintern." (Pfriem 2011a, 527). Für den hier relevanten Kontext eines Regulierungsansatzes sind Verhandlungs- und Kommunikationsprozesse nicht nur *im,* sondern auch *zwischen* verschiedenen Unternehmen von großer Bedeutung. Es muss hierbei abgewogen und ein reflektiertes Vorgehen an den Tag gelegt werden können. Dann kann im und zwischen den unternehmerischen Akteuren differenziert werden, welcher Bedeutungsgehalt für welche Prozesse im Unternehmen relevant ist. Kapazitäten für

---

[114] Vgl. Ruth (2006, 336): „History and culture matter to outcomes; they should matter to economics as well."

Veränderungen im Unternehmen sowie Konsequenzen, die in wirtschaftlichen Clusterstrukturen durch sich ändernde bio-physikalische Bedingungen entstehen, müssen dazu frühzeitig erkannt werden können. Konsequenzen, die die ökonomischen Strukturen auf eben diese regionalen und globalen bio-physikalischen Grundlagen haben, sollten für eine *viable* Strategie nicht außen vor bleiben. Insofern finden sich hier die im vorigen Kapitel erarbeiteten Veränderungsdimensionen wieder. Es wird also deutlich, wie die Interpretation und Integration von Umweltbedingungen bspw. mit der Dichte und Flexibilität von Clusterstrukturen zusammenhängen kann (vgl. Jun/Sethi 2009, Parto 2005 und 2008).

4.1.2 Zwischenfazit – Der unternehmerische Akteur

Problemorientierung ist in der Einleitung bereits unter gesellschaftlicher Relevanz (vgl. Schiller et al. 2005) charakterisiert worden. Die Verkopplung zwischen dynamischen und operativen Fähigkeiten bedeutet damit im Unternehmen, dass der Bezug auf Etwas (Antoni-Komar/Pfriem 2009) einerseits für die konkret operative Umsetzung von Wandel von Belang ist. Zum anderen ist dieser Bezug auch entscheidend für die Kondensierung von Informationen. Insofern kann die Überwindung von Pfadabhängigkeiten mit dem Lösen von Konflikten, die auf Grund unterschiedlicher Problemorientierungen entstehen, verbunden sein. Eine Neuverhandlung bzw. Verschiebung von Interessenlagen wäre dann mit der Flexibilisierung oder Heterogenisierung unterliegender mentaler Modellen verbunden (Reid/Brentani 2004; Reichardt/White 2007; Dolfsma/Verburg 2008; Gary et al. 2009; Tsay/Bazerman 2009; Purdy/Gray 2009). Innovation und Lernen ist gekoppelt an Kommunikations-, Vernetzungs- und Informationsstrukturen. Darüber hinaus sind diese davon abhängig, welche Kultur im Unternehmen in Bezug auf den Umgang mit mentalen Modellen und Neuerungen besteht (vgl. Pfriem 2011a). Hier kann einer kritischen Reflexion bisheriger oder angestrebter Zielsetzungen und Strategien sicher eine maßgebliche Rolle zugewiesen werden. Beispielsweise können unternehmerische Handlungsweisen mehr oder weniger bewusst als nicht-triviale Ko-Abhängigkeit von anderen multiplen (gesellschaftlichen oder ökologischen) Themen behandelt werden. Insofern zeigt sich der Stellenwert der oben angesprochenen Heterogenität in Entscheidungsspielräumen und Vorstellungen. Es gehen daraus mehr oder weniger flexible Möglichkeiten hervor, auf sich verändernde Bedingungen zu reagieren und diese konstruktiv und verantwortungsvoll für das Unternehmen (und dessen Umgebung) umzusetzen. So wird erstens ersichtlich, wie eine koevolutorische Perspektive für den konkreten Rahmen im jeweiligen Unternehmen spezifiziert werden kann. Zweitens lässt sich schließen, dass für höherstufige Lernprozesse und komplexe Problemlagen ein expliziter Austausch zwischen den Personen im Unternehmen (und über das Unternehmen hinaus) über mentale Modelle, Präferenzen, Prioritäten und Konzepte, die *Entscheidungen zu Grunde liegen*, stattfinden können muss. Drittens ergibt sich aus beiden Aspekten (der Umsetzung einer koevolutorischen Perspektive im Unternehmen und dem expliziten Zugang zu entscheidungsrelevanten Bedingungen) eine Reformulierung der akteursbezogenen Annahmen aus dem zweiten Kapitel. Damit kann als Zwischenfazit an dieser Stelle das Unternehmen dann als organisierte Form eines gesellschaftlichen Akteurs gelten, wenn diese eben genannten Bedingungen erfüllt sind.

Die Realisierung integrierter Anbaustrategien in der Ernährungswirtschaft als Teil einer Flächennutzungsregulierung bedeutet, dass multifunktionale Landnutzung und die entsprechend veränderten Wertschätzungs- und somit auch Wertschöpfungskategorien in Umsetzung gebracht werden. Das aber heißt, dass bisherige *Optimierungs*pfade aufgebrochen und durch neue, *veränderte* oder *anders verteilte Optimierungen* ersetzt werden müssten. Diese Form des Wandels beinhaltet deshalb, dass unter dem optimalen Weg eventuell grundsätzlich *veränderte Inhalte* und damit grundsätzlich veränderte Prioritäten verstanden werden. Dies können beispielsweise solche sein, die die Wahrung von Ökosystemdienstleistungen als Voraussetzung für die Möglichkeit, langfristig nachhaltig ernährungswirtschaftlich zu wirtschaften (was auch beinhalten würde, nicht noch weiter zum Klimawandel beizutragen), berücksichtigen (vgl. Wiggering et al. 2006).

Aus diesen Überlegungen ergibt sich für die weitere Argumentation damit erstens die Frage, was ein bestimmtes Unternehmen in seinem Alltagsgeschäft und darüber hinaus im entsprechenden Bezug auf Etwas leisten können müsste (Konzept der kulturellen Kompetenzen). Zweitens kann die Frage abgeleitet werden, inwiefern Informationsinhalte in ihrer Bedeutung explizit beschreibbar und verhandelbar sein müssen, damit dementsprechende Prozesse identifiziert und angestoßen werden können (semantische Anschlussfähigkeit). Interaktionen als Operatoren der Umsetzung werden hierbei sowohl in ihrem evolutorischen Potential als auch als Bindeglied für die Vermittlung zwischen Inhalten und organisatorischen Regeln als integrierender Bestandteil behandelt.

4.2 Kulturelle Kompetenzen

Eriksson und Andersson (2010, 2) beschreiben als grundsätzliche Schwierigkeit ethischen Wirtschaftens: „The global ethical trilemma: pick two – ignore the third". Die Autoren identifizieren die aktuellen Dimensionen (1) *ecological sustainability*, (2) *mass consumption* und *prosperity* sowie (3) *global justice*[115]. Unter Beibehaltung insbesondere der Dimension (2) (die von Eriksson und Andersson sehr kritisch betrachtet wird), ist eine gleichzeitige Erfüllung aller drei Entwicklungstendenzen nicht möglich: „The ethical trilemma derives from the difficulty to achieve all three goals simultanously." (Eriksson/Andersson 2010, 6). Weiter heißt es: „[S]ustainablity belongs to a class of concepts that are called *essentially contestable*. This means that most people can agree on the core of the concept, but as soon as one wants to specify what is meant in practice, a bewildering difference in views arises." (ebd. 78). Wegen daraus entstehender typischer Dilemmata bleibt eine Vereinbarung der Ziele abstrakt und lässt sich nicht in Umsetzung bringen. Eriksson und Andersson schließen, dass für eine realistische Integration die zweite Dimension des ökonomischen Erfolgs und Wachstums entscheidend eingeschränkt werden müsste:

> „Instead of identifying prosperity with consumption and wealth, we have redefined proserity as quality of life and, more precisely, as *capabilities to flourish*. This change of the original goal implies a radical shift in the economic priorities from „affluence" to „capabilities" and from „growth" towards „degrowth". Despite this softening of the original trilemma, it still is a daunting task to reconcile all three corners. The quest for prosperity – even when reinterpreted – is condi-

---

[115] Zur Diskussion einer gerechtigkeitsorientierten Auseinandersetzung mit Nachhaltigkeit siehe Döring et al. 2007; Ott/Döring 2008; Neumayer 2010. Vgl. dazu ebenfalls den Budgetansatz des WBGU (2009).

tioned by the call for global justice and ecological sustainability." (ebd.135).

Mit Blick auf die Flächensituation unter den Bedingungen des Klimawandels müssten für alle drei bei Weingarten (2009) genannten Funktionen der Landwirtschaft – (1) Produktions- und Versorgungsfunktion, (2) Wirtschafts- und Arbeitsfunktion, Siedlungs- und Wohnfunktion, Erholungs- und Tourismusfunktion, (3) Ökotop- und Naturschutzfunktion – die bio-pysikalischen Komponenten (die in Zusammenhang mit den Ecosystem Services stehen) den sozio-ökonomischen gegenüber stärker gewichtet werden. Dies ist nicht nur wegen der Umweltschutzperspektive, sondern auch wegen der Perspektive auf Ernährungssicherung so (vgl. voriges Kapitel). Eine entsprechende Änderung mentaler Modelle als Entscheidungsvoraussetzung ist der oben dargelegten Argumentation zufolge abhängig von Kooperation, konstruktiver Verhandlung und kritisch-reflexiver Kompetenz. Soziales Kapital kann hierbei von entscheidender Rolle sein: „Since […] social capital can result in different institutional forms (i.e., they are not synonymous), this study examined the presence and evolution of institutions as an outcome of changing social relations and trust […]." (Adger 2003, 397). Ähnlich argumentiert auch Underdal (2010). Er betont ebenfalls die Rolle sozialen Kapitals und erläutert, dass mit einer Vielzahl an „drivers and hotspots there will be multiple targets for mitigation efforts and many opportunities to make at least a small difference." (Underdal 2010, 3). Eine Realisierung effektiver Veränderung wird laut seinen Ausführungen deshalb nur über eine *Verzahnung vieler verschiedener Aktivitäten* erreicht werden können. Dabei stehen diese Aktivitäten eng in Verbindung mit ebenfalls *diversen* und gegebenenfalls *dezentralen organisationalen Bedingungen*. Allerdings müssen die organisationalen Formen, die so mit entstehen, *funktional differenziert* sein:

> „[W]e would expect the operational autonomy of subunits to increase with the heterogeneity and instability of the task environment. Where task environments differ significantly along geographical or functional lines, a premium will exist on differentiation. One important requirement for successful differentiation is a good understanding of local circumstances and information channels that can provide early warning." (Underdal 2010, 6).

Dies kann in Entsprechung zu der bei Schurz (2011) entwickelten Sicht auf hinreichend genaue bzw. hinreichend hohe Informationsübertragung in kultureller Evolution gesetzt werden. Insbesondere neue Optionen müssen dabei vom unternehmerischen Akteur gesehen werden, können von ihm aber auch erfunden und entwickelt werden. Pfriem (2011a, 95) schreibt zum ökonomischen strategischen Handeln: „So scheinen [...] für eine zukunftsfähige Disziplin des Strategischen Managements [Kategorien und Denkmuster] wichtiger zu sein wie: Kontingenz (Indeterminiertheit), Originalität, Veränderbarkeit (Brechen von vermeintlichen Invarianzen)". Gerade die prinzipielle Offenheit evolutorischer Prozesse erschwert oder verunmöglicht gar eine direkte Steuerung von Prozessen und Systemen (vgl. Pfriem 2011a, 512).

4.2.1 Weitsichtige Integration der strategischen und operativen Ebene

Auch in der Anwendung auf das Flächennutzungsproblem wird dies eine Integration der dynamisch strategischen und operativen Fähigkeiten für die konkrete regionale Lage im Unternehmen bedeuten: „The core of the problem is incongruity between the cost/benefit considerations for the plan as a whole and those pertaining to individual micro-decisions required to implement that plan." (Underdal 2010, 2). Die Konzeption der kulturellen Kompetenzen[116] liefert hierzu einen Ansatz, der es erlaubt, den Umgang mit solchen erweiterten gesellschaftlichen Fragen als *konstruktivem Gestaltungsraum* im Unternehmen zu verankern. Der konkrete Bezug auf Etwas bedeutet hierbei ein potenzielles, also aktualisierbares Handlungsvermögen (Pfriem 2011a, z.B. 233f oder 522ff). Damit eröffnet sich die Möglichkeit, die ökonomische Relevanz in kollektiven und kritischen reflexiven Verarbeitungsprozessen mit anderen Relevanzen zu integrieren. Dies kann bspw. vor dem Hintergrund ökosystemischer Konsequenzen und längerfristiger Horizonte geschehen. Insofern können strategische und operative Entscheidungen in Bezug auf ihre *mögliche* oder im Zusammenhang mit einem Problem *erforderliche* Bedeutung hin verknüpft werden. Dies kann insbesondere die Bewusst-

---

[116] Eine Übersicht über weitere aktuelle Ansätze im Kompetenzmanagement findet sich bspw. bei Schreyögg/Konrad (2006) oder bei Rasche et al. (2008); Proff et al. (2009) bzw. Stephan et al. (2010).

machung von mentalen Modellen beinhalten (vgl. Antoni-Komar et al. 2010, 477f). „Kulturelle Kompetenzen sind demnach genuiner Bestandteil des praktischen Wissens der Akteure und führen in spezifischen Krisensituationen des Handelns als kreatives Handlungspotenzial zur Verwerfung brüchig gewordener Routinen und Neuausrichtung der sozialen Praxis, indem kulturelle Prozesse erkannt, die Betroffenheit durch kulturelle Prozesse kritisch reflektiert und nachhaltige Strategien entwickelt werden." (ebd. 480).

4.2.2 Akuter Handlungsbedarf und Prioritätenverschiebungen

Laut Foresight (2011) gibt es vielfache Gründe, die *unverzügliches Handeln* im Hinblick auf gravierende Veränderungen in der Land- und Ernährungswirtschaft global, aber damit auch regional verlangen (Foresight 2011, 165). Die Knappheit von Land ist in diesem Bericht nur eine Thematik unter zehn weiteren, die ebenso zur Dringlichkeit der Situation beitragen. Das bedeutet, dass diese heterogene und über multiple Ebenen relevante Lage von den in regionalen Unternehmen wirtschaftenden Personen eingesehen, bewertet und für ihren konkreten Aktionszusammenhang umgesetzt werden müsste. In der hier vorgeschlagenen Argumentation ginge daraus hervor, Veränderungspotenziale zu nutzen, wo sie gegeben sind, oder sie zu generieren, wo sie fehlen. Damit einher gehen, wie oben gezeigt, *Verhandlungsprozesse und Verschiebungsprozesse*, die mit der Veränderung von mentalen Modellen und mit ihnen immanenten Priorisierungen zusammen hängen. Diese *Priorisierungen und Priorisierungsänderungen* müssen integriert zwischen strategischem und operativem Management kommuniziert werden können. *Aktualisierbarkeit bedeutet demnach, dass Handlungsvermögen trotz Unsicherheit, möglicherweise auftretender Widerstände und Konflikte vertreten und argumentiert werden kann.*

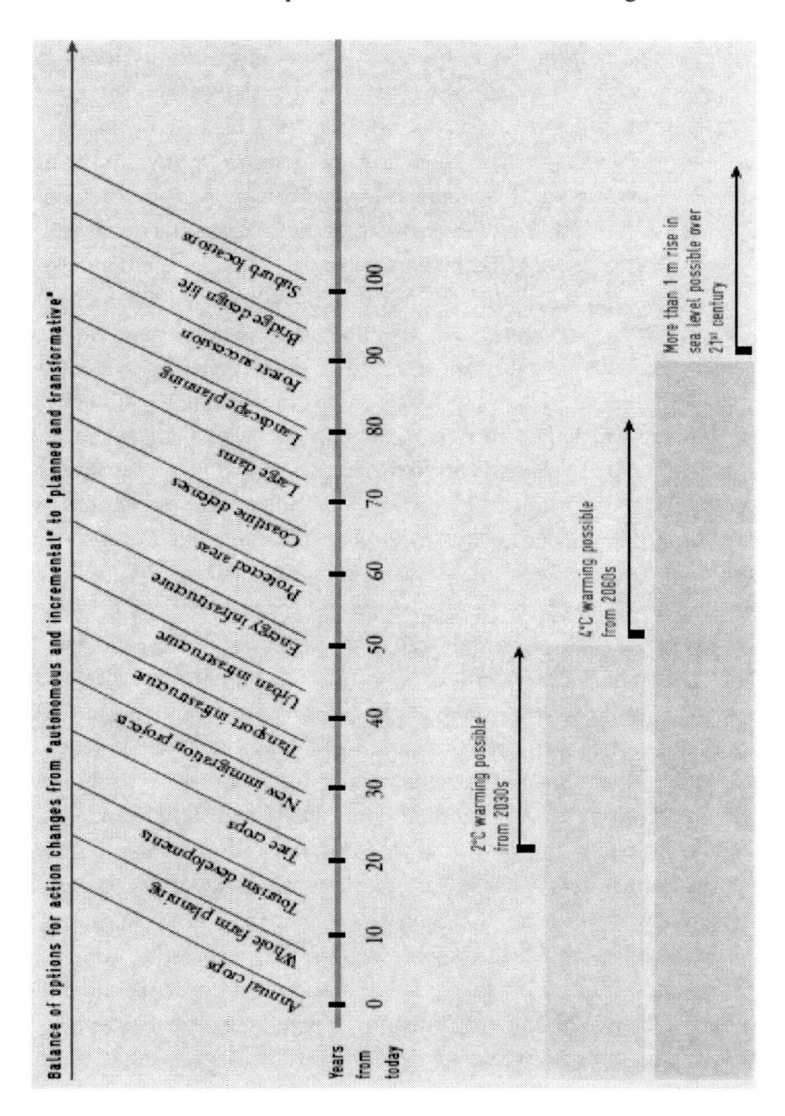

Abb. 4.2: *Planungshorizonte: Entscheidungen von heute formen die Zukunft.*
Quelle: Hahn/Fröde (2010, 7; dort nach Stafford Smith et al. (2010).

Darüber hinaus müsste die Reproduktion von Informationsübertragung (vgl. Schurz 2011) *innerhalb des Unternehmens* außerdem im Interaktionszusammenhang *mit anderen Unternehmen* stehen und kollektiv in Umsetzung gebracht werden können. Eine derart verteilte Problematik wie die Regulierung von Flächennutzungskonflikten kann kaum ohne die wechselseitige Vermittlung und eine gemeinsame regionale Strategie, die für viele Akteure zugänglich und machbar ist, gedacht werden. Es gilt hierfür übergeordnete, nicht unmittelbar zum Alltagsgeschäft gehörende Überlegungen zu gewichten und zusammen mit anderen konkret in die Entscheidungsfindung mit einzubeziehen. Zum Beispiel betrifft dies die unterschiedlichen zeitlichen Horizonte, die für einen langfristig nachhaltigen Umgang mit Klimawandel und ebenso für einen langfristig nachhaltigen Umgang mit Fläche von Bedeutung sind. Laut der Übersicht von Hahn und Fröde (2010, 7; Abb. 4.2) liegt die Spanne für die Planung von landwirtschaftlichen Betrieben (*whole farm planning*) und Landschaftsplanung (*landscape planning*) zwischen 10 und 80 Jahren.

Wenn zum Beispiel die jährlichen Ertragszahlen der Bewirtschaftung im Vordergrund stehen, so spiegeln sich darin Handlungsprozesse, die auf praktischem Wissen und Erfahrungswerten beruhen. Gleichzeitig spiegeln sich in ihnen aber (unbewusste) eingespielte Handlungsprozeduren oder mehr oder weniger kollektive Routinen. Diese stellen zwar unmittelbar den Handlungszusammenhang der Akteure dar, im Hinblick auf die für übergreifende Herausforderungen wichtigen Kompetenzen können sie aber unter Umständen nicht ausreichend sein. Die kulturelle Ebene bezeichnet demnach die Fähigkeit, solche Defizite gegebenenfalls und rechtzeitig zu erkennen und konstruktiv neue Beziehungszusammenhänge zu erschließen, um die Anpassung und Flexibilisierung alter Muster zu erzielen. Insofern können die kulturellen Kompetenzen als direkte und sinnvolle Erweiterung der Dynamic Capabilities gesehen werden. Es kommt in ihnen vor allen Dingen das Potenzial bedeutsamer Information hinsichtlich evolutorischer Prozesse zum Ausdruck.

4.2.3 Wahrung der Ressourcenbasis als pfadbrechende Aufgabe

Die zweckgebundene Erzeugung, Ausweitung oder Modifikation der Ressourcenbasis[117] bedeutet vor diesem Hintergrund nun also, dass dringend Veränderung angezeigt ist, um jene überhaupt erhalten zu können (vgl. auch den in Kapitel 2 zitierten Biodiversitätsverlust). Dies ist gleichbedeutend damit, dass Turbulenzen im bio-physikalischen Bereich auch das Unternehmen beeinträchtigen können. Damit macht es die Wahrung der Ressourcenbasis aus der Perspektive dynamischer kultureller Fähigkeiten erforderlich, dass alte Kontexte revidiert und neue Kontexte in die Entscheidungsfindung einbezogen werden müssen (Sartorius 2006; vgl. auch Burgelman/Grove 2007b). „Lock-in resolution" ist hierbei oft die Voraussetzung für erweitertes Lernen und damit die Diffusion nachhaltigerer Technologien und Strategien, „because the more radical – and thereby often more effective – innovations (Rennings 2000; Ashford 2002) face more opposition than the less effective incremental ones because they belong to a new paradigm. To the extent that lock-in effects are to be undermined, economic actors again have to bear the cost of refraining from the realization of the corresponding economies of scale, learning and network effects, etc." (Sartorius 2006, 277). Ein entsprechend kompetenter Akteur muss dazu in der Lage sein, sowohl die Verursachung als auch die Konsequenzen übergeordneter Kontexte mit dem unmittelbaren Handlungszusammenhang des Unternehmens zu integrieren.

Mit dieser Integration gestalten Unternehmen als proaktive Akteure unmittelbar nicht nur ihre eigenen ökonomischen Bedingungen, sondern auch die Bedingungen der Gesellschaft (und ihrer bio-physikalischen Grundlagen). Gesellschaft kann dementsprechend nur als koevolutorisches und heterogenes Gefüge, das in die bio-physikalische Gegebenheit funktional nahtlos eingebettet ist, verstanden werden. Deshalb ist ein Wirtschaften in einer Welt, die nicht nur wärmer, sondern auch voller wird, grundsätzlich nicht mehr abgekoppelt von der ökologischen Grundlage, die für alle Menschen gleichermaßen wertvoll ist und die allen

---

[117] Vgl. noch einmal die Definition von Dynamic Capabilities bei Helfat et al. (2007, 4) als die *Kapazität einer Organisation, ihre Ressourcenbasis zweckgebunden zu erzeugen, auszuweiten oder modifizieren.*

Menschen zu gleichen Teilen[118] zustehen sollte (vgl. WBGU 2009). Dabei kann gerade auch Fähigkeiten, die früher selbstverständlich waren, neue und zentrale Bedeutung zukommen: „Nachhaltigkeit, die früher systembedingt gegeben war, muss heute berechnet werden." (Schaber 2010, 70). Schaber beschreibt eindringlich, wie die ökonomische Form der Optimierung und Effizienzsteigerung, die sich nur nach technologischen Kapazitäten richtet, zerstört, was in lange gewachsenen kulturell *und* ökologisch eingebetteten Verbünden gut funktioniert hat:

> „Dieses Ineinander, bei dem jeder tut, was er kann, und an Aufgaben ganz organisch herangeführt wird, passt gut zur Vielfalt der Aufgaben in der Landwirtschaft. Es ist auch hocheffektiv, wenn man alle Aufgaben zusammenzählt, die dabei mit erledigt werden. Umgekehrt müsste man bei der industriellen Organisation der Arbeit also die Ausgaben für Kinderbetreuung, Altenbetreuung, Arbeitslosigkeit und vieles mehr hinzuzählen, bevor man von Effektivität spricht und die Preise vergleicht." (Schaber 2010, 82)

Der Status Quo nicht nur in der Land- und Ernährungswirtschaft hat die Verhältnismäßigkeit zwischen humanen, tierischen, bio-physikalischen, zeitlichen und im Gegenzug dazu finanziellen und technologischen Ressourcen verzerrt. Insofern die Erwirtschaftung von optimalen Ergebnissen an der Maximalkapazität von Technik und Maximierung finanzieller Gewinne bemessen wird, führt diese Optimierungsaxiomatik zu Verhältnissen, die bedeuten, dass natürliche und gewachsene Strukturen nicht aufrecht erhalten bleiben. Wenn verteilte und sich gegenseitig tragende Strukturen davon abhängig sind, dass Nutzungs- und Angebotsseite, Produktions- und Konsumseite in allen Subsystemen *wechselseitig bestehen*, um die gesamte Systematik langfristig aufrechtzuerhalten, bezieht sich Unternehmertum

> „heute mehr denn je sehr direkt auf die Verwandlung von Gesellschaft. [...] Lernprozesse von Unternehmensorganisationen lassen sich in die-

---

[118] „Today we find a world of asymmetric development, unsustainable natural resource use, and continued rural and urban poverty. There is general agreement about the current global environmental and development crisis. It is also known that the consequences of these global changes have the most devastating impacts on the poorest, who historically have had limited entitlements and opportunities for growth." (McIntyre 2009, 18).

ser Richtung als Erweiterung der prominenten Beschreibungen von Argyris und Schön (1999) vielleicht als triple-loop-learning begreifen, als Veränderungslernen in Bezug auf das unternehmerische Verändern von Gesellschaft. Das tut hinsichtlich der Mensch-Natur-Beziehung Not, insofern säkulare kulturelle Trends wie die immer stärkere Beschleunigung Skepsis aufkommen lassen, ob die ökologische Kehre geschafft werden kann." (Pfriem 2006, 14; zur organisationalen Lernperspektive vgl. auch Allen et al. 2007; Senge/Sterman 2009).

Der interaktionsökonomische[119] Zugang der kulturalistischen Perspektive wird bei Antoni-Komar et al. (2010) über drei Prozessschritte geführt, die sich gut in die evolutorische Zugangsweise einbetten lassen:

„1. Kulturelle Prozesse als multiple und ambivalente temporale Pfade erkennen (Recognition).

2. Betroffenheit durch kulturelle Prozesse, handlungsstrukturierende Funktion und gesellschaftspolitische Dimension kritisch reflektieren (Reflection).

3. Wünschenswerte Zukünfte entwerfen und nachhaltige Strategien entwickeln (Reconfiguration)." (Antoni-Komar et al. 2010, 480)

Das bei Pfriem angesprochene *triple-loop learning* im organisationalen konkreten Zusammenhang kann somit der koevolutorischen Perspektive zugeordnet werden. Denn es wird die Umwelt hier nicht nur in ökonomischer Weise in funktionaler Kopplung mit den Unternehmensprozessen erfasst. Interaktionen bezeichnen demnach die Kommunikation, (kollektive) Handlung und Verhandlung auf Basis von Informationen, die ebenfalls im kollektiven Austausch im Hinblick auf ihre Relevanz und ihre spezifischen Inhalte definiert und zugeordnet werden können müssen. Das „interaktive Verständnis von Wandel" enthält so die „prinzipielle Option proaktiver Diskursivität und Reflexivität" (Fichter 2005, 307). „Schlüsselpersonen" der Veränderung können „als ‚Provokateure' be-

---

[119] „In einzelnen Interaktionsepisoden greifen die Akteure auf (bestehende) interpretative Schemata und normative Regelsysteme zurück und reproduzieren diese. […] Im Innovationskontext […] finden grundlegende Strukturveränderungen statt. […] Unternehmerisches Innovationshandeln trägt durch Interaktion zur Veränderung interpretativer Schemata (Kognition) und zur Transformation normativer Regelsysteme bei (Normation)." (Fichter 2005, 286).

zeichnet werden, weil sie vorherrschende Logiken durch abweichende Sichtweisen und Interpretationen herausfordern und für kognitive Dissonanz sorgen." (Fichter ebd. Vgl. hierzu auch Burgelman/Grove 2007a). Demgegenüber ist allerdings auch wichtig, dass die organisationalen Bedingungen so tragfähig sind, dass sie diese Dissonanzen zulassen. Insofern spiegelt sich eine mögliche Regulierung von Flächennutzungskonflikten zwischen verschiedenen unternehmerischen (kollektiven) Akteuren *in der Regulierungskapazität heterogener Zustände in der eigenen Struktur*. Diese kann dabei mehr oder weniger sensitiv für Änderungen sein. Das heißt auch und vor allem, dass veränderte Umgebungsbedingungen mehr oder weniger souverän in neue und trotzdem erfolgreiche Pfade gewandelt werden können. Dooley (1997) beschreibt als Prinzipien adaptiver Veränderungsprozesse in Unternehmen zum Beispiel Schritte wie „(a) create a shared purpose, (b) cultivate inquiry, learning, experimentation, and divergent thinking, (c) enhance external and internal interconnections via communication and technology, (d) instill rapid feedback loops for self-reference and self-control, (e) cultivate diversity, specialization, differentiation, and integration, (f) create shared values and principles of action, and (g) make explicit a few but essential structural and behavioral boundaries." (Dooley 1997, 92). *Interaktionen als Operatoren der Umsetzung* erhalten Gewicht, indem sich in ihnen die *Bedeutung* von Routinen, Kontexten, Macht- und Kräfteverhältnissen aber auch von kreativen Spielräumen und neuen Ideen *aktualisiert*. Die Relevanz der realen Bezugshorizonte zeigt sich insbesondere dann, wenn diese Interaktionen in einem konkreten Zusammenhang stattfinden bzw. stattfinden sollen:

> „Once AKST is directed simultaneously toward production, profitability, ecosystem services and food systems that are site-specific and evolving, then formal, traditional and local knowledge need to be integrated. Traditional and local knowledge constitutes an extensive realm of accumulated practical knowledge and knowledge-generating capacity that is needed if sustainability and development goals are to be reached. […]Traditional and local knowledge is dynamic; it may sometimes fail but also has had well-documented, extensive, positive impacts. Participatory collaboration in knowledge generation, technology development and innovation has been shown to add value to science-based technology development." (McIntyre 2009, 10f)

4.2.4 Relationale Settings

Mit Bezug auf die bei Schurz (2011) beschriebenen verteilten Strukturen kultureller Evolution folgt, dass verteilte Bezugshorizonte eines Rahmens für komplexe und dynamische Bedingungen bedürfen, damit der Informationsgehalt hinreichend präzise wird. Solche Rahmen könnten als Beziehungsstrukturen (*relationale Settings*) konzipiert werden. Mit relationalen Settings wäre die Möglichkeit gegeben, für heterogene Akteursgefüge (eine ebenfalls verteilte Struktur) agentensensitive Bedingungen zu schaffen, in denen die Inhalte der Verhältnisse explizit formuliert sind (vgl. Georgescu-Roegen, 1971, 324, siehe Abschnitt 3.2.1: Seite 135. Die Fähigkeit, je nach Sinnzusammenhang (vgl. Pfriem 2011a, 227) von Abstraktionen (mentalen Modellen) in Konkretionen (Problemzusammenhänge) zu wechseln und umgekehrt, könnte von einer semantisch expliziten Struktur unterstützt werden. Das heißt, eine inhaltliche Beschreibung des Problemzusammenhangs würde im Anschluss an die evolutorischen und dynamischen Fähigkeiten (und die damit verknüpften unternehmerischen Prozesse und Routinen) vorgenommen. Dies würde es erlauben, die agentensensitiven und die agenteninsensitiven Aspekte näher zu bestimmen, die für die Bewältigung einer bestimmten Aufgabe relevant sind. Handelt es sich bei der Aufgabe – wie im Fall der Flächennutzungsproblematik – um einen Zusammenhang, der kaum durch Entscheidungen in einzelnen Unternehmen gelöst werden kann und zudem genau genommen in Abhängigkeit von überregionalen bzw. sogar globalen Vorgängen beurteilt werden muss, bedarf es einer *konkreten aber flexiblen Anbindung an die regionalen Entscheidungszusammenhänge*. Die Integration von operationaler und strategischer Ebene ließe sich iterativ entwickeln, indem die Vermittlung zwischen beiden Ebenen im Sinnzusammenhang des Aufgabenbezugs steht[120]. Als relationale Set-

---

[120] „[T]he nature of organizational knowledge changes over the [evolutionary] cycle. In the first phases of generative variation and internal selection, the initial idea or novel insight needs to be made increasingly explicit to allow a debate on its merits, and the knowledge reaches a peak of explicitness as the cycle reaches the selection stage. Through the replication and retention phases then, knowledge becomes increasingly embedded in human behavior and likely gains in effectiveness while declining in abstraction (as it is applied to a wider variety of local situations)

tings wären damit Beziehungszusammenhänge benannt, die beschreiben, *welche funktional gekoppelten Prozesse mit den Erfordernissen hinsichtlich der Aufgabe und den Möglichkeiten hinsichtlich der Umsetzung* verbunden sind. So kann expliziert werden, worin der konkrete Problemzusammenhang für das Unternehmen besteht und mit welchen Möglichkeiten ihm entsprochen werden kann, bzw. welche Fähigkeiten oder andere Ressourcen dafür konkret fehlen[121]. Die spezifische Diskrepanz hinsichtlich der Überwindung des nicht-nachhaltigen Status Quo in der Landnutzung (Kontrafaktik) kann damit durch die konzeptionelle Weiterentwicklung (vgl. Kapitel 2 und 3) für konkrete Problemlagen beschrieben werden.

Die Rolle des semantischen Gehalts erschließt sich daraus, dass Interaktionen als Operatoren der Umsetzung unter dem Vorhandensein kultureller und anderer dynamischer Fähigkeiten nur dann sinnvoll im Sinne des koevolutorischen Verhältnisses stattfinden können, wenn *die reale Verzahnung* zwischen der bio-physikalischen und der sozio-ökonomischen Seite *der funktionalen Kopplung zueinander in sinnvoller und möglichst expliziter Bedeutung kommunizierbar* ist[122]. Dies geht zum einen aus der evolutorischen Bedeutung von Informationsübertragung als Gestaltungsaspekt kultureller Entwicklung hervor (siehe oben). Zum anderen ergibt sich die Wichtigkeit der semantischen Anschlussfähigkeit zwischen Problemzusammenhang und Umsetzung im Unternehmen aus dem unausweichlichen Vorhandensein unvollständiger Information und

---

and in explicitness (as even the people involved in its application have difficulty in what they are doing and why)." (Zollo/Winter 2002, 344).

[121] „The recursive process of the individual level has a social background: all individuals are integrated into interpersonal communication networks which not only provide information in a one-sided transfer, but typically also involve social interaction and exchange. […T]he information which people process enters their limited active knowledge and is going to inform their individual choices." (Witt 1992, 122f). Aus diesem Grund wurde im zweiten Kapitel darauf Wert gelegt, dass Unternehmen als evolutorische gesellschaftliche Akteure nicht unabhängig von Personen gedacht werden können, obwohl oder gerade weil organisationale Bedingungen emergente Strukturen bedeuten, die über das Veränderungsvermögen und die Fähigkeiten individueller Akteure hinausgehen (vgl. auch Dopfer/Potts 2008).

[122] Dieser Gedanke wird am Beginn des nächsten Kapitels für den empirischen Zugang aufgegriffen.

Unsicherheit (Sartorius 2006). Wenn also Informationen fehlen, obwohl sie wichtig sein können, ist es von hoher Bedeutung, dass darüber gesprochen werden kann, ob und wie dieses Fehlen verortet werden kann. Oben wurde bereits auf die Rolle sozialen Kapitals für emergente kollektive Transformationsprozesse hingewiesen. Sinnhaft explizite (semantische) Anschlussfähigkeit[123] zwischen verschiedenen Entscheidungs-, Bezugs- und Akteurskontexten stellt im Anschluss daran möglicherweise den kommunikativen Kitt dar, der es ermöglicht, verschiedene Ebenen unter Unsicherheit gegeneinander zu gewichten, ohne sie zu homogenisieren: „As a characteristic of CAS [complex adaptive systems], selective processes are the result of local interactions between elements (Levin 1998) and act strongly on redundant properties between system components. This promotes the most „efficient" elements and shapes the composition of both the social and ecological systems." (Anderies/Norberg 2008, 159). Im folgenden Abschnitt wird deshalb erläutert, worin der Wert solcher semantisch bestimmten relationalen Settings bestehen könnte und wie diese im Anschluss an die bisherigen Ausführungen konzipiert werden könnten.

[123] Bspw. weisen Umweltschutzverbände, wenn sie im Bezug auf Artenreichtum argumentieren, der Landschaft ein grundsätzlich anderes Bedeutungsprofil zu als konventionell wirtschaftende Ackerbauern. Es resultiert daraus eine Zweiteilung der Landschaft in „Schutz- und Schmutzlandschaft", wobei jeweils der „Schmutz" oder das Hindernis im einen Bedeutungsprofil das Erhaltenswerte, bzw. zu Fördernde im anderen ist (z.B. möglichst hohe Hektarerträge unter Ausreizung der gesetzlich vorgegebenen Düngemengen versus Brachflächen und Habitatkorridore oder Schonphasen). Mit dieser „Spaltung" der Landschaft geht eine begriffliche wie kommunikative Kluft einher, die real zwischen den Akteuren besteht. Wenn nun durch den Klimawandel global aber in der Folge auch regional die ökologische Tragfähigkeit vermehrt unter Druck gerät, bedarf es einer Überwindung dieser – auch kommunikativen – Spaltung. Jene muss dazu in der Lage sein, Interessen derart *bedeutungsvoll* zu vermitteln, dass eben gerade diejenigen Prioritäten gesetzt werden können, die zu einer real und langfristig nachhaltigen Bewirtschaftung führen.

4.3 Semantische Anschlussfähigkeit

Über den semantischen Gehalt (Bedeutungszusammenhang)[124] lässt sich erstens die Verbindung zwischen den *funktionalen Ebenen* der bio-physikalischen und der sozio-ökonomischen Situation *argumentativ* nachvollziehen. Damit findet zweitens im semantischen Inhalt der Anschluss auch übergeordneter Problemzusammenhänge an die *Sprache der betroffenen Stakeholder* und damit auch der Bezug zur *Bedeutung unterschiedlicher Interessen* (vgl. Mitchell 2009) Ausdruck. Weil konkrete Problemzusammenhänge über komplexe Zusammenhänge verbunden sind, bedarf es gemeinsam zugänglicher Bezugspunkte. Die semantische Ebene eröffnet also drittens den Zugang zu *bestimmten Prioritäten in einem bestimmten Kontext*. Deshalb können hierdurch Informationen gewonnen werden, die zur Einschätzung der Lage ebenso wie für einen Ansatz zur Regulierung von Interessenkonflikten wertvoll sein können (vgl. Adger 2003; Rammel et al. 2007; Underdal 2010).

Die interaktive Verzahnung zwischen ökonomischem und ökologischem System erfordert explizite Informationen darüber, worauf es in der jeweiligen Situation für das jeweilige System bzw. den jeweiligen Akteur ankommt. Erst wenn diese Vielfalt an Ansprüchen für den unternehmerischen Akteur einsichtig wird, kann er proaktiv darauf eingehen und die für sein Unternehmen und für die ökologische Situation notwendigen Schlüsse ziehen (Ostrom/Hess 2003; Sartorius 2006; King et al. 2010; Sulston 2010). Umgekehrt erfordert eine konsequente Umsetzung von Nachhaltigkeit, dass Individuen (und damit auch einzelne Unternehmen) zeitlich und räumlich ihren Horizont transzendieren: „Only then can we distinguish what is merely pressing from what truly matters." (Velasco 2008, 175) Sofern die oben beschriebenen kulturellen Kompetenzen in den Unternehmen vorliegen, könnten dann Prozesse direkter untersucht und eingesehen werden. Wenn Inhalte semantisch explizit werden, be-

---

[124] „Die Semantik beschäftigt sich mit der Frage, wie Sinn und Bedeutung von komplexen Begriffen in einfache Begriffe abgeleitet werden können. […] Wissen bzw. Bedeutung kann nur mit Hilfe von Semantik vermittelt werden. […] Grundlagen semantischer Technologien sind Methoden der Modellierung, der formalen Logik sowie der Künstlichen Intelligenz. Durch den Einsatz von semantischen Technologien können innovative Technologien und Dienstleistungen entstehen, die leichteres Teilen von Wissen ermöglichen." (Baier 2008, 18). Vgl. auch Reichenberger (2010) und Karlstetter (2011).

steht somit die Möglichkeit, die konkreten Wechselwirkungen zwischen Ecosystem Services und den tragenden Systembedingungen des sozioökonomischen Systems (vgl. Kapitel 3) zu interpretieren und zu bewerten (van den Belt 2004; Varghese 2009). Vorausgesetzt diese Wechselwirkungen sind in einer Weise inhaltlich zugänglich, dass im Unternehmen ein Bedeutungszusammenhang eingesehen werden kann[125]. Dies wäre dann der Fall, wenn nicht nur Prioritäten, Präferenzen und mentale Modelle im Unternehmen kritisch-reflexiv bearbeitet werden, sondern darüber hinaus Inhalte und Relevanz der bio-physikalischen Größen in Beziehung gesetzt werden können zu den Prozessen im Unternehmen (van den Belt 2004; Wilbanks 2006; Senge/Sterman 2009)[126]. Mit anderen Worten, die semantische Ebene würde erlauben, die funktionale Abhängigkeit zwischen bio-physikalischem und sozio-ökonomischem System mit dem Handlungs- und Bezugsfeld des Unternehmens abzugleichen.

4.3.1 Bestimmung adäquater Eckpunkte – notwendige Heterogenität bei hinreichender Fokussierung

Akteure verfügen über eine gewisse evolutorische Handlungs- und Gestaltungskapazität. Allerdings spielen selbst-organisierende, non-lineare und emergente Phänomene ebenfalls eine Rolle. Neben der kritischen Reflexion mentaler Modelle und dem jeweils konkreten semantischen Bedeutungszusammenhang ist für transformative (konfliktregulierende) Veränderungsprozesse ebenso wichtig, auf welche Interaktionen, Allianzen und Kommunikationsprozesse es ankommt: „If enough individuals initially cooperate, they slowly obtain benefits [...], and levels of cooperation grow." (Vollan/Ostrom 2010, 924). Es liegt hiermit eine Situation

---

[125] Es zeichnet sich ab, dass der semantische Zugang insbesondere auch im Hinblick auf den Einsatz von Modellierungen und technologischen Wissenssystemen von Bedeutung sein kann (vgl. Tessier et al. 2004; Schalley/Zaefferer 2007; Baier 2008, Reichenberger 2010). Dies wird in Kapitel 7 aufgegriffen.

[126] „The resolution of disagreements without splintering into offshoot organizations is evidence of organizational intentionality. Functionally, the process of deciding between goals and settling organizational conflict is similar to the very human process of making tough choices and resolving internal conflict." (King et al. 2010, 296).

vor, die sich ähnlich wie die im ersten Kapitel geschilderte Verzahntheit auf der *inhaltlichen Ebene* verhält: „A key lesson of research on collective-action theory is recognizing the complex linkages among variables at multiple levels that together affect individual reputations, trust, and reciprocity as these, in turn, affect levels of cooperation and joint benefits" (Ostrom 2010, 164). Interaktionen als Operatoren der Umsetzung müssen deshalb im Sinne der hoch und genau genug spezifizierten Informationsübertragung in kultureller Evolution einerseits *heterogen, divers* und damit *flexibel* sein können. Andererseits müssen sie zugänglich für die *Akteure* und hinreichend relevant für die *Inhalte* sein, die durch sie kooperativ oder konfliktregulierend vermittelt[127] sind (Rerkasem/Pinedo-

---

[127] „Falls Akteure, die hohe Diskontierungsraten haben und sich gegenseitig misstrauen, unabhängig handeln und nicht fähig sind, miteinander zu kommunizieren, verbindliche Vereinbarungen zu schließen und für Überwachungs- und Vollstreckungsmechanismen zu sorgen, wählen sie wohl kaum Strategien, die für alle vorteilhaft sind, es sei denn diese Strategien seien zufällig ihre dominanten." (Ostrom 1999a, 238). Öffentliche Güter sind schwer ausschließbar und gut teilbar (vgl. Ostrom 2011). Diese Charakteristik trifft auf das Flächennutzungsproblem, wie es in der Metropolregion Bremen-Oldenburg vorliegt, so direkt nicht zu: Bei vielen Gemeingütern muss für die entnommenen Güter nichts bezahlt werden. Diese Güter gehören in dem Sinn niemandem. Darüber hinaus bezieht sich die Nutzung eines bestimmten Gemeingutes (bspw. Fischbestände) auf eine mehr oder weniger nachhaltige und gerechte Verteilung *dieser Ressource* unter den Nutzern. Beim Flächennutzungsproblem unter Klimawandel ist es hingegen so, dass es um Überschneidungen zwischen verschiedenen Gütern bzw. Konkurrenz verschiedener Nutzungsformen geht (z.B. Wasser und Fläche, Ernährungsproduktion oder Energiepflanzenanbau). Zudem macht erst der Einbezug zukünftiger und übergeordneter Inhalte die Problematik so brisant (jedenfalls in Norddeutschland). Abgesehen davon muss sehr wohl für die Ländereien bezahlt werden (gerade die Frage der Pachtpreise ist im hiesigen regionalen Zusammenhang entscheidend). Darüber hinaus ist die Nutzung ausschließend und nur begrenzt gut teilbar (mindestens solange singulär-funktionale Nutzung vorherrscht). Trotzdem kann angenommen werden, dass die bei Ostrom entwickelten Zugänge und Analyseschritte gerade für multifunktionale Regulierungsansätze eine wertvolle Orientierung bieten. Denn eine multifunktionale Landnutzung würde gerade bedeuten, dass gemeinsame Regeln entwickelt werden können, die im koevolutionäre Verhältnis zwischen biophysikalischem und sozio-ökonomischem System weniger konkurrieren und sich somit weniger gegenseitig ausschließen. Vgl. hierzu auch: „Overcoming commons dilemma is a struggle for several reasons: First, the problem in a field is complex

Vasques 2007; Ceroni et al. 2007; Rammel et al. 2007)[128]. Heterogenität in Interaktionen ist somit in verschiedener Weise bedeutsam:

1. Bedarf es Heterogenität, um die unterschiedlichen Facetten des Problems aufzugreifen.

2. Bedarf es entsprechend heterogen flexibler und agentensensitiver (d.h. sie können kontinuierlich angepasst werden) Strukturen, um diesen verschiedenen Facetten gerecht werden zu können (im Unternehmen).

3. Ist Heterogenität in den Blickwinkeln von Vorteil, um gewichten zu können, worin jeweils besondere Bedeutsamkeit besteht.

4. Können Pfadveränderungen, die so gravierend sind, dass sie viele verschiedene Ebenen und Prozesse berühren, durch heterogene Allianzen von unterschiedlichen Ansatzpunkten aus gemeinsam erreicht werden.

5. Nicht zuletzt bedarf es heterogener Flexibilität in der wechselseitigen Kommunikation, um Interessen zu vermitteln und sich zumindest in die Position anderer hineinzuversetzen.

In der Folge ergeben sich die Fragen:

Wie lassen sich die komplexen Zusammenhänge für die konkrete Situation vor Ort hinreichend explizit zuordnen?

Welche Bedeutungsinhalte sind es, die für die in der Metropolregion geltenden Bedingungen von besonderer Wichtigkeit sind?

Diese Perspektive zeigt, wie das evolutorische Gestaltungspotenzial einzelner Unternehmen im Hinblick auf die landschaftlichen Gegebenheiten

---

[...] Second, even if all those involved in making rule changes have the same interest, it will rarely be possible for them to predict the consequences of using a particular set of rules in a specific setting [...]Third, participants have the same underlying interests in getting more valuable resource units or contributing less. [...] Fourth, conditions change both in regard to the resource under consideration and in regard to the external economic and social settings." (Ostrom 2006, 100).

[128] Vgl. auch Zollo/Winter (2002, 348): „The higher the heterogeneity of task experiences, the higher the likelihood that explicit knowledge articulation and codification mechanisms will exhibit stronger effectiveness in developing dynamic capabilities, as compared with tacit accumulation."

in Zusammenhang mit (i) dem bio-physikalischen System, (ii) überregionalen Kontexten und (iii) anderen (ökonomischen) Akteuren konzentriert werden müsste. Im Rückbezug auf das *Law of Requisite Variety* bedarf es des adäquaten Rahmens, sonst übersteigt die zu regulierende Situation die Varietät der regulierenden Einheit (des Unternehmens). Oder die Heterogenität der für die zu regulierende Situation wesentlichen Faktoren sprengt die im Unternehmen möglichen Potenziale (vgl. Sartorius 2006; Desarbo et al. 2009; Glaeser et al. 2009; Adamuz/Ponsatí 2009). Neben der kompetenzorientierten Sicht auf Unternehmen heißt das folglich auch, dass Datenmaterial, das die hinreichende Spezifizität der Information erzeugen soll, diesen Verhältnissen entsprechend zugeschnitten sein müsste. Entsprechend kann angenommen werden, dass der Fokus auf die Region und unternehmerische Fähigkeiten (i) *polyzentrisch* und (ii) *inhaltlich vermittelbar bzw. anschlussfähig* sein muss: „In a polycentric system, rules at a large-system level can be written in a general form that can then be tailored to local circumstances." (Ostrom 1996, S1082).

Es bedarf für die Explizierung der semantischen Inhalte *gemeinsamer Eckpunkte* zur Fragestellung, entlang derer die skalen- bzw. ebenenübergreifenden Inhalte zusammen und in Abgleich gebracht werden können: Für die nachhaltige (und damit klimaangepasste) Zukunftsfähigkeit einer Flächennutzungsregulierung kann zum einen die *Längerfristigkeit* von Zielsetzungen als Eckpunkt festgehalten werden (vgl. Velasco 2008). Zum anderen ist der Anschluss an das vor Ort gegebene *Veränderungspotenzial* als Bezugsebene ein zweiter wesentlicher Faktor:

Längerfristigkeit:
Aktuell vorliegende Interessenlagen spiegeln sich in konfliktiven Interessenlagen im Hinblick auf Gestaltung zukünftiger regionaler Entwicklung (in der und über die Branche hinaus).
→ Nachhaltiger Umgang mit fruchtbarem Boden und die kulturelle Erweiterung ökonomischer Fähigkeiten in der regionalen Ernährungswirtschaft bedarf der Einbettung in den längerfristigen Zusammenhang.

Veränderungspotential
Aus der wissenschaftlichen Datenlage zur globalen Ernährungssituation unter Klimawandel ergibt sich, dass Nachhaltigkeit aktuell nicht gegeben ist. Es liegt eine kontrafaktische Situation vor.

→ Zukunftsfähiger Umgang mit Fläche bedarf veränderter ökonomischer Strategien. Damit ist das Veränderungspotenzial betroffener Akteure in Bezug auf Etwas eine der wesentlichsten Fähigkeiten in diesem Zusammenhang.

Des Weiteren ergibt sich als Kondensat der bisherigen Ausführungen, dass die Bestimmung der im konkreten Problemzusammenhang relevanten Bedeutungszusammenhänge die *Bündelung* von Kontexten und Prozessen erfordert. Zudem muss diese Bündelung so aufgebaut sein, dass sie *Vernetzungsprozesse* (über einzelne Unternehmen hinaus) fördern oder generieren kann. Der unternehmerische Akteur steht damit an zentraler Position. Gleichzeitig kann der Regelbegriff insofern differenziert betrachtet werden, als Regeln und Routinen grundsätzlich und im Hinblick auf die durch sie geregelten Inhalte kritisch zu hinterfragen sind. Das heißt ein „constant balancing" (Scheryögg/Sydow 2010, 23 vgl. Abschnitt 2.4: Seite 121) im Sinne eines kontinuierlichen Monitorings muss für höherkomplexe Problemlagen und eine langfristige Zukunftsfähigkeit auch im Hinblick auf ihren semantischen Gehalt geschehen. Dies wird deutlich aus der Rolle der Informationsübertragung, die als Treiber kultureller Evolution zur Gestaltung der ökonomischen und der ökologischen Ressourcenqualität und damit auch der gesellschaftlichen Qualität beiträgt. So können koevolutorische *Verhandlungsprozesse* (vgl. z.B. Tsay/Bazerman 2009) ebenso wie koevolutorische *Verdichtungsprozesse* im sozio-ökonomischen Gefüge (vgl. z.B. Steyaert 2007) in ihren Konsequenzen für das bio-physikalische Gefüge (und umgekehrt) eingeschätzt und konsequent ernst genommen werden (Sartorius 2006; Rammel et al. 2007).

Der so gespannte Bogen zwischen einer längerfristigen Zielorientierung und dem Anschluss an das Veränderungspotenzial vor Ort könnte es ermöglichen, zwischen diesen Dimensionen Inhalte gezielt zu bündeln. Und zwar in einer Weise, die einerseits den konkreten Problemzusammenhang deutlich macht und andererseits Vernetzungsprozesse gezielt befördert.

Es lässt sich nun also der konkrete Blick in die Region anschließen, um diese Eckpunkte *relationaler Settings* für den konkreten Problemzusammenhang „Flächennutzungsregulierung in der Metropolregion Bremen-Oldenburg" weiter auszubauen. Abschließend zum konzeptionellen

Teil dieser Arbeit folgt eine Zusammenfassung der besonderen Erfordernisse für einen an nachhaltigen Wandel (und entsprechende Turbulenzen) angepassten Fähigkeitenansatz:

4.4 Zusammenfassung: „sustainable dynamic capabilities"

Wenn evolutorische und fähigkeitenorientierte Ansätze für Problemlagen im Kontext von nachhaltiger Entwicklung eingesetzt werden sollen, so bedarf es laut der bisherigen Ausführungen der folgenden (zusätzlichen bzw. veränderten) Komponenten:
- Für eine zeitnahe Realisierung von Maßnahmen ist eine Vermittlung von dynamischer strategischer und operativer Ebene mit Bezug auf den konkreten Problemzusammenhang wichtig.
- Es muss eine Integration verschiedener Kontexte unter Unsicherheit (d.h. prinzipiell unvollständiger Information) im Unternehmen und über dessen Grenzen hinaus geleistet werden können.
- Entwicklung im Sinne einer nachhaltigen Transformation kann bedeuten, dass für ‚proaktive Arbeit an der Ressourcenbasis' Pfade gebrochen oder neu generiert werden müssen.
- Heterogenität spielt auf vielen Ebenen eine wichtige Rolle für Flexibilität, Anpassungskapazität und das Entstehen von Neuem.
- Kritisch-reflexive Bearbeitung von Regeln, Routinen, mentalen Modellen und möglichen Konsequenzen für Unternehmen und (ökologische) Umwelt muss in den unternehmerischen Prozessen möglich und verankert sein.
- Praktisch-methodisch ist eine Integration verschiedener Bezugshorizonte möglich bspw. durch den Bezug auf Ecosystem Services.
- Dieser Bezug könnte mittels Bündelung zu relationalen (verteilten) Settings, die die Komplexität der Problemlage mit den Möglichkeiten im Unternehmen zusammen bringen, vermittelt werden.
- Gleichzeitig muss eine Vernetzung mit anderen Akteuren erreicht werden, um Prozesse ins Laufen zu bringen, die ein Unternehmen allein nicht bewerkstelligen kann.
- Interaktionen fungieren als Operatoren der Umsetzung.

- (Kulturell) evolutorisches Potenzial im Sinne der Umsetzung tatsächlicher Veränderungen ist abhängig vom konkreten Problemzusammenhang (Aufgabenbezug).
- Indem semantische Anschlussfähigkeit zwischen Problemzusammenhang und Unternehmensprozessen (und Fähigkeiten) den Bedeutungszusammenhang explizit macht, könnte dies eine Möglichkeit darstellen, nicht nur irgendeine, sondern die speziell wichtige (relevante) Informationsübertragung zu gewährleisten.

Kernaussage:
Kulturelle Kompetenzen befähigen Akteure dazu, ihre Strategien im größeren Kontext handlungsbezogen zu verorten. Heterogenität von Inhalten und Interaktionen spielt hierbei für die Erneuerung und das Brechen überkommener Pfade eine entscheidende Rolle, weil sie es erlaubt, in festgefahrenen Strukturen eine Dynamik einzuführen, die evolutorisches Potenzial entfaltet. Problemlagen wie die einer nachhaltigen Flächennutzungsregulierung beinhalten Unsicherheiten und tiefgreifende Veränderungserfordernisse. Unter einer koevolutorischen Sicht auf Unternehmen und ihre (auch ökologischen) Umwelten ergibt sich, dass deshalb besonders der Bedeutungsgehalt von Zusammenhängen von Belang ist. Wird bspw. der regionale Kontext im globalen Zusammenhang betrachtet, bedarf es der Einsicht in konkrete Bedeutungsinhalte, die die Priorität für das Treffen einer Entscheidung bedingen. Die semantische Anschlussfähigkeit zwischen Fähigkeiten und Möglichkeiten im Unternehmen einerseits und der inhaltlichen und methodischen Aufbereitung des Problemzusammenhangs andererseits ist deshalb für die vorliegende Thematik essentiell. Für die Spezifizierung der wesentlichen funktionalen Kopplungen wurden dafür die Kategorien „Längerfristigkeit" und „Veränderungspotenzial" entwickelt.

5 Kapitel

Der empirische Blick in die Metropolregion Bremen-Oldenburg

*„Was kostet unsere Welt? In Wahrheit
ist sie unbezahlbar." (Idel 2010, 28)*

Die hier beschriebene Untersuchung ist im Rahmen des Teilprojekts *„Kriterien zur Regulierung von Flächennutzungskonflikten zur Sicherung der Ernährungsversorgung"* eingebettet in das Projekt nordwest2050. In einer dreistufigen Vorgehensweise, bestehend aus (1) Bestandsaufnahme, (2) Analyse der Interessenlagen und (3) Entwicklung eines Prozessmodells wird hier ein klimaangepasster Regulierungsansatz für Flächennutzungskonflikte zwischen Produktion und Bioenergie bzw. anderen Nutzungsansprüchen erarbeitet[129]. Mit Priorität auf nachhaltige und ernährungswirtschaftliche Nutzung der verfügbaren und fruchtbaren Flächen wurde die Untersuchung aus betriebswirtschaftlicher Perspektive durchgeführt[130].

---

[129] Begleitet wird dieses Vorgehen im Projekt von einer dreistufigen Veranstaltungsreihe, die als dialogorientierter Umsetzungsansatz fungiert. Die grundsätzliche Perspektive unter der aus Erhebung und Analyse der regionalen Situation Ergebnisse generiert werden sollen, ist – neben dem inhaltlichen Fokus auf Unternehmen – als Informationsansatz konzipiert, der (1) den Austausch von Wissen, Vernetzung und Partizipation zwischen Akteuren ermöglicht, (2) Dialog- und Verhandlungsräume für klimaangepasste Flächennutzung eröffnen und (3) Innovationen durch sichtbar werden konkrete Ansatzpunkte anstoßen soll. Dazu sind im Rahmen des Teilprojekts verschiedene regionale Akteure und ernährungswirtschaftliche Netzwerke als Praxis- bzw. Kooperationspartner involviert und es bestehen Kooperationen zu weiteren ähnlich gelagerten Forschungsprojekten.

[130] Das heißt, die insbesondere für die regional vernetzte Situation ebenfalls zentralen governance-orientierten Gesichtspunkte der Thematik, ebenso wie die vielfäl-

Das Augenmerk liegt für den empirischen Fokus somit auf den evolutorischen Möglichkeiten und Spielräumen von unternehmerischen Akteuren in diesem regionalen Anwendungsfeld. Das Konzept der multifunktionalen Landwirtschaft fungiert hierbei als Orientierungsrichtschnur für eine angestrebte Entwicklung. Im folgenden sechsten Kapitel werden die hier dargestellten Ergebnisse dann im Hinblick auf Defizite und Potenziale sowie beispielhafte konkrete Maßnahmen konkretisiert. Insofern hat dieses Konzept eine strukturierende Funktion für die *Verknüpfung der regionalen empirischen Ergebnisse* mit der *inhaltlichen Ausgangslage*[131].

Dieses Kapitel hat somit zwei Ebenen: Zum einen wird erläutert, wie die Empirie aufgebaut ist und wie diese im Anschluss an die bisherigen Ausführungen umgesetzt worden ist. Zum anderen werden die inhaltlichen Ergebnisse zur Flächenkonkurrenzsituation dargestellt.

Für den methodischen Zugang war hierbei die Umsetzung des evolutorischen Verständnisses vom Akteur[132] entscheidend. Die zentrale Frage bezog sich hierbei auf die Entscheidbarkeit (Erzeugung, Bestimmung und Bewertung von Kontingenzen) komplexer, dynamischer – und damit von unvollständiger Information geprägter – Situationen. Als weiteres wesentliches Merkmal der betrachteten Situationen musste zudem berücksichtigt werden, dass eine Änderung der (regionalen Landnutzungs-)Situation nur durch kollektive Prozesse unter Beteiligung vieler heterogener Akteure erreicht werden kann. Insofern ergab sich die Annahme, dass auch ein *Regulierungsansatz* – obwohl abhängig von den Fähigkeiten einzelner und gegebenenfalls bestimmter (Schlüssel-)Akteure – nur unter der gleichzeitigen Betrachtung der wirkenden Interaktionsverhält-

---

tigen Implikationen und Spezifika der politischen Regulierungen, bleiben damit nur am Rande mit einbezogen.

[131] Der ökologische und ökonomische Hintergrund wird über den koevolutorischen Ansatz integriert. Im nächsten Kapitel werden diesbezüglich die Überlegungen aus dem 3. (services providing units) und 4. (relationale settings und semantische Anschlussfähigkeit) Kapitel aufgegriffen, um die unternehmerischen Fähigkeiten einerseits und die längerfristige Ausrichtung andererseits im Hinblick auf Defizite und Potenziale in der Region auszuarbeiten.

[132] Vgl. Definition aus Kapitel 2 (Abschnitt 2.1.2: Seite 88): „An *autonomous agent* is a system situated within and part of an environment that senses that environment and acts on it, over time, in pursuit of its own agenda and so as to effect what it senses in the future." (Franklin/Graesser 1997, 26).

nisse zwischen den Akteuren erarbeitet werden kann. Ostrom (1999a) beschreibt das Verhalten von Individuen in kollektiven Wahlsituationen wie folgt:

„Individuen [gewichten] ihre erwarteten Kosten und ihren erwarteten Nutzen, wenn sie Entscheidungen treffen, da diese von inneren Normen und Diskontierungsraten beeinflusst sind. Verwendet man diesen Rationalitätsbegriff, kann man voraussagen, dass die Individuen Strategien wählen, von denen sie erwarten, dass ihr Nutzen über dem ihrer Kosten liegt. Ohne Kenntnis der Kosten und Nutzen beeinflussenden Situationsvariablen ist eine solche Voraussage leer. Diese allgemeine Konzeption des rationalen Handelns legt das Schwergewicht der Erklärung auf Situationsvariablen und nicht auf Annahmen über den inneren Kalkulationsprozess. In einer Institutionenwahl-Situation [...] *hat ein Individuum prinzipiell zwei Alternativen: (1) Es kann sich für die Beibehaltung der Status-quo-Regeln oder (2) für eine Änderung von einer oder mehrerer Status-quo-Regeln aussprechen.* [...] Ob eine Reveländerung stattfindet, hängt von dem Ausmaß der Unterstützung für eine Änderung und den verwendeten Aggregationsregeln in der Institutionenwahl-Situation ab." (Ostrom 1999a, 250f. *Hervorhebung NK*).

Weiter erläutert Ostrom, wie die Entscheidung über die Regeländerung abhängig ist von den *verfügbaren Informationen* über (i) den Nutzen (oder Verlust), über (ii) die erwarteten Kosten der Regeländerung sowie (iii) der Bewertung eigener und kollektiver Normen (ebd. 251). Es ergeben sich hieraus wiederum Angaben über das Spektrum an Optionen. Weiter schreibt sie:

„Daten hinsichtlich *Nutzen, Kosten, gemeinsamen Normen* und *Handlungsoptionen* sind *summarische Variablen*, von denen die Entscheidung eines Individuums abhängt, ob es sich für die Beibehaltung oder Änderung von Status-quo-Regeln ausspricht. Wenn die folgenden drei Bedingungen erfüllt sind, braucht man lediglich die Werte dieser summarischen Variablen zu ermitteln, um individuelle Strategien vorauszusagen: *1. Es existieren exakte summarische Maße für jede summarische Variable. 2. Die Individuen übersetzen ihre Informationen über den Nettonutzen und die Nettokosten vollständig und exakt in den erwarteten Nutzen und die erwarteten Kosten. 3. Die Individuen verhalten sich offen und ehrlich und nicht strategisch.*" (Ostrom 1999a, 251f. *Hervorhebung der Punkte 1.-3. NK*)

Laut Schellnhuber (2010a, 231; vgl. auch Allison et al. 2009) gibt es für das Klimawandel-Problem keine umfassende zuverlässige Kosten-Nutzenanalyse. Dies wirkt sich auch in der Umrechnung globaler auf lokale Gegebenheiten (und umgekehrt) aus. Abgesehen davon kann nicht erwartet werden, dass die regionalen Akteure über solches Wissen (selbst wenn es als konkrete Ergebnisse vorliegen würde) verfügen. Laut Füssel (2010) sind Anpassungsprozesse an den Klimawandel dabei noch schwieriger zu adressieren als Klimaschutzprozesse (bei denen die Umsetzung bekanntermaßen allerdings auch schon an ihre Grenzen kommt):

> „First, adaptation is highly localized and it is very hard for IAMs[133] to capture the diversity of climate impacts, adaptive capacity, and costs within diverse regions and countries. Second, adaptation involves a more diverse range of actors and actions, which complicates the representation of adaptation in highly aggregated models. Third, adaptation is more difficult to separate from current activities, and there is no common performance indicator. As a result, it is difficult to determine the costs and effectiveness of adaptation. Fourth, adaptation is often constrained by noneconomic factors, including cultural preferences and the nonoptimal use of information by agents, which complicates modeling of likely or optimal adaptation. Finally, mitigation benefits are global, and mitigation costs can be shared globally through emissions trading. In contrast, the benefits and costs of adaptation occur mainly at the local or regional level, which severely limits the usefulness of globally aggregated analysis." (Füssel 2010, 298)

Alle drei Bedingungen, die Ostrom nennt, widersprechen dem im Problemzusammenhang hier beschriebenen Aufgabenfeld. Daraus ergibt sich die Frage, wie wirksame Änderungen der Status-Quo-Regeln unter diesen Bedingungen erschlossen werden können. Bei Ostrom wird besonders auch die Wichtigkeit von Information in der Bewertung verschiedener Relevanzebenen deutlich. Es wird darüber hinaus klar, dass eine gemeinsame Ebene nur entstehen kann, wenn die Parteien in konstruktive Interaktion treten und zusammen erarbeiten, worin eigentlich Kosten und Nutzen bestehen, die für alle von Bedeutung sind, auch über die Einzelinteressen hinaus. Nur so kann ein Rahmen geschaffen werden, der erstens tragfähig genug ist, die Unsicherheiten, die wegen der Unmöglich-

---

[133] Integrated assessment models.

keit einer Kosten-Nutzen-Berechnung gegeben sind, aufzufangen und andererseits robust und flexibel genug, im gegenseitigen Einvernehmen die Verschiebungen und Erschütterungen von Veränderungen zu tragen. Wenn (i) das Verhältnis zwischen den sozio-ökonomischen und biophysikalischen, den unternehmerischen und den regionalen, den regionalen und den globalen oder den brancheninternen oder branchenübergreifenden Systemen als koevolutorisch[134] angenommen wird und (ii) gleichzeitig von einem proaktiven evolutorischen unternehmerischen Akteursbegriff ausgegangen wird, müsste die Regulierung von Konfliktlagen sich untersuchen lassen anhand *bestimmter Interaktionen im koevolutorischen Gefüge*. Die Identifikation dieser bestimmten Interaktionen wäre damit einerseits gebunden an eine entsprechende empirische Perspektive. Auf Basis der hier angenommenen konzeptionellen Grundlagen wäre sie andererseits gebunden an das Vorhandensein entsprechender Kompetenzen bei den Akteuren (die ebenfalls mit erhoben werden müssten). Dopfer (2005) formuliert drei empirische Axiome zur Begründung einer Evolutorischen Ontologie:

„Axiom 1 recognizes that all real phenomena are *physical actualizations of information*, or, equivalently, *information actualized as matter-energy*. [...] There is a necessary bimodality in the *actualization* of all real phenomena [...].
Axiom 2 recognizes existences as *relations* and *connections*. Relations are conceived to be between *ideas* (‚idea' used in an ontological, not an epistemological, sense). *Relations* constitute *information* – more precisely [...] *semantic information*. The informant agency is hence not specified as a ‚law' (a single idea) but as *informational relations*. Matter-energy entities – as ‚carriers' of information – are seen as being *connected* with each other. [...]
Axiom 3 recognizes existence as *process*. A process is conceived of as *association* or as *structure in time*. Following axiom 2, relations constitute (semantically distinct) *information*. Actualized as *process*, information represents *knowledge*. Knowledge is, hence, information self-maintained by an entity in time. Processes can be in either of two

---

[134] Vgl. die in Abschnitt 3.2.3 gegebenen Definitionen (Seite 143ff), (i) Koevolution als wechselseitige Variation, Selektion und Retention von systemischen Entitäten, (ii) Koevolution als interaktive Abhängigkeit multipler Dynamiken und (iii) Koevolution als irreversible Muster gemeinsamer Veränderung.

primitive states of *repeating* and *non-repeating* associations or structure. The endogeneity of the states presumes that processes are *self-caused or spontaneous.* " (Dopfer 2005, 17f)

Indem also Informationen die Relationen strukturieren und damit ihr (semantischer) Gehalt für Akteure im einen oder anderen Kontext diese oder jene Relevanz besitzt, können Prozesse als dynamische Vorgänge betrachtet werden. Mit der Untersuchung des konkreten Problemzusammenhangs im Verhältnis zu vorhandenen Fähigkeiten und Spielräumen ist es so eventuell trotz unvollständiger Information und kaum messbarer Dynamiken möglich, einen differenzierten Eindruck zu gewinnen über Schlüsselzusammenhänge, Potenziale und Defizite. Hieraus ergibt sich vor dem bisher dargestellten konzeptionell-theoretischen Hintergrund die Zugangsebene zur Konfliktsituation in der Metropolregion Bremen-Oldenburg. Im Folgenden wird nun der Gang der empirischen Untersuchung chronologisch dargestellt.

Zunächst ist für (1) die Bestandsaufnahme in der Zeit zwischen April 2009 und Februar 2010 eine explorative Studie zu akut bereits vorliegenden Flächennutzungskonkurrenzen und den Einflüssen, die durch den Klimawandel hinzukommen könnten, durchgeführt worden. Eines der Kernergebnisse hierbei ist, dass der Klimawandel die Konfliktlagen vermutlich verschärfen wird. Die direkten Erfahrungen mit den Stakeholdern im Rahmen des Projekts nordwest2050 zeigen, dass die aktuellen Wetterlagen der letzten beiden Jahre diesen Eindruck untermauern. Die Konfliktlagen sind dabei gekoppelt an unterschiedliche Anspruchs- bzw. Interessengruppen, zwischen und innerhalb derer hohe Heterogenität besteht. Im Anschluss an diese Bestandsaufnahme wurden deshalb (2) die Interessenlagen in weiteren Workshops, Gesprächen und intensivem Austausch mit Experten und Praxispartnern analysiert. Es konnte ein Analyseraster entwickelt werden, das die Gewichtung von Interessenlagen über den Zusammenhang zwischen Konfliktherden bzw. Konflikttypen und Akteursgefüge auf drei zentrale Problemfelder zurückführt. Im dritten Schritt (3) wurden diese vorrangigen Problemlagen in Bezug zu den im dritten Kapitel benannten Ecosystem Services und sozio-ökonomischen Bedingungen gesetzt. Wiederum wurde mit Akteuren erarbeitet, wo unternehmerische Spielräume und Potenziale für regulierende Strategien in der Region gesehen werden oder fehlen.

5.1 Bestandsaufnahme der Flächenkonfliktsituation unter Klimawandel in der Ernährungswirtschaft der Metropolregion Bremen-Oldenburg

Der erste Teil der empirischen Analyse der regionalen Flächenkonfliktsituation für die Metropolregion Bremen-Oldenburg basiert auf der im Zeitraum zwischen 04/2009 und 02/2010 erstellten Bestandsaufnahme im Rahmen des Projekts nordwest2050[135].

Die Konfliktherde in Bezug auf klimaangepasste Landnutzung in der Metropolregion Bremen-Oldenburg lassen sich anhand der Achsen *globale-regionale Referenzrahmen*; *Prioritäten von Vulnerabilität*[136] *für Klimaeinwirkungen und Interessen bezüglich der Sicherung der Ernährungsversorgung* sowie *Verhältnis und Transfer zwischen regionalen Strukturen und Schlüsselakteuren* auffächern.

Die Hochverdichtungsregion Südoldenburg[137] diente vor diesem Hintergrund als empirische Basis und Beispiel. Die hier vorliegende agrarische Intensivbewirtschaftung ist durch eine Konzentration der Veredelungswirtschaft gekennzeichnet. Agrar- und Ernährungswirtschaft bedeuten zusammen mit der Kompetenz im Bereich Biogas eine nach gängigen Maßstäben ausgezeichnete wirtschaftliche Produktivität. Damit ist Südoldenburg eine der wachstumsstärksten Regionen in Deutschland (Karlstetter/Pfriem 2010).

5.1.1 Zielsetzung und Leitfragen der Bestandsaufnahme

Die Konfliktsituation wurde im Anschluss an vorbereitende Literaturrecherche unter Berücksichtigung der folgenden Kategorisierung (vgl. Carius et al. 2007, 15) untersucht:

---

[135] Eine ausführliche Darstellung der gesamten Untersuchung kann nachgelesen werden im 4. nordwest2050-Werkstattbericht der unter der Webseite von nordwest-2050 online veröffentlicht ist (Karlstetter/Pfriem 2010).

[136] Vgl. Einleitung.

[137] Der Grünlandgürtel in Küstennähe stellt das zweite besonders unter Flächenkonkurrenz leidende Gebiet in der Metropolregion Bremen-Oldenburg dar, das vor allem seit Frühjahr 2011 im Rahmen der Zusammenarbeit mit dem Grünlandzentrum Ovelgönne mit einbezogen wird.

1. *Global – Lokal:* Was bedeutet dieses Spannungsverhältnis für die regionale Ernährungswirtschaft in kurz- bis langfristiger Perspektive?

2. Welche *Konfliktherde* sind vor dem Hintergrund von 1) für eine klimaangepasste Regulierungsstrategie (im Anschluss an die Vulnerabilität der Region) prioritär zu behandeln?

3. Mit welchem *Mitteln und Inhalten* kann ein durchlässiges Verhältnis bzw. der Transfer zwischen regionalen Strukturen und Schlüsselakteuren erreicht werden?

Aus dieser Zielorientierung für die Untersuchung ergaben sich folgende Leitfragen für die Bestandsaufnahme:

– Gibt es besonders *kritische Verhältnisse* für die Verschiebung oder Lösung von Konflikten in Bezug auf Klimaanpassung? Welche Prozesse in diesen Verhältnissen sind durch unternehmerische Akteure bestimmt?

– Wie kann der hohen *Emotionalität* der Situation sensibel Rechnung getragen werden, um Verhandlungsoptionen zu öffnen und Handlungsimpulse konstruktiv deutlich zu machen?

– Wie lassen sich *quantitative und qualitative* Daten zur Situation bestimmen und integrieren?

– Wie kann die *Unbestimmtheit*, die durch verschiedene Interessenlagen sowie Unsicherheiten im Zusammenhang mit dem Klimawandel entsteht, für nachhaltigen Umgang mit den aktuellen Konfliktlagen aufgefangen werden?

5.1.2 Methodisches Vorgehen

Auf Grund der starken Heterogenität der Akteure bei gleichzeitig hoher Komplexität der Inhalte wurde ein exploratives Vorgehen[138] gewählt (vgl. hierzu Mayring 2002; Flick et al. 2007; Atteslander 2008). *„Die Exploration bezieht sich auf eine Erkundung neuer theoretisch noch nicht oder wenig strukturierter Gegenstandsbereiche, woran sich die Hypothe-*

---

[138] Materialien hierzu finden sich im Anhang.

senbildung und -prüfung mit Hilfe standardisierter Techniken anschließt." (Günther 2009, 198). Konfliktherde, Schlüsselakteure und Ideen zu Ursachen wurden durch leitfadengestützte Experteninterviews, Arbeitstreffen, Gespräche und eine ergänzende Befragung erhoben.

Nach einem Screening möglicher Ansprechpartner und Experten in der Region sowie der Abstimmung zu thematisch ähnlichen Forschungsprojekten wurde ein *Querschnittsansatz* gewählt, um die Vielschichtigkeit des Themas abzubilden. Das heißt, es wurden Experten sowohl aus der wirtschaftlichen Praxis wie auch aus dem akademischen Umfeld angesprochen. Damit sollte erreicht werden, dass durch unterschiedliche Sichtweisen auf das Thema neue Zugangsperspektiven zur Lösung sichtbar werden. In enger Kooperation mit den nordwest2050-Praxispartnern (NaturDünger-Verwertungs GmbH und Centers of Competence e.V.) wurden auch branchenübergreifend Auswirkungen und wichtige Schnittstellen zusammengeführt. Der Fokus lag neben den maßgeblichen *Akteuren* somit auf zentralen *Themen* und *Strukturen*, anhand derer vorliegende Konfliktlagen zugeordnet werden sollten.

Nach der Kontaktaufnahme zu ersten Experten wurde zunächst mit individuell angepassten leitfadengestützten Interviews[139] gearbeitet (N= 9+3). Diese wurden unterstützt durch umfangreiche Literaturrecherche entworfen. In einem zweiten Schritt der Analyse konnte in sechs Fällen eine Befragung durchgeführt werden. Beide Erhebungsschritte wurden zum Teil mehrfach durch Rückfragen und längere Gespräche bzw. in Arbeitstreffen vor- und nachbereitet. Darüber hinaus wurde das Bild durch vertiefende Gespräche mit weiteren Schlüsselakteuren gezielt vervollständigt, so dass insgesamt für den Erhebungsprozess ca. 20 Akteure und deren erweiterter Kontext (bspw. Landwirtschaftskammer, agrar- und ernährungsforum Oldenburger Münsterland, das Kooperationsprojekt Bio-EnergieRegion Südoldenburg, ISPA Vechta, der NABU oder der Arbeitskreis-Raumstruktur der Metropolregion; vgl. Anhang) einbezogen werden konnten. Darüber hinaus fanden in der Phase der Bestandsaufnahme Workshops und Austausch im größeren Kreis (zwei Praxispartnerworkshops im Mai 2009 zusammen mit dem ganzen Team des Clusters Ernährungswirtschaft nordwest2050 sowie mehrere Koordinations-

---

[139] Die Leitfäden wurden hierbei entlang der oben angegebenen Zielsetzungen und Leitfragen strukturiert.

streffen mit dem Projekt BioenergieRegion Südoldenburg sowie der Naturdünger-Verwertungs GmbH und dem Centers of Competence e.v.) statt, deren Inhalte ebenfalls in die Erhebung einflossen. In den Fällen, in denen die Interviews aufgezeichnet werden konnten, wurden sie transkribiert. Zu den Interviews, die nicht aufgezeichnet werden konnten, wurden ausführliche Mitschriften erstellt. Die Ergebnisse der Befragungen und Gespräche wurden ebenfalls in schriftlicher Form festgehalten und aufbereitet.

Die Auswertung des schriftlichen Materials fand mit der Software MAXqda statt und orientierte sich an gängiger Literatur zur qualitativen empirischen Sozialforschung (Mayring 2002; Kuckartz 2005; Atteslander 2008; Günther 2009). Im Anschluss an die Auswertung des Materials wurde eine schriftliche Kurzfassung der Bestandsaufnahme erstellt, die in einem weiteren Workshop mit Teilnehmern der Erhebung rückgespiegelt und abgeglichen wurde. Dieser Workshop wurde aufgezeichnet und die Auswertung in den Endbericht der Bestandsaufnahme eingearbeitet.

Zweiter Programmpunkt auf diesem Workshop war die Überführung der Ergebnisse zur Bestandsaufnahme in das gemeinsam mit dem Centers of Competence e.V. entwickelte Konzept für einen Wissensmarkt im Mai 2010, der bereits die empirische Grundlage für den nächsten Schritt der Bearbeitung, die Analyse der Interessenlagen, darstellte (siehe Abschnitt 2 in diesem Kapitel).

Zusätzlich zum qualitativen Material wurden quantitative Daten (InVekos) zur Flächennutzung in der Metropolregion Bremen-Oldenburg (zuzüglich Ostfriesland) für die Einschätzung der Situation hinzugezogen. In Zusammenarbeit mit dem Institut für Biologie und Umweltwissenschaften, Universität Oldenburg wurden daraus außerdem Karten mit dem Geoinformationssystem GIS erstellt, die in Karlstetter/Pfriem 2010 abgebildet sind. Diese veranschaulichen Konzentrationen in den Nutzungsformen, lassen allerdings keine Aussagen zu Überschneidungen, der tatsächlichen Verwendung von Ertragsgütern, Besitzverhältnissen und strukturellen Konfliktlagen zu. Insbesondere geben diese Karten keine Aufschlüsse über zukünftige Entwicklungen im Zusammenhang mit Klimaanpassungsstrategien.

5.1.3 Ergebnisse

5.1.3.1 Flächenbedarfe

Flächenbedarfe in der Metropolregion Bremen-Oldenburg lassen sich laut den Aussagen der beteiligten Akteure hauptsächlich den folgenden Bereichen zuordnen: Ernährungswirtschaft, regenerative Energien, Klimaanpassung (hauptsächlich noch zukünftig), Ausgleichsflächen, Verkehrsinfrastruktur, Naturschutz, Gewerbe und Industrie, Bauland sowie Erholung/Freizeit/Tourismus.

Die Ernährungswirtschaft lässt sich weiter aufgliedern in Veredelung (Geflügel, Schwein, andere), Acker- und Grünlandnutzung, Milchviehhaltung, Gemüseproduktion. Die Landwirtschaft erfolgt konventionell und ökologisch. Anfallender Dünger, der in und über die Region hinaus nicht in beliebigen Mengen ausgebracht werden darf (rechtliche Begrenzung der Nährstoffeinträge in die Böden), stellt die Outputseite der Flächenbedarfssituation dar.

Die größten genannten Kategorien im Ackerbau sind der Anbau von Mais, und zwar Mais zu Futter- und Biogaszwecken, Sonderkulturen (bspw. Erdbeeren, Himbeeren), Gemüse und Kartoffeln. Ökologischer Landbau ist zwar auch vorhanden und wächst im Marktanteil, hat aber noch eher marginale Bedeutung. Die Maisproduktion für Biogas kann durch Nutzungsnachweise nicht exakt von der Maisproduktion für die Mast getrennt werden, da die letztendliche Verwendung der Ernte kurzfristig nach aktuell geltenden Preisen entschieden wird.

5.1.3.2 Konflikte

Hauptauslöser für die regionalen Konflikte ist die rapide Zunahme von Biogasanlagen[140].

---

[140] Es handelt sich hierbei hauptsächlich um NaWaRo-Anlagen. In NaWaRo-Anlagen kommen Energiepflanzen zum Einsatz, bislang wurde darauf der sogenannte NaWaRo-Bonus durch das EEG gewährt. Dieser wird in der Neufassung des EEG (in Kraft ab 1.1.2012) ebenso wie die Gülle- und Landschaftspflege-Boni durch drei Einsatzstoffklassen ersetzt. Darüber hinaus ist der Einsatz von Mais und Getreidekorn zukünftig auf 60% limitiert (Da aber viele Biogasanlagen zurzeit unter Verwendung von 30% Gülle produzieren, bedeutet dies faktisch in vielen

Land Bezirk	EMZ	LF	davon Ackerland	Maisanbau (insgesamt)							Biogasanlagen			
		2007	2007	2007	2007	2007	2010**	2010**	2010**	2010**	2008***	2008***	2011***P	2011***P
					Anteil an	Anteil an		Anteil an		Veränder-ung	An-lagen	inst. e-Leistung	An-lagen	inst. e-Leistung
		ha	ha	ha	LF	Acker-land	ha	LF	Acker-land		Stück	kW	Stück	kW
					%	%		%	%	%				
Niedersachsen	43	2.618.466	1.864.964	327.327	12,5	17,6	545.596	20,8	29,3	8,3 / 11,7	707	365.330	1.333	640.039
Braunschweig	56	388.920	337.974	7.554	1,9	2,2	27.726	7,1	8,2	5,2 / 6,0	68	37.195	116	63.860
Hannover	50	497.626	420.794	29.605	5,9	7,0	63.581	12,6	15,1	6,8 / 8,1	125	58.212	198	93.719
Lüneburg	37	808.082	509.191	87.716	10,9	17,2	176.823	21,9	34,7	11,0 / 17,5	240	124.809	465	230.919
Weser-Ems	39	923.838	597.005	202.452	21,9	33,9	277.466	30,0	46,5	8,1 / 12,6	274	145.114	554	251.538

Abb. 5.1: Entwicklung Maisanbau und Biogasanlagen.
Quelle: Schütte (2011).

Die Maisanbaufläche liegt aktuell bei ca. 1/3 der Ackerfläche und etwa 1/4 der gesamten Landfläche Niedersachsens (Schütte 2011(web)). Zahlen besagen, „dass der Maisanbau seit 2003 landesweit um annähernd 220.000 ha auf rd. 546.000 ha ausgeweitet worden ist. Dadurch hat sich der Maisanteil an der LF um 8,3 % auf nunmehr 20,8 % erhöht und am Ackerland um 11,7 % auf 29,3 %. Diese Zunahme ist beim Silomais eingetreten und geht weitgehend auf den Flächenbedarf für die Biogaserzeugung zurück. Denn der Rindviehbestand ist von 1999 bis 2007 um rd. 350.000 Tiere gesunken und stagniert seither bei 2,5 Mio. Tieren. Und auch beim Körnermaisanbau ist – von einem vorübergehenden leichten Anstieg in 2008 abgesehen – in keiner Region eine Zunahme zu verzeichnen. Er stagniert bei etwas über 90.000 ha und ist am gesamten Maisanbau von zurzeit 546.000 ha nur mit gut 16 % beteiligt." (Schütte 2011, 1; vgl. auch Behm 2011).

Fällen nur eine Reduktion um 10%). Alternative Energiepflanzen sind in der Novelle in die Förderung aufgenommen. Die Förderung kleinerer Anlagen ist Großanlagen gegenüber zukünftig ähnlicher (3N Newsletter, Oktober 2011; Pressemitteilung Netzwerk Lebensraum Brache, 16.08.2011).

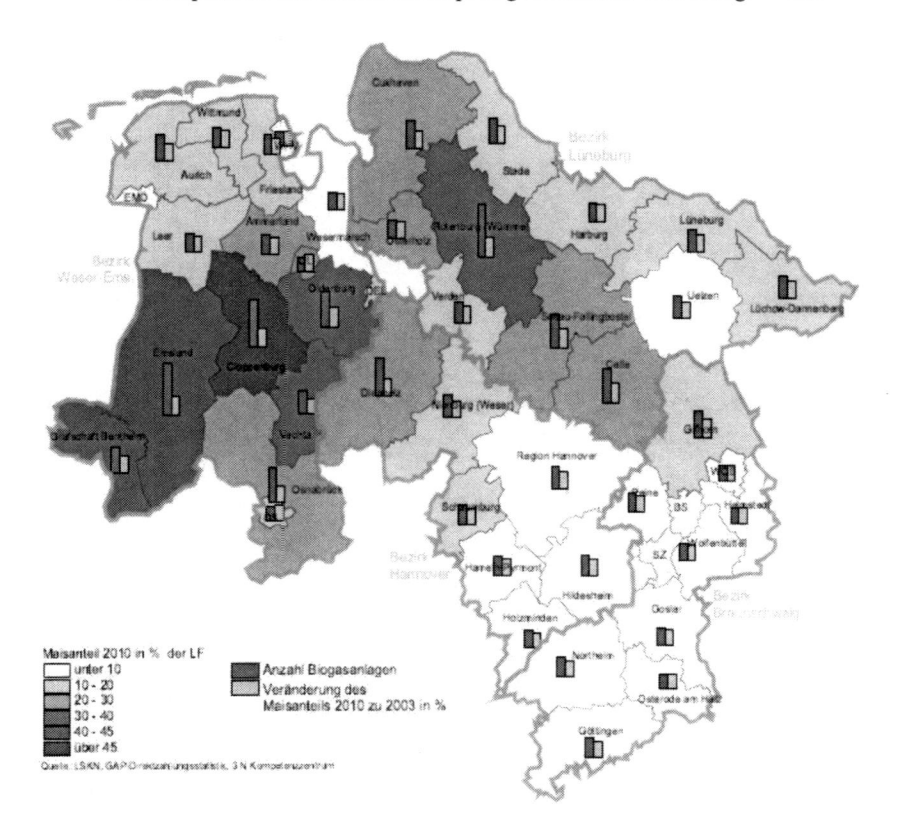

Abb. 5.2: *Maisanbau folgt dem Zubau an Biogasanlagen.*
Quelle: Schütte (2011).

Konflikte entstehen durch Auswirkungen des Biogasbooms auf die Pachtpreise (Preise von 800€/ha bis zu 1500€/ha keine Seltenheit). Durch die staatlichen Subventionierungen für die Biogasproduktion wird bspw. die Bullenmast schnell unrentabel. Auch die Schweinemast und andere Produktionsrichtungen können mittelfristig gefährdet sein. Die Entwicklung des Bedarfs an Energiepflanzen hat sich auf die Fruchtfolge ausgewirkt. Rinderbestand und Grünlandfläche sind deutlich zurückgegangen.

„Dadurch und durch den zwischenzeitlich erfolgten Wegfall der Stilllegungsverpflichtung war es möglich, den Maisanbau um den durch das EEG ausgelösten Substratbedarf für Biogasanlagen auszudehnen. Außerdem hat der Anbau sonstiger Energiepflanzen zugenommen und ganz neu ist, dass zunehmend Grünroggen zum Anbau kommt, der zwischen Hauptfrüchten wie Getreide und Mais als zusätzliche, aber statistisch unerfasste Frucht steht, die im Spätsommer gesät und bereits im Frühjahr zur Versorgung von Biogasanlagen geerntet wird." (Schütte 2009, 1) Da Rest- und Abfallstoffe wie Gülle, Mist und Gärreste wegen ihrer Nährstoffgehalte nur in begrenzter Menge auf landwirtschaftliche Flächen ausgebracht werden können, ist der Konflikt der konventionellen Landwirtschaft (Primärproduktion und Veredelungswirtschaft) mit regionaler Biogasproduktion eng gekoppelt[141]. Eine sogenannte 500 KW-Anlage produziert zwischen 12000 m^3 und 15000 m^3 Gärreste pro Jahr. Diese weisen teilweise ähnlich hohe Inhaltsstoffe wie die Schweinegülle auf (aus Zwischenbericht des Praxispartners Naturdünger Verwertungs-GmbH (NDV)). Sonderkulturen können finanziell bislang besser mit dieser Entwicklung mithalten (vgl. auch WBA 2007).

Konflikte entstehen außerdem durch unzureichende Interessenvermittlung und/oder schlechte strategische Entwicklung bzw. Planbarkeit. Die Vorgabe staatlicher Leitplanken scheint an dieser Stelle dann hilfreich, wenn sie der Situation vor Ort entsprechend umgesetzt werden können, was als ‚oft nicht der Fall' angegeben wurde. Am Erneuerbare Energien Gesetz ist scharfe Kritik geäußert worden. Umgekehrt ist es besonders das Wissen und die Erfahrung der Akteure vor Ort, die diese Branche bestimmen. Auch hier entstehen Konflikte z. B. durch unterschiedliche Wissenshorizonte und unterschiedliche Bewertungen bzw. Priorisierungen.

Einer der prominentesten Indikatoren für Flächenprioritäten einerseits und für die Kapitalkraft der Akteure andererseits ist das durch die Biogassubventionierung veränderte Pachtpreisniveau (vgl. Theuvsen et al. 2010). Jedenfalls wird dies unter den Akteuren in der Region stark so wahrgenommen. Hieraus ergibt sich insbesondere eine Abhängigkeit der Konfliktlagen zur Betriebsgrößenstruktur im Wirtschaftscluster, das von

---

[141] „Erschwerend hinzu kommt, dass mittlerweile ein Großteil der hochwertigen Wirtschaftsdünger wie Hähnchenmist, Putenmist und Hühnertrockenkot (hohe Transportwürdigkeit, hohe Nährstoffdichte) als Inputstoffe in Biogasanlagen landen und damit das Nährstoffüberschussproblem weiter verschärfen, da die entstehenden flüssigen Gärreste, auch aus finanzieller Sicht, nur im Nahbereich ausgebracht werden können." (Zitat aus Material von Praxispartner NDV 2010).

wenigen (sehr) großen Akteuren dominiert wird. Die oben schon angedeutete Überschneidung zwischen Maisanbau für Mast und Maisanbau für Biogas spiegelt sich hier wider. Das maßgebliche Argument für Anbaustrategien und damit für die regionale Entwicklung ist wirtschaftliches Interesse. Es befinden sich alle Flächen in Nutzung. Eine Nutzungsänderung kann deshalb nur durch Verschiebung und/oder Integration von Nutzungsformen erreicht werden. Damit stellt sich die Frage, wie in der regionalen Entwicklung sowohl die eigene Existenz und ein gewisser Wohlstand gewährleistet als auch die zentrale und damit ebenso existenzielle Rolle von z. B. Biodiversität, Wasserverfügbarkeit und qualitativ hochwertiger Ernährung sichergestellt werden kann. Unter der Perspektive auf die Landschaftsfunktionen sind Konflikte zum Ausbau des Energiepflanzenanbaus inhaltlich anders gelagert:

"Aus Naturschutzsicht ist besonders relevant, welche Auswirkungen die Substratproduktion auf die Funktionen des Naturhaushaltes hat. Dabei ist davon auszugehen, dass der Energiepflanzenanbau, wie jede landwirtschaftliche Nutzung, Auswirkungen auf alle Funktionen haben wird (Wiehe/Rode 2007). Sowohl das Wasserdargebot (Menge und Qualität), die Gebietsretention als auch die natürliche Ertragsfunktion, mit bestimmt durch Bodenerosion und Bodenverdichtung, werden von Energiepflanzen beeinflusst. Das Ausmaß ist je nach Ackerfrucht, Anbauverfahren und Standorteigenschaften äußerst unterschiedlich. […] Die größte methodische Herausforderung besteht derzeit in der Bewertung der Auswirkungen des Energiepflanzenanbaus auf das Landschaftsbild (Erholungsfunktion) und die Arten- und Lebensraumvielfalt (Biotopfunktion), da hierfür keine Bewertungsmethoden in der Literatur verfügbar sind." (Wiehe et al. 2009, 107f).

Hinsichtlich dieser Bewertung gibt es in der Region erwartungsgemäß sehr unterschiedliche Ansichten. Inzwischen scheint es so zu sein, dass Bürgerinitiativen in der Region sich professionalisiert haben und ein Umschwung in der öffentlichen Meinung bspw. gegen zusätzliche Biogasanlagen und (weitere) große Mastanlagen stattfindet (laut Aussagen regionaler Experten).

5.1.3.3 Klimawandel

Bereits vorhandene Betroffenheit durch den Klimawandel wurde unterschiedlich eingeschätzt. Erwartet wird aber, dass der Klimawandel in Zukunft stärkere Bedeutung bekommen wird, auch wenn die Wahrnehmung dieser Dinge noch nicht besonders relevant für Entscheidungen zu sein scheint. Relativ einhellig wird angenommen, dass der Klimawandel beachtet werden müsste und insbesondere die Flächenproblematik erheblich verschärfen könnte.

Klimaanpassungsstrategien werden z. B. in Bildung und vermehrter offener bzw. offensiver Kommunikation gesehen. Hauptmerkmal war das Verhältnis zwischen staatlichen Verordnungen und eigenverantwortlichem kompetentem Handeln der Akteure. Hier wurden einerseits Zertifikate (vgl. Ostertag et al. 2009) oder Berater vorgeschlagen, andererseits das Erfahrungswissen in der Landbaubranche betont.

Außerdem gelte es, alternative Biogassysteme (etwa Kaskadennutzung, alternative Energiepflanzen oder effizientere Anlagentechnologien) zu entwickeln. Betont wurde mehrfach, dass Regulierungen frühzeitig angesetzt werden müssen, damit sie greifen. Neben der Ressourcenschonung in der Ernährungswirtschaft wurde auch die Bedeutung von Schnittstellen zur Energiebranche oder zum Tourismus als wichtig eingeschätzt. Nicht genannt wurde die Perspektive langfristiger und globaler Ernährungssicherheit unter Klimawandel bspw. in Zusammenhang mit Einschränkung des Fleischkonsums als Klimaanpassungsstrategie auch und vor allem für einen anderen Umgang mit fruchtbarem Boden. Allerdings kann hier ergänzt werden, dass die Aufmerksamkeit, die diesen Themen entgegengebracht wird, seit der Durchführung der Bestandsaufnahme bis zum jetzigen Zeitpunkt (gut zwei Jahre später) dem Eindruck der Autorin nach in der Region zugenommen hat.

5.1.3.4 Verschärfung durch den Klimawandel

Der Verlust von *Biodiversität* stellt neben der Entwicklung der *Weltbevölkerung*, dem *Klimawandel* und der *Ressourcenknappheit* eine vierte nicht zu unterschätzende Problematik dar. Diese hängt zusammen mit den Auswirkungen intensiver Industrialisierung und von Monokultur (vgl. Mose et al. 2007, Thrän/Rode et al. 2009, Schmelter 2009, Wiehe et al. 2009). Durch die Verbreitung der Biogasanlagen haben sich die gewachsenen Strukturen in den Regionen in Richtung einer weiteren Abnahme der Diversität in der Flächennutzung der Region verschoben (Mose et al. 2007). Damit stehen Formen des Wirtschaftens, die zu Monokultur und Intensivierung in den Branchen führen (R&R 2009) in Frage. Sie reduzieren einerseits für Wildpflanzen und Wildtiere wichtigen Raum, andererseits wächst durch sie die Gefährdung von Nutztieren und Nutzpflanzen in Bezug auf Schädlinge und Krankheiten. Zusätzlicher Stress durch klimatische Veränderungen kann die Situation verschlimmern. Aus unternehmenstheoretischer Perspektive kann außerdem angenommen werden, dass die Fähigkeit, individuell und schnell zu reagieren und zu agieren in turbulenten Umgebungen, die von hoher Unsicherheit geprägt sind, von hochspezialisierten Unternehmen eher nicht erwartet werden kann. Es sei denn, diese sind zu hoher Innovationsdichte und einem flexiblen Unternehmensmanagement fähig, das sich einem ständigem Monitoring unterzieht (Rainey 2006; Fichter et al. 2010).

Die Komponente des Klimawandels wirkt sich demnach auf die gegenwärtige Situation in der Metropolregion Bremen-Oldenburg zunächst wie folgt aus:

a) Verschärft der Klimawandel dort den Flächendruck, wo zusätzliche Flächen für Anpassungsmaßnahmen beansprucht werden (wobei hier allerdings aktuell noch wenig Handlungsrelevanz besteht (vgl. Schuchardt et al. 2011).

b) Verschärft der Klimawandel insofern Flächenkonflikte, als er mit erheblichen Unsicherheiten und Wandel auch im ökonomischen Gefüge verbunden sein könnte, die zunehmend direkt, das heißt vor Ort gelöst werden müssten. Vor allem, wenn es sich um abrupte Veränderungen handelt, sind zudem schnelle Lösungen gefragt (vgl. Akamp/Schattke 2011; Mesterharm 2011 oder Schuchardt et al. 2011).

c) Verschärft der Klimawandel die Flächenkonkurrenz, indem direkte und indirekte Auswirkungen hinsichtlich der Landnutzungsform und einer Reaktion auf klimatische Veränderungen sich überlagern, wie z.B. im Fall der Grundwasserproblematik (siehe weiter unten).

Zusammen mit der regionalspezifischen Situation bedeutet der Klimawandel eine zusätzliche Drucksituation, die mit den vorhandenen Instrumenten eventuell nicht ausreichend bewältigt werden kann (Schuchardt et al. 2011).

Ressourcenverknappung und ein durch den Klimawandel verändertes Angebot an Ressourcen gehen einher mit sich verschärfendem Flächendruck. Hierbei muss beachtet werden, dass die vorhandene Fläche bereits ausgeschöpft ist, d.h. zusätzlichen Spielraum gibt es kaum. Insbesondere wurde die Problematik der Wasserversorgung (Grundwasser und verändertes Niederschlagsverhalten) als Betroffenheit genannt[142]. Eine weitere Verschärfung der Flächennutzungskonflikte wurde in der Gefahr möglicherweise einwandernder Schädlinge gesehen, wovon besonders Monokulturen schwer betroffen sein könnten[143]. In bezug auf neue Technologien ist auf Unsicherheit von Innovationen hingewiesen worden und zwar insbesondere im Zusammenhang mit der hohen Bedeutung von Tradition und Erfahrungswerten in der Land- und Ernährungswirtschaft.

Die Situation in der Metropolregion kann wie folgt charakterisiert werden:
- Flächenkonflikte sind bereits vorhanden, haben sich durch das EEG z.T. massiv verschärft („Vermaisung").

---

[142] „Die sogenannte vorsommerliche Trockenheit ist in den letzten Jahren zu einem ernstzunehmenden Problem geworden. Da die Düngung der Kulturen überwiegend im zeitigen Frühjahr erfolgt und sich an den Ertragserwartungen orientiert, kann es vorkommen, dass die verabreichten Nährstoffmengen aufgrund von Mindererträgen, verursacht durch eintretende Trockenphasen, nicht voll genutzt werden können und bei später einsetzenden Regenperioden in tiefere Bodenschichten verlagert werden und zu Belastungen des Grundwassers führen. Dieses Phänomen wird noch verstärkt, wenn Sonderkulturen (z.B. Gemüse, Erdbeeren, Kartoffeln, etc.) großflächig beregnet werden und die dafür benötigten Bohrbrunnen sogenannte Senkungstrichter verursachen, die den Nachbarflächen noch mehr Wasser entziehen. Die Struktur der regionalen Wertschöpfungsketten wird also nicht nur beeinflusst durch Flächenkonkurrenzen, sondern auch durch die Verfügbarkeit und die Qualität von Wasser." (Zitat aus Material von Praxispartner NDV 2010).

[143] Bspw. sind die Vorkommen des Maiswurzelbohrers 2011 sprunghaft gestiegen. Dies ist ein Schädling, der mit wärmeren Temperaturen wandert, durch Transportwege eingeschleppt wird und große Schäden im Maisanbau verursachen kann (BioSicherheit 2011).

Der empirische Blick in die Metropolregion Bremen-Oldenburg 215

- Der Umgang mit Grünland bleibt trotz Grünlandumbruchverbots seit 10.10.2009 problematisch, da weiter umgebrochen wird (vgl. Behm 2011).
- Eine Verschärfung dieser Konflikte durch den Klimawandel ist auf Grund direkter und indirekter Wechselwirkungen im regionalen und überregionalen, brancheninternen sowie branchenübergreifenden Zusammenhang zu erwarten.
- Die ökonomische Situation der Landwirte (Pachtpreisentwicklung maßgeblicher Faktor) und deren Eigentumsrechte stehen (ineffektiven) raumplanerischen Werkzeugen entgegen.
- Die Flächennutzungsproblematik betrifft Akteure, Themen und Strukturen massiv ebenen- und skalenübergreifend.
- Zu Flächenkonflikten werden zunehmend wahrscheinlich Ressourcenkonflikte hinzukommen (Bsp. Grundwasserknappheit bei vorsommerlicher Trockenheit).
- Die regionale Interdependenz mit den Weltmärkten nimmt weiter zu.
- Strategische Umsetzung der Integration von globaler Ernährungssicherheit, ökologischer Nachhaltigkeit und Sicherung von Biodiversität in der Antwort auf Klimawandel ist offen.
- Allmählicher Umschwung in der öffentlichen Meinung hin zur Ablehnung zusätzlicher Großställe und weiterer Biogasanlagen.

5.1.3.5 Akteure

Letztendlich sind alle Akteure der Region, die über fruchtbare Flächen verfügen, von der Problematik betroffen. Besonders in Konflikten befinden sich neben Einzelpersonen, die (meist aus finanziellen Gründen) Nutzungsänderungen vornehmen oder Land veräußern (müssen), vor allem (wirtschaftliche) Pioniere (bspw. im Ökolandbau, Tourismus oder im Umweltschutz) und ernährungswirtschaftliche Netzwerke, in denen verschiedene Interessen abgeglichen oder besonders stark vertreten werden sollen. Ebenfalls können Raumplanung/Raumordnung, Wirtschaftsförderung und NGOs als Akteure für proaktive Regionalentwicklung angesehen werden. Eine wichtige Rolle für Konfliktlösungspotenziale spielen „Querschnittsakteure", die in verschiedenen Kontexten aktiv eingebunden sind, indem sie multiple Blickwinkel verbinden (vgl. Burgelman/ Grove 2007b).

Betroffen durch klimawandelbedingte Veränderungen sind Akteure besonders da, wo nicht flexibel reagiert wird. Fehlende Flexibilität hängt neben dem Willen zum offenen Austausch auch mit der Verfügbarkeit von Wissen zusammen. Die finanzielle Dimension im Zusammenhang mit der Betriebs(größen)struktur spielt eine wesentliche Rolle. Tatsächliche Möglichkeiten und innovative Ideen müssen frühzeitig zusammengeführt und aufgegriffen werden können, um Sensitivität rechtzeitig zu reduzieren. Damit steht die Anpassungskapazität in enger Verbindung zu transformativ funktionierender Kommunikation. Darüber hinaus ist es aber vor allem eine effektive Umsetzung, die Vorreiter auf diesem Gebiet auszeichnet (vgl. Günther 2008; Kappas 2009).

5.1.3.6 Strukturen

Schwerfällige Gesetzgebungsmechanismen zusammen mit schleichenden Kommunikationsdefiziten, die zur Hemmung eines vorurteilsfreien und gut vernetzten Austausches führen, bedeuten Vulnerabilität. Damit bleiben Akteure, die frühzeitig wesentliche Beiträge leisten könnten, voneinander getrennt. Inhalte können nicht bearbeitet werden. Ernstzunehmende Sensitivität entsteht dann, wenn durch den Klimawandel tiefergreifende Anpassungsprozesse notwendig werden, die eine Vielzahl an Akteuren betreffen, deshalb also gemeinsames Handeln erfordert, ohne dass der dazu notwendige Austausch möglich ist. Die Anpassungskapazität ließe sich entsprechend erhöhen, wenn Informationsvermittlung zwischen Akteuren und im Hinblick auf inhaltlich relevante Information verbessert wird. Allerdings setzt dies voraus, dass auch konfliktive Interessen konstruktiv verhandelt werden können.

5.1.3.7 Wege und Inhalte

Für die Bestimmung von Handlungsoptionen ist zunächst die Schnittstelle zwischen dem Vermögen von Akteuren und dem Vermögen staatlicher Regulierungssysteme angesprochen. Es wird damit auch deutlich, weshalb Querschnittsakteure einen großen Stellenwert haben (vgl. Burgelman/Grove 2007b). Solche quer gelagerten Funktionalitäten können durch Unternehmen wie die NaturDünger-Verwertungs GmbH repräsentiert sein, die einen guten Überblick über die Akteurs- und bürokratische Landschaft der Region haben. In ähnlicher Weise haben auch Raumordnungsverfahren eine Querschnittsfunktion, vorausgesetzt es bestehen die nötigen Ressourcen zur Bearbeitung und Umsetzung des Themas. Wissenschaftliche Projektzugänge können unter der Bedingung, dass die Ergebnisse in die Region zurückfließen, ebenfalls solche quer gelagerten Funktionen erfüllen. Vor dem Hintergrund, dass die landwirtschaftliche Branchenstruktur raumplanerischen Interventionen eher kritisch gegenübersteht, wäre ein direkterer Wissenstransfer zwischen den unternehmerischen Akteuren essentiell. Dem entspricht die Kritik, die an der massiven Zunahme der Bürokratie in den letzten 15 Jahren geäußert worden ist. Neben verschiedenen agrarischen Bewirtschaftungsformen (bspw. Milchviehhaltung, Futtermittelanbau oder Biogas) ist bspw. die starke Verzahnung der Wertschöpfungsketten im Oldenburger Münsterland von unmittelbarer Bedeutung für die Flexibilität, mit der auf Konflikte reagiert werden kann. Ein nachhaltiges Wassermanagement, branchenspezifische Prozesse, wie die Tendenz zu Clusterbildung in der Land- und Ernährungswirtschaft, und der hohe Stellenwert von Erfahrungswerten sind hier mehrfach als besonders wichtige Faktoren genannt worden. Damit Akteure Pionierfunktion übernehmen können, müssen sie zunächst selbst als Pioniere Fuß gefasst haben. Die Verkopplung ernährungswirtschaftlicher Fragestellungen hinsichtlich der Flächenkonfliktproblematik mit proaktiver regionaler Identität in anderen Branchen wie z. B. im Tourismus könnte hier unterstützend und fördernd für neue Strategien sein.

5.1.4 Zusammenfassende Einschätzung der regionalen Situation

Zusammenfassend lässt sich sagen, dass die Abhängigkeit von Weltmärkten (z.B. Futtermittelimporte) sich unter Klimawandel auf den regionalen Rahmen als indirekter Faktor stark auswirken kann (vgl. Akamp/Schattke 2011). Ebenso kann der Verlust von Biodiversität unter Klimawandel eine wichtige Rolle spielen (vgl. Mooney et al. 2009). Geringe Biodiversität erhöht beispielsweise die Gefährdung von hochindustrialisierten Standorten und Monokulturen durch möglicherweise einwandernde Schädlinge. Ressourcenknappheit (z. B. Wasser) als grundsätzliches Problem, das der Klimawandel verschärft, steht einer erhöhten Wasserbelastung durch den Anbau von (Energie-)Mais gegenüber (z.B. Nitrateinträge ins Grundwasser). Extensives Wirtschaften im ökologischen Landbau müsste wegen geringerer Hektarerträge für die langfristige Ernährungssicherheit unter Klimawandel mit erheblichen Veränderungen im Konsumentenverhalten und der stärkeren ökonomischen Wertschätzung ökologischer Produkte gekoppelt sein (vgl. Erb et al. 2009). Demgegenüber wären diese Anbaustrategien für die Intaktheit der bio-physikalischen Grundlage (vgl. McIntyre 2009; Idel 2010) sicher von erheblichem Vorteil. Hier gibt es Überschneidungen zu der ebenfalls hochbrisanten Thematik um das Stichwort ‚Tierwohl' und Intensivtierhaltung. Da für die Ernährungswirtschaft der Klimawandel insbesondere auch im Hinblick auf die Sicherung der Ernährungsversorgung eine maßgebliche Thematik sein wird, muss als Klimaanpassungsaufgabe unter Umständen die *Neuausrichtung der gesamten konventionellen Wertschöpfungskette* einkalkuliert werden. Hierbei sind sowohl die Abhängigkeit regionaler Märkte von den Weltmärkten, negative Auswirkungen intensiver Anbaumethoden auf die Bodenqualität in Nutzungskonkurrenz zur Produktion erneuerbarer Energien und zum Umweltschutz zu beachten. Letzterer spielt wiederum als zentraler Baustein zur Erhaltung der Biodiversität eine wichtige Rolle. Biodiversität gewinnt unter Klimawandel erst recht an funktionaler Bedeutung für die ökosystemare Situation und damit die Ressourcengrundlage der Land- und Ernährungswirtschaft.

Multifunktionale und klimaangepasste Umstrukturierungen regionaler ernährungswirtschaftlicher Wertschöpfungscluster sind für die unternehmerischen Akteure aus dieser Perspektive nur in enger Verzahnung mit einer veränderten konsumentenseitigen Nachfrage sowie verbesserten Absatzmärkten für Produkte, die unter langfristiger Perspektive hergestellt werden, machbar. Die ungebrochen hohe Zersiedelung stellt einen weiteren Aspekt dar, der zwar nicht durch den Klimawandel verursacht ist, dennoch aber bedeutet, dass die vorhandene landwirtschaftlich genutzte Fläche abnimmt und damit die hier vorhandene klimabedingte Betroffenheit zusätzlich unter Druck gerät. Indem Emissionen, die unter anderem aus mit der Zersiedelung gekoppelten Wirtschafts- und Lebensformen resultieren, den Klimawandel (mit)verursachen, würde eine konsequente Klimaanpassungsstrategie für den Umgang mit Fläche also auch hier bedeuten, dass Prioritäten grundsätzlich anders gelagert werden müssten.

5.1.4.1 *Bezug zum Konzept der Vulnerabilität*

Die Situation birgt Konfliktpotenzial, das sich regional, aber auch national und international in drastischen Verwerfungen auswirken könnte. Demnach ist eine Region, die unter Konflikten leidet, a priori bereits vulnerabel. Eine Verschärfung der Konflikte dramatisiert die Vulnerabilität zusätzlich zu allen anderen „inhaltlichen" Vulnerabilitäten (vgl. Schuchardt et al. 2011). In diesem Sinne können Regionen, die es schaffen, mit Konflikten sorgsam umzugehen, als Spitzenreiter in Sachen nachhaltiger Zukunftsfähigkeit angesehen werden (vgl. WBGU 2008; Bommert 2009; Hirn 2009; Sachs 2009; WBGU 2011). Dies bezieht sich sowohl auf schleichende als auch auf abrupte Veränderungen, die mit dem Klimawandel einhergehen können. Da Konfliktregulierung hier die Integration von Interessen, Funktionen und Kontexten bedeutet, kann angenommen werden, dass damit eine Flexibilisierung der (kommunikativen) Strukturen einhergehen müsste. Diese ist ebenfalls für die Vereinbarung unterschiedlicher Zeithorizonte vonnöten, wie etwa im rechtzeitigen Reagieren auf schleichende oder abrupte Veränderungen. In diesem Zusammenhang kann aus den Ergebnissen der Bestandsaufnahme zum Beispiel geschlussfolgert werden, dass die Schnittstelle zwischen Raumplanung, Wirtschaftsförderung oder NGOs enger mit Praxisnetzwerken und Unternehmen der Ernährungswirtschaft gekoppelt werden müsste, um die für multifunktionale Lösungen erforderliche Flexibilität zu erreichen.

Form und Ausmaß der Landnutzung stellen einen wesentlichen Beitrag zur Erhaltung von Ecosystem Services dar. Die Land- und Ernährungswirtschaft befindet sich demnach an einer essentiellen Schlüsselstelle zwischen *ökonomisch und eigentumsrechtlich existenziellen Bedingungen* einerseits und der Wertschöpfung durch *natürliche Ressourcen* andererseits. Eine Reduzierung der Vulnerabilität bedürfte der Vermittlung zwischen diesen beiden existenziellen Ebenen, die durch den Klimawandel unter einem bisher nie da gewesenen Einigungsdruck stehen. Das heißt, dass die *Betroffenheit* durch den Klimawandel für die Landnutzungssituation erstens aus der Perspektive der Ökosysteme (Rounsevell et al. 2005), zweitens aus der Perspektive ernährungswirtschaftlicher Wettbewerbsfähigkeit und drittens aus der Perspektive raumplanerischer Versorgungs- und Ausfallsicherheit im Zuge von Störungen durch den Klimawandel betrachtet werden muss. (Olesen/Bindi 2002). Wissenschaftliche Untersuchungen zu optimalen Klimaanpassungsstrategien kommen zu recht unterschiedlichen Ergebnissen, je nachdem für welche Zielsetzung Zukunftsszenarien gebildet werden (Mooney et al. 2009, Kallis/Norgaard 2010, Ekardt/Bredow 2011; Berkhout et al. 2006; Kumar 2010). So ist etwa die Frage nach Vulnerabilität von Ökosystemen eine andere als die nach Vulnerabilität durch den Klimawandel. Ebenso macht es einen enormen Unterschied, ob nach der Vulnerabilität von Arten oder von Wertschöpfungskettenstrukturen gefragt wird. Die Land- und Ernährungswirtschaft hat große Verantwortung für die Biodiversität einer Landschaft, damit für die Umweltqualität der Region und letztendlich damit für die Anpassungskapazität auf Ebene der natürlichen und ökonomischen Bedingungen. Wenn Flexibilität entscheidend mit dem Vorhandensein von Heterogenität im Sinne von Puffern und alternativen Optionen verbunden ist, besteht die *Sensitivität* der Region im Verlust von Diversität bei gleichzeitig starren oder schlecht vernetzten Kommunikationsstrukturen. Die durch den Klimawandel erhöhte Dynamik in strategischer wirtschaftlicher Hinsicht kann Konfliktpotenziale, in denen keine Ausweichmöglichkeiten in Maßnahmen oder Interaktionen bestehen, also enorm verschärfen. Hierbei kann sowohl der Verlust ökonomischer wie der Verlust ökosystemarer Diversität von Bedeutung sein. Als maßgeblicher Faktor für die *Anpassungskapazität* kann deshalb ein offener und themenbezogener Austausch über die jeweils akut werdenden Prozesse und Beziehungszusammenhänge (*Relationen*) gesehen werden. In der Region ist dieser Informationsaustausch nur unzureichend vorhanden. Er ist zudem abhängig von *relevanter* Information. Die Ergebnisse aus der Exploration haben gezeigt, dass Information zu Flächennutzungskonflikten *schwer zugänglich*, *verstreut* (*cross-level* und *cross-scale*), *analytisch divers*, im Hinblick auf Zukunft und Zukunftsfähigkeit *mit Unsicherheiten verbunden* (Klimaanpassung und Nachhaltigkeit) und *interessen- bzw. interpretationsgebunden* ist. Daraus ergibt sich, dass Anpassungskapazitäten dann zusätzlich geschwächt werden, wenn einerseits vorhandene Konflikte ohnehin schwer greifbar sind und andererseits die gegebene Situation wegen geringer Flexibilität anfällig ist für negative Auswirkungen durch Veränderungen.

5.1.4.2 Lösungsansätze

Maßgeblich wird immer wieder differenzierte und vorausschauende politische Intervention gefordert (vgl. Rounsevell et al. 2005; Berrya et al. 2006). Diese ist abhängig von einer direkten Kommunikation in die praktische Handlungsebene. Seitens der Landwirtschaftskammer sind Landwirte dazu angehalten, den „Leitlinien der ordnungsgemäßen Landwirtschaft" entsprechend zu wirtschaften.

Leitbild der nachhaltigen Landwirtschaft

Ausgewogene Berücksichtigung ökonomischer, ökologischer und sozialer Ziele
- Ökonomie: Rentabilität – Einkommenssicherung – Wettbewerbsfähigkeit
- Ökologie: Natürliche Grundlagen – nachwachsende Rohstoffe – geschlossene Kreisläufe – Biotopschutz – Umweltschutz
- Soziales: Ernährungssicherung – Verbraucherschutz – Verbraucherpreise – Kulturlandschaft – ländlicher Raum – Arbeitsplatzerhalt

Ordnungsgemäße Landwirtschaft

Regeln der guten fachlichen Praxis				Dienstleistungen der Landwirtschaft	
Integrierter Landbau	Tiergerechte Nutztierhaltung	Ökologischer Landbau		mit ökologischen Zielsetzungen	mit wirtschaftlichen Zielsetzungen
• Bodenbearbeitung • Pflanzenbau • Düngung • Feldbegrenzung • Pflanzenschutz	• Tierhaltung • Tierernährung • Tiergesundheit • Tierschutz	Vorgaben der EU- und der AGÖL-Verbände	GESTALTUNG DER FELDFLUR	• Gewässerschutz • Naturschutz • Bodenschutz • Kulturlandschafts-programme	• kommunale Dienstleistungen • Vermietung • regionale Vermarktung • Agrartourismus • Bioenergie
Cross Compliance				Umsetzung durch Verträge, Selbstbindung und Beratung	
Vermittlung des biologisch-technischen Fortschrittes durch Beratung					

Abb. 5.3: Leitlinien der ordnungsgemäßen Landwirtschaft.
Quelle: LWK (2009)

Diese Leitlinien gelten als Maßstab für gute fachliche Praxis. Hierin ist bspw. die Forderung nach einer ausgewogenen Berücksichtigung ökonomischer, ökologischer und sozialer Ziele klar aufgeführt. Der ökologische Landbau ist dabei explizit genannt (vgl. Abb. 5.3). Wie bereits im ersten Kapitel dargelegt, wird das Problem der Flächenkonkurrenz seitens der Deutschen Anpassungsstrategie und des Biomasseaktionsplans erkannt (DAS 2009; Nationaler Biomasseaktionsplan 2010). Die möglichst zu reduzierende Beanspruchung von Fläche ist ausgewiesenes Ziel auch in der nationalen Nachhaltigkeitsstrategie (siehe Bundesregierung 2008; vgl. dazu auch Pressemitteilung Schavan 2010). Die Umsetzung solcher Flächeneinsparungen ist allerdings mit erheblichen Schwierigkeiten verbunden (siehe Fischer et al. 2009). Es gibt Empfehlungen, für Energie und Sprit aus Biomasse verstärkt auf Reststoffverwertung, effiziente Technologien und Kaskadennutzung zu setzen (Knauf/Lübbeke 2007; WBGU 2008; Bauen et al. 2009). Damit soll die (ökologische) Optimierung der Ressourcenverbräuche über die gesamte Wertschöpfungskette erreicht werden (siehe z. B. Nitsch et al. 2004; Nitsch 2008 oder Arnold et al. 2009). Eine weitere Strategie, um der Problematik von nichtnachhaltiger Bioenergie gerecht zu werden, sind Zertifizierungen. Dazu gibt es z. B. Vorschläge seitens des WWF (WWF 2009). Auch Ostertag et al. befassen sich mit diesem Thema (Ostertag et al. 2009). Es ist jedoch offen, ob, wann und in welcher Form solche Zertifikate eingesetzt werden sollen. Obwohl also das Bewusstsein für die Konflikte in vielen Bereichen vorhanden ist und eine Reihe von Lösungsansätzen existiert, ist die Umsetzung der damit verbundenen Ziele kaum ersichtlich oder nur sehr langsam möglich.

Dieser Befund erinnert an die Situation im Bereich der Biodiversitätsziele, der Klimaschutzziele, der Ziele in der Bekämpfung der Armut oder spezifischerer Ziele wie z.B. der Einführung von Elektroautos oder der Beendigung der Abholzung von wertvollen Wäldern. Insofern könnte es sein, dass die Querschnittsproblematik „Flächenkonkurrenz" unter der Perspektive auf Pfadabhängigkeiten Schlüsse zulässt, die auch für andere Bereiche sinnvoll sein könnten. Allerdings muss auch festgehalten werden, dass seit der Exploration 2009 ein z.T. wesentlich gewachsenes Problembewusstsein entstanden ist und auch agrarpolitische Veränderungen auf EU-Ebene umgesetzt werden (vgl. dazu die Fußnoten 46, Kapitel 1, und 140 in diesem Kapitel).

5.1.5 Zwischenfazit

Rechtzeitiges Abfragen und Vernetzen der entscheidenden Akteure könnte ein Umlenken erlauben und beschleunigen, unter der Voraussetzung, dass ein kritischer und dennoch konstruktiver Austausch über Zielsetzungen stattfindet. Allerdings ist das gerade die Schwierigkeit, denn die Zielvorstellungen sind offensichtlich sehr heterogen. Dadurch verstärkt sich die Emotionalisierung in den konkreten Situationen vor allem dann, wenn die Situation für Betroffene existenzbedrohlich wird. Dies kann durch den Klimawandel und seine direkten und indirekten Folgen verstärkt der Fall sein. Für die weiteren Schritte ergeben sich damit zwei Fragen:

- Wie könnte eine weitere Analyse aufgebaut werden, damit diesen Vulnerabilitäten hinsichtlich Informationstransfer und multifunktionaler Abhängigkeit in Themen und Strukturen entsprochen wird?

- Wie könnte eine weitere Analyse in Maßnahmen überführt werden, die durch die Akteure möglichst selbstverantwortlich vorangetrieben werden?

5.2 Differenzierung der Interessenlagen und Akteursgruppen

Im Anschluss an die Bestandsaufnahme war zwar eine gewisse Übersicht über die Situation in der Region gegeben, methodisch blieben aber insbesondere zwei Punkte offen:

1. Gab es keine greifbare Systematik, um die relevanten Konfliktlinien abzubilden. Allein schon die räumlich explizite Darstellung der Landnutzungstypen (bspw. als GIS-Karte) war nicht realisierbar (vgl. hierzu auch die Überlegungen in Kapitel 7). Da die Konfliktlagen selbst außerdem abhängig von Interessen und Einflüssen aus sehr unterschiedlichen Kontexten (bspw. EU-Politik, Landbesitzverhältnisse, regionale Clusterentwicklung, Konsumentenverhalten, effektive Anlagentechnik, vorhandenes Investitionskapital) sind, musste ein Analyseraster gefunden werden, dass *einerseits* diesen Abhängigkeiten gerecht werden kann, *andererseits* auf langfristige Entwicklungen unter Unsicherheit ausgerichtet ist (also dynamisch angelegt ist, damit Änderungen – und die Gründe bzw. Bedingungen unter denen es zu Änderungen kommt – in den Trajektorienverläufen dargestellt werden können). *Drittens* musste es trotzdem handhabbar bleiben, einerseits für die Er- und Bearbeitung im Rahmen des Projekts nordwest2050,

andererseits aber auch mit Blick auf die Kommunizierbarkeit in die Praxis.
2. Blieb offen, unter welchen Voraussetzungen eine Regulierung erzielt werden sollte. Indem *erstens* Mediation ein ergebnisoffener Prozess ist, *zweitens* Kontingenz im Sinne prinzipieller Verlaufsoffenheit von Pfaden gedacht werden kann, *drittens* unter Unsicherheit gehandelt werden muss, ergab sich die Schwierigkeit einer einerseits verlaufsoffenen Zukunft. Andererseits würde diese Zukunft aber die Regulierung von Konflikten und damit eine Ausrichtungsänderung (in Richtung Nachhaltigkeit) beinhalten. Unsicherheit, die generell im Hinblick auf offene Zukünfte besteht, wird hierbei verstärkt relevant und zwar im Hinblick auf das *grundsätzlich neuartige Problem des Klimawandels* und die Tatsache, dass Boden *bisher nicht als relevante Knappheit* beachtet werden musste. Gleichzeitig ist die Land- und Ernährungswirtschaft eine Branche, in der Traditionen für Entscheidungen hohe Relevanz haben (vgl. Mose et al. 2007).

Vor diesem Hintergrund wurde im Anschluss an die Bestandsaufnahme Mai 2010 ein Wissensmarkt zum Thema veranstaltet, auf dem ca. 70 Teilnehmer in mehreren Workshops über die verschiedenen Interessen und Ansprüche an Fläche in der Metropolregion diskutiert haben. Es wurde hierbei der Fokus auf Interessengruppen gelegt, um speziell noch einmal die Schnittstellen und thematischen Überschneidungen zwischen den Interessengruppen abzutasten. Das Vorgehen war dabei orientiert an verschiedenen Akteursgruppen, die im Anschluss an die Ergebnisse der Bestandsaufnahme gebildet wurden.

Plenare Informationsvorträge zum Thema, in denen die wesentlichen Konfliktfelder grob umrissen wurden, waren ergänzt durch thematische Workshops, die alle im selben Ablauf gestaltet waren, um Vergleichbarkeit zwischen den Interessengruppen sicherzustellen. Es wurden Vertreter aus den Interessengruppen (1) Landwirtschaft, (2) Wirtschaft (inklusive Energiewirtschaft) und Politik, (3) Natur und Umwelt sowie (4) Siedlung & Verkehr und Freizeit & Tourismus eingeladen. Die Gruppe aus der Landwirtschaft war etwa doppelt so stark vertreten wie die anderen Gruppen.

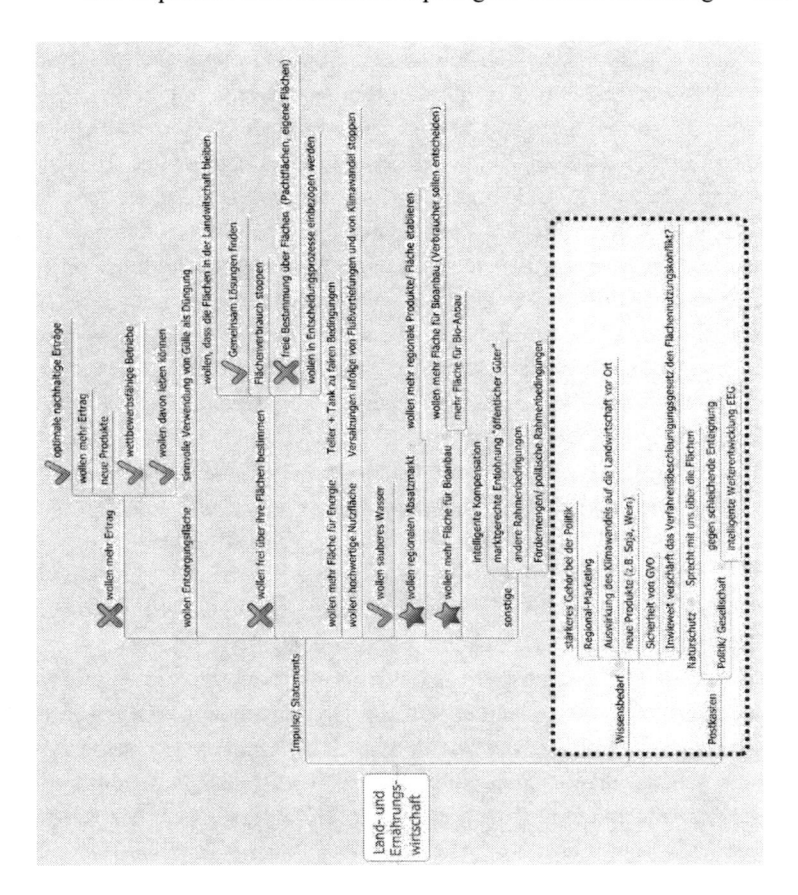

Der empirische Blick in die Metropolregion Bremen-Oldenburg 225

Abb. 5.4: Ausschnitt aus den Ergebnissen des Wissensmarktes mit Markierungen (entsprechend in den anderen Akteursgruppen, siehe Anhang): Häkchen: regional gemeinsame bzw. integrierende Aspekte; Kreuz: gruppenspezifisches Interesse, zumeist im Widerstreit mit anderen Interessengruppen; Stern: zukunftsorientierte Priorisierung (ökologisch) nachhaltiger Ernährungswirtschaft.Weitere Details siehe Anhang.
Eigene Darstellung.

Im Vorfeld der Veranstaltung wurden unter Mitarbeit des Praxispartners Centers of Competence e.V. (Veranstalter) Sondierungsgespräche mit

Vertretern aus den einzelnen Interessengruppen geführt. Die so gewonnenen Erkenntnisse wurden zu Impulsen gebündelt, mit denen in den Workshops weitergearbeitet wurde. Die Workshops waren nach den Akteursgruppen aufgeteilt und wurden per Metaplanmethode und durch zusätzliche Mitschriften dokumentiert und elektronisch aufbereitet (siehe Abb. 5.4 und im Anhang). Zielsetzung des Wissensmarktes war, die verschiedenen Interessenlagen besser differenzieren zu können, und im Überblick Zusammenhänge zwischen ihnen (gemeinsame Interessen oder solche, die speziell konträr liegen) zu erschließen.

Die Ergebnisse des Wissensmarktes wurden als Mindmap transkribiert und dann analysiert. Hier konnte Folgendes herausgearbeitet werden: Es liegen (a) Gemeinsamkeiten in allen Akteursgruppen (siehe *Häkchen* in Abb. 5.4) und (b) eher konträre Interessen vor, die speziell mit der Akteursgruppe (und deren inhaltlicher, sozusagen funktionaler Bestimmung) zusammenhängen (siehe *Kreuze* in Abb. 5.4). Diese beiden Aspekte wurden unter (c) der Fokussierung und Priorisierung einer ernährungswirtschaftlich geprägten und nachhaltig gestalteten regionalen Entwicklung zueinander in Beziehung gesetzt (siehe *Sterne* in Abb. 5.4).

Um aus diesem analytischen Zugang ein Ergebnis zu erhalten, wurden die im Wissensmarkt genannten Einzelinteressenlagen schriftlich in Anlehnung an die Methodik der qualitativen Inhaltsanalyse (Mayring 2010) und mit Bezug auf die quantitativen Verteilungen der Nutzungsformen einer Detailanalyse unterzogen, indem sie einzeln innerhalb der Akteursgruppe/Interessengruppe und zwischen den Akteursgruppen/Interessenlagen zueinander in Beziehung gesetzt und abgeglichen wurden. Es ergab sich daraus, dass es einen *gemeinsamen Fokus* gibt auf eine wünschenswerte Entwicklung hin zu einer starken, gesunden und (ökonomisch wie ökologisch) nachhaltig aufgestellten Region. Die möglichen Beeinflussungen und Unsicherheiten durch den Klimawandel wurden dabei durchaus aufgeschlossen und als zu beachtende Größe diskutiert, der man sich stellen sollte. Wohl waren die Gewichtungen in diesem gemeinsamen Fokus in den verschiedenen Gruppen unterschiedlich gelagert, aber die Betonung einer intakten regionalen Identität zog sich durch alle Interessenlagen. Es kann daraus also geschlossen werden, dass regionale Identität insbesondere in Zusammenhang mit einer stark verzahnten sozio-ökonomischen Situation, wie sie bspw. im Oldenburger Münsterland gegeben ist, einen starken Treiber auch für Entwicklungsänderungen darstellen könnte. Allerdings muss dies unter der Voraussetzung gesehen werden, dass sich eine Konflikte regulierende und langfristig zukunftsfähige *gemeinsame Ausrichtung auch für konkrete Inhalte* finden lässt[144].

Obwohl eine langfristige Orientierung auf (auch ökologisch) nachhaltige Ernährungsproduktion erhebliche Spannungsverhältnisse und unterschiedliche Ansichten beinhaltet, wird diese Zielsetzung grundsätzlich von eigentlich allen der beteiligten Gruppen als wichtig und erstrebenswert angesehen. Dieser gemeinsame regionale Fokus kann damit zwar als vielversprechender Ansatzrahmen festgestellt werden, es wird hier aber erneut deutlich, dass in der tatsächlichen Konkretisierung erhebliche Kontingenzen bestehen, die an Sachzwänge bzw. Pfadabhängigkeiten und mentale Modelle der Akteure gebunden sind. Die eingangs bereits mehrfach dargestellte kontrafaktische Brisanz wird hier unmittelbar deutlich. Nichtsdestotrotz wurde die Ermittlung der Interessenlagen den Stakeholdern gegenüber von vornherein unter dem Fokus auf »food first« und einer explizit nachhaltigen Umgangsweise mit dem Klimawandel und fruchtbarer Fläche kommuniziert. Die langfristige Ausrichtung war damit zumindest als Zielsetzung, vertreten durch das Projekt nordwest2050, explizit.

Neben der Perspektive auf den regionalen Zusammenhalt ergaben sich, wie zu erwarten war, stakeholder-spezifisch unterschiedliche Erwartungshaltungen an die Fläche. Hier sind z.B. Ansprüche wie der Wunsch nach weiterem ökonomischen Wachstum, nach mehr verfügbarer Fläche, über die frei bestimmt werden kann, nach mehr Erholungsraum und größeren bzw. intensiver ausgebauten Umweltschutzzonen zu nennen. Insofern zeigte sich hier recht deutlich – was auch in den bisherigen Workshops, Gesprächsrunden und runden Tischen zum Thema zum Ausdruck kam –, dass die Interessenlagen *in ihrer wechselseitigen Verkopplung* sehr leicht zu einer *sensibel zugespitzten Situation* führen, die kaum mehr eine vernünftige Kommunikation zulässt.

Darüber hinaus kann als drittes Ergebnis des Wissensmarktes gelten, dass sowohl *innerhalb* als auch *zwischen* den Akteursgruppen große Heterogenität vorliegt. Diese heterogenen Prozesse zeigten sich einerseits in

---

[144] Dass die Zielsetzung wohl oder übel ebenfalls – wie auch die aktuell gegebene Situation – konfliktiv zwischen den verschiedenen Anspruchsgruppen liegt, ist klar. Es wird darauf weiter unten in Abschnitt 3 erneut eingegangen werden.

Konfliktlinien, anderseits aber auch *gegenseitigen Verbindungslinien,* die ebenfalls *zwischen* und *in den Gruppen* bestehen. Diese Heterogenität konnte in Abhängigkeit zum Thema, aber oft auch in Abhängigkeit von bestimmten Personen bzw. deren Position gesehen werden. Ergänzend zu dieser Analyse muss auf Folgendes hingewiesen werden: Es konnten nur Inhalte abgelesen werden, die genannt wurden, insofern kann es sein, dass es (sowohl basalere als auch marginalere) gibt, die nicht genannt wurden, unabhängig davon, ob sie bekannt oder unbewusst vorliegen. Diese Präzisierung ist wichtig, weil sie in Bezug auf die tatsächliche Situation nur die Stakeholdersicht beschreibt, auch wenn es sich dabei um (regionale) Experten und unmittelbar Betroffene handelt. Die Konkretion in Bezug auf die regionale Ebene ist essentiell, bestimmt sie doch die *Passung der analysierten Struktur* mit der *Aufgabenstellung* sowie mit der *Ebene, auf der die Konflikte von den Akteuren* in Angriff genommen werden können müssen. *Diese Konkretion stellt also Konsistenz her in Bezug auf das, worum es geht.* Damit ist sie eine entscheidende Komponente für die Kompatibilität der Gemeinsamkeiten (und ihrer Verhandlung)[145].

5.2.1 Zwischenfazit

Unter dem Fokus auf »food first« profiliert sich die regionale Situation im Hinblick auf Treiber und Hemmnisse, die entlang dem gemeinsamen regionalen Interesse (das in der Region besteht und als relativ stark ein-

---

[145] Im Anschluss an die Ergebnisse des Wissensmarkts wurde eine vertiefte weitere Literaturrecherche durchgeführt, um die Diskrepanzen zwischen und innerhalb der Akteursgruppen inhaltlich zu bündeln. Es wurden hierbei folgende Fachdiskurse einbezogen, um Ergebnisse zu den Konfliktlagen (Bestandsaufnahme) und die entsprechenden Verhältnisse zwischen den zu den Akteursgruppen (Wissensmarkt) einschätzen zu können: Technische Effizienz/Ingenieurswesen; Regionalentwicklung; Mediation; Biologie/Ökologie/Bodenbeschaffenheit; Wasserwirtschaft; Raumplanung und Raumordnung; Regionalpolitik; Governance; Ernährungswirtschaft; Bioenergie; Kammern und Verbände und gesetzliche Vorgaben bis auf EU-Ebene; ethisch-normative Situation im Hinblick auf die globale Entwicklung; Geografie inklusive der dort verwendeten Kartierungssysteme (GIS); Verhältnis zwischen Klimaadaptation und Mitigation.

geschätzt werden kann) *an bestimmten inhaltlichen Punkten* in Einzelinteressen zerfallen.

Um diese Erkenntnis weiter zu präzisieren, wurde innerhalb und außerhalb des Projekts nordwest2050 der projektseitige Fokus auf die Ernährungswirtschaft im Spannungsfeld zu anderen Branchen (etwa der Energiewirtschaft oder klimaangepasster Raumplanung) geschärft. Gleichzeitig wurde in weiteren Stakeholderdialogen erarbeitet, wie ein synergetischer Umgang mit der Ressource Fläche erreicht werden könnte[146]. Hierbei wurde erneut deutlich, dass die Verschärfung der Konfliktlagen, die im Zuge des Klimawandels zu erwarten ist, zwar als abstrakte Thematik mehr oder weniger bewusst ist, konkret aber nur sehr schlecht für die Prozesse vor Ort ersichtlich ist. Für die Engführung auf die Regulierungsmöglichkeiten aus der (konventionellen) Land- und Ernährungswirtschaft heraus konnte festgestellt werden, dass speziell der Zusammenhang zwischen Klimaanpassung und Nachhaltigkeit in Bezug auf den langfristigen Wert und Erhalt fruchtbaren Bodens vor dem Hintergrund der ökosystemaren Situation schwer kommunizierbar ist. Dagegen wurde bspw. die Gefahr zunehmender Anfälligkeit für Schädlinge seitens der Stakeholder mit höherer Relevanz eingeschätzt.

5.3 Bündelung zu Problemfeldern – Erarbeitung koevolutorischer Spielräume

Um der Heterogenität im Akteursgefüge zu begegnen, wurden im koevolutorischen Bezugsfeld zwischen den als relevant eingestuften Ecosystem Services[147] und den sozio-ökonomischen Gegebenheiten[148] drei inhaltliche Problemfelder entwickelt. Diese stehen einerseits im Anschluss an die zukünftigen Herausforderungen (auch hinsichtlich der regionalen Einbettung in den globalen Zusammenhang). Andererseits sind sie an den bereits aktuell vorliegenden Konflikten in der Region – und damit auch

---

[146] Ergebnis dieser Arbeit war z.B. ein kurz+bündig ‚Flächenkonkurrenzen', das über www.nordwest2050.de eingesehen werden kann.

[147] Vgl. diesbezügliche Entwicklung und Darstellung in Kapitel 3: (1) Nahrungsmittel; (2) Wasserverfügbarkeit und Wasserqualität; (3) Rohstoffe; (4) Genetische Ressourcen / Biodiversität; (5) Fragmentierung der Landschaft.

[148] Wie z.B. Ausfallsicherheit; Effizienz; Preisstabilität etc.

den Fähigkeiten und Verhältnissen im Akteursgefüge orientiert. Der Schwenk von der Akteursperspektive hin auf die *inhaltlichen (semantischen)* (und im Sinne interagierender evolutorischer Prozesse funktional gekoppelten) *Zusammenhänge* schien deshalb angezeigt, weil *Bruchlinien und Gemeinsamkeiten* nicht nur *zwischen, sondern auch innerhalb der Akteursgruppen* vorlagen. Demgegenüber erforderte der betriebswirtschaftliche Fokus, Maßnahmen zu erarbeiten, die bis auf die Ebene einzelner Unternehmen zuordenbar sein sollten. Die Verschiebung der Perspektive auf die inhaltlichen Zusammenhänge – im Anschluss an einen konzeptionellen Zugang, der für Unternehmen und deren Spielräume konkretisiert ist – erlaubte es so, Gemeinsamkeiten und Widersprüche zusammen zu führen, ohne sie in ihrer Spezifik aufzuheben.

Es wurde dazu sämtliches bisherige Material in der Zusammenschau überarbeitet. Unter Bezug auf die konkret in der Region vorliegenden Themen und Gegebenheiten wurden qualitativ inhaltliche Problemfelder bestimmt. Offene Fragen während der Entwicklung dieser Problemfelder wurden durch Rücksprache mit Experten bzw. im Team nordwest2050 oder durch gezielte Literaturrecherche geklärt.

1. Problemfeld Diversität unter Klimawandel:

Themen: Monokultur, Biodiversität, Schädlingsgefährdung, Gefährdung durch Wasserknappheit bei großflächiger Bewässerung, geringe betriebliche Diversität, dadurch mindere Anpassungskapazität und schlechtes Flächenmanagement.

Frage: Wie können Ernährungswirtschaft und intakte Ökosysteme besser integriert werden? Ergeben sich Vorteile für Flächennutzung und Klimaanpassung?

2. Problemfeld fruchtbarer Boden unter Klimawandel:

Themen: regionale Ernährungssituation unter Klimawandel, Entwicklung der Weltbevölkerung unter Klimawandel, Bodenqualität, langfristiger Wert von fruchtbarem Acker.

Frage: Wie kann guter Boden nachhaltig bewahrt werden? Warum ist das auch in entwickelten Ländern/Regionen wichtig?

3. *Problemfeld betriebliche Strukturen unter Klimawandel:*

Themen: Energieschonend wirtschaften, Abbau von Gülleüberschuss, nachhaltig essen, regionale Flexibilität und individuelle Anpassung, Erhalt bäuerlicher Landwirtschaft und Struktur.

Frage: Wie können gerade kleine Betriebe und regionale Strukturen gestärkt werden? Welche Innovationen und Synergien gibt es?

Das eingangs dargestellte Problem einer Kosten-Nutzenanalyse unter unvollständiger Information (mit dem Ziel einer Einigung zwischen den Akteuren unter konfliktiven längerfristigen Orientierungsoptionen) wurde also durch semantische (inhaltliche) Bündelung bearbeitet. Die inhaltliche Schwerpunktsetzung wurde dabei einerseits im Anschluss an die konkreten Bedarfe seitens der Stakeholder formuliert und andererseits im Hinblick auf zukünftig wichtige Themen.

Als nächster Schritt wurde im März 2011 (zusammen mit dem Projekt BioenergieRegion Südoldenburg) ein weiterer Workshop mit regional direkt von Flächennutzungskonflikten betroffenen Akteuren (12 Teilnehmer: Landwirte, Unternehmer und Vertreter regionaler Netzwerke) veranstaltet. In diesem Workshop wurden Spielräume und Handlungsmöglichkeiten einzelner Unternehmen entlang der oben benannten Problemfelder für die Region (und mit langfristiger Perspektive) diskutiert. Und es wurde an der Frage gearbeitet, wie diese gestärkt werden können. Teil des Workshops war die Bearbeitung eines Arbeitsbogens, in dem es unter anderem darum ging, anzugeben, wie das Verhältnis zwischen Ecosystem Services und den sozio-ökonomischen Gegebenheiten vom jeweiligen Akteur eingeschätzt wird[149].

Im Verlauf der Diskussion zu Spielräumen im Umgang mit Flächennutzungskonflikten und Klimawandel kamen besonders die folgenden Punkte zum Ausdruck:

– *Technologien* optimieren und anwenden

---

[149] Die im Workshop zu bearbeitenden Arbeitsblätter und die Auswertung befinden sich im Anhang.

- Integrierten *Anbau* fördern
- Übergeordnete *Zielsetzung* für die Region und die Ernährungswirtschaft bestimmen
- Wo sollte die *globale Perspektive* mehr mitgedacht werden?
- Argumente und *Prioritäten* klären
- Gegenseitige *Abstimmungsprozesse* intensivieren
- Anschluss und Kommunikation mit der *Politik* flexibilisieren und verbessern.
- Dies gilt ebenso für *Kommunen; Einzelhandel; Konsumenten*
- Aktiven *Austausch* zwischen Betroffenen fördern
- *Regulation* oder *Deregulation*? Welche Strategie ist für die Region besser?

Insgesamt wurde mehrfach genannt, dass eine Umsetzung dieser Ziele abhängig ist von verbessertem *Informationsaustausch*. In diesem Zusammenhang wurden folgende Ideen entwickelt, wie dies konkret erreicht werden könnte:

- Gemeinsame Sprache zwischen unterschiedlich Betroffenen finden
- Weitere Runde Tische
- Ergebnisorientierung/ Stichwort Anreize
- Erarbeitung langfristiger und ganzheitlicher Lösungen.

Es bestätigt sich hierin die Bedeutung von Information und der semantischen Ebene für konkrete Ergebnisse im Hinblick auf veränderungsfördernde Prozesse. Diese Ergebnisse sprechen außerdem für eine gute Bereitschaft der Akteure, sich aktiv mit der Thematik zu beschäftigen.

Offen blieb, wie sich die erforderlichen Schritte konkret umsetzen lassen. Insbesondere wurde erneut deutlich, dass aktuelle Konfliktlagen zwischen verschiedenen Interessen sich in den verschiedenen Zielsetzungen zukünftiger Gestaltung wiederfinden. Die Schlüsselrolle von Information zeigt erneut den Bedarf, diese entsprechend zugänglich und bewertbar zu machen sowie Gewichtungen offen zu legen.

Die Verbindungslinien zwischen betrieblichen und Umweltgegebenheiten (im Anschluss an Ecosystem Services) ergaben im Wesentlichen drei Schwerpunkte (in allen Arbeitsblättern kamen mindestens eine, meistens zwei oder drei dieser Kombinationen vor):

1. Preisstabilität/Versorgungssicherheit/Ausfallsicherheit ↔ Wasserverfügbarkeit/Wasserqualität
2. Allianzen mit anderen Betrieben/regionale Wertschöpfungsketten/ Flexibilität/Pachtpreise ↔ Verfügbarkeit von landwirtschaftlicher Fläche
3. Produktivität ↔ Bodenqualität

Weiter genannt wurde der Zusammenhang Preisstabilität/Effizienz/ Ausfallsicherheit ↔ genetische Diversität im Anbau.

5.3.1 Fazit

– Betroffenheiten durch den Klimawandel und Flächenverluste bestätigen die Ergebnisse der Bestandsaufnahme und der Vulnerabilitätsanalyse (soweit diese hier ebenfalls zum Tragen kommen) umfänglich. Tendenziell nimmt die Sensibilisierung für das Thema Klimawandel und die Dringlichkeit des Schutzes fruchtbarer Böden zu.

– Durchgehend wurde auf Information, offenen Austausch und integrierte Interessen gesetzt, auch wenn die Frage der konkreten Gestaltung und Gewichtung dieser z.T. offen bleibt. Daraus kann geschlossen werden, dass aktive Kooperationsbereitschaft (zumindest bei diesen ernährungswirtschaftlichen Akteuren) trotz unterschiedlich gelagerter Ansichten gegeben ist.

– Aus der spezifischen Betroffenheit und dem hohen Stellenwert von Nachhaltigkeit kann außerdem gefolgert werden, wo grundsätzliche Veränderungsprozesse hin zu langfristiger Zukunftsfähigkeit mit vorhandenen Kompetenzen im Anschluss stehen. Zum Beispiel betrifft dies (integrierte) Anbaumethoden, den Umgang mit Wasser und die

Fähigkeit zu proaktivem Dialog mit anderen Branchen/ Interessengruppen und Verbrauchern.

- Die Varianz und Schwerpunkte, aber auch die „Ausreißer" bei den angegebenen Kopplungen zwischen betrieblicher Seite und Umweltbedingungen gaben Aufschluss über

    (i) die Ausrichtung der regionalen Flächennutzungsdynamik

    (ii) Veränderungspotenziale für nachhaltige Klimaanpassung

    (iii) die momentan gegebenen Prioritäten/mentalen Modelle der unternehmerischen Akteure.

Unterschiede bestehen vor allem hinsichtlich (1) unterschiedlicher Bedeutungen von Nachhaltigkeit, (2) wünschenswerter regionaler Entwicklung und (3) der Rolle betrieblicher Flexibilität als Kostenfaktor oder als notwendige und sinnvolle Investition in besserem Umgang mit sich verändernden Umwelten.

5.4 Zusammenfassung und weitere Schritte im Anschluss an den empirischen Blick in die Region

Im Rückbezug auf die Rolle des Unternehmens als gesellschaftlichem Akteur zeigen diese Ergebnisse, wie die Unternehmen einerseits aktiv und andererseits passiv durch die Dynamik betroffen sind (*drivers and drivens*). Als *exposure units* können und müssen zum einen die Betriebe angesehen werden, zum anderen ist es aber das gesamte Cluster bzw. die hier vorherrschende Wirtschaftsform und ihre Auswirkungen auf den Boden. Darüber hinaus ist als *exposure unit* natürlich auch das ökosystemische Gefüge zu sehen. Hemmnisse in der Umsetzung von strategischen Änderungen und Regulierungsprozessen hängen eng mit der Bewertung der Prioritäten sowohl unter *betrieblicher* als auch unter *problemorientierter* Perspektive zusammen. Diese Bewertung von Prioritäten muss deshalb notwendigerweise *flexibel (beweglich)* gehalten werden, um zwischen den heterogenen Akteuren in der Metropolregion Bremen-Oldenburg Verhandlungsspielraum zu schaffen. Dazu ist es trotzdem oder gerade wichtig, möglichst genau angeben zu können, in welchem Kontext ein Zusammenhang jeweils aufgeworfen wird. Für die

Bestimmung relationaler Einheiten (in Anlehnung an die Idee der *service providing units*) und entsprechender Endpoints wird über die semantische (kontextuelle und konzeptionelle) Bedeutung eines Kontextes der Bezug auf Etwas ermöglicht. Dieser muss dann aber explizit formuliert und kommuniziert werden können. Die Identifikation bzw. Generierung von evolutorischen, dynamischen und kulturellen Fähigkeiten oder Kompetenzen im Unternehmen ist deshalb abhängig von den inhaltlichen Relationen, auf die sich organisationale Regeln und strukturelle Gegebenheiten beziehen. Interaktionen, die evolutorische (in diesem Sinne transformative) Wirkungen haben, spielen sich zwischen Personen und deren Einbettung in agentensensitive organisationale Bedingungen ab. Optimierung, Effektivität und Effizienz können inhaltlich deshalb sehr verschiedene Dinge bedeuten. Das im ersten Kapitel geführte Argument, dass die Nicht-Isoliertheit der hier vorliegenden Problematik (und vieler anderer, die im Zusammenhang von ökonomischen Strategien und Klimawandel oder Biodiversitätsverlust vorkommen) eine nichttriviale Angelegenheit ist, lässt sich somit an die in diesem Kapitel eingangs dargelegten Überlegungen zum Kosten-Nutzen-analytischen Ansatz anschließen. Ein expliziter direkter Anschluss an die Sprache, aber auch an das Erfahrungswissen aus der Praxis könnte deshalb im Hinblick auf effektive Transformationsprozesse von hoher Bedeutung sein. Die semantische Anschlussfähigkeit bildet damit sozusagen einen Zugang zu Relationen und Prozessen, um die gezielte Informationsübertragung als Basis kultureller Evolution zu bestimmen. Für die regionale Situation kann das z.B. heißen: Solange es keine Möglichkeit gibt, das Problem in seiner Tragweite auch über die Region und die Branche hinaus zu beschreiben, lässt sich nicht beurteilen, *ob* und *wo* man *über welche* Prioritäten neu verhandeln muss, bzw. *wie* sich eine *Verschiebung von Prioritäten* hinsichtlich der *Veränderung von Organisationsstrukturen* auswirken könnte oder müsste, um das Problem nachhaltig zu lösen. Im folgenden Kapitel wird die inhaltliche Analyse auf Basis der hier entwickelten Problemfelder für eine regional ökonomisch vernetzte Situation fortgesetzt.

Kernaussage:
Der Blick in die Metropolregion Bremen-Oldenburg zeigt, dass im Gefüge der Akteure sowohl innerhalb der Interressengruppen als auch zwi-

schen diesen einerseits gemeinsame andererseits aber auch konfligierende Landnutzungsansprüche vorliegen. Eine langfristige und auf ökologische Bewirtschaftung ausgerichtete Strategie würde es erfordern, die akut vorliegenden Konfliktfelder stärker im Bezug auf Umweltschutzfragen zu diskutieren. Bezüglich der zu erwartenden Verschärfung der Situation durch den Klimawandel bestehen erhebliche Defizite hinsichtlich des langfristigen Umgangs mit Fläche. Für die aktuelle Situation macht sich dies auch in kurzfristigen Entscheidungshorizonten in einer mangelnden Flexibilität und Frühzeitigkeit in der Reaktion auf Veränderungen bemerkbar. Deshalb wurden mit Rücksichtnahme auf das heterogene Akteursgefüge in den Interessengruppen inhaltliche Problemfelder (Diversität, Fruchtbarer Boden, Betriebliche Strukturen) bestimmt. Für diese konnten für die regionale Situation funktional gekoppelte Eckpunkte im Verhältnis zwischen Unternehmen und der landschaftlichen bzw. ökosystemaren Situation erarbeitet werden wie z.B. Ausfallsicherheit & Wasserverfügbarkeit/-Qualität oder Allianzen zwischen Betrieben & Verfügbarkeit von Fläche.

6 Kapitel

Potenziale und Defizite im regional vernetzten Kontext

„*Der Ort ist ein Palimpsest.*" *(de Certeau 1988, 355)*

Am Ende von Kapitel 4 konnten Komponenten *nachhaltigkeitsorientierter* dynamischer Fähigkeiten[150] zusammengefasst werden. Das (kulturelle) evolutorische Potenzial unternehmerischer Akteure realisiert sich hierbei im konkreten Problemzusammenhang. In der Anwendung auf die konkrete Situation in der Region ergab sich im vorigen fünften Kapitel aus der Notwendigkeit, Kontexte einerseits zu bündeln, andererseits dies aber nur unter unvollständiger Information und in dynamischen Bedingungen tun zu können, dass eine herkömmliche Kosten-Nutzenanalyse nicht erstellt werden kann.

Aus den konzeptionellen Entwicklungen des zweiten bis vierten Kapitels geht hervor, dass es eines koevolutorischen Ansatzes bedarf, um den Zusammenhang sozio-ökonomischer Gegebenheiten mit der biophysikalischen Situation methodisch integrieren zu können. Dabei muss dieser Ansatz sich zweitens im Hinblick auf die Fähigkeiten in und zwischen Unternehmen operationalisieren lassen. Dazu war vorgeschlagen

---

[150] (1) Vermittlung von dynamischer (strategischer) und operativer Ebene; (2) Integration verschiedener Kontexte; (3) proaktive Arbeit an der Ressourcenbasis; (4) Heterogenität für Flexibilität, Anpassungskapazität und das Entstehen von Neuem; (5) Kritisch-reflexive Bearbeitung von Regeln, Routinen, mentalen Modellen; (6) Interaktionen als Operatoren der Umsetzung; (7) Umsetzung abhängig vom konkreten Problemzusammenhang (Aufgabenbezug); (8) relevante Informationsübertragung als explizite Bedeutungsrelation zwischen Problemstellung und Unternehmensprozessen.

worden, eine integrale Rahmung des Problemzusammenhangs als *relationales Set* vorzunehmen. In Anlehnung an das *Law of Requisite Variety* sollte so Komplexität und Dynamik derart gebündelt werden, dass eine Entsprechung zur Varietät der Spielräume im Unternehmen (und damit zu operativen und strategischen Entscheidungen) erreicht wird. Bislang wurde über die kulturalistische Perspektive hergeleitet, dass hierfür die semantische Anschlussfähigkeit für (i) die Spezifikation der Information (als Faktor kultureller Evolution) und (ii) die Kommunizierbarkeit zwischen unterschiedlichen Akteuren und über verschiedene Kontexte hinweg von hoher Bedeutung wäre. Insbesondere für das Anwendungsfeld der Flächennutzungskonkurrenzen scheint dies besonders relevant zu sein: Es müsste erstens eine kontrafaktische Zukunft erreicht werden, also kulturell eingespielte Regeln verändert werden können. Zweitens ginge es darum, komplexe Konfliktlagen zu regulieren und zwar unter einer langfristigen Ausrichtung, die selbst schon eine Routinenänderung bedeuten würde (Witt 2000 und 2011). Routinen fungieren hierbei stabilisierend als Gedächtnis. Sie zeigen aber auch, worin das evolutorische Potenzial in Interaktionen besteht.

> „What is emphasized here is that messages that flow into the organization are processed by particular organization members, which pass the results from these processings on to particular other organization members, who in turn process these results . . . and so on, until in the end something productive is accomplished. Different patterns of behavior within a firm might be triggered by different stimuli (or inputs). […] In this vein, ‚routines' are understood as ‚multi-actor, interlocking, reciprocally triggered sequences of actions' (Cohen and Bacdayan, 1994: 554), or as ‚repetitive, recognizable patterns of interdependent actions, carried out by multiple agents' (Feldman and Pentland, 2003: 95)." (Vromen 2011, 186f)

Es besteht hiermit ein unmittelbarer Anschluss an die beiden Hypothesen in Kapitel 1[151] sowie an die Ausführungen in Kapitel 2, 3 und 4. Die

---

[151] H1: Es wird angenommen, dass diese regionalen Handlungsrahmen deshalb signifikant für das Potential der Veränderung sind, weil im *regionalen Kontext* die *kulturellen Bindungen und Interaktionen zielgerichtet* auf konkrete und kooperative *Handlungszusammenhänge* sind und deshalb die *Komplexität in einem Rahmen* steht, der sie *bewältigbar* macht. H2: Durch *adäquate Bündelung* von Information

Integration der konzeptionellen Ansätze kann nun im realen Handlungskontext des Akteurs- und Themengefüges angewendet werden. So können solche Umsetzungsmaßnahmen, Regulierungsschritte oder Ansatzpunkte für Veränderung zu identifiziert werden, die eingebettet im größeren Zusammenhang sinnvoll sind, dabei aber direkt gekoppelt sind mit den spezifischen Strukturen in der regionalen Situation. Für eine Bewältigung von solchen und ähnlichen Problemlagen unter Unsicherheit, heißt das, dass Informationen zwar unvollständig sein können, aber belastbar und explizit an konkrete Akteure und deren *sustainable dynamic capabilities* anschließen. Insofern scheint die semantische Ebene neben ihrer Bedeutung für die Informationsübertragung auch deshalb wichtig, weil sich über diese Ebene ein Zugang erschließt zur *Setzung, Verschiebung* und *Neuverhandlung* von Prioritäten. Z.B. geht die Argumentation dieser Arbeit davon aus, dass ökologischer Anbau und regionale bäuerliche Landwirtschaft nach wie vor eine echte nachhaltige Alternative und wichtige ernährungswirtschaftliche Strategie ist, obwohl es dazu auch andere Ansichten gibt (vgl. Erb et al. 2009). Wohl aber müssten sich, um diese Strategie aus ihrer marginalen Position im Wertschöpfungskettengefüge zu bringen, auch das Verbraucherverhalten grundsätzlich ändern (bspw. im Hinblick auf den Konsum von Fleisch; vgl. Erb et al. 2009; Bommert 2009; Hirn 2009; Foer 2010; Kreutzberger/Thurn 2011). Darüber hinaus wären umfassende mittel- und unmittelbar mit den produzierenden Betrieben verbundene Bereiche der Wertschöpfungsketten ebenfalls von einem grundsätzlichen Wandel betroffen (Transportwege, Einzelhandel, Dienstleister, Technologieanbieter, Düngemittelhersteller etc.) (vgl. Evans et al. 2008).

Es liegt nahe, anzunehmen, dass eine derart tiefgreifende Veränderung nicht folgenlos bspw. für das Verbraucherverhalten in anderen Branchen bleiben würde (Konsum von Textilien oder Einstellung zu Mobilität etc.), weil ein schonender Umgang mit den natürlichen Ressourcen schwerlich selektiv nur auf einen bestimmten Bereich gedacht werden kann (vgl. Definition ‚Nachhaltigkeit' in Kapitel 1). „We argue that the

in Verbindung mit *entsprechender Vernetzung* von Interaktionen, können solche *Prozesse angeregt* und *bewertet* werden, die (i) zur *Regulierung* regionaler Flächennutzungskonflikte beitragen und die (ii) gleichzeitig eingebettet sind in die *Forcierung nachhaltigen Wandels.*

nature of alliance activity depends not only on change in environmental uncertainty but also on the array of potential alliances available and whether the environment supports such actions in terms of the resources available to firms. In other words, we need to consider the simultaneous effect of changes in both uncertainty and munificence in order to predict patterns of network change." (Koka/Madhavan 2006, 725). Umgekehrt kann angenommen werden, dass bestimmte Pfadabhängigkeiten und die damit verbundenen Optimierungsstrategien deshalb so stabil sind, weil sie branchenübergreifend im gesamten wirtschaftlichen Verbund gelten. Mit der bisherigen Argumentation ergeben sich also folgende Fragen:

Wie kann eine Varietät, die es ermöglicht koevolutorisches Potenzial in Unternehmen für eine langfristig nachhaltige Ausrichtung zu nutzen und so die Viabilität zu erhöhen, konkret (obwohl unter Unsicherheit) bestimmt werden?[152]

Worauf bezieht sich der Begriff der Varietät im vorliegenden Zusammenhang?

Grundsätzlich kann davon ausgegangen werden, dass für eine Regulierung von Flächeninanspruchnahmen, die zu Konflikten zwischen Akteuren führt, sowohl der Blick auf die Prozesse und Abhängigkeiten entlang der Wertschöpfungsketten als auch auf brancheninterne und branchenübergreifende Zusammenhänge notwendig ist (zur Bestimmung der re-

---

[152] Es geht hierbei weniger um Falsifizierbarkeit im Gegensatz zur Verifizierbarkeit der Fragen, sondern um eine Fokussierung auf diejenigen Strukturen und Optionen, die bestimmen *wie eine konkrete Situation gelagert ist* und wo sie veränderbar ist, bzw. warum sie nicht gestaltbar ist (ob es z.B. an einzelnen oder allen Akteuren liegt, ob es daran liegt, dass bestimmte Akteure sich gegenseitig „sperren" oder ob Fähigkeiten vorhanden sind, diese aber nicht ausreichend verdichtet werden können, um einen Wandel tatsächlich zu erreichen). Hieran schließen die Ausführungen im folgenden Kapitel an, denn für diejenigen Wechselwirkungen, bei denen Akteure von einem flexibleren oder exakteren Informationsangebot profitieren würden, könnten IT-gestützte Lösungen sinnvoll sein. Allerdings wird sich hier dann ebenfalls zeigen, dass die Passung dieser IT-Lösungen mit dem jeweiligen funktionalen Handlungskontext gekoppelt sein müsste. Und hier bestehen (wie auch hinsichtlich der qualitativen Bestimmung konkreter multifunktionaler Lösungen *unter Berücksichtigung* deren Umsetzung) Defizite, für die in dieser Arbeit ein neuer Ansatz entwickelt wurde.

gionalen Wertschöpfungskettensituation in der Ernährungswirtschaft siehe Mesterharm 2011 und Akamp/Schattke 2011).

„An organization's own rules and procedures enable the selection of agents to act on its behalf in different decision contexts, thus affecting the actors and the positions that they hold within the focal action situation. Organizational procedures typically specify how information flows through that organization, thus affecting the information that actors within the focal situation will have at their disposal." (McGinnis 2011, 54f).

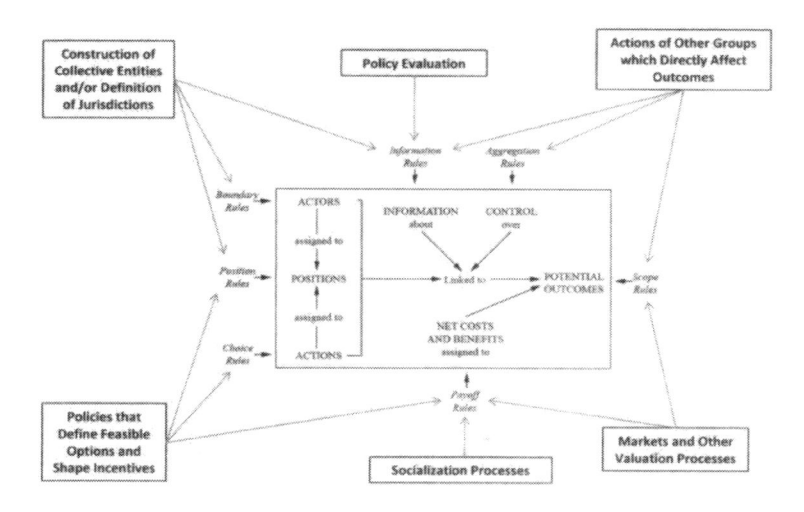

Abb. 6.1: Handlungssituationen angrenzend an eine fokale Situation, mit Verbindungen zu Antriebselementen und assoziierten Regeln. Innere Grafik Ostrom (2005, 189), zusätzliche Elemente laut Quelle: McGinnis (2011, 54).

Handlungsmöglichkeiten in regionalen Gefügen sind deshalb von hoher Bedeutung *im Hinblick auf fokale Situationen* (vgl. Abb. 6.1; vgl. Beckenbach et al. 2009). Damit schließt die obige Frage an die Reformulierung der Hypothesen in Abschnitt 2.1.2 (Seite 91f) an.

Im Folgenden wird für die gegebene regionale Situation für obige Frage ein Vorschlag formuliert, der die empirischen Befunde in den konzeptionellen Kontext einbettet. Dazu wird im nächsten Abschnitt dem regionalen ökosystemischen Gefüge (mit anderen Worten, dem Land, das genutzt wird) das regionale wirtschaftliche Gefüge gegenübergestellt. So wird eine Erweiterung des Fokus' auf einzelne Unternehmen auf die regional vernetzte Situation entwickelt (wobei hier insbesondere die landnutzenden Unternehmen in der Land- und Ernährungswirtschaft im Vordergrund stehen). Im zweiten Abschnitt folgt dann eine Konkretisierung der Idee der relationalen Settings und ihres semantischen Gehalts. Im dritten Abschnitt ergibt sich eine Restrukturierung der drei inhaltlichen Problemfelder, die im vorigen Kapitel für die Metropolregion Bremen-Oldenburg als besonders relevant erarbeitet worden sind. Hierzu wird der Ansatz der *service providing units* aus dem dritten Kapitel aufgegriffen. Daran schließt sich im vierten Abschnitt eine Analyse an, die für den konkreten regionalen Kontext unter einer langfristig nachhaltigen und klimaangepassten Zielsetzung und im Anschluss an die Fähigkeiten der Akteure vor Ort Potenziale und Defizite in den drei inhaltlichen Problemfeldern aufzeigt.

6.1 Veränderungspotenziale regional vernetzter sozioökonomischer Systeme

Für die Veränderung einer regional vernetzten Situation müssen insbesondere die Beziehungen, Bedingungen, Interaktionen und Abhängigkeiten zwischen den betreffenden Unternehmen betrachtet werden können. In einer Situation, die für einzelne Unternehmen wegen der konkurrierenden Nutzung von Gütern, die Gemeingütern ähnlich sind, konfliktiv ist, geht es umgekehrt um multifunktionale Outputs der Nutzung. Ein Management dieser Güter wird damit unabhängig von der regionalen Gesamtsituation nicht durchgeführt werden können (Ostrom 1996; Ostrom 1999a und 1999b; Helming/Wiggering 2003; Ruth et al. 2006; Norberg/Cumming 2008; Ruth/Davidsdottir 2009). Für Herausforderungen durch übergeordnete Zusammenhänge wie den vorausschauenden Umgang mit dem Klimawandel und Strategien für langfristige (auch globale) Ernährungssicherheit gilt dies ebenfalls[153]. Damit entsteht auf Lernfähigkeit, Heterogenität und Vielfalt im regionalen Kontext ein Fokus, bei dem es um die Verdichtung von Interaktionen zu einer *veränderten, aber gemeinsam vertretenen* Strategie kommen müsste. Allen, Strathern und Baldwin beschreiben etwas Ähnliches als „structural attractor": „[A] structural attractor is the emergence of a set of interacting factors that have mutually supportive, complementary attributes." (Allen et al. 2007, 421)[154].

---

[153] Underdal schreibt zum Design von auf Langzeitregulation angelegten Governance-Systemen mit Umweltbezug: „[W]e can at least identify certain critical functions that such a system must perform to be effective. These functions range from promoting the development and sharing of frontier knowledge about the challenge itself and the effects of adaptation and mitigation measures, to transforming conflicting interests into effective and sustained collective action. To cover this wide range, a system of governance must provide a carefully differentiated framework that combines elements of the adaptive governance model – to enhance flexibility, diversity, and learning capacity – with components of the collective action model – to ensure focus, energy, and sustained commitment. It would be a system of multi-level governance – sufficiently decentralised to provide scope and incentives for local initiatives but also capable of building arenas and networks to facilitate the diffusion of best practices and international regimes and organisations to enhance the capacity for collective action." (Underdal 2010, 7).

[154] „These structural attractors result from: – Differential growth and decline of individual types of agent or element, who are characterized by multiple dimensions and attributes, some shared by the aggregate view of a formal description, and others that are not shared. The natural „turnover" in any population will, as a result of the microscopic freedom and uncertainties, inevitably lead to an exploration of the multiple dimensions of diversity that can exist. The differential growth of these – selection – leads to vastly increased performance because the initially homogeneous system, characterised by intense internal competition and low symbiosis, is replaced by one with complementarity and synergy. Different roles and specializations emerge, reducing internal competition and creating real synergies.
– The whole process leads to the evolution of a complex, a „community" of agents whose activities, whatever they are, have effects that feed back positively on themselves and the others present. It is an emergent „team" or „community" in which positive interactions are greater than the negative ones.
– The diversity, dimensionality and attribute space occupied by the final complex is much greater than the initial homogeneous starting structure of a single population. However, it is much less than the diversity, dimensionality and attribute spaces that all possible individuals would have brought to the system. The structural attractor

Prozesse regionaler ökonomischer Verbünde werden unter Begriffen wie regionale Innovationssysteme, Evolution von Netzwerken oder Evolution oder Robustheit von regionalen Clustern erforscht (vgl. etwa Doloreux/Parto 2005; Koka/Madhavan 2006; Parto 2008; Glaeser et al. 2009). Es geht hierbei ähnlich wie in der Evolutorischen Ökonomik und im organisationstheoretischen Konzept der Dynamic Capabilities zumeist nur um Innovationen oder Robustheit mit rein ökonomischer Konnotation (vgl. Uyarra 2009; Beckenbach et al. 2009). Umgekehrt gibt es weitreichende Forschungen zu regionalen Ökosystemverbünden und den (meist negativen) Auswirkungen sozio-ökonomischer Prozesse auf die Tragfähigkeit der ökosystemischen Situation (bspw. Janssen et al. 2007). Obwohl die wechselseitigen Auswirkungen unbestritten sind, bleibt die Operationalisierung, welche Veränderungen wie konsequenterweise zu erreichen wären – und damit auf die konkreten ökonomischen Gegebenheiten in und zwischen Unternehmen, – aber von beiden theoretischen Strängen her oft unklar. Wie im dritten Kapitel bereits ausgeführt, gibt es neuere koevolutorische Ansätze (vgl. WBGU 2011; Grin et al. 2010; Kallis/Norgaard 2010; Gual/Norgaard 2010; Waring 2010; Rammel et al. 2007) und eine Vielzahl von Fallstudien und empirischen Forschungsergebnissen zu regionalem koevolutorischem Management und proaktiver regionaler Veränderung (bspw. Helming/Wiggering 2003; Ruth et al. 2006; Janssen et al. 2008; Ruth/Davidsdottir 2009):

therefore represents a reduced set of activities from all those possible in principle. It reflects the discovery of a subset of agents whose attributes and dimensions have properties that provide positive feedback. This is different from a classical dynamic attractor that refers to the long-term trajectory traced by the given set of variables. Here, our structural attractor concerns the emergence of variables, dimensions and attribute sets that not only coexist but actually are synergetic.
– A successful and sustainable evolutionary system will clearly be one in which there is freedom and encouragement for the exploratory search process in behaviour space. *Sustainability in other words results from the existence of a capacity to explore and change. This process leads to a highly co-operative system, where the competition per individual is low, but where loops of positive feedback and synergy are high.* In other words, the free evolution of the different populations, each seeking its own growth, leads to a system that is more co-operative than competitive. This is clearly a different vision from that usually presented of a free market economy as a cut-throat situation in which selfish competitivity dominates." (Allen et al. 2007, 421f; *kursiv* Nana Karlstetter; ähnlich bei Steyaert 2007).

„The social memory of past changes in ecosystems as well as their responses can be mobilized through social networks, locally and across scales; experiential local knowledge can be fed into processes where governance of ecosystem management is decided, management practices worked out, and conflicts resolved. This requires leadership by key persons at various organizational levels." (Hahn et al. 2008,141)

Erkenntnisse zu erfolgreichen innovativen Strategien für Einzelbetriebe und in regionalen Innovationssystemen können für innovative Veränderung *hin zu grundsätzlich auf koevolutorische Nachhaltigkeit ausgerichteten* regionalen Strategien nicht genutzt werden, wenn es keine konzeptionelle Grundlage für die Verknüpfung zwischen ökologischen und ökonomischen Prozessen gibt (ähnlich wie im Fall des organisationstheoretischen Konzept der Dynamic Capabilities; vgl. Kapitel 2). Die folgende Diskussion zu Innovation ist also grundsätzlich kritisch zu verstehen. Es geht hierbei darum aufzuzeigen, welche sozio-ökonomischen Prozesse in regionalen Innovations- bzw. Netzwerksystemen für *Wandlungsfähigkeit* stehen, um diese dann vor dem Hintergrund der *für eine Flächennutzungsregulierungsstrategie erforderlichen Veränderungsprozesse* nutzbar zu machen. Denn es ist ja die Flächenkonfliktsituation eine solche, die *in ihrer unmittelbaren Ressourcenbasis gerade nicht von Wachstum geprägt* ist, sondern von *absolut begrenzter Knappheit*. Wobei (mindestens global gesehen) unter den Bedingungen des Klimawandels und irreversibler Flächenverluste (durch Misswirtschaft und Bebauung) diese absolute ‚Menge' bebaubaren Lands sogar abnimmt[155]. Deshalb scheint es umso angebrachter, die gängigen Innovationsstrategien einer differenzierten Prüfung zu unterziehen. Prozesse, die zwar mit Innovationen in Verbindung stehen, aber *nicht-nachhaltige Folgen* haben, wären zu unterscheiden von solchen Prozessen in und zwischen Unternehmen, welche *für Wandlungs- und damit Innovationsfähigkeit* stehen, ohne dass sie gebunden sind an nicht-nachhaltige (Wachstums- oder Optimierungs-)-Strategien. Jene könnten deshalb auch für Veränderungsprozesse hin zu einer zukunftsfähigen regionalen Wirtschaft von großer Bedeutung sein.

---

[155] Das Phänomen des *landgrabbing* und der Spekulation auf Land und Lebensmittelpreise zeigt, dass Investoren das sehr wohl wissen und deshalb auf diesbezügliche Wertsteigerungen setzen.

6.1.1 Innovative (regionale) Systeme

Es gibt eine Reihe evolutorisch aufgebauter Ansätze zu regionalen Innovationssystemen (siehe bspw. Uyarra 2010; Fratesi 2010; Gunnarsson/ Wallin 2011). Mit einem evolutorischen Konzept zu Innovationssystemen ist es möglich, heterogene und dynamische sozio-ökonomische Systeme in ihrer Akteurs-, Beziehungs- und Technologiestruktur als evolutorische und damit lernfähige Systeme zu beschreiben, in denen Innovationspfade aktiv gestaltet werden können. Hekkert et al. schreiben hierzu:

> „The concept of innovation systems is a heuristic attempt, developed to analyse all societal subsystems, actors, and institutions contributing in one way or the other, directly or indirectly, intentionally or not, to the emergence or production of innovation. If we knew what kind of activities foster or hamper innovation – thus, how innovation systems function – we would be able to intentionally shape innovation processes." (Hekkert et al. 2007, 414).

Es kann dabei mehr auf Prozesse, Akteure oder Funktionen fokussiert werden (vgl. Biggs/Matsaert 2004, World Bank 2006/2010, Winter 2009, Varghese 2009). Zu betonen ist der Aspekt des Wandels und der Neuerung, die mit ökonomisch erfolgreicher Innovation verbunden ist. Prozesse wie *entrepreneuriale Aktivitäten*, die *Entwicklung von Wissen*, dessen *Diffusion mittels Netzwerken*, eine *orientierte Suche*, damit die *Bildung von Märkten* und *gezielte Mobilisierung von Ressourcen* sowie die *Erzeugung und Gestaltung von Legitimität* auch indem dem *Widerstand gegen Wandel aktiv entgegen gewirkt* wird, können als *Funktionen von Innovationssystemen* identifiziert werden (Hekkert et al. 2007, 421f.). Dabei sind Innovationsprozesse immer als individuell *und* kollektiv zu verstehen: „The IS[156] approach encompasses individual firm dynamics as well as particular technology characteristics and adoption mechanisms. Determinants of technological change are not only to be found within the individual firm, but also within the IS." (ebd. 415). Als eine der wichtigsten Funktionen im Innovationssystem gilt aktives und interaktives Lernen (ebd. 418, vgl. auch Asheim/Coenen 2005, 1177). Institutionen fungieren hierbei als Unsicherheit reduzierende Komponente, indem sie

---

[156] Innovation system.

relevante Informationen zur Verfügung stellen, Konflikte und Kooperation managen und Anreize für Neuerungen setzen. Der evolutionäre Charakter des Innovationssystems zeichnet sich hierbei besonders durch die Bewertung von Information, die Generierung von Neuem, die Diversität nach sich zieht, sowie durch die Selektion zwischen Alternativen aus. Dabei haben Vernetzungsprozesse besonderes Gewicht (Hekkert et al. 2007, 418). Hekkert et al. identifizieren in der Dynamik zwischen diesen oben genannten Funktionen drei Motoren des Wandels (Abb. 6.2):

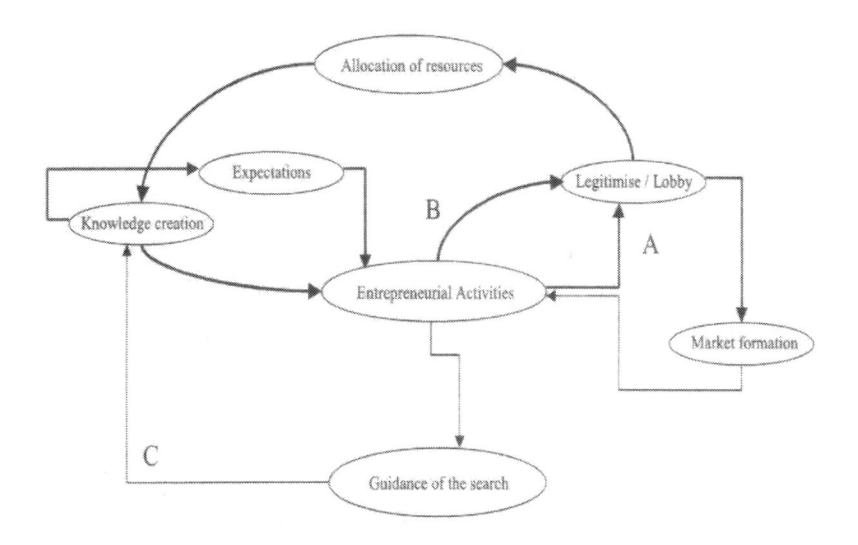

Abb. 6.2: Drei typische Motoren des Wandels.
Quelle: Hekkert et al. (2007, 426).

Innovationssysteme sind dabei abhängig von nationalen und regionalen Faktoren. Politische Rahmenbedingungen spielen hierbei eine wesentliche, aber nicht die alleinige Rolle. Nach Asheim/Isaksen (2002, 83) kann ein regionales Innovationssystem definiert werden als: „[...]places where close inter-firm communications, social structures, and the institutional environment may stimulate socially and territorially embedded collective learning and continuous innovation". Innovationen als eine Form von Erneuerung beinhalten Veränderungen und den expliziten Umgang mit Dynamik. Laut Beckenbach, Briegel und Daskalakis (2009, 2f) sind Innovationsleistungen abhängig vom Willen der Akteure, wobei eine kategorische Trennung zwischen ‚Innovation' und ‚Nicht-Innovation' zu kurz greift. Als weiteres Charakteristikum für regionale Innovationssysteme nennen Beckenbach, Briegel und Daskalakis an dieser Stelle „multiple coordination mechanisms [that] interact in the formation of RIS[157]: market relations are supplemented as well as structured by institutional relations and network relations are overarching both. Hence, analysing RIS more closely necessitates to take into account the involved agents, their different modes of action, and their embeddedness in different coordination mechanisms." (Beckenbach et al. 2009, 2f). Der *Zugang* zu für den vorliegenden Zusammenhang kritischen Systemzusammenhängen ist *abhängig* von *Fähigkeiten und Absichten* der Akteure, die *Innovationsfähigkeit im bloßen Kontext des ökonomischen Systems* überschreiten. Gegenseitige Wechselwirkungen und Auswirkungen von Prozessen müssen unter erweiterten Gesichtspunkten kommuniziert werden können (vgl. Asheim/Coenen 2006). Es muss trotz der oben genannten Unsicherheiten, Orientierung und eine gemeinsame Strategie entstehen. „Firms cope with increases in uncertainty by forming linkages with other organizations that can provide them with critical resources necessary to compete in the new environment." (Koka/Madhavan 2006, 724). Wie auch schon für das Konzept der Dynamic Capabilities der Fall, bedeutet ‚Bestehen in der Umwelt' im Hinblick auf die *hier relevanten* Problemlagen *Umstrukturierungen im sozio-ökonomischen System*, so dass auch Kooperationen unter anderen Voraussetzungen gesehen werden müssen. „Rules that define and constrain the operational activities of individual citizens and officials were established by collective choice processes, and the rules by which these rules themselves are subject to modification are determined through a process of constitutional choice." (McGinnis 2011, 52). Daraus resultiert, dass sich diese Regeln und Routinen auch durch kollektive Entscheidungsprozesse verändern lassen. Voraussetzung dafür wäre, dass der Veränderungsprozess in den Aktivitäten, die aus diesen Entscheidungsprozessen hervorgehen, operationalisiert ist.

Was die Dynamik in vernetzten ökonomischen Strukturen beweglich macht, ist, dass die Regulierungsverhältnisse verschoben und damit in

---

[157] Regional innovation system.

sich beweglich werden können. Hierzu sind Fähigkeiten im Sinne des vierten Kapitels erforderlich, um derartige Anpassungsprozesse auch hinsichtlich nachhaltigen Wandels anzustoßen (vgl. auch Ostrom 2010; McGinnis 2011). Die Problemlagen und Pfadabhängigkeiten, die für einen solchen Wandel bewältigt werden müssen, beziehen sich nicht nur auf eine einzelne Technologie oder Branche (vgl. auch Gunnarssen/ Wallin 2010). Ebenso wenig sind sie durch eine einzige Technologie oder Branche entstanden. Insofern bedeutet die Bewältigung und damit eine Veränderung dieser Pfadabhängigkeiten, dass viele gemeinsam an vielen Stellen eine Dynamik anstoßen und beschleunigen müssen. Die Gestaltung dieser Dynamik wird grundsätzlich von unvollständiger Information, also konkret *nicht vorhandenem Wissen* geprägt sein, während gleichzeitig Wettbewerb zwischen den Akteuren neben der ökonomischen Konkurrenz im gemeinsamen Wettlauf mit der Zeit besteht (vgl. Pfriem 2011b, 273ff).

„Typically, the rules in place in a situation of operational choice are presumed to be determined by processes occurring at the collective choice level. In turn, these collective choice (or policy) actions are governed by rules set by constitutional level interactions that may lie in the distant past. However, this tri-level interpretation is a narrow representation of a potentially much broader formulation. Typically, several operational level action situations operate simultaneously, and may directly affect each other, and any one operational level situation may be affected by multiple processes of collective or constitutional action choice." (McGinnis 2011, 53; vgl. auch Witt 1992).

Die erfolgreiche Umsetzung einer regionalen Flächennutzungsstrategie kann so gesehen nur als evolutorischer Prozess von Vielen erfolgen. Laut Koka und Madhavan (2006) kann strategische Orientierung als kritischer Mittler für die Verhältnisse zwischen Umweltveränderungen und Mustern in Netzwerkänderungen gesehen werden: „[O]ur framework explicitly incorporates strategic action as a driver of network change. We analyze network evolution in terms of two evolutionary „primitives" – the creation and dissolution of ties – that, we argue, are collectively necessary and sufficient to describe the basic processes of network change." (Koka/Madhavan 2006, 721).

Gunnarssen und Wallin (2010) zeigen in einer evolutorischen Simulation regionaler Innovationssysteme, wie diese entstehen und sich entwickeln können und dass Pfade sich dezentral kontrollieren lassen. Die Wahrscheinlichkeit für eine Innovation hängt hierbei davon ab, ob *Lösungen für Probleme* gefunden werden können und *wie neu* diese Lösungen im regionalen Umfeld sind. Nachdem die Entscheidung über die Umsetzung einer Innovation gefallen ist, folgen weitere Entscheidungen bspw. über den Implementierungsort in Abhängigkeit zu den Produktionskosten und vor- oder nachgelagerten Partnerunternehmen. In solchen Prozessen wäre abzuwägen, welche Schritte für die Ausrichtung auf Nachhaltigkeit jeweils zu setzen sind. Daraus könnte geschlossen werden, wo gegebenenfalls organisationale Bedingungen oder Routinen verändert werden müssen und wie und ob diese Veränderungen gemeinsam mit beteiligten Partnern geschehen können. So könnten aus der Verschiebung der Prioritäten Verschiebungen in den ökonomischen Interaktionen resultieren, die mit der Ausrichtung der Pfade (regionaler Trajektorien) in Abhängigkeit stehen. Ähnlich äußern sich auch Koka und Madhavan: „However, changes in the level of environmental dimensions (rather than absolute levels of environmental dimensions) are the key triggers to organizational action leading to network change. We explain network change by focusing on the additional amount of tie creation and/or tie deletion that is observed following a change in environmental munificence and uncertainty." (Koka/Madhavan 2006, 726) Besondere Bedeutung für Verhandlungsprozesse scheinen hierbei Akteure zu haben, bei denen sich verschiedene Entscheidungekontexte überlagern (McGinnis 2011).

6.1.2 Innovative Akteure

Arthur bspw. beschreibt das Entstehen radikal neuer Technologien wie folgt:

> Radically novel technologies arise more from a context of knowings: they arise from practice in working with – and knowing in a deep way – certain components and functionalities and certain newly uncovered effects. Such practice is really a form of craft. It consists not just in knowing functionalities and how to combine them. It consists in knowings of what is likely *not* to work, what methods to use, whom to talk to, what theories to look to, and above all of how to manipulate

phenomena that may be freshly discovered and poorly understood." (Arthur 2007, 13)

Diese Charakterisierung kann Aufschluss geben gerade auch für Neuerungen, in denen es insbesondere um die Veränderung von Prozessen, Zuständen und Strategien (und damit auch um Technologien) geht, die langfristig nicht erfolgversprechend sind. Steyeart beschreibt Emergenzen im Zusammenhang mit Entrepreneurship[158] als „konzeptionelle Attraktoren"[159]: „Entrepreneurship is seen as creating emergence through order creation and self-emergence.[...O]rganizational emergence involves activities that evolve in a non-linear and interdependent way. Thus the focus turns away from isolated actions and activities to the recursive dynamics between external and internal complexity as new relations are created internally and as new inter-organizational relations are initiated externally." (Steyaert 2007, 458). Weiter beschreibt er das ‚Sehen von Möglichkeiten' als evolutionären Akt und als interpretative Bestimmung eines bedeutungsvollen ‚Etwas' gegen einen kulturell kontinuierlichen Hintergrund (ebd. 460). Daran anschließend entwirft er eine relationale Perspektive, die erklärt, wie neue Ideen sich verdichten und trotzdem eingebettet in ihre Umgebung bspw. als Geschäftsidee funktionieren: „The focus on relatedness makes it possible to illustrate how the emergence of a business idea can be construed as a relational activity where multiple actions are continuously supplemented in a dialogical wave that forms from pieces of previous conversations, experiences and events." (ebd. 462f). Im Folgenden entwirft er einen umsetzungsbezogenen (‚making it happen') Ansatz, in dem Unsicherheit im Anschluss an Dew und Sarasvathy 2002 als „powerful tool in the creation of new ends"

---

[158] Leca, Battilana und Boxenbaum geben einen detaillierten Überblick zum Konzept ‚institutionaler Entrepreneure' als „actors who serve as catalysts for structural change and take the lead in being the impetus for, and giving direction to, change." (Leca et al. 2008).

[159] Bei Allen findet sich der Begriff des strukturellen Attraktors, der mit dem bei Steyeart gut anschlussfähig ist: „[A] structural attractor is the emergence of a set of interacting factors that have mutual supportive, complementary attributes" (Allen 2010, 15) Im Folgenden betont Allen vor allem die positiv nachhaltige, aber flexible Strukturierung von Interaktionen zwischen Akteuren als Form der Kooperation, die experimentelle Freiheiten zulässt und fördert (vgl. oben Fußnote 137).

(Steyaert 2007, 466) charakterisiert wird. Daraus ergibt sich: „The concept of entrepreneuring as a conceptual attractor thus points entrepreneurship studies towards a social ontology of relatedness." (ebd. 472). Dieser Ansatz zeichnet sich gerade im regional vernetzten Kontext als vielversprechend aus, um die Beziehungen zwischen einerseits ökonomisch relevanten Strukturen (Abhängigkeiten und Fähigkeiten) und andererseits inhaltlichen (z.b. ökologisch problembezogenen) Kontexten im Verhältnis zu den Spielräumen und Möglichkeiten Einzelner und Vieler zu erhellen (vgl. dazu auch Cowan et al. 2006; Earl/Wakeley 2009).

Nachdem im letzten Kapitel der konkrete regionale Kontext, in dem diese Prozesse stattfinden, bestimmt worden ist, geht es nun also um die Frage, wodurch Unternehmen den Prozess zu einer regional langfristig nachhaltigen Strategie (die hier insbesondere den konfliktfreien und nachhaltigen Umgang mit der Ressource Fläche betreffen) auf den Weg bringen können. Ausgehend von den Überlegungen des zweiten Kapitels steht hierzu das Verhältnis zwischen endogenen und exogenen Potenzialen im Fokus der Aufmerksamkeit (vgl. Koka/Madhavan 2006 oder Lichtenthaler/Lichtenthaler 2009). Interaktionen können im Austausch mehrerer Akteure beteiligt oder bestimmend sein für Dynamiken und Steuerungsfunktionen, welche für eine konfliktfreie regionale Trajektorie bedeutsam sind (vgl. Castellacci 2008).

Dies könnte bedeuten, dass es verstärkt darum gehen könnte, in Verbünden zu denken und zu wirtschaften, um die höherkomplexen Prozesse gemeinsam zu bewältigen und angesichts der mit höherer Komplexität zunehmenden Dynamik flexible Stabilität und laufenden Informationstransfer zu schaffen.

Die evolutorische Situation im Unternehmen ist somit beziehbar auf

1. Die evolutorische Situation in der Region

2. Die koevolutorische Situation mit den ökosystemaren Grundlagen.

6.1.3 Requisite Variety – Passung von Prozessen, ihren Bedingungen und Inhalten

Varietät lässt sich so zunächst zwischen *Problemzusammenhang* und *Regulierungsmöglichkeiten* spezifizieren. Dies kann in dreierlei Hinsicht dargelegt werden: (1) Den *regionalen Prozessen* in der bio-physikalischen Situation muss durch eine *adäquat vernetzte* sozio-ökonomische Situation entsprochen werden. (2) *Innovative Lösungen* können *in Abhängigkeit* zur herkömmlichen Innovationsfähigkeit regionaler Systeme stehen und deshalb besonders wirksam auch für den *hier erforderlichen Wandel* sein (nämlich insofern es hier vor allem auch um Neugenerierung von Pfaden geht). Die Innovationslösung bzw. jeweilige Fähigkeit als solche muss dazu aber unbedingt *differenziert* und im inhaltlichen *Bedeutungszusammenhang* (vgl. Kapitel 4) gesehen und beurteilt werden können. (3) Veränderungen müssen *realisiert werden können*, insofern bedarf es des umsetzungsbezogenen Ansatzes, der an den *Status Quo in beiden Bereichen* des koevolutorischen regionalen Systems *anschließt* und auf tatsächlichen Wandel ausgerichtet ist.

6.1.4 Requisite Variety – Initialprozesse

Neben konkreten agroökonomischen Empfehlungen[160] hängen solche Prozesse entscheidend mit den Fähigkeiten zusammen, vorhandene Barrieren zu überwinden und Pfadabhängigkeiten zu brechen, bzw. Neuerungen trotz Unsicherheit auf den Weg zu bringen. Diversifizierung hängt hierbei eng mit Multifunktionalität zusammen und damit auch mit multiplen bzw. heterogenen Strukturen in der regional vernetzten sozio-ökonomischen Situation(vgl. Janssen et al. 2007)[161]. Damit ergibt sich die

---

[160] „Options include improving nutrient, energy, water and land use efficiency; improving the understanding of soil-plant-water dynamics; increasing farm diversification; supporting agroecological systems, and enhancing biodiversity conservation and use at both field and landscape scales; promoting the sustainable management of livestock, forest and fisheries; improving understanding of the agroecological functioning of mosaics of crop production areas and natural habitats; countering the effects of agriculture on climate change and mitigating the negative impacts of climate change on agriculture." (McInytre 2009, 5f).

[161] „Successfully meeting development and sustainability goals and responding to new priorities and changing circumstances will require a fundamental shift in science and technologies, policies and institutions, as well as capacity development and investments. Such a shift will recognize and give increased importance to the multifunctionality of agriculture and account for the complexity of agricultural systems within diverse social and ecological contexts." (McIntyre 2009, 27).

Frage nach effizienten Vernetzungsstrukturen und den darin vorliegenden Lernvorgängen und Handlungsbarrieren oder Kommunikationschancen (vgl. Carayol et al. 2008; Jun/Sethi 2009; Bazerman 2008; Lamberson 2009).

Elsner (2010) beschreibt, wie *Initialprozesse*[162] zwischen Individuen zu emergenten Kooperationsstrukturen führen und dass damit häufig bestimmte *kritische Gruppengrößen* in Zusammenhang stehen. Elsner schließt mit der Vermutung:

> „Considering the critical factors in the ‚deep structure' of socio-economic forms, [...] specifically small countries that are *internally structured* in overlapping functional, spatial, professional, organizational, or jurisdictional communities, groups, networks, associations, etc. have turned out to display such favorable trust and performance properties. It appears that the principle of ‚smallness' has been *internally generalized* by them (through cumulative historical process rather than design, of course) applied to their inner structures, so that they can make use of ‚meso'-sized ‚arenas', ‚platforms', and groups and in this way facilitate the emergence of institutionalized *cooperation*, related innovative action capabilities, and performance. [...] The World Bank, the OECD, EU, and others may have to proceed to a more causal explanation of trust, and the theoretical framework of institutional emergence, with its co-evolutionary dimensions of contingent trust and ‚meso'- sized group formation, might play a more important role here in the future." (Elsner 2010, 472f, vgl. hierzu auch Golman/Page 2010; Wooders 2010).

Damit kann als zweite Ebene die Varietät zwischen den *Verhältnissen des Problemzusammenhangs* und denen im *Akteursgefüge* bestimmt werden: Die Verhältnismäßigkeit ergibt sich aus *zu generierenden Initialprozessen*, die für diffundierende Veränderung verdichtet werden müssen, und aus *Fähigkeiten und Ressourcen,* diese Prozesse auf den Weg zu

---

[162] „First [...], some initial evolutionarily stable ‚*minimum critical mass*' of cooperators has to stochastically come into being through some motivation and mechanism to *diversify behavior* (as we start from common defection). This will lead either to the ‚takeover' of the whole population by cooperators or, if the relative success of common cooperation becomes exhausted with the growing population share (an *S-curve* of cooperation payoffs), to a ‚*relevant cooperating group*' smaller than the whole population (a ‚*maximum critical mass*')." (Elsner 2010, 447).

bringen und zu gestalten. „A key lesson of research on collective-action theory is recognizing the complex linkages among variables at multiple levels that together affect individual reputations, trust, and reciprocity as these, in turn, affect levels of cooperation and joint benefits." (Ostrom 2010, 164). Vertrauen als wesentlicher Faktor für die Tragfähigkeit solcher Initialprozesse, für deren Verankerung und Diffusion hat funktionale Bedeutung vor allem auch im Auffangen von Unsicherheiten. Es ist hierbei von unmittelbarer Relevanz, dass und wie der konkrete Bedeutungszusammenhang mit dem Problemkontext in den entscheidenden Interaktionsprozessen kommuniziert werden kann.

6.2 Semantischer Gehalt relevanter Verhältnisse (Verhältnismäßigkeiten) – relationale Settings

Aus den bei Dopfer (2005, 17f) benannten Axiomen eines evolutorischen Zugangs[163] ergibt sich eine auf Prozesse gerichtete Perspektive, die nach (semantischen) Relationen fragt und Realitäten als aktualisierte Information begreift. Aus dem Ansatz von Schurz (2011) zu semantisch bestimmten Einheiten der Informationsübertragung als Basis kultureller Evolution zusammen mit den im vierten Kapitel bestimmten kritisch-reflexiven kulturellen Fähigkeiten[164] folgt, dass Situationskontexte von kompetenten Akteuren zur proaktiven Gestaltung ihrer Trajektorien und damit ihrer Umwelten gewählt, selektiert, bewertet und kommuniziert werden. Aus der bisherigen Argumentation folgt aber auch (vgl. Kapitel 1 und 5 bzw. Ostrom 1999a; Allison et al. 2009; Schellnhuber 2010a; Füssel 2010), dass eine herkömmliche Kosten-Nutzenanalyse, die auf vollständiger und exakt bestimmter Information basiert, für den vorliegenden Problemzusammenhang[165] nicht umsetzbar ist. Für eine proaktive Initiierung von Wandel (etwa im Hinblick auf die *Realisierung einer kli-*

---

[163] Kapitel 5, Seite 201f: Axiom 1: Reale Phänomene sind physisch aktualisierte Information; Axiom 2: Existenz sind Relationen und Verbindungen, in den Relationen ist insbesondere semantische Information enthalten; Axiom 3: Existenz als Prozess, assoziiert oder strukturiert in der Zeit.
[164] Im konkreten Bezug auf Etwas als aktualisierbares Handlungsvermögen.
[165] Wie auch für viele weitere Problemzusammenhänge im Rahmen einer „Großen Transformation", wie sie vom WBGU (2011) eingefordert wird.

maangepassten Flächennutzungsregulierung mit Perspektive auf langfristig nachhaltige Ernährungssicherheit) müsste sich somit die Varietät der Situation zwischen und in den Unternehmen sowie der regionalen Landnutzung (als bio-physikalischem System) semantisch so darstellen lassen, dass damit die *kritischen Systemzusammenhänge ausgedrückt* und darüber *konkrete Maßnahmen initiiert* werden können.

Semantische Netze sind gemeinhin ein Mittel, um hierarchische und Mehrebenennetze (z.B. in Unternehmen oder im Internet) zu erzeugen (Allemang/Hendler 2008; Reichenberger 2010). Sie werden eingesetzt, um komplexe und unübersichtliche Information zu strukturieren und zu clustern. Vielfach werden sie am Interface zwischen Menschen und IT-Systemen eingesetzt. Hier geht es im Gegensatz dazu darum, die semantisch relevante Struktur in Bezug auf den Problemzusammenhang im Sinne eines konzeptionellen Modells[166] auszuarbeiten, das für inhaltlich explizite Kommunikation und eine regulierende Integration der kritischen Kontexte genutzt werden kann. Der semantische Gehalt bezieht sich deshalb auf (i) funktionale Ebenen, auf denen die entsprechende Information im realen Kontext bedeutsam ist (zum Beispiel bezüglich der Rolle von Wasserverfügbarkeit oder der Einflüsse auf die Pachtpreise). Zweitens (ii) steht der semantische Gehalt (wie schon in Kapitel 4 ausgeführt) im Anschluss zur Sprache der Stakeholder und kann damit für die weitere Arbeit die Konkretisierung der realen Bedeutung (vgl. Mitchell 2009) von mentalen Modellen, Bedarfen und Interessenslagen befördern. Drittens lassen sich über einen semantischen Zugang (iii) Prioritäten einsehen, und zwar in Bezug auf explizit formulierte Kontexte. Abbildung 6.3 zeigt eine schematische Übersicht über Landnutzungsformen, Akteure und Ecosystem Services. Die großen Kästen beschreiben den geographischen Rahmen der verfügbaren und der landwirtschaftlich genutzten Fläche sowie den prozeduralen Rahmen hinsichtlich für die Landnutzung funktionaler Bausteine. Die kleinen Felder repräsentieren Stakeholdertypen und weitere einflussnehmende Elemente. Die Beschriftungen an den Pfeilen bezeichnen semantische Beziehungen (Einflussnahme in Pfeilrichtung).

---

[166] Technische Grundlagen für computergestützte Umsetzungen konzeptioneller Modelle finden sich bspw. bei Borgida et al. (2009) oder Schalley et al. (2007).

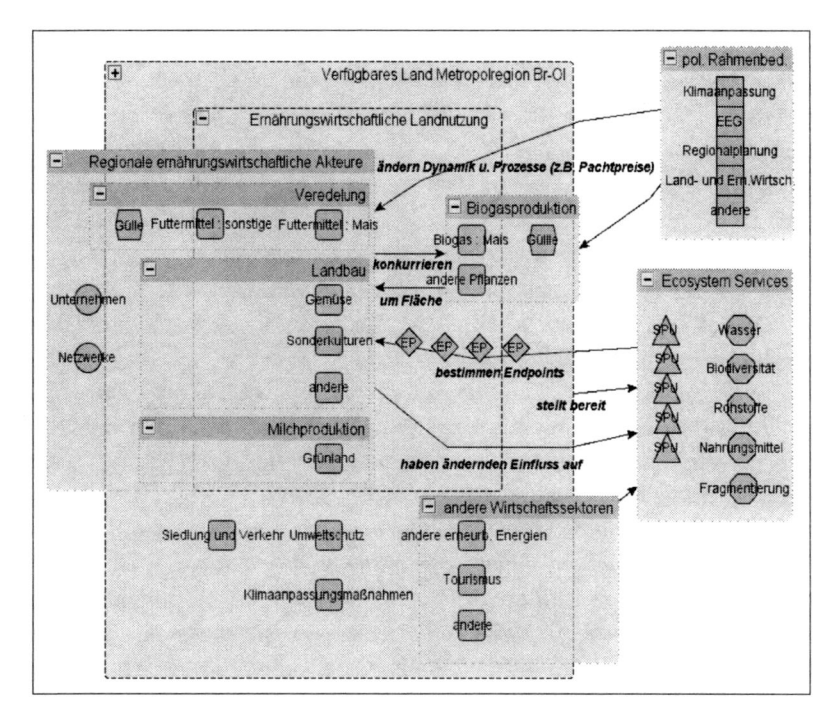

Abb. 6.3: Landnutzungstypen in der Metropolregion Bremen-Oldenburg.
SPU: service providing units; EP: endpoints. Eigene Darstellung.

Es sind hier nur einige der semantischen Beziehungsstrukturen eingetragen. Die weiter unten dargestellte Analyse folgt dem semantischen Gehalt der relationalen Settings, die aus den Problemfeldern und dem realen Gefüge der Akteure abgeleitet wurden. So wird eine weitere Differenzierung dieser und weiterer (nicht mit abgebildeter) Beziehungsverhältnisse erarbeitet. Dabei geht es darum, diejenigen Zusammenhänge herauszuarbeiten, welche inhaltlich sowohl für die *Spezifik des regionalen Akteursgefüges* (sozio-ökonomisches System), als *auch im Hinblick auf die Veränderungs- und Erhaltungsbedarfe* zur Wahrung des bio-physikalischen Systems besonders wichtig sind. Insofern Konflikte in Verhandlungen aufgefangen werden können (sofern diese konstruktiv sind) (Hahn/Fröde 2010), könnten derart bestimmte Gegebenheiten (*requisite variety*) von großem Vorteil sein für Realisierung von Veränderung. „In real life there will be debate and discussion by different people in favour of one or another choice, and each would cite their own projections about the trade-offs and the overall effect of their choice. However, the actual success that a new practice meets with is predetermined by the ‚fitness landscape' resulting from the practices already present and what the emergent attributes and capabilities encounter in the marketplace." (Allen et al. 2007).

Genau das ist die Situation, die aus der empirischen Arbeit mit den Stakeholdern deutlich wurde. Eine Behebung regionaler Vulnerabilitäten hinsichtlich konfligierender Landnutzungsformen ist deshalb so sehr von der Verfügbarkeit über relevante Information abhängig, weil den Verhandlungen sonst (insbesondere mit Blick auf übergeordnete Kontexte) eine *gemeinsame argumentative Grundlage fehlt* (Wilbanks 2006, de Vries/Petersen 2009, Rammel et al. 2007). Damit erfordert die analytische Strukturierung des semantischen Ansatzes einen Zugang, der dazu in der Lage ist, zwischen *Bedeutungsebenen* und *funktionalen Ebenen* so zu unterscheiden, dass *Rückschlüsse* auf die damit in Verbindung stehenden *Interaktionen*, *Aktionen* und *Prozesse zwischen Akteuren* in der Region gezogen werden können. Indem Gewichtungen im regionalen Kontext durch die Stakeholder entschieden und umgesetzt werden, könnte damit ein flexibles Instrument zur Integration verschiedener Kontexte als Teil einer Regulierungsstrategie entstehen (de Vries/Petersen 2009).

6.3 Service providing units und konkrete Endpoints für die koevolutorische Situation?

Die im vorigen Kapitel erarbeiteten Problemfelder wurden mit Bezug auf (i) die konkreten Konfliktlagen, (ii) die Möglichkeiten und Spielräume im Akteursgefüge, (iii) die relevanten Ecosystem Services und (iv) vor dem Hintergrund der regionen- und branchenübergreifenden Ausgangslage unter (v) einer auf nachhaltige Ernährungsversorgung ausgerichteten Zielsetzung zusammengeführt:

1. *Problemfeld Diversität unter Klimawandel*

2. *Problemfeld fruchtbarer Boden unter Klimawandel*

3. *Problemfeld betriebliche Strukturen unter Klimawandel*

Für die Frage nach der Bestimmung von *service providing units* verbunden mit *Dynamiken in einer bestimmten Situation* (vgl. Kapitel 3 (Abschnitt 3.2.5) sowie Axiomatik bei Dopfer 2005) müsste der Informationsgehalt nun im konkreten Zusammenhang weiter ausdifferenziert werden können. Der Gedanke der Endpoints würde bedeuten, dass eine verständliche Vermittelbarkeit in die Praxis erreicht wird; würde umgekehrt aber auch beinhalten, das es dabei um solche inhaltlichen Eckpunkte geht, die in Beziehung zueinander auch für eine ökosystemisch tragfähige Situation stehen. Eine derartige Ausdifferenzierung würde somit die Relationen, in denen diese Eckpunkte stehen, über *verschiedene Bezugsrahmen verknüpfen* können. Indem diese Eckpunkte auch in Verbindung zu den Fähigkeiten und Spielräumen der Akteure erarbeitet wurden, würde es möglich, die Eckpunkte im Verhältnis zueinander zu sehen. Es könnte so direkter *über verschiedene Gewichtungen* nachgedacht werden. Aus semantisch formulierten Bedeutungszusammenhängen resultierten so explizite *Konstellationen in Abhängigkeit von der Gewichtung* der Eckpunkte. Es entstünde also die Option, konkrete Maßnahmen und die dafür notwendigen *Interaktions- und Austauschprozesse* abzuleiten. Bzw. gäbe es umgekehrt die Möglichkeit, vorhandene Pilotprojekte oder erfolgreiche Regulierungsmaßnahmen gezielt zusammenzuführen und einzuordnen sowie gegebenenfalls von ihnen für andere Zusammenhänge zu abstrahieren.

Für die Perspektive auf Pfadabhängigkeiten könnte dies heißen, dass identifiziert und berücksichtigt werden kann, wo die bio-physikalischen Erfordernisse eine Veränderung von sozio-ökonomischen Routinen verlangen, die *über einzelne Unternehmen, über bestimmte Sektoren oder Branchen und über bestimmte Regionen hinausgehen*. So könnte (1) abgegrenzt werden, worin gerade diejenigen Prozesse und Ansatzpunkte bestehen, die in einem *bestimmten Unternehmen* oder in einer *bestimmten Region direkt* angegangen werden müssen. Zweitens könnten so (2) Hinweise darauf gefunden werden, welche Form von Informationen und Vernetzung in einer bestimmten sozio-ökonomischen Situation erforderlich ist, um die kritischen Massen zur Veränderung der *branchenübergreifenden Aspekte* der Pfadabhängigkeiten zu generieren. „[E]ach time a new practice is adopted within an organisation, it changes the ‚invadability' or ‚receptivity' of the organisation for any new innovations in the future. This is true illustration of the ‚path dependent evolution' that characterises organizational change. Successful evolution is about the ‚discovery' or ‚creation' of highly synergetic structures of interacting practices." (Allen et al. 2007, 418). Es könnten so Möglichkeiten für ein kontinuierliches Monitoring bzw. ein *constant balancing* (vgl. Kapitel 2: Sydow/Schreyögg 2010; oder auch Steyaert 2007; Witt 2011; Vromen 2011) von unternehmensinternen mit unternehmensübergreifenden (i) Relevanzen und (ii) Prioritäten trotz unübersichtlicher Zusammenhänge eröffnet werden.

Je nachdem wie ausgeprägt die kulturellen Kompetenzen im Unternehmen sind, könnten somit auch Regelstrukturen und Entscheidungen im Abgleich mit exogenen Veränderungen getroffen bzw. angepasst werden (vgl. Lebel/Bennett 2008; Cox et al. 2010). Die Idee ist, dass damit diejenigen Zusammenhänge für die Akteure sichtbar werden (bzw. erarbeitet und gestaltet werden können), die für eine effektive Regulierung unter einem offenen und kritischen Austausch über die Zielsetzungen (und die damit verbundenen heterogenen Prozesse) von Bedeutung sind: „A successful product or organisation is one in which the ‚bundling' of its different components creates emergent attributes and capabilities that assure the resources for its production and maintenance." (Allen et al. 2007, 422). Damit wird im Folgenden nicht angestrebt, fix bestimmte *service providing units* anzugeben, wohl aber Endpoints im Sinne *besonders relevanter Zusammenhänge*. Diese sollen möglichst so formuliert werden, dass sie (i) orientiert an den Spielräumen der regionalen Unternehmen verortet werden können, (ii) im Einklang mit der Sprache der Stakeholder vor Ort stehen und (iii) anschlussfähig an bereits vorhandene Maßnahmen, Pilotprojekte oder multifunktionale Nutzungsformen sind.

6.3.1 *Methodischer Hintergrund der Bestimmung von Potenzialen und Defiziten*

Für die in Abschnitt 4 folgende Analyse der regionalen Potenziale und Defizite wird in diesem Abschnitt nun die methodische Umsetzung erläutert. Zunächst beziehen sich die Einträge in den Tabellen in Abschnitt 4 auf eine *längerfristige Zielorientierung*, deren Charakteristika im nächsten Unterkapitel beschrieben werden. Zweitens beziehen sich die

Einträge in den Tabellen auf das in der Region *angenommene Veränderungspotenzial*. Dieses ist sowohl im Anschluss an die evolutorischen und fähigkeitenbasierten Grundlagen als auch im Anschluss an die empirischen Befunde in der Region konzipiert. Sowohl das Veränderungspotenzial als auch die Längerfristigkeit der Orientierung sind *im regionalen Rahmen* zwischen vernetzter sozio-ökonomischer Situation und deren koevolutorischem Verhältnis zur bio-physikalischen Situation angelegt. Dabei ist letztere durch die in Kapitel 3 bestimmten Ecosystem Services repräsentiert. Die Ausführungen in den Tabellen orientieren sich an den oben aufgegriffenen drei inhaltlichen Problemfeldern. Es werden für jedes Problemfeld zwei besonders zentrale Zusammenhänge anhand von verketteten Interaktionen/Interdependenzen aufgeworfen. Für diese Zusammenhänge werden mit dem hier erläuterten Raster Potenziale und Defizite bestimmt.

Natürlich kann dieses semantisch orientierte Vorgehen weder eine umfassende und mit großen quantitativen Datensätzen (vgl. Kapitel 7) gestützte Erfassung einer regionalen Situation auf den verschiedenen Ebenen ersetzen, noch die Unsicherheiten auflösen, die in Zusammenhang mit unterschiedlichen ökonomischen Strategien oder den klimatischen Veränderungen entstehen. Möglicherweise ist eine solche Analyse aber dazu in der Lage aufzuzeigen, wo besonderer Handlungsbedarf besteht, wie diesem entsprochen werden kann, welche Fähigkeiten und Interaktionen dazu fehlen und wie eine Vernetzung zwischen bereits vorhandenen Maßnahmen und weiteren relevanten Themen verbessert werden kann.

Insofern könnte Unsicherheit wenigstens für die in der Ausgangslage beschriebene Unübersichtlichkeit hinsichtlich der Verfügbarkeit und Kommunizierbarkeit der Informationen gemindert werden. Dies könnte auch bedeuten, dass negative Information direkter ersichtlich wird, also z.B. Information dazu, wo etwas *grundsätzlich nicht messbar* ist *(sicheres Wissen also fehlt)*, trotzdem (hohe) Relevanz besitzt und deshalb (dringend) trotzdem ein Umgang damit gefunden werden müsste[167].

---

[167] Diese Ergebnisse finden für die Entwicklung des Regulierungsansatzes im Projekt nordwest2050 Anwendung in der Arbeit mit Stakeholdern, etwa im Konzept der nächsten beiden großen Veranstaltungen (2012 und 2013).

6.3.1.1 Längerfristigkeit

Für die angenommene Orientierung einer nachhaltig und klimaangepasst regulierten Zielsetzung bezieht sich die nachfolgende Analyse auf Foresight 2010 und McIntyre 2009 (vgl. Kapitel 1), die in Kapitel 5 vorgestellten empirischen Ergebnisse sowie umfassende weitere Literatur zu Entwicklungspotentialen, -defiziten und Herausforderungen in Land- und Ernährungswirtschaft, Klimaanpassung, Klimaschutz, Vulnerabilität und Landnutzung.

Methodisch orientiert sich diese qualitative Herleitung an der schon in Kapitel 5 angewendeten qualitativen Inhaltsanalyse (vgl. Mayring 2010) und am Aufbau semantischer Netze (vgl. Allemang/Hendler 2008) sowie an verschiedenen anderen Ansätzen zur Bildung von Szenarien, Bedingungen und Kategorien im Kontext von Klimawandel, regionaler Vernetzung/ Entwicklung und (multifunktionaler) Landnutzung (unter Unsicherheit) (z.B. Wiggering et al. 2003 und 2006; Antle et al. 2006; Wescoat/Johnston 2008; de Vries/Petersen 2009; Ruth/Davidsdottir 2009; Füssel 2010).

Szenario	Landwirtschaft	Naturschutz
1	Expansion (E1)	Umfangreiche Schutzmassnahmen (B1)
2	Expansion (E1)	Mittlere Schutzmassnahmen (B2)
3	Nur Intensivierung (E2)	Umfangreiche Schutzmassnahmen (B1)
4	Nur Intensivierung (E2)	Mittlere Schutzmassnahmen (B2)

Abb. 6.4: Zusammensetzung von vier Szenarien für Bioenergiepotenziale. Quelle: Beringer/Lucht (2008, 5).

Beringer und Lucht 2008 (vgl. ebenfalls Beringer et al. 2011) bauen Szenarien zur Identifikation von Bioenergiepotentialen bspw. wie folgt auf: „[I]n enger Diskussion mit dem WBGU [wurden] insgesamt vier Szenarien definiert, die unterschiedliche Annahmen über die zukünftige Entwicklung der globalen Landnutzung integrieren und die sich aus jeweils zwei Varianten der Faktoren Landwirtschaft und Naturschutz ergeben. Alle Szenarien wurden sowohl mit als auch ohne Bewässerung gerechnet." (Beringer/Lucht 2008, 4). Diesbezüglich würde die konkrete tatsächliche Umsetzung einer auf *langfristige* ökologische und ökonomische Nachhaltigkeit ausgerichteten land- und ernährungswirtschaftlichen Wertschöpfungskette wahrscheinlich eine Kombination aus E1/B1 und E2/B1 bedeuten. Dies kann deshalb angenommen werden, weil die Bedeutung der Biodiversität insbesondere unter Klimawandel als hoch eingeschätzt werden muss (vgl. Hooper et al. 2005; Füssel 2010; und Ring et al. 2010; WBGU 2011; Lin et al. 2011; Mori 2011). Indem bspw. die Szenarienbildung im ATEAM-Projekt[168] hinzugenommen wird, können Prioritätslagerungen expliziert werden: Für die ATEAM-Szenarien wurde folgende Priorisierung zu Grunde gelegt: „Protected areas (green areas for recreation or conservation) > urban > agriculture > biofuels > commercial (unprotected) forests > not actively managed" (Schroeter et al. 2004, 18). Für die hier vorgeschlagene Perspektive wird die Priorität auf Ernährungswirtschaft vor die Priorität für urbane Gebiete gezogen. Dies entspricht der Abstufung bei Beringer und Lucht (2008, 4), die den Bedarf der Landwirtschaft für die Nahrungsmittelproduktion sowie die Versorgung der natürlichen Ökosysteme priorisieren (Die Entwicklung bei Beringer et al. (2011), folgt einem strikten »food first« Paradigma (siehe dort, 3)). Diese Setzung kann im Anschluss an MyIntyre (2009); Edenhofer et al. (2010); Dyer (2010); Godfray et al. (2011); Foresight (2011) und Hisas (2011) begründet werden mit der drohenden Verschärfung der Ernährungssituation unter Klimawandel und der daraus resultierenden Notwendigkeit, fruchtbaren Boden intensiv zu schützen.

6.3.1.2 Veränderungspotenzial

Die Perspektive, die sich aus diesen Prioritäten ergibt, ist kontrafaktisch zu der tatsächlich vorliegenden Prioritätsverteilung (und den daraus fol-

---

[168] „ATEAM's primary objective was to assess the vulnerability of human sectors relying on ecosystem services with respect to global change. We consider vulnerability to be a function of potential impacts and adaptive capacity to global change. Multiple, internally consistent scenarios of potential impacts and vulnerabilities of the sectors agriculture, forestry, carbon storage, water, nature conservation and mountain tourism in the 21 century were mapped for Europe at a regional scale for four time slices (1990, 2020, 2050, 2080)." Schroeter et al. 2004, 6. Die Tabelle mit den Szenarien aus ATEAM für Europa findet sich im Anhang.

genden Optimierungsstrategien). Entsprechend ergibt sich hieraus der zweite Ansatzpunkt für die Analyse, nämlich der Bezug auf die tatsächlich vorliegenden Veränderungspotenziale.

Neben der langfristigen Bedeutung unterschiedlicher Landnutzungsformen mussten außerdem die Konfliktlagen als solche eingeschätzt werden. Bei Carius, Tänzler und Winterstein (2007) werden Konfliktlagen kategorisiert und bezüglich ihres Risikoreichtums für die Stabilität sozioökonomischer Systeme angeordnet. Besonders betonen Carius, Tänzler und Winterstein (2007, 10ff), dass die aktive dialogische Kommunikation in Verbindung mit Umweltkooperationen konfliktreduzierendes und sogar friedensstiftendes Potential hat: „Gemeinsame ökologische Herausforderungen können jedoch nicht nur als Türöffner für einen gesellschaftlichen Dialog dienen, sondern möglicherweise sogar traditionell von Konflikten geprägte Beziehungen transformieren, indem sie die einer Kooperation entgegenstehenden Barrieren überwinden und Misstrauen, Argwohn und divergierende Interessen durch eine gemeinsame Wissensbasis und gemeinsame Ziele ersetzen." (ebd. 11). Nachhaltige Entwicklung wird hierbei als Voraussetzung für dauerhaften Frieden genannt. Umgekehrt konnten sie zeigen, dass bio-physikalische und ökologische Faktoren, die die Ressourcenverknappung verstärkten, eine maßgebliche Rolle spielten: „Dieses Ergebnis ist auch deswegen von besonderer Bedeutung, weil im Zuge des globalen Klimawandels zukünftig noch sehr viel höherer Umweltstress auf Konfliktkonstellationen wirken wird." (ebd. 35f, vgl. auch DeFries et al. 2004). Die nachfolgend beschriebenen Zusammenhänge beziehen deshalb die bei Carius, Tänzler und Winterstein (2007) angegebenen Kontextfaktoren der Konfliktfelder mit ein. Diese sind neben den schon angesprochenen *bio-physikalischen* und *ökologischen Konfliktkontextfaktoren*, *politische* und *institutionelle*, *sozio-kulturelle* und *wirtschaftliche*, *Bevölkerung* und *Sicherung der Lebensgrundlagen*, *Infrastruktur*, *Dienstleistungen* und *Landnutzung*. Die Auswertung bei Carius, Tänzler und Winterstein (2007) bezieht sich auf globale Konflikte, die in anderen Ländern signifikant intensiver und schwerwiegender bewertet werden müssen. So besteht bspw. in der Metropolregion Bremen-Oldenburg kaum die unmittelbare Gefahr eines Krieges. Andererseits sind die aktuellen Wertschöpfungsketten auch in der Metropolregion Bremen-Oldenburg in zunehmendem Maße abhängig von den Weltmärkten (Akamp/Schattke 2011; vgl. auch DeFries et al. 2004).

Im Anschluss an die bei Cox, Arnold und Villamayor Tomás (2010) dargestellten „*Design Principles for Community-based Natural Resource Management*"[169] und den oben beschriebenen evolutorischen Blick auf regionale Akteursgefüge könnte sich eben gerade *aus dem Bezug auf die globale Bedeutung im regionalen Kontext das Potenzial für eine vorausschauende und aktive regionale Entwicklung* ergeben (Ruth 2006b).

Diese Einordnung schließt die in Kapitel 3 (Seite 128, Abb. 3.1) benannten Dimensionen[170] der Veränderung im Unternehmen (als evolutorischer Akteur im koevolutorischen Verhältnis zwischen sozio-ökonomischem (gesellschaftlichem) und bio-physikalischem System) an die hier genannten Konfliktebenen und Kontexte an.

6.4 Potenziale und Defizite in den drei inhaltlichen Problemfeldern

Im Folgenden werden für die drei oben aufgegriffenen Problemfelder (*Diversität, Fruchtbarer Boden und Betriebliche Strukturen*) nun Potenziale und Defizite[171] hergeleitet. Für jeden diskutierten inhaltlichen Zu-

---

[169] *Clearly defined boundaries (user boundaries, resource boundaries); Congruence with local conditions; Appropriation and provision; Collective-choice arrangements; Monitoring (users and resources); Graduated sanctions; Conflict-resolution mechanisms; Minimal recognition of rights to organize; Nested enterprises.* Vgl. Cox et al. (2010, 8 und 15).

[170] Wandel bzw. Dynamik bzw. Veränderung ist hier differenziert worden als einerseits (1) aktuelle und (2) zu erwartende Dynamik der (a) endogenen Unternehmenssituation und der (b) exogenen Unternehmensumwelt(en), die (i) entweder stärker im bio-physikalischen Bereich oder (ii) stärker im sozio-ökonomischen Bereich zum Tragen kommen können, sowie Dynamiken, die in diesen sechs Dimensionen entstehen können durch eine (x) absichtsvolle oder (y) auf Grund von Problemlagen erzwungene Veränderung der strategischen Ausrichtung unter langfristiger Perspektive.

[171] „Kompetenzen dienen als Schnittstelle zwischen Geschäfts- und Lernprozessen und werden in SOLL- und IST-Kompetenzen unterschieden. Die daraus resultierende Kompetenzlücke geht in den Zielkompetenzen (SOLL-Kompetenzen) auf, die wiederum die Ausgangssituation für die Ausgestaltung der Lernprozesse darstellen (Learning Design)." (Leyking et al. 2010, 107f).

sammenhang wird eine konkrete Maßnahme beispielhaft für eine umsetzungsorientierte Bewältigungsstrategie genannt. Diese Beispiele sind für den hier aufgeworfenen Kontext ausgewählt worden. Natürlich gibt es zahlreiche weitere Maßnahmen, Projekte und Ansätze, die hier ebenfalls sinnvollerweise genannt werden könnten.

Im Hinblick auf die Schwierigkeiten, die Komplexität der Problematik konkret zu bestimmen, geht es hier vor allen Dingen darum, über die *semantisch explizite Darstellung des regionalen Profils* einen Rahmen zu bestimmen, in dem sich eine Maßnahme (1) *finden lässt*, weil man einen konkreten Inhalt hat, nach dem gesucht werden kann; und (2) für den gegebenen Kontext als *relevant einschätzen lässt*, weil die Zusammenhänge, in denen es in einer bestimmten thematischen Konstellation geht, offen liegen. Drittens geht es darum, ausgehend von einem als relevant ersichtlichen Zusammenhang (3) Rückschlüsse ziehen zu können für *Schnittstellen mit anderen relevanten Zusammenhängen*, um so Maßnahmen zusammenzuführen und *effektiv bündeln* zu können. Dass hierfür eine entsprechende Informationsverarbeitung und Informationsangebot verfügbar sein müssten, ist ein Aspekt, der im nächsten Kapitel aufgegriffen wird.

Insofern könnten für einen bestimmten Landkreis oder einen Konflikt zwischen zwei oder mehr speziellen Unternehmen auch andere Inhalte bzw. andere Potenziale oder Defizite akut gegeben sein. Mithin würde der dargestellte Ansatz es aber spezifisch erlauben, das gegebene Profil ebenso zu erarbeiten. Diese Erarbeitung wird für den konkreten Fall sicher abhängig sein von der Partizipation der betroffenen Stakeholder und deren Kommunikationsmöglichkeiten (siehe dazu Kapitel 7). Indem der bzw. die Kontexte der Problematik aber so aufbereitet werden, dass sie bspw. die Wichtigkeit des Erhalts fruchtbaren Bodens oder Chancen für bäuerliche Betriebe aufzeigen, kann Kommunikationsbereitschaft und damit das Interesse, sich konstruktiv zu beteiligen, angeregt werden.

6.4.1 Problemfeld 1 Diversität

Zusammenhang A „Wasser-Fläche":
Intensivierung der Konflikte zwischen Akteuren der Ernährungswirtschaft und Kommunen (bzw. anderen Branchen) bei zunehmender früh-

sommerlicher Trockenheit durch Kopplung der Flächenknappheit mit Wasserknappheit: gleichzeitige großflächige Bewässerung durch geringe ökonomische Diversität führt zu starker Grundwasserentnahme. Daraus und aus dem weitverbreiteten Anbau von Mais resultiert eine (gravierende) Zunahme der Nitratkonzentration im Grundwasser. Hieraus wiederum können Probleme in der Fischerei entstehen[172]. Gleichzeitig besteht gegebenenfalls vermehrter Bedarf an Trinkwasser.

	Längerfristigkeit	*Veränderungspotenzial*
Defizite	Gefahr von weitreichenden u. zeitgleichen Ausfällen durch Wassermangel, langfristig verschärft durch mögl. Winderosion und Schädlingsbefall.	Dominanz weniger großer Betriebe hemmt flexible und gerechte Verteilung d. Ressourcen u. Möglichkeit individueller Steuerung.
Potenziale	Dialog mit Raumplanern über Flexibilisierung von Raumplanung und Austausch über Prioritäten in Land-(Ressourcen)-Nutzung. Sehr gute regionale Vernetzung.	Gekoppelte Ansätze integrierten Anbaus (z.B. Fruchtfolgen verschiedener Pflanzen in einer Saison) zwischen verschiedenen Akteuren unterschiedlicher Größe.

Eigene Darstellung

Konkrete Maßnahme: „Innovative Landnutzungssysteme für die multifunktionale Entwicklung ländlicher Räume":

„Das Projekt INNOrural des Leibniz-Zentrums für Agrarlandschaftsforschung (ZALF) e.V. stellt sich die Aufgabe, die Entwicklung ländlicher Räume durch die Initiierung und Begleitung eines akteursgeleiteten Innovationsmanagements zu unterstützen." (Webseite INNOrural 2011).

Durch einen innovationsorientierten partizipativen Ansatz werden unterschiedliche Akteure eingebunden und Innovationen vorausschauend im Zusammenspiel der unterschiedlichen Erfordernisse und Möglichkeiten geplant und umgesetzt. In der Zusammenarbeit mit regionalen und lokalen Akteuren kann Nachhaltigkeit konkret auf den Weg gebracht werden. Gleichzeitig sieht der Ansatz vor, dass so auch „Widerstand und die Forderung nach zivilgesellschaftlicher Beteiligung nicht nur an Unterneh-

---

[172] Vgl. EIKE-Klima-Energie 2011.

men oder Branchen, sondern auch an öffentliche Verwaltungen und politische Entscheidungsträger [gerichtet werden kann]. Auf lokaler und regionaler Ebene kann der Roadmapping-Ansatz helfen, a) den Anspruch auf gesellschaftliche Teilhabe zu verwirklichen und b) die Konzeption, Entwicklung und Einführung von Innovationen abzusichern." (Schwerdtner et al. 2010, 9)

> „Auf die grundsätzlichen Spezifika – im Beispiel die Entscheidung für ein eigenes System – folgt der eigentliche Entwicklungsschritt, der jeweils innovationsspezifisch gestaltet werden muss und nicht verallgemeinerbar ist." (ebd. 24)

Im Hinblick auf die Verträglichkeit zwischen Flächennutzung und Wasserhaushalt könnten so innovative Ansätze besser diskutiert und rascher umgesetzt werden (vgl. BERSO/Gülleseparation 2011). Darüber hinaus entstünde so ein direkt in der Region verankertes und mit konkreten Maßnahmen gekoppeltes Potenzial für die qualitative Verschiebung für Optimierungsmuster. Desweiteren ließen sich so Informationen zur Situation und gegenseitigen Regulierung effektiver und schneller vermitteln (bspw. hinsichtlich der Beregnungsflächenverwaltung, vgl. LWK/ KLIMZUGnord 2011).

Zusammenhang B „Gefahr durch Schädlinge – Biodiversität und ökonomische Diversität":
Der Verlust von Biodiversität und Sortenmonokultur können unter Klimawandel gefährlich werden (vgl. Lin et al. 2011; Mori 2011)[173]. Ein Flächenmanagement, das auf industrielle Landwirtschaft und sehr wenig verschiedene Sorten setzt, riskiert entlang der Wertschöpfungskette große Ausfälle. Bei Problemen in den nachgelagerten Stufen kommt hinzu, dass die Rückverfolgbarkeit schwer möglich ist. Damit den Erfordernissen zum Biodiversitätsschutz entsprochen werden könnte, bedürfte es zudem weniger fragmentierter Landschaften (vgl. den Ansatz zu landschaftlicher

---

[173] Jüngstes Beispiel sind sich häufende Funde des Maiswurzelbohrers, dessen Einwanderung aus südlicheren Ländern – neben der Einschleppung auf Transportwegen – von manchen Experten im Zusammenhang mit steigenden Temperaturen gesehen wird (vgl. BioSicherheit 2011; Julius Kühn-Institut 2011 und Maurin in taz 23.05.2011).

Asymmetrie (Abschnitt 3.2.2: Seite 138ff bzw. Cumming et al. 2008)). In der Raumplanung müsste dieser Aspekt umfassender einbezogen werden (auch vor dem Hintergrund klimatisch bedingter Vulnerabilitäten bspw. im Küstenzonenmanagement; vgl. Schuchardt et al. 2011).

	Längerfristigkeit	*Veränderungspotenzial*
Defizite	Gefahr der Einwanderung von Schädlingen unter Klimawandel, die einförmige Anbauflächen betreffen. Zweitens können durch verminderte Biodiversität geschwächte Ökosysteme in Fauna und Flora mit gefährdet sein.	Relevanz von Umweltschutz hinter Relevanz ökonomischer Strategien (nicht nur in der Ernährungswirtschaft). Auswirkungen des Klimawandels verschärfend, vor allem wenn Maßnahmen zum Klimaschutz (bspw. erneuerbare Energien) zu weiterer Reduzierung ökonomischer und ökologischer Diversität führen.
Potenziale	Gezieltes und zügiges Umsetzen vorhandener Ansätze (alternative Energiepflanzen, Kaskadennutzung, Zertifikate, usw.), die Biodiversitätsschutz und ökonomische Anbaustrategien verbinden. Stärkere Gewichtung langfristiger Entscheidungshorizonte.	Intensiver Austausch bspw. zwischen Energiepflanzenbauern über integrierte Anbaustrategien (Mehrfachnutzung der Fläche für verschiedene Pflanzen in einer Saison) und alternative Methoden. Kopplung mit touristischem Wert der Landschaft von Vorteil. Umsichtige Einbindung verschiedener Kontexte und betriebliche Flexibilisierung von Handlungsoptionen einfordern.

Eigene Darstellung

Konkrete Maßnahme: „*Energie aus Wildpflanzen*":

„Das Projekt „Energie aus Wildpflanzen" des Netzwerkes „Lebensraum Brache" zielt darauf ab, die negativen Auswirkungen des intensiven Monokulturanbaus bei der Biogasproduktion durch die Verwendung von Wildpflanzenarten zu verhindern und Landwirten gleichzeitig eine ökonomisch interessante Alternative zu den derzeit gängigen Bioenergiepflanzen zur Verfügung zu stellen. Damit kann der Anbau von Energiepflanzen als ein Element einer nachhaltigen sowie umwelt- und naturverträglichen Landwirtschaft entwickelt werden." (Webseite Netzwerk Lebensraum Brache 2011)

Zielsetzung des Projekts ist die Optimierung von Saatgutmischungen und deren Anbau hinsichtlich möglichst hoher Biomasse- und Methanerträge bei gleichzeitig geringem Produktionsaufwand. Es soll so eine „ökologisch wertvolle und gleichzeitig ökonomisch tragbare Alternative zum intensiven Energiepflanzenanbau angeboten werden." (Vollrath/Kuhn 2010, 31). Zwölf Pflanzenmischungen werden im Projekt auf vier verschiedenen Standorten (einer davon in Oldenburg) getestet. Chemische Pflanzenschutzmittel wurden nicht eingesetzt. Begleitend werden faunistische Untersuchungen durchgeführt, die den ökologischen Wert der Ansaatflächen im Vergleich zu herkömmlichen Energiepflanzenkulturen aufzeigen sollen. „Die ersten Ergebnisse bestätigen die Leistungsfähigkeit des Anbausystems, vor allem wenn der im Vergleich zum Maisanbau wesentlich geringere Produktionsaufwand berücksichtigt wird." (ebd.) Die Trockenmasseerträge einiger Mischungsvarianten übertrafen im zweiten Anbaujahr sogar die von Silomais. Ökologische Vorteile ergeben sich aus der großen Artenzahl. Der Blütenreichtum wird besonders von Bienen und anderen Insekten geschätzt. Spät blühende Sorten stellen zudem ein Angebot für Insekten außerhalb der Blühzeiten von Raps oder Obst dar (Vollrath/Kuhn 2010). Dieser Ansatz kann deshalb durchaus als praktikabel und konkurrenzfähig eingeschätzt werden; es ginge also „nur" um Diffusion in die regionale Praxis.

6.4.2 Problemfeld 2 Fruchtbarer Boden

Zusammenhang A „Anbaumethoden – Pfadabhängigkeiten in der Land- und Ernährungswirtschaft" am Beispiel Grünland:
Produktionsmethoden in der Milchwirtschaft sind stark abhängig von den geringen Preisspannen in der Erzeugung (vgl. Idel 2010; Schaber 2010). Grünland ist bei schonender Nutzung wertvoll als CO_2-Senke und für den Biodiversitätsschutz, wird aber trotz verschärfter Regelung weiter umgebrochen. Dadurch können sich Bodengüte und Biodiversitätseigenschaften unter Umständen dramatisch verschlechtern (vgl. ebd. Lin et al. 2011 oder Behm 2011). Es liegt hier ein Beispiel vor für die unmittelbare Kopplung der Landnutzung mit durch einzelne unternehmerische Akteure nur schwer zu ändernden sozio-ökonomischen Pfadabhängigkeiten. Diese können aber sehr wohl durch innovative kollektive Ansätze aufgebrochen werden (vgl. Idel 2010, 108 oder Schaber 2010).

	Längerfristigkeit	*Veränderungspotenzial*
Defizite	Schlechte Vereinbarkeit kurzfristiger ökonomischer Optimierung und langfristiger ökologischer Erfordernisse. Der kurzfristige Existenzdruck dominiert.	Kosten können kaum an Verbraucher weitergegeben werden. Starke Abhängigkeit Einzelner von der Struktur in der gesamten WSK sowie branchenübergreifend (Preisdruck durch Discounter).
Potenziale	Langfristiger Erhalt wertvollen Grünlands auch aus touristischer Sicht von Bedeutung. Vergleichsstudien zur Situation und Maßnahmen bspw. in den Niederlanden vielversprechend. Längerfristige innovative Ansätze könnten so für die gesamte WSK und im regionenübergreifenden Austausch entwickelt werden.	Region hat starke und stark vernetzte ernährungswirtschaftliche Lobby. Fachkompetenz ist vielfach vorhanden (vgl. Mesterharm 2011). Bereitschaft seitens der LWK, neue Landnutzungskonzepte zu erarbeiten. Informationen zu alternativen Bewirtschaftungsmethoden könnten gut verbreitet werden.

Eigene Darstellung

Konkrete Maßnahme: *„Grünlandzentrum Ovelgönne"*:

„Die zentrale Aufgabe des Grünlandzentrums ist es, die zahlreichen Funktionen des Grünlandes in ihrer Vielfalt und Bedeutung neu einzuordnen und zu fördern. Dabei ist unser Ziel, eine ökologisch nachhaltige, naturverträgliche Grünlandnutzung zu gewährleisten, Wertschöpfungshemmnisse zu erkennen und das enorme Potenzial des Grünlandes besser nutzbar zu machen. Durch eine aktive Kooperation aller Beteiligten möchten wir die ökonomische Grünlandnutzung stärken und bislang vernachlässigte Marktpotenziale in den Bereichen Energie, Tourismus, Biodiversität und Klimaschutz erschließen." (Webseite Grünlandzentrum Ovelgönne 2011).

Durch Intensivierung des Wissenstransfers zwischen Wirtschaft, Wissenschaft und Verwaltung sollen neue Forschungs- und Projektergebnisse, Ansätze und Ideen mit Grünlandbezug erarbeitet und allgemein verfügbar gemacht werden. Die Funktionalität des Grünlandes vor dem Hintergrund von Interessenskonflikten steht dabei praxis- und umsetzungsbezogen im Zentrum (vgl. ebd.). Es geht dabei zum Beispiel darum nachzuvollziehen, in welche Nutzungsformen Grünland übergeht, wenn es umgebrochen wird; um die Analyse der Veränderung in Bodenfunktionen und anderen grünlandrelevanten Größen; um die Abbildung wesentlicher regionaler Dynamiken und Einflussfaktoren auf das Grünland (bspw. staatliche Regulierungen) sowie um die Vermittlung von Erkenntnissen und Konflikten für betroffene Betriebe.

Zusammenhang B „Siedlungen und Verkehr – geringe Priorität von Ernährung und Umwelt":
Flächenverlusten durch Siedlung und Verkehr können seitens der Land- und Ernährungswirtschaft durch finanziell schwierige Situation bzw. hohe Preise für Bauland erklärt werden. Die Ausbreitung der Siedlungen muss verschränkt mit gesellschaftlichen Lebensgewohnheiten und Konsumverhalten bzw. Konsumstrategien gesehen werden. Neben der Veränderung ganzer Wertschöpfungsketten – gleichzeitig in verschiedenen Branchen – ist hiermit vor allem auch das Verhältnis zwischen Unternehmen und Konsumenten angesprochen und damit qualitative Bedingungen (nicht nur) regionaler Identität.

	Längerfristigkeit	*Veränderungspotenzial*
Defizite	Verlust fruchtbaren Bodens durch Bebauung nahezu irreversibel. Klimainduzierte soziale Konflikte könnten langfristig durch mangelnde Ernährungssicherheit auch die Kommunen in den entwickelten Ländern betreffen (Klimaflüchtlinge bzw. Migration).	Veränderung der Siedlungskultur muss in Zusammenhang mit Reduzierung des Energie-Verbrauchs gesehen werden: Doppelte Pfadabhängigkeit, sich gegenseitig verstärkend.
Potenziale	Gemeinsame Umstrukturierung verzahnter Wertschöpfungsketten unter langfristiger Perspektive und Einbeziehung vieler (auch großer) Akteure. Stärkung von integrierten und selbsttragenden Konzepten, wie z.B. *community supported agriculture* oder *urban gardening,* die kleinräumig und kurzfristig begonnen werden können und weiträumig bzw. langfristig ausbaufähig sind.	Kommunikation von Themen wie Klimawandel und Ernährungssicherheit mit starkem Bezug auf die Wertschätzung der eigenen Region als essentielles Gut. Deutliche Offenlegung von Konsequenzen der gegenwärtigen Strategien. Verantwortungsbewusstsein im Umgang mit verschiedenen Ressourcen könnte sich ggfs. ebenfalls gegenseitig bestärken.

Eigene Darstellung

Konkrete Maßnahme: „Forschung für die Reduzierung der Flächeninanspruchnahme und ein nachhaltiges Flächenmanagement":

„Der Förderschwerpunkt „Forschung für die Reduzierung der Flächeninanspruchnahme und ein nachhaltiges Flächenmanagement (REFINA)" des Bundesministeriums für Bildung und Forschung ist Teil der Nationalen Nachhaltigkeitsstrategie der Bundesregierung. Im Mittelpunkt dieser Strategie steht ein effizienter Umgang mit Grund und Boden. Die Ziele hierfür sind die Reduktion der derzeitigen täglichen Inanspruchnahme von Boden für neue Siedlungs- und Verkehrsflächen auf 30 Hektar pro Tag sowie eine vorrangige Innenentwicklung (Verhältnis von Innen- zu Außenentwicklung = 3:1) bis zum Jahr 2020 mittels Flächenmanagement mit der Vision eines Flächenkreislaufs durch Flächenrecycling (vgl. Bundesregierung 2008)." (Webseite REFINA 2011).

REFINA setzt für eine nachhaltige Flächennutzungsentwicklung auf eine Kombination aus computer-, modell- und informationstechnologiegestützten Methoden mit einer partizipativen und praxisorientierten Handlungsstrategie. Dabei werden einerseits bestehende Entwicklungen erhoben und ein Instrumentarium angeboten, um bspw. Flächennutzungsformen und Bodeneigenschaften zu bewerten. Gleichzeitig bildet Kommunikation und Kooperation zwischen Verwaltung und Planung und weiteren Akteuren einen Schwerpunkt, der bspw. als regionales Portfoliomanagement umgesetzt wird (vgl. Bock et al. 2011).

6.4.3 Problemfeld 3 Betriebliche Strukturen

Zusammenhang A „Neuausrichtung der industriellen Land- und Ernährungswirtschaft":
Stimmungsumschwünge in der Bevölkerung gegen Biogas und große Ställe, Häufung von Skandalen und Diskussionen um Tierwohl oder Vernichtung von Nahrungsmitteln sowie über Anbaumethoden, die Bodendegradation nach sich ziehen, einerseits; andererseits scheinbare Ausweglosigkeit aus einem globalisierten ökonomisch und technologisch hocheffizienten weltumspannenden Wertschöpfungssystem. Kann eine Neuausrichtung der industriellen Landwirtschaft nachhaltige multifunk-

tionale Leistungen erbringen und eine nachhaltig regulierte Flächennutzung bedeuten?

	Längerfristigkeit	*Veränderungspotenzial*
Defizite	Große Unsicherheiten bezüglich bzw. Nichtbeachtung negativer ökosystemarer Konsequenzen trotz einer Vielzahl von Studien und dramatischer Prognosen. Verzahnte WSK und intensive Bewirtschaftung riskant wegen möglicher Totalausfälle im ökonomischen und ökologischen System (vgl. Bommert 2009).	Es bedarf einer Neuausrichtung, ein „weiter so" ist eigentlich nicht vertretbar, wird aber dennoch durch starke Lobby, hohes Kapitalaufkommen und hohen ökonomischen Erfolg aufrechterhalten. Branchen und Wertschöpfungsketten-Stufen stabilisieren sich gegenseitig.
Potenziale	Stimmungsumschwung in Medien und der Bevölkerung; Professionalisierung von Bürgerinitiativen (Erfahrungswissen). Für langfristige Beurteilung von Absatzmärkten könnte diese Dynamik betriebswirtschaftliche Chance sein. Dialoge mit Wissenschaft nutzen, um Unsicherheiten in Bezug auf langfristige Entscheidungshorizonte frühzeitig und umfassend in aktuelle Entscheidungen zu integrieren. Regionale Erfordernisse im Abgleich mit überregionalen klären. Defizite herkömmlicher Strategien offen handhaben.	Hohe Dynamik im ernährungswirtschaftlichen Sektor. Überlagerung verschiedener Problemstellungen zeigt, wo besonderer Handlungsbedarf besteht. Multifunktionale Problemlagen könnten gerade in diesen ebenfalls multifunktionalen Überlagerungen angegangen werden. Krisen- und Konfliktpotential in Bezug auf Fläche und Skandalanfälligkeit herkömmlicher Strategien kann diesbezüglich als Potential für die Entwicklung neuer Pfade gesehen werden.

Eigene Darstellung

Konkrete Maßnahme: „BioenergieRegion Südoldenburg":

„Angesichts knapper werdender Energievorräte und einer globalen Erderwärmung stellt sich die Frage nach einer langfristig ausgestalteten Energieversorgung, die den Anforderungen der Wirtschaftlichkeit, Versorgungssicherheit und Umweltverträglichkeit gleichermaßen gerecht wird. […] Damit eröffnen sich insbesondere den ländlichen Räumen große Zukunftschancen durch die Erzeugung, Aufbereitung und Nutzung von Biomasse. Die Agrar- und Ernährungswirtschaft als hauptsächlicher Akteur im ländlichen Raum ist damit aufgefordert und berufen, sich dieser Aufgabe anzunehmen und ihr gerecht zu werden. Die Region Südoldenburg hat sich auf den Weg gemacht, Klimaschutz durch Bioenergie mit der Umsetzung ihres regionalen Entwicklungskonzeptes (REK) zielgerichtet voran zu bringen." (Webseite BioenergieRegion Südoldenburg 2011).

Aus dem Umstand, dass die Bioenergiethematik hier besonders mit der Veredelungswirtschaft (vgl. Kapitel 5) verkoppelt ist, ergeben sich hinsichtlich vieler kritischer Aspekte gegebenenfalls auch große Chancen. Das Oldenburger Münsterland ist ein dicht vernetztes gemeinsam in den letzten Jahren gewachsenes Industriecluster. Insofern wirken sich Probleme für viele Akteure aus. Die Verknüpfung zwischen den Betrieben ist oft sehr eng. Deshalb könnten gerade hier Ansatzpunkte gefunden werden, die für eine Verschiebung der Ausrichtung ganzer Wertschöpfungskettenzweige stehen. Unter den Zielen (1) Verstärkte Nutzung der Biomassepotenziale landwirtschaftlicher Nebenprodukte zur Steigerung der Wertschöpfung; (2) Nährstoffproblematik verringern oder lösen; (3) Akzeptanz für Bioenergieerzeugung und tierische Veredlung verbessern; (4) Regionale Imagedefizite reduzieren; (5) Beitrag zur Lösung lokal-regionaler Konflikte (vgl. Webseite BioenergieRegion Südoldenburg 2011) kann eine jeweils mehr oder weniger nachhaltige Entwicklung beinhaltet sein. Gerade in der intensiven Verknüpfung zwischen den Akteuren und durch die Zunahme des Drucks und der Kritik durch Bevölkerung und NGOs könnten sich damit erhebliche Potenziale wirtschaftlicher Neuausrichtung ergeben, vorausgesetzt es lassen sich Wege für eine konzertierte und konsequent nachhaltige Umsetzung öffnen.

Zusammenhang B „Stärkung regionaler und kleinräumiger Anbaustrategien":
Marginale Marktanteile ökologischer Anbaustrategien und geringere Hektarerträge bedeuten eine schwache Ausgangsposition ökologischer Strategien. Stärkung ist nur möglich in Verbindung mit Änderungen im Verbraucherverhalten bzw. unter veränderten Absatzmärkten. Die Mehrfachbindung in der Pfadabhängigkeit hinsichtlich Konsumverhalten wird hier erneut deutlich. Ökonomische Vielfalt und heterogene ökosystemisch angepasste Bewirtschaftungsformen bedeuten umfassende und qualitative Änderung des vorherrschenden Optimierungsprofils.

	Längerfristigkeit	*Veränderungspotenzial*
Defizite	Geringe Hektarerträge, z.T. hohe Einstiegsbarrieren.	Viele gute kleine Ansätze, aber zu wenig Vernetzung, weniger Lobby, weniger Kapital, z.T. ausbaufähige Vermarktungsstrategien.
Potenziale	Langfristiger Boden- und Ressourcenschutz, geringe Konfliktlage mit Mitigation und Umweltschutz, regionale und transparente asymmetrische Strukturen. Boden und intakte Ökosysteme als „Wohlfühlfaktor" in der Region.	Verbesserung der regionalen Transparenz, endogen vernetztes Transformationspotential und Stärkung des Mittelstands und des Handwerks. Schaffung regionaler Identität und flexibler Anpassung ganzer Sektoren durch kurze Kommunikationswege, viele beteiligte Akteure und persönlichen Kontakt. Hohes Maß an Vertrauen, starkes gemeinsames nachhaltiges Leitbild.

Eigene Darstellung

Konkrete Maßnahme: „Wirtschaften in Netzen":

„Das Ziel des Vorhabens „Wirtschaften in Netzen" ist die Erforschung regionaler Netzwerke und Kooperationen zur langfristigen Stärkung der Absatzmärkte für Kleine und Mittlere Unternehmen in den Regionen Lüneburg und Lüchow-Dannenberg. Hierbei wird der Fokus auf die Erforschung eines Netzwerks gelegt, in dem bestehende Initiativen zur Regionalvermarktung im Bereich der Agrar- und Ernährungswirtschaft zusammengeführt werden sollen. Das Projekt wird dabei zunächst die bereits vorhandenen Ansätze und Initiativen in der Zielregion untersuchen, um regionale Kooperationsprozesse besser zu verstehen und in einem nächsten Schritt mit Hilfe der wissenschaftlichen Unterstützung und Begleitung die Potenziale der Region weiter ausschöpfen zu können." (Webseite Wirtschaften in Netzen 2011).

Im Hinblick auf die Überschneidungen der Themenvielfalt, die mit Flächenknappheit und einer langfristig nachhaltigen Gestaltung von Flächennutzung verbunden sind, würden insbesondere Ansätze, die auf Vernetzung setzen, vom gegenseitigen Austausch profitieren. Die Frage der konkreten Machbarkeit stellt sich hierbei allerdings ebenso wie die der Bewertung und unterschiedlichen Gewichtung verschiedener Maßstäbe für Nachhaltigkeit. Aus diesen folgt wiederum ein unterschiedliches Profil kontrafaktischer Zustände, verglichen mit dem Status Quo (je nachdem welchen Maßstab man anlegt, sind entweder Ökolandbetriebe besonders oder kaum zukunftsfähig, müssen Intensivtierhalter entweder nur technologisch optimieren oder grundsätzlich umstrukturieren, etc.). Insofern wird hier eine Lücke deutlich, die idealerweise mit rasch aktualisierbaren Informationen zu Konsequenzen und Szenarien unterschiedlicher Entwicklungen geschlossen werden müsste. Damit wäre es gegebenenfalls auch denkbar, regionenübergreifende Vergleiche heranzuziehen. Solche Vergleiche könnten bspw. für Ansätze wie „Wirtschaften in Netzen" oder einen nachhaltigen Umgang mit Grünland proaktive Evolutionsprozesse beschleunigen.

6.4.4 Diskussion der Ergebnisse zu den Problemfeldern

Die dargestellten Defizite und Potenziale sind natürlich nicht vollständig, aber sie zeigen kondensierte Ergebnisse, die einerseits direkt aus der Arbeit mit den regionalen Stakeholdern und andererseits aus einer konzeptionell hergeleiteten Einbettung in den globalen Zusammenhang resultieren. Insofern geben die hier aufgeführten Einschätzungen wieder, wo wichtige Ansatzpunkte liegen können.

Als besonders relevant erscheint in der Zusammenschau (1) das Verhältnis zwischen Fläche und Wasser, (2) das Verhältnis zwischen den Absatzmärkten in der Ernährungswirtschaft und im Energiesektor bzw. anderen herkömmlichen Wirtschaftsbereichen, die wiederum (3) die Siedlungsstrukturen beeinflussen. Es gibt hierbei einen relativ unmittelbaren Zusammenhang zwischen (4) dem Schutz fruchtbaren Bodens, (5) dem Erreichen von Mitigationszielen, (6) einer verbesserten Wertschätzung von Lebensmitteln und (7) der Neuversiegelung von Fläche durch individuelle Nutzer, Gewerbe und Industrie. Wobei letztere wiederum wichtige Einnahmequellen für die Kommunen sind. Für eine effektive Verschiebung von Prioritäten müssten diese Bereiche gemeinsam betrachtet werden können. Ebenso lässt sich (8) die Neugestaltung bzw. Verbesserung von ökosystemaren Bedingungen und Habitaten, nur unter Einbeziehung des gesamten regionalen Gefüges erreichen. Es geht hier um die im dritten Kapitel angesprochene Abhängigkeit zwischen Landschaftsbild und ökonomischen Strukturen (Cumming et al. 2008, 20ff).

Darüber hinaus wurde besonders deutlich, dass sich (9) die Korrelation zwischen Pfadabhängigkeiten durch alternative Strategien nur aufbrechen läßt, wenn letztere sich konzertiert und in ebenfalls guter Vernetzung professionalisieren. Hier könnte gegebenenfalls der Einsatz von Informations- und Kommunikationstechnologie bedeutsam sein (vgl. Foresight 2011, 146ff und 157; iGreen 2011). Verschiebung von Prioritäten in der regionalen Identität könnte durch aktive Einflussnahme seitens der Politik oder unternehmerischer Akteure, ebenso wie durch konkret darauf zugeschnittene Informationen aus der Wissenschaft angestoßen und verstärkt werden. Auch die Kommunikation über technologische Verbesserungen (Biogasanlagentechnik, Gülleseparation, alternative Pflanzenmischungen, Beregnungsflächenverwaltung etc.) könnte durch intensiveren Austausch zwischen heterogenen Akteuren befördert werden und vielversprechende Alternativen könnten sich so rascher verbreiten (vgl. iGreen 2011). Durch einen Vergleich von Zugangsebenen könnten regionen-übergreifende Themen beschrieben werden, die im Rückbezug auf die Region Synergien fördern und Risiken mindern könnten (vgl. Asheim/Coenen 2006).

Eine Möglichkeit könnte hier darin bestehen, in der Zusammenarbeit mit regionalen ernährungswirtschaftlichen Netzwerken Konzepte zu erarbeiten, die industrielle Wertschöpfung mit dem Erhalt bäuerlicher Landwirtschaft verknüpft. Indem bspw. Nischenmärkte (bzw. Produktion in kleineren Betrieben) mit gekoppelten Anbaustrategien (bspw. in der Fruchtfolge, die wiederum zusätzliche Flächenpotentiale beinhalten können) verknüpft werden, ließe sich eine *Integration unterschiedlich großer Betriebe* erreichen. Multifunktionalität würde sich hierbei nicht nur auf *non-commodity outputs* beziehen, sondern auch auf wirtschaftliche Integration unterschiedlicher Betriebsstrukturen mit dem Ziel einer langfristig intakten Region.

Dieser Ansatz könnte erweitert werden mit einem dezentralen Energiekonzept, das die erneuerbare Energieversorgung für die gesamte Kommune von vornherein als mit der Ernährungswirtschaft und der ökosystemischen Situation integrierten Pfad plant, in dem die Siedlungs- und Verkehrsflächenbedarfe nachgeordnet ausgewiesen werden und nicht unabhängig von der ernährungswirtschaftlichen Fläche verplant werden können. Hierfür wäre es denkbar, die raumplanerischen Instrumente ebenfalls anhand des Ecosystem Services Ansatzes zu orientieren (vgl. Positionspapier Ökosystemdienstleistungen in der Raum- und Landschaftsplanung 2011).

Indem Interdependenzen von Flächenkonkurrenz als koevolutorische Prozesse aufgerollt werden, entsteht durch die Perspektive auf regionale Innovationssysteme ein Spielraum, in dem Prozesse in funktionaler Kopplung zwischen ökonomischen Strategien und ökosystemischen Bedingungen eingesehen werden können. Damit lassen sich nicht nur verschiedene Kontexte integriert betrachten, sondern es entsteht insbesondere die Möglichkeit, die konkreten bio-physikalischen Gegebenheiten direkter in Beziehung zu ökonomischen Entscheidungen zu setzen. Es wird damit möglich, im Sinne nachhaltigkeitsorientierter Dynamic Capabilities das proaktive evolutorische Potenzial von Unternehmen gezielt zu prüfen und gegebenenfalls durch Reveländerungen auszubauen.

Dabei kann es hier um unmittelbare Zusammenhänge wie die Verknappung von Flächen für Ernährungsproduktion und Wasserknappheit oder zu hohe Nitratkonzentration im Grundwasser durch Maismonokulturen gehen. Oder es können mittelbare längerfristig oder global wirksam werdende Zusammenhänge angesprochen werden, die für eine effektive Regulierung wesentlich sind. Dies könnten zum Beispiel eine möglicherweise größer werdende Inakzeptanz konventioneller Anbaustrategien und die zunehmende Gefährdung durch klimatisch bedingte Auswirkungen (z.B. Schädlinge) sein. Wenn die Region in Zukunft durch solche Themen verstärkt herausgefordert ist, kann der Zusammenhang so sowohl aus bio-physikalischer wie aus sozio-ökonomischer Sicht betrachtet und beurteilt werden. Eine integrative Sicht auf die Dinge würde sich somit wiederfinden in integrativen Strategien. Indem die *regionale Situation* einen Rahmen spannt, der die Varität der bio-physikalischen Situation transferiert auf die Varität der sozio-ökonomischen Situation, können dafür notwendige Veränderungen für das regionale (Innovations) System entworfen und gemeinsam darin umgesetzt werden. Dabei lässt sich die inhaltliche Analyse auch sinnvoll auf den globalen Kontext beziehen. Voraussetzung ist, dass es Kommunikationswege und Informationssysteme gibt, die diese Prozesse stützen und durch wissenschaftliche Ergebnisse und Daten untermauern. Eine semantisch basierte Vermittlung (vgl. z.B. iGreen 2011) dieser Informationen, die im Anschluss an die Sprache und Relevanzen der Situation vor Ort aufgebaut ist, könnte hierbei wertvoll für das Erreichen kritischer Schwellen hinsichtlich der Verdichtung und Selbstverstärkung proaktiver Transformationsprozessen sein.

6.5 Fazit — Varietät des Problems adäquat zur Varietät der gegebenen Handlungsspielräume

Es ergibt sich damit im Anschluss an die Karte der Landnutzungstypen weiter oben (Abb. 6.3), dass über die semantischen Beziehungen zwischen den Stakeholdern, die als Akteure für die jeweiligen Nutzungstypen stehen, ein lernfreundlicher Austausch stattfinden könnte. Weil die langfristige Orientierung auf eine zukunftsfähige auch bio-physikalisch intakte Region dem gemeinsamen regionalen Fokus entspricht (siehe Kapitel 5) und Bedeutungsinhalte so explizit vor diesem Hintergrund ersichtlich werden, müssten aus den *Interaktionen* zwischen den Akteuren im Zusammenhang mit deren *Position im regional vernetzten Gefüge* regulierende Prozesse zumindest beschrieben werden können. Eine Realisierung könnte somit dann möglich werden, wenn erstens kritisch-reflexive Fähigkeiten der Akteure beinhalten, dass sie sich über Problemzusammenhang und die Möglichkeiten, die ihre Position beinhalten, austauschen (vgl. auch Baldwin/Woodard 2008 und Malone et al. 2009). Zweitens müsste zwischen Problemzusammenhang und (kollektiven und individuellen) Handlungsspielräumen eine adäquate Varietät als gemeinsamer Verhandlungsgrundlage bestehen.

„In the context of social networks, the idea that the pattern of connectivity is related to the function of an agent in the network is known as playing a \role" or assuming a \position" [...] The nodes in a network may be grouped into equivalence classes according to the role they play. Two basic concepts have been developed to formalize the assignments of roles individuals play in social networks: structural and regular equivalence." (Reichardt/White 2007, 217ff).

Für die Verdichtung und Insitutionalisierung von innovativen Dynamiken steht den Möglichkeiten, die mit verschiedenen Positionen und Fähigkeiten verknüpft sind, das Veränderungspotenzial von heterogenen und schwer zu lokalisierenden Prozessen gegenüber:

„The ultimate idea is to uproot entrepreneurship studies and to envision it as a field of creative efforts that unfold along a rhizomatic logic (Steyaert 2005). Taking such a rhizomatic perspective, I would [...] suggest a generative and travelling concept (Steyaert and Janssens 1999). [...This] simultaneously take[s] issue with the mono-causal and objectivist kinds of explanations that reify and stabilize processes into variables instead of showing the fragile, emerging and provisional character of any kind of ‚unit' that emerges from and is embedded within a process." (Steyaert 2007, 456ff

In einer Studie zur *Verschiebung von Machtverhältnissen* können Levina und Orlikowski (2008) zeigen, wie die Umstände und die Wahl verschiedener Interaktionskontexte eine Schlüsselrolle spielen für die Initiierung von Veränderungen in Gruppen, Gemeinschaften, Organisationen und thematischen Zusammenhängen. Danach kann die Positionierung von Einzelnen eine wichtige Rolle spielen, weil diese in unterschiedlicher Wiese Zugang zu Informationen und Entscheidungsspielräumen haben (vgl. auch McGinnis2011, 53 oder Gavetti 2005). Levina und Orlikowski schreiben hierzu: „Prior work in institutional change (Clemens, 1993; Leblebici et al., 1991) has shown that players on the peripheries or interstices of interorganizational fields are more likely to borrow or introduce new practices from multiple fields than those agents who are more centrally invested in the institutionalized norms and forms of working." (Levina/Orlikowski 2008, 700). Es zeigt sich hiermit, wie die *Rahmung des Bezugshorizonts* nicht nur die zur Disposition stehenden *Inhalte* (und damit möglicherweise in Betracht kommenden lösungsrelevanten Maßnahmen) sondern auch die *Positionierung der involvierten bzw. betroffenen Akteure* beeinflusst (und damit die Spielräume, Rollen und Handlungsmöglichkeiten, die für einzelne Akteure bestehen).

Dies könnte ein wichtiger Hinweis auf die oben angesprochenen Initialprozesse sein, die im Spannungsfeld multipler Prozesse angestoßen, gestaltet und beurteilt werden müssen (vgl. Witt 2005 und 1992). Nichtgleichgewichtszustände können als ‚*basins of attraction*' angesehen werden, in denen verschiedene regionale oder lokale Einzugsgebiete (bzw. Themen) zum Tragen kommen. Diese erscheinen als multiple dynamische Zustände (Fratesi 2010, 543 vgl. bspw. auch Janssen et al. 2004, Golman/Page 2010). Wissensvermittlung muss hierbei beweglich stattfinden, weil sie (1) praktisch unmöglich exakt zu verorten ist (Fratesi 2010, 523). Langfristige Strategien, erst recht wenn sie sich auch auf ökologische Nachhaltigkeit beziehen, müssen dabei (2) die flexibel aktualisierbare Integrierung diverser Kontexte erlauben (Fratesi 2010, 532).

Koevolutionäre Entwicklung würde demnach einerseits bedeuten, dass die Zielorientierungen in ihrem Kontext so lange erweitert werden, bis klar wird, welche Prioritäten Vorrang haben (müssen). Koevolution würde umgekehrt bedeuten, dass aus einer solchen Kontexterweiterung bzw. -verschiebung Einheiten als relationale Settings abgeleitet werden können, die sich für den konkreten Zusammenhang im Hinblick auf machbare Maßnahmen ausdifferenzieren lassen. Aus meiner Sicht geht es darum, die *Verhältnismäßigkeiten* im Sinne *für bestimmte Zusammenhänge funktionaler Kräfteverhältnisse* und deren *Bedingungen* zu klären, die im Zusammenhang mit den Risiken jetzt und langfristig wesentlich sind (z.B. Nitrateintrag durch Mais und Fischsterben bei gleichzeitiger vorsommerlicher Trockenheit; oder das Verhältnis zwischen Biodiversität und Produktionsweisen; oder das Verhältnis zwischen bestimmten Maßnahmen und der dafür notwendigen Kooperation zwischen Akteuren). Insofern stellen die *Kontexte* die *Rahmenbedingungen* dar, unter deren *Integration* ersichtlich wird, welches *Verhältnis* unter welcher *Zielsetzung* prioritär zu behandeln ist. Im zweiten Schritt würde daraus ersichtlich, wie dieses konkret erreicht werden bzw. aus welchem Grund es *nicht erreicht werden kann* (z.B. weil bestimmte *Kommunikationswege* nicht offen stehen oder bestimmte *Daten* in einem bestimmten Zusammenhang nicht verfügbar sind). Daraus ergibt sich für das folgende letzte Kapitel die Frage, welche Modellierungsansätze diesbezüglich denkbar wären (vgl. Sterman 2000; Epstein 2008 Senge/Sterman 2009, Allen et al. 2010).

Kernaussage:
Flächennutzungsregulierung ist eine Problematik, die nur von vielen Akteuren zusammen bewältigt werden kann. Damit stehen Strategien einzelner Unternehmen auch im Hinblick auf das Potenzial, das sie als evolutorische Akteure entfalten, in unmittelbarem Zusammenhang mit den Prozessen in Wirtschaftsclustern und regionalen (Innovations-)Systemen. Basierend auf der inhaltlichen Analyse der regionalen Situation wurden deshalb Maßnahmen bestimmt, die vor allem auch diesen Vernetzungsaspekt beinhalten. Dazu setzt diese inhaltliche Analyse an den zuvor entwickelten Kategorien „Längerfristigkeit" und „Veränderungspotenzial" an. Aus der Exploration konnten so Potenziale und Defizite als regional spezifische Ergebnisse hergeleitet werden, die (1) die theoretische Integration an konkreten Anwendungsmöglichkeiten festmachen und (2) durch inhaltliche Bündelung Entwicklungsmöglichkeiten be-

schreiben, die konsistent an den aktuellen regionalen Spielräumen ansetzen. Dieses Vorgehen ermöglicht es also trotz Dynamik und Unsicherheit eine Operationalsierung vorzunehmen. Die für die regionale Situation spezifische Verknüpfung mit den organisationalen (unternehmerischen) als auch ökosystemischen Bedingungen erlaubt dabei einen expliziten Zugang zu Voraussetzungen und Prioritäten. Das heißt, es besteht z.B. eine gute Flexibilität hinsichtlich der Angleichung der inhaltlichen Bündelung im Fall, dass wesentliche Einflussfaktoren (wie etwa politische Rahmenbedingungen) sich ändern.

7 Kapitel

Eine integrierte Sicht auf Dringlichkeitsstufen – und ihre Vermittlung

> *„Humans build mental models in virtually all decision situations, by abstracting from observations that are deemed irrelevant for understanding that situation and by relating the relevant parts with each other. Language itself is a form of mental modeling and one could argue that without modeling there could be no rational thought at all."*
> *(Costanza/Ruth 1997, 280).*

Die in den ersten beiden Kapiteln entwickelten Hypothesen[174] sind insofern für das Problem der Flächennutzungskonflikte bearbeitet, als (i) der empirische Kontext entlang eines konzeptionellen Zugangs aufbereitet wurde und (ii) für die aus den Hypothesen folgenden Zusammenhänge Inhalte expliziert wurden. Es konnten damit konzeptionelle Defizite behoben werden und es wurde aus der Integration der theoretischen Stränge ein methodischer Anschluss zwischen den Möglichkeiten von Unternehmen und einer Regulierungsstrategie, die sich auf eine ganze Region bezieht, entwickelt. Einen weiteren Aspekt der Hypothesen stellt die Informationsübertragung bzw. -verfügbarkeit zu diesen Inhalten dar. Damit war von vornherein auch die methodische Perspektive auf die Vermittlung der Information zwischen wissenschaftlicher Erkenntnis und der

---

[174] Zur regionalen Spezifik eines konkreten Problemzusammenhangs, dem dazu notwendigen Wandel und den hierfür wesentlichen Fähigkeiten, Interaktionen und Vernetzungsaktivitäten in und zwischen Unternehmen.

Aufnahme dieser Erkenntnisse in den Unternehmen aufgeworfen. Vor dem konzeptionellen Hintergrund ist die entscheidende Frage, wie ökonomische Strategien effektiver mit Klimaschutzzielen, Nachhaltigkeitszielen oder Klimaanpassung integriert werden können. Für ein nachhaltiges Flächennutzungsmanagement müsste es nicht um beliebige Regulierung oder Mediation gehen, sondern um Neuausrichtung über das Problem der Flächennutzungskonflikte hinaus. Mit Bezug auf Ecosystem Services kann gezeigt werden, wie eine solche Regulierung angesetzt werden kann. Die soziale Komponente der Nachhaltigkeit basiert aus dieser Sicht auf der ökologischen, nicht umgekehrt; erst dann folgt die ökonomische.

Auf Basis der bisherigen konzeptionellen und inhaltlichen Ausführungen bleibt bislang offen, wie eine Beurteilung des koevolutorischen Verhältnisses zwischen bio-physikalischen Gegebenheiten und sozio-ökonomischen Fähigkeiten[175] an nachvollziehbaren Informationsgrundlagen orientiert werden kann: „Um die Wahrheit bzw. Falschheit von Aussagen bezüglich der Welt zu beurteilen, benötigen wir konkrete Vorstellungen von dieser Welt. Da es mitunter schwierig ist, sich auf die gesamte Welt zu beziehen, in der wir leben, konstruieren wir uns ein *Modell von der Welt*, in dem wir übersehen können, was in dieser Welt der Fall ist und was nicht." (Lohnstein 2011, 77). Modellierungsverfahren dienen dazu, Prozesse und Zusammenhänge abzubilden, bzw. Verläufe von Prozessen unter bestimmten Annahmen nachzuempfinden oder zu simulieren[176].

Im Projektzusammenhang von nordwest2050 wird insbesondere das Verfahren der dynamischen Modellierung genutzt. Hier werden Prozessverläufe über die Zeit abgebildet, indem man unter Verwendung bestimmter Variablen und Stellgrößen (siehe auch weiter unten) sich überlagernde Prozesse, Interaktionsschleifen und Verkettungen von Zusammenhängen und deren gegenseitige Beeinflussung darstellt. Diese Mo-

---

[175] „A further step toward an increased problem solving capability in nature and, ultimately, in man is based on the capability of an organism to undergo specific or individual adaptation to varying circumstances and to transmit the acquired knowledge to other(s) – that is to learn and communicate." (Sartorius 2006, 273).

[176] Dabei wird ein Modell prinzipiell niemals die Interdependenzen der Realität vollständig oder eins-zu-eins abbilden oder den Erkenntnisprozess ersetzen können (vgl. Pfriem 2011a, 196f).

delle können Übersicht schaffen, Informationen vermitteln, Zusammenhänge verdeutlichen und konsensbildende Funktion haben. „The process of modeling can (and must) [...] serve this consensus-building function. [...] Dynamic systems modeling is increasingly promoted as a tool to close spatial and temporal gaps between decisions, actions and results." (Costanza/Ruth 1997, 283). Für hochkomplexe und non-linear dynamische Vorgänge, die außerdem von Akteuren, deren Präferenzen und interaktiven und mindestens ebenso komplexen Strukturen beeinflusst werden, muss beachtet werden, dass diese Prozesse grundsätzlich unerwartete und überraschende Wendungen nehmen können (vgl. Allen et al. 2010). Lernprozesse sind damit mindestens teilweise immer an Versuch und Irrtum gekoppelt (vgl. Sartorius 2006; Allen et al. 2010). Deshalb ist es wichtig, die Robustheit von vernetzten Strukturen durch eine laufend aktualisierbare und gut an die Vernetzungssituation angepasste Informationsvermittlung zu unterstützen[177]. Für den vorliegenden Problemzusammenhang geht es um die Regulierung von Konflikten, die langfristig hoch relevant sein können, daneben aber auch kurzfristig für die Akteure von hoher Bedeutung sind. Vor allem dann, wenn man die ökosystemische Situation stärker gewichtet, können diese weder von einem Unternehmen noch von einer Branche allein gelöst werden. Eine offene und inhaltlich explizite Kommunikation wäre hier also von maßgeblicher Bedeutung. Ein sensibles und vorausschauendes Management bedarf deshalb Informationen, die es erlauben, vor- und umsichtig handeln zu können. Wenn verschiedene Referenzrahmen sinnvoll gegeneinander gewichtet werden, können Entscheidungen für eine insgesamt tragfähige Zielsetzung fallen und vertreten werden.

7.1 Daten

Bisher sind dazu die Zusammenhänge qualitativ semantisch (inhaltlich explizit) erarbeitet worden und zwar mit dem Bezug auf das koevo-

---

[177] Das vorliegende Kapitel entwickelt dazu einen methodischen Zugang als Vorschlag und im Sinne der Beschreibung weiteren Forschungsbedarfs. Die hier verwendete Literatur stellt eine gezielte Auswahl vielversprechender Ansätze dar. Aus der Gegenüberstellung dieser Quellen geht hervor, worin die Herausforderung besteht.

lutorische Verhältnis in der regionalen Situation und die empirisch untermauerten Annahmen zu Präferenzen und Fähigkeiten der Akteure. Wenn es allerdings darum geht, entweder räumlich explizite Aussagen zu Konflikten und möglichen Managementansätzen zu machen oder aber darum, explizite Auswirkungen veränderter Raumnutzungsformen für das momentane Ökosystem oder dessen Zustand in Zukunft zu machen, liegen erhebliche Unsicherheiten vor. Diese Unsicherheiten hängen insbesondere damit zusammen, dass die Rückkopplungen zwischen Prozessen und Unterprozessen schwer abzubilden sind. Die Datenverfügbarkeit ist deshalb eine besonders relevante Frage: „The need for appriorate land use data and intelligent analysis of those data will be paramount in the coming years. [...] Any overview of data sources requires at the outset some grasp of what it is that is being enumerated and analysed. In the case of land this is not as self-evident as it might at first appear." (Winter 2009, S218) Dazu zitiert Winter Owen und Cowell wie folgt;

> „land is much more than a material base: it is imbued with diverse, sometimes contradictory social and cultural meanings – as property, when ‚mixed with human labour' in the Lockean sense (Locke 1988), as a wider ‚biotic community', deserving of a ‚land ethic' (after Leopold 1948), and ‚as a vast mnemonic system for the retention of group history and ideals' (Lynch 1960, 126.)" (Owens/Cowell 2002, 4)

Winter führt im Weiteren aus, dass das Bestehen von Gütern und Dienstleistungen aus dem Land niemals eins-zu-eins-Relationen zwischen Landnutzung und Funktionalität sind. Die ‚Funktionalität' im Sinne der Intaktheit der Landschaft ist deshalb nicht einfach oder statisch messbar. So leitet er aus den Bodentypen und der Nutzungsform einen Fähigkeitsbegriff für das Land ab, der wiederum abhängig ist von den (menschlichen) Bedürfnissen, die an das Land gestellt werden: „The capability classes are essentially defined by what crops the land is capable of growing, based on climate, soils and topografy. One obvious legacy effect is, that judgements about capability for agriculture are not necessarily the same as for other functions." (Winter 2009, S220; vgl. Fisher et al. 2007; ebenso bei Wiehe et al. 2009, 109f). Winter empfiehlt daher den Gebrauch und die Modellierung großer Datenmengen enger an den Themen lokaler Funktionalitäten zu orientieren (vgl. Leslie et al. 2009; Ribaudo et al. 2010).

Insofern es sich hier aber um dynamische Situationen handelt, wirken sich Prozesse nie alle gleichzeitig aus, es gibt immer einige, die nur potenziell stattfinden, aktuell aber nicht vorkommen müssen. Wirklich kritische Prozesse ergeben sich dann aber, wenn bestimmte Prozesse und Unterprozesse sich mehr oder weniger spezifisch überlagern oder verketten. Ein EU-weiter Report zur Landnutzungsmodellierung kombiniert bspw. die Modellierung von *spatial policies and restrictions, land use type specific conversion settings, land use requirements* und *location charachterictics*. Unsicherheiten ergeben sich dann z.B. hier: „The current model implementation is limited in its capacity to address *feedbacks between the environmental impacts and the driving factors of land change*.[...] The current model implementation includes a *restricted set of indicators*." (Pérez-Soba et al. 2010, 10)[178]

Für die Interaktion zwischen gesellschaftlichen Akteuren bedeutet dies, dass es keine vollständige Information gibt. Dennoch sind viele Handlungsmechanismen darauf angelegt, erst unter vollständiger und berechenbarer Information aktiv werden zu können. Gerade diese ist aber für Schwellenwerte und Rückkopplungen oft erst im Nachhinein – insofern letztere irreversibel sind – gegeben. Sowohl Modelle und Szenarien[179] für Biodiversitätsverluste als auch für den Klimawandel oder die Ernährungssicherheit zeigen dramatische Entwicklungen an, ohne dass nennenswerte Reaktionen darauf passieren (vgl. Kapitel 1; Lenton et al. 2009; Tucker/McConville 2009; Hisas 2010). Für Szenarien kann dabei z.B. von einem *driver-pressure-impact framework* ausgegangen werden. Allerdings zeigt sich hier genau diese Schwierigkeit, dass nämlich die *Messeinheiten* in Abhängigkeit derjenigen Zusammenhänge, die als *relevant einbezogen* werden, profiliert werden müssen. Nicht nur Klimawandelmodelle enthalten diese Unschärfen, sondern bspw. auch solche, die Biodiversität darstellen:

> „[I]ncluding which drivers and pressures are taken into account, which ecosystem processes are modelled and which indicators provided, and whether there a link to human well-being or monetarisation. Informa-

---

[178] Ähnlich auch bei Braat/Brink (2008).

[179] „Scenarios are themselves models of how the real world functions and like other types of modelst hey allow explorations of understanding." (Rounsevell et al. 2005, 133).

tion is also included on land-use and whether models focus on natural land and/or managed land. Land-use is a key variable linking scenarios/policies/socioeconomic developments with effects on biodiversity and ecosystem services provision. Ecosystem services and biodiversity are also directly affected by changes in land-use (Foley et al., 2005, Metzger et al., 2006). [...] The main drivers included in most biodiversity models are climate change and land use change (habitat loss). Other pressures such as pollution are only covered by GLOBIO, MIRABEL and the SAR approach of the MA (MA, 2005d). None of the models deals with the effects of invasive species, despite their well documented impacts on global biodiversity. Biodiversity models do not directly include explicit policy options; instead these are fed into the models via their impacts on climate or land use. Next to biodiversity no ecosystem services or ecosystem functions are covered by the current terrestrial biodiversity models and no link with human wellbeing is provided. On the other hand, all other terrestrial models do not provide indications of biodiversity. There are, however, several marine models, that cover both biodiversity and ecosystem services." (Tucker/McConville 2009, 39f)

Für die Datengenerierung zur Landnutzungssituation in Bezug auf den Klimawandel beschreibt Winter eine ganz ähnliche Situation:

„Acronyms abound – SENSOR, SIAT, ATEAM, EURALIS, SEAMLESS, PRELUDE. They present exciting technical challenges to those seeking to integrate data sets and model drivers of change and impacts. But the resolution is invariably coarse. [...] A major source used in [...] many [...] papers is the CORINE land cover map produced by the European Environment Agency, derived primarily from satellite images with some use of aerial photos and near-ground imaging (Bossard et al., 2000). Alongside the use of these coarse-grained data sets is an emphasis on modelling combining a range of large data sets (Jansson et al., 2007). There are four main dangers in these approaches. First, there is a strong tendency to produce descriptions and predictions rather than dynamic analysis of real-world changes. Secondly, combining data sets raises problems of incompatibility and discordance. Thirdly, they remain only modestly well equipped to deal with the issue of functionality [...]. Fourthly, they are remarkably ill-equipped to deal with the local drivers of change [...]. None of these issues imply that modelling and the use of large data sets should be abandoned. But they need to proceed in tandem with the following methodological developments in grounding data and linking data more closely to issues of local functionality. This will allow them to reflect changing real-world circumstances as well as scientific requirements: Greater and more sophisticated use of expert judgments with regard to data compatibility issues [...]. Establishment of local and regional observatories. More attention to functionality in ongoing data gathering exercises [...]. Greater access for researchers to spatialised and more localized data sets. [...] The clearest gap in the new genre of land science is with regard to socio-economic data. In some ways the shift away from an agricultural focus to an ecosystem services approach has served to exacerbate this problem, not least because of the difficulty of valuing ecosystem services in contrast to the well established methods for examining the economics of farm production." (Winter 2009, S221; vgl. auch Foresight 2011, 146ff; 157)

Wenn also Modellierungsansätze direkter auf regionale sozio-ökonomische Situationen zugeschnitten werden sollen, müssen für entsprechende multifunktionale Ansätze einerseits komplexitätsreduzierende Strukturierungen gebildet werden (z.B. Indikatoren; vgl. etwa Wiggering et al. 2006 oder Winqvist 2011). Andererseits entstehen hieraus aber wiederum Unsicherheiten in den Modellen, wie z.B. in der Verknüpfung von Parametern (Wang et al. 2007), die wiederum in Zusammenhang mit Unsicherheiten über die Konnektivität in den wirklichen Prozessen gesehen werden müssen (vgl. z.B. Lehtonen et al. 2007; Doerr et al. 2011). Groot et al. (2009) stellen diese Problematik wie folgt dar:

„The relations between the functions are often complex and difficult to define. Functions that are characterized by neutral interactions can coexist without any hinder to or benefit from each other. In competitive interactions, two functions hinder each other and thought needs to be given as to how these functions can optimally co-exist. In synergetic interactions functions benefit from each other's presence. The challenge for modelling approaches aiming to contribute to multifunctional agriculture is to clarify the interactions between functions, which determine the shape and size of the solution space, and to contribute to further development and strengthening of functions exhibiting synergy." (Groot et al. 2009, 3)

Insofern es deshalb keine eindeutig klare Verbindung zwischen Ökosystemfunktionen und (menschlichen) Dienstleistungen gibt, ist eine ökonomische Bewertung notwendigerweise immer eher an der Bewertung natürlicher Assets orientiert, als an der Bewertung von Dienstleistungen

(Kontogianni 2010, 1481). Dabei bleibt jedoch die Bewertung der sozio-ökonomischen Situation im Verhältnis zur bio-physikalischen das eigentliche Problem. Denn eine Inwertsetzung kann nur dann erfolgreich sein, wenn sie im sozio-ökonomischen Gefüge funktioniert und zur Folge hat, dass die Prozesse im bio-physikalischen Gefüge funktionstüchtig aufrechterhalten bleiben. Dies gilt im Übrigen sowohl für die Problematik des Klimawandels, für den Verlust von Biodiversität, als auch für die „herkömmliche" Verschmutzung oder Degradierung durch nichtnachhaltigen Umgang mit Ökosystemen und Ressourcen. Konfliktintensitäten müssen deshalb auch qualitativ[180] eingeordnet werden können, selbst und vor allem dann, wenn sie im regionalen Rahmen bewältigt werden sollen. Nur daraus kann sich eine gemeinsame Handlungsgrundlage durch übergeordnete Prioritäten bilden. Die Frage irreversibler Kipppunkte ist nicht, wo sie im Sinne einer datentechnischen absoluten Bestimmung liegen, sondern ob und wie es möglich ist, weit genug von ihnen entfernt zu bleiben (Lenton et al. 2009, 1786f und 1792). Dass dafür eine Einschätzung dessen, wo die Kipppunkte (wahrscheinlich/ungefähr) liegen natürlich umgekehrt unerlässlich ist, ist klar.

> „Thus, calculating the value of losing another hectare of forest or wetland from averaged interpolated data makes little sense if we are left with little of these systems and if we do not know were ecological thresholds are. The instrumentalist approach has turned to bite ecological economists and in many cases well-intended valuation approaches have opened the field to undue criticism. Pursuing this research further, and extending it to ever more ecosystem goods and services is not likely to help resolve current conflicts surrounding resource use and allocation." (Ruth 2006, 336)

Aber diese Einschätzung ist weder auf vollständige einzelfallspezifische Information zurückführbar, noch kann sie in Unabhängigkeit von den Fähigkeiten und Spielräumen im sozio-kulturellen Akteursgefüge bestimmt werden. Noch kann sie drittens stattfinden ohne eine kompetente, aufmerksame und handlungsorientierte Bearbeitung dieser Zusammen-

---

[180] „Zur Bestimmung der Quantität eines Objekts ist immer auch das *Quale* anzugeben, dessen Quantum bei diesem Objekt bestimmt werden soll. Denn die Quantität eines Objekts ist verschieden, auch je nachdem, worauf sich bei ihm der quantitative Vergleich erstreckt." (Lewin 1981, 97).

hänge durch Menschen und die Organisationen, in denen diese leben und arbeiten.

Der jeweilige Bedeutungszusammenhang könnte also entscheidend sein hinsichtlich des *Umsetzungspotenzials* (vgl. Ruth 2011), das in einem gegebenen Kontext ein Fernbleiben von kritischen Kipppunkten realisiert. Dieses Umsetzungspotenzial ist insofern selbst kritisch, als es mit dem Erreichen sozio-ökonomischer kritischer transformierender Massen (vgl. Witt 2003b) verknüpft sein müsste. Somit wäre es von Vorteil, wenn sich dieses *Potenzial* exakter bestimmen ließe.

7.2 Methodenkombinationen

Die hier vorgeschlagene Argumentation geht davon aus, dass Modellierungen für eine Beschleunigung und flächendeckende Diffusion nachhaltigen Wandels möglicherweise nicht nur von Vorteil, sondern unersetzlich sind[181]. Und zwar deshalb, weil die Prozesse der globalisierten sozioökonomischen Vernetzung vielfach ebenfalls ICT-basiert vorangetrieben werden. Dabei wäre ein evolutorisches Fundament[182] für die Abbildung dieser Prozesse unverzichtbar:

> „Primarily, the theoretical and mathematical edifice of neo-classical economics needs to be rebuilt from the bottom up, focusing on the

---

[181] „The role of modern ICT [information and communication technologies] in achieving effective collaboration is critical to evolving culturally appropriate integration and merits larger investments and support. Effective collaboration and integration would be supported by international intellectual property and other regimes that allow more scope for dealing effectively with situations involving traditional knowledge, genetic resources and community-based innovations." (Mc Intyre 2009, 11).

[182] Safarzyńska und Van den Bergh (2010) stellen evolutionäre Modellierungsansätze zusammen, die nach *evolutionary game theory* und *selection dynamics*, *evolutionary computation* und *multi-agent models* zugeordnet sind. Dabei sind die Komponenten oder Bausteine organisiert in Kategorien wie Diversität, Innovation, Selektion, bounded rationality, Pfadabhängigkeit und Lock-in, Koevolution, Multilevel- und Gruppenselektion sowie Wachstumsmechanismen. Es wird hier allerdings erneut der fehlende inhaltliche Bezug zu Problemlagen wie den Klimawandel oder dem Verlust von Biodiversität deutlich. Beide (um in diesem Beispiel zu bleiben) Problemlagen kulminieren aber in der Landnutzungsproblematik.

evolved cognitive features underlying the human cultural adaptations that make social institutions possible. [...] In a cultural evolutionary theory of economic systems, however, utility and behavior will be largely endogenous and the result of the interaction of available behavioral variation, learning and imitation mechanisms, and selective pressures. Demand does not therefore meet supply to set the price, but social demand coevolves with price and supply in an arena where humans define their utility in reference to the status of others. Furthermore, imitative social learning helps to solve the economic problem of the origin of preferences. While some preferences (food, shelter, mates) may be genetically inherited, many or most modern preferences are culturally determined. These socially acquired preferences therefore evolve, and can only be accounted for with evolutionary models. Refiguring of this type is required for all aspects of economic theory." (Waring 2010, 726).

Auch Waring spricht hier besonders die Verkettungen von multiplen akteursgesteuerten Prozessen an:

„In traditional economic theory of all kinds, macro-level features such as demand and prices are set by the action of micro-economic individual motivations, and individual motivations are largely taken to be exogenous. Thus the critical feedback in evolutionary theory, population-level trends are also determined from the mass-action of individuals, but the behaviors of the individual are determined in part by the forces and factors acting at the population level. Adding this social feedback completes the causal loop of the dynamic system, adding needed realism and enabling recursive mathematical models of behavioral evolution." (Waring 2010, 727) vgl. auch Sartorius 2006).

Neben der Notwendigkeit, den konkreten Bezug herzustellen, bedarf es evolutionärer und an Nicht-Gleichgewichtszuständen orientierter Methoden[183], um Orientierung zu schaffen, durch Abstrahierung vom Einzelfall

---

[183] „Die Urteilsbildung über die Welt einer Proposition ist kein sprachlicher, sondern ein kognitiv konzeptueller Entscheidungsprozess, der verschiedene Komponenten umfasst. So muss für das Individuum, welches die Entscheidung trifft, zum einen gelten, dass die Proposition die in Frage stehende Welt auch zutreffend beschreibt, denn wie uns Wittgenstein (1921:4.024) gelehrt hat: ‚Einen Satz verstehen, heißt, wissen was der Fall ist, wenn er wahr ist. (Man kann ihn also verstehen, ohne zu wissen, ob er wahr ist.)' Aus der Proposition allein lässt sich also das Urteil

verschiedene Kontexte zusammenzubringen oder Ähnlichkeiten herauszufinden. Wenn sich Verhandlungsspielräume auf Basis gemeinsam zugänglicher Modelle eröffnen lassen, könnten Umsetzungen[184] effektiv unterstützt werden (vgl. Ribaudo et al. 2010, 2088). Der Bedarf für den konkreten Akteursbezug kommt hier also wiederum zum Ausdruck. Während *Konzeptionen* einen schlüssigen Anwendungsbezug und eine greifbare Operationalisierung missen lassen, werden *Modellierungsmethoden* diesem Bedarf oft deshalb nicht gerecht, weil das, was durch das Modell veranschaulicht und wie es abgebildet wird, nicht im Anschluss an die konkrete Situation steht. Diesem beidseitigen Manko will das vorliegende Kapitel auf Basis der bisherigen Ausführungen neue Impulse geben.

Der konkrete Bezug zwischen regionalen Entscheidungsstrukturen und inhaltlichen bio-physikalischen Daten lässt sich sicher unterschiedlich lösen. Henseler et al. (2009) bspw. stellen einen Ansatz vor, der regionale Entscheidungsstrukturen verbindet mit einer räumlich expliziten Darstellung von Landnutzungsformen. Dabei ist das Modell so aufgebaut, dass es sich einerseits mit einem *mulit-agent system* in Verbindung setzen lässt, andererseits konkret beschreibt, welche Nutzungsformen vorhanden sind, und daran anschließend verschiedene (normative) Optimierungsansätze vorschlagen kann (Henseler et al. 2009). Neben den bio-physikalischen Zusammenhängen spielen jedoch, wie bereits in Kapitel 6 gezeigt, die regional vernetzten sozio-ökonomischen Prozesse eine Rolle

---

nicht bilden. Vielmehr muss man wissen, wie die Welt beschaffen ist, um zu urteilen, ob sie so beschaffen ist, wie der ausgedrückte Gedanke (die Proposition) sie beschreibt. [...] Der Informationszustand in einer kommunikativen Situation lässt sich [...] mit Hilfe von Propositionsmengen modellieren. [...] Die Menge der Propositionen, auf die sich die Gesprächsteilnehmer geeinigt haben, wollen wir mit Stalnaker (1978) den *Common Ground* (CG) nennen. [...] CG ist eine Menge von Propositionen, die die sog. *Kontextmenge* (context set) (CS) festlegt." (Lohnstein 2011, 340ff).

[184] „The complexity of issues related to multifunctional agriculture necessitates the use of supporting methodologies and models to inform stakeholders and policymakers, to design alternatives and to explore scenarios for the future." (Groot et al. 2009, 4).

für die Möglichkeiten des Wandels[185]. „In land-use planning, the various functions are often competing for the limited available space, requiring an exploratory approach employing multi-objective optimization." (Groot et al. 2009, 4f). Dabei können multiple Optimierungsziele entweder zusammengefasst werden zu einer einheitlichen Optimierungsstrategie oder sie können für jede Zielsetzung separat optimiert werden, woraus sich die Möglichkeit ergibt, *trade-off* zwischen den Optionen zu explizieren. Beides bedeutet, dass zwischen verschiedenen Möglichkeiten abgewägt werden muss. Deshalb stellen solche Methoden keine einzelne und insgesamt gültige Lösung dar, sondern zeigen eine Bandbreite an Optionen auf, die für Diskussionen und Lernprozesse verschiedener Stakeholder durch Ersichtlichwerden der Konsequenzen sinnvoll sein können (vgl. ebd.). Groot et al. vergleichen drei verschiedene Modellierungsansätze für Landnutzungssituationen, die die Heterogenität der Situation in unterschiedlicher Weise und für unterschiedliche Ebenen darstellen können[186]. Dabei zeigen sie detailliert auf, dass und wie eine passende methodische Wahl der Modellierungsmethode praxisorientiert ausfallen kann und abhängig ist von den Aufgabenstellungen die im kon-

---

[185] Bei Rahmandad und Sterman findet sich bspw. ein Vergleich zwischen *agent-based* und *Differentialgleichungsansätzen* für Heterogenität und Netzwerkstrukturen hinsichtlich von Diffusionsdynamiken. Die Autoren zeigen darin, wie die verschiedenen Modellierungsansätze unterschiedliche Formen von Dynamik abbilden können. Während bspw. das stochastische agentenbasierte Modell eine Verteilung von Resultaten ergibt, generiert das deterministische Differentialgleichungsmodell einen einzelnen Pfadverlauf (Rahmadad/Sterman 2008, 1000). Es gibt weitere Unterschiede z.B. hinsichtlich der Darstellungsmöglichkeiten der Netzwerktopologie, individueller Heterogenitäten und im Verhalten der Modelle, auf die hier nicht weiter eingegangen werden soll. Desweiteren stellen die Autoren dar, dass die beiden Modellierungsansätze „viewed as regions in a space of modeling assumptions, not as incompatible modeling paradigms" (ebd. 1001) durchaus auch in Beziehung gesetzt werden können, und spielen den Vergleich für verschiedene Netzwerkstukturen durch.

[186] (1): *CLUE-S*: räumlich explizite Veränderung und Landnutzungsallokationen basierend auf Treibern zwischen bio-physikalischen und sozio-institutionellen Faktoren; (2) *Landscape IMAGES*: Heterogenität in bio-physikalischer Hinsicht (bspw. Bodenfruchtbarkeit); (3) *The Co-Viability Analysis*: zeigt zeitliche Veränderung und ausgewählte Managementpraktiken. Dabei gibt es weitere Unterschiede, die Groot et al. sehr detailliert und einleuchtend darlegen (vgl. Groot et al. 2009, 16f).

kreten Problemzusammenhang bewältigt werden müssen. Aus der Untersuchung geht aber auch hervor, dass es relativ aufwändig ist, diese Methodenkombinationen für bestimmte Situationen zu generieren. Zudem veralten die Daten unter Umständen schnell und die Ergebnisse sind (notwendigerweise) spezifisch für eine bestimmte Situation. Das heißt, es muss (selbst, wenn es sich um einen dynamischen Ansatz handelt) von einem Referenzszenario ausgegangen werden, das als Status Quo bereits bedeutet, dass eine *in Wirklichkeit dynamische Situation festgeschrieben bzw. reduziert* wird, um von ihr ausgehend Entwicklungsmöglichkeiten aufzuzeigen. Andererseits zeigen Groot et al., dass dezidiert auf bestimmte Fragestellungen zugeschnittene methodische Ansätze multifunktionale Lösungen in der Praxis fördern. Solche Modelle können wertvolle Arbeit leisten, weil sie sichtbar machen, welche Komplexitätsreduktion für eine bestimmte (Handlungs)Situation zur Realisierung multifunktionaler Landnutzungskonzepte sinnvoll ist.

Mit dem Blick auf längerfristige Zeitspannen scheint es darüber hinaus notwendig, ein Instrumentarium zur spezifischen Abschätzung von Konsequenzen zu haben. Dabei ist es wesentlich, wie direkt dieses Instrumentarium in die Praxis kommuniziert werden kann. Offen bleibt an dieser Stelle, wie sich damit Konflikte angehen lassen, die zwischen Unternehmen bestehen, die eigentlich *gegeneinander optimieren*, sich aber gleichzeitig in *multifunktionale Kooperation* begeben müssten. Während der Informationsgehalt der bei Groot et al. (2009) vorgestellten Modelle für Multistakeholderprozesse sicher groß ist, kann darüber hinaus vermutet werden, dass die Modellierung von Prozessen und Dynamiken speziell für Unternehmen anders aufgebaut werden müsste, als es für Politikberatung erforderlich ist.

Der Status Quo der Landnutzung kann weder nur durch bio-physikalische Zusammenhänge noch nur durch institutionelle Einflussnahme erklärt werden. Er ist historisch gewachsen und mitbestimmt durch Vorstellungen und Annahmen, die sich gegenseitig bestärken und verankert sind in den Entscheidungsprozessen vor Ort. Dabei greifen diese kontingent (dynamisch und vernetzt) über regionale Kontexte hinaus in weitere Bereiche hinein. Die agrarökonomischen Projektionen für Deutschland (Offermann et al. 2010) gehen beispielsweise von ökonomisch orientierten Modellen aus, welche die oben angedeuteten Zusammenhänge kaum mit einbeziehen[187]. Insofern es sich um Projektionen[188] handelt, wird ein möglicher Entwicklungspfad dargestellt, der auf der bisherigen Entwicklung basiert.

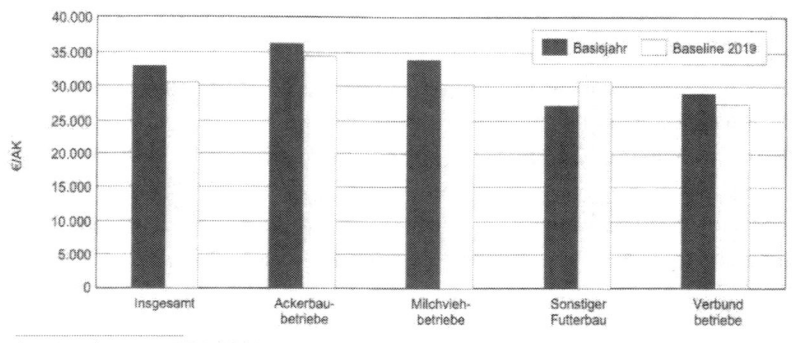

Abb. 7.1: Entwicklung des Betriebseinkommens pro Arbeitskraft in ökologisch wirtschaftenden Betrieben (real, in Preisen von 2007). Quelle: Offermann et al. (2010, 32).

Dabei sind Vorstellungen und implizite Annahmen zu wirtschaftlichen Zusammenhängen den Modellen bereits immanent, indem sie tatsächliche Entwicklungen nachvollziehen. Betrachtet man bspw. die angenommene Abnahme in der Einkommensentwicklung im Ökolandbau (Abb. 7.1), so wird deutlich, dass es für eine Beschleunigung von grundlegenden Veränderungs- bzw. Transformationsprozessen dringend notwendig wäre, eine intensivere – und quantitativ wie qualitativ gestützte – Informationsvermittlung zwischen der unternehmerischen und der ökosyste-

---

[187] Die verwendeten Modelle haben die Foki *Agrarhandel*; *Preise und Nachfrage*; *Produktion*; *Einkommen*.

[188] „Die vTI-Baseline stellt keine Prognose der Zukunft dar, sondern beschreibt die erwarteten Entwicklungen bei einer Beibehaltung der derzeitigen Agrarpolitik unter bestimmten Annahmen zur Entwicklung exogener Faktoren. Die vTI-Baseline stellt damit eine Referenz für die Analyse der Auswirkungen alternativer Politiken und Entwicklungen dar." (Offermann et al. 2010, 1) vTI: Johann Heinrich von Thünen-Institut.

mischen Perspektive zu erreichen. Vergleicht man über das Lohnniveau hinaus das Ertragsentwicklungspotenzial des ökologischen Landbaus mit den Ergebnissen bei Erb et al. 2009 – aus denen hervorgeht, dass der ökologische Anbau allein nicht die Weltbevölkerung ernähren kann –, wird deutlich, dass im ökologischen wie konventionellen Bereich Veränderungen in den unternehmerischen Prozessen notwendig sind, um eine zukunftsfähige Lösung zu erreichen. Abgesehen davon steht mit der Veränderungsweise der Anbaustrategien und der Veränderung von Verzehrgewohnheiten im Prinzip ebenso in Frage, ob bspw. das Bevölkerungswachstum eine gesicherte Größe ist. Grundlegende Veränderungen, wie die eines geminderten Energiekonsums oder Flächenverbrauchs durch Siedlungen, können sich ebenso wenig ausschließen lassen, wie die rapiden Prozesse, die in jüngster Zeit in arabischen Ländern stattfinden (und maßgeblich von knappen Lebensmitteln mit ausgelöst wurden; vgl. Kloepfer/Mrusek in Frankfurter Allgemeine Zeitung 22.02. 2011).

Es liegen Datensätze vor, die für das Flächennutzungsproblem die verschiedenen inhaltlichen Perspektiven (wie Biodiversität, Bodengüte, Wasser, Düngemittel und Gülle etc.) aufzeigen (Appelhans et al. 2011). Allein sie zu interpretieren für Priorisierungen, die in einem einsehbaren Rahmen argumentiert werden können, und sowohl die Daten wie auch die Konsequenzen unterschiedlicher Entwicklungspfade in praktikable Beziehung zu den Abläufen und Spielräumen in den Unternehmen zu bringen, wird damit nicht unbedingt erreicht (vgl. Leyer/Wesche 2007; oder auch iGreen 2011).

7.3 Entscheidungsprozesse

Wenn angenommen wird, dass die Einsicht in die Relevanz einer Veränderung gegeben ist und die Argumentation weiter dem *Law of Requisite Variety* folgt (vgl. Kapitel 6, Abschnitte 6.1.3 und 6.1.4), könnte es sein, dass eine Bestimmung des *Umsetzungspotenzials* durch adäquate Varietät zwischen der modellierten Rahmensetzung und der Rahmensetzung im Anwendungsfeld verbessert werden könnte: „[W]e hold, that resource equivalency is intimately tied to the specifics of both ecosystem functioning *and* social demand." (Kontogianni 2010, 1485; vgl. auch Rammel et al. 2007). Entsprechend müssten Modellierungsverfahren – wie oben schon erwähnt – enger an die vorhandene Akteursstruktur gekoppelt werden (vgl. Ribaudo et al. 2010).

Baldwin, Allen und Ridgway (2010) betonen die Rolle von Diversität in Entscheidungsprozessen:

> „Diversity […] refers not only to the different decisions that can and are made but to the range of approaches taken when decision making due to individuals' different perspectives, beliefs, attitudes and information-processing capabilities/abilities (Allen et al. 2006). […] Getting a balance is key, as diversity is seen as being hugely advantageous in terms of innovative capabilities is set within a conducive organizational culture (Jarratt 1999). It also has the potential to radically affect the evolution of a company particularily in times of change, for example, when introducing a new technology, practice or policy (Baldwin et al. 2005; Jarrat 1999)" (Baldwin et al. 2010, 702; vgl. auch Rerkasem/ Pinedo-Vasques 2007, Ceroni et al. 2007).

Wenn also eine Bündelung von bio-physikalischen Zusammenhängen mit der Bündelung von Praktiken in Unternehmen[189] flexibel, aber begründet in Verbindung gebracht wird, könnten so eventuell adäquate Varietätsstrukturen gefunden werden.

Daraus ergäbe sich insbesondere, dass die Methoden, mit denen Komplexität reduziert wird, selbst beweglich sein müssten, und zwar in zweierlei Hinsicht:

Erstens müssen sie erlauben, dass verschiedene Modelle trotz Unschärfe und unterschiedlicher Parameterstrukturen und -organisationen miteinander abgeglichen werden können. Nur so scheint es möglich, die vielen verschiedenen Kontexte nach Bedarf praktikabel zu kombinieren; wobei der Bedarf durch den jeweiligen Anwendungskontext gegeben wäre.

Zweitens müssten sie erlauben, dass die modellierten Inhalte rasch und unkompliziert aktualisiert werden können. Das heißt auch, dass die Vermessung und Indizierung (Bildung der Indikatoren, Randbedingungen etc.) eine gewisse Unschärfe zulassen müsste und nicht länger dauern

---

[189] „Sucessfull bundles of practices and behaviors will experience positive feedback and growth when their partidular characteristic performances correspond to that which the selection environment requires." (Baldwin et al. 2010, 709).

Eine integrierte Sicht auf Dringlichkeitsstufen – und ihre Vermittlung

dürfte als der sich wandelnde reale Prozess (was sonst erfordern würde, wiederum neue Messungen und gegebenenfalls andere Indikatoren für einen veränderten Problemzusammenhang zu entwickeln usw. usf.).

Stanca, Bruni und Corazzini (2007) zeigen, dass „the type of motivation behind the choice of an agent has a significant impact on the reciprocal behavior of other agents. When the experimental design rules out the attribution of strategic motivations, second movers' responses are characterized by significantly stronger positive reciprocity" (Stanca et al. 2007, 235). Dieses Ergebnis unterstützt den in Kapitel 3 dargelegten Gedanken, dass Multifunktionalität und Ecosystem Services in der Land- und Ernährungswirtschaft zwar *non-commodity* Güter darstellen, die auch gesehen werden, dass mangelnde Marktfähigkeit allerdings bewirkt, dass Flächenknappheit nicht nur zum ökonomischen, sondern auch zum bio-physikalischen und gesellschaftlich existenziellen Problem wird. Umgekehrt zum Bestreben, Ökosystemdienstleistungen verstärkt in Wert zu setzen (was hier trotzdem durchaus auch als produktiv angesehen wird), kann daraus die Annahme abgeleitet werden, dass eine intensivierte Vermittlung hinsichtlich der *funktionalen Bedeutung* und *funktionalen Kopplung* zwischen den koevolutorischen Zusammenhängen bewirken könnte, dass sich die kulturelle Evolution durch Veränderung in der *motivationalen Lage* der Akteure mehr in Richtung Kooperation verschiebt.

Auch die Untersuchungen von Helbing et al. (2011) können im Anschluss an die oben angesprochene Rolle von Diversität in Entscheidungsprozessen und mentalen Modellen in ähnlicher Weise gedeutet werden. Helbing, Yu und Rauhut untersuchen mit einer agenten-basierten Simulation Kooperationsverhalten in Abhängigkeit[190] von *lokaler Interaktion* und *Mobilität* unter Anwendung eines evolutorischen Ansatzes. Dabei stellen sie Folgendes fest:

---

[190] Sie orientieren sich dabei an den folgenden Fragen: „1. Why do people tend to interact with similarly behaving others [...]? 2. How can the social environment influence individual behavior, and how can it in turn determine the social environment? 3. Which micromechanisms can explain the widespread *clustering* of activities in social system, such as the formation of groups or settlements? 4. Does *mobility* of individuals influence the average level of cooperation? 5. What is the importance of *local interactions* in a globalized world?" (Helbing et al. 2011, 179).

„Specifically, we have demonstrated the emergence of aggregation and segregation patterns in space when individuals select their neighborhood in a success-driven way. When, in addition, individuals imitate more successful neighbors, cooperation can efficiently spread throughout the population, while defectors spread in case of no mobility. Therefore, the combination of social learning with mobility promotes cooperation under conditions, when none of the two mechanisms alone can do so. In the presence of random strategy and location changes, there may even be an outbreak of predominating cooperation, when defectors dominate in the beginning. Therefore, mobility may have played a major role in the evolution of social behavior." (Helbing et al. 2011, 199).

Es könnte also geschlossen werden, dass *Austausch* und *Beweglichkeit* (Diversität) in den mentalen Modellen wie auch in den organisationalen Bedingungen zum Entstehen von Kooperation signifikant beitragen kann und zwar deshalb, weil *erfolgsgeleitete Migration* hier bedeutet, dass Individuen sich zusammentun können mit denen, mit denen sie ähnliche Ansichten verbinden. Wenn heterogene Ansichten vorliegen, muss eine dementsprechende Beweglichkeit nicht unbedingt etwas mit räumlicher Standortveränderung zu tun haben. Die Kombination zwischen Mobilität und sozialem Lernen kann auch agentensensitive organisationale Bedingungen bedeuten. Informationen haben für eine derartige Flexibilisierung tradierter oder singulär geltender Muster eine entscheidende Bedeutung, indem sie Perspektiven verändern und Relevanzen in verschiedenen Bezugshorizonten ersichtlich machen (Olesen and Bindi 2002; Rounsevell et al. 2005; Pretty 2008; Varghese 2009; Ribaudo et al. 2010).

Unternehmensprozessbezogene Informations-Technologie-Systeme (d.h. daten- und modellgestützt) können durch Aufzeigen verschiedener Spielräume und über das Unternehmen hinausgehende Kontexte entsprechende Diversität in Unternehmensprozesse *wissenschaftlich begründet* einführen. Deshalb könnten sie eine wichtige Rolle spielen; vorausgesetzt, es ist möglich, sie direkter in die evolutorische Struktur unternehmerischer Akteure zu integrieren. Neumann, Klages und Breitner (2010) schreiben:"[D]ie moderne, service-orientierte IT [kann hinsichtlich der Bewältigung aktueller ökologischer Herausforderungen] einen wesentlichen Beitrag leisten, indem sie sich als proaktiver Business-Berater etabliert. Von ihr wird als bereichsübergreifende Querschnittsfunktion verlangt, dass sie effiziente, IT-basierte Strukturen und Workflows erarbeitet, die als strategische Ressource zur Schaffung von Alleinstellungsmerkmalen im Wettbewerberumfeld erhöhten Nutzen stiften kann." (Neumann et al. 2010, 30). Eine engere Verknüpfung von unternehmensbezogenen Entscheidungsprozessen mit dem bio-physikalischen Situationen müsste demnach Informationen beinhalten über (i) für beide Seiten rechtzeitige Umsetzungsschritte, (ii) adäquate Einheiten in Abhängigkeit vom (Handlungs)Kontext, (iii) Transparenz hinsichtlich vorhandener Unsicherheiten, und zwar ebenfalls in Abhängigkeit zum (Handlungs) Kontext und verständlich für die realen Akteure (vgl. van den Belt 2004; Wilbanks 2006; Hekkert et al. 2007; Epstein 2008; Winter 2009). Insofern müssten Verfahren entwickelt werden, die im Anschluss an obige Überlegung zur Varietät ein *framing of the issue*[191] (Brookfield and Padoch 2007, 357) so ermöglichen, dass die regionalen Akteure damit gut arbeiten können. »Gut« bezieht sich hiermit einerseits auf die (evolutorischen) Möglichkeiten, Spielräume und Fähigkeiten, andererseits auf die Zielsetzung der Aufgabenstellungen, die sich aus dem konkreten Problemzusammenhang für Akteure ableiten.

Eine entsprechende wissenschaftlich engere Verzahnung zwischen den Disziplinen ließe sich sicher noch optimieren, da es bereits bewährte und gute Anzeiger für bestimmte Prozessstadien gibt. Allein sie sind über die disziplinären Grenzen hinweg kaum ersichtlich[192]. Bzw. ist eine Vermittlung unter Umständen abhängig von normativen oder anderen konzeptionellen Inkompatibilitäten, die mit den konkret realen Inhalten nichts zu tun haben müssen[193]. Gleichzeitig wäre es aber auch unverzichtbar, methodisch strukturierte Zugänge zu entwickeln, die *trotz der notwendigerweise gegebenen Unschärfe pragmatisch, aber effektiv* dazu in der Lage sind, *logische Widersprüche* mindestens anzuzeigen bzw. auszuschließen[194].

---

[191] In diesem Fall bspw.: »*klimaangepasste Regulierung von Landnutzungskonflikten zur nachhaltigen Sicherung der Ernährungsversorgung im regionalen Rahmen*«.

[192] Winqvist et al. (2011) arbeiten z.B. mit Parametern wie *biological control pattern* und *landscape complexity* um die Auswirkungen ökologischen Landbaus zu evaluieren. Vgl. auch Wiggering et al. (2006).

[193] Vgl. die Diskussion zu *safe minimum standards* bei Neumayer 2010.

[194] Zelewski/Alan 2005 unterscheiden z.B. zwischen *Inferenzregeln* und *Integritätsregeln*: „*Inferenzregeln* dienen dazu, aus einer ursprünglich gegebenen Formelmen-

7.4 Integrierte und integrierende Einheiten

Wenn nun also Möglichkeiten entwickelt werden sollen, um Informationsübertragung hinsichtlich der relevanten Zusammenhänge zwischen bio-physikalischen und sozio-ökonomischen Prozessen in Bezug auf einen konkreten Problemzusammenhang zu befördern, bedarf es einsichtiger und berechenbarer Einheiten. Dies beinhaltet die Bestimmung, wonach sich eine gegenseitige Bewertung und Gewichtung einzelner Aspekte richtet und wie sie aufeinander zugeordnet bzw. zugeschnitten werden muss, damit erwünschte Zielsetzungen in beiden systemischen Bereichen erreicht werden können. „The focus of coevolutionary theory is the study of both, (1) what are the basic units, characteristics and modes of each of these processes, and (2) how these processes relate to one another creating the systemic coevolution that seems to be shaping life in our planet." (Gual/Norgaard 2010, 711). Die Bildung von Einheiten stellt somit eine konkret *strukturgebende Aktivität* in der Verknüpfung von dynamischen Vorgängen dar: „Economic values reveal themselves through choice. Choices sometimes involve exchange transactions and these in turn rely on standardized units of account. […U]nits tell people how to measure and why." (Kontogianni et al. 2010, 1481). Dabei ist dies keine einfache Aufgabe: „[T]he limitations of mathematical modeling in this area are big […]." (Gual/Norgaard 2010, 711; vgl. auch Leyer/Wesche 2007). Allen schreibt dazu: „Mathematically we could solve our equations to find the values of the variables for an optimal performance. But we do not know *which* variables will be present, and therefore we do not know *which* equations to solve or opti-

---

ge *neue*, in der Formelmenge noch nicht explizit enthaltene *Formeln* als Theoreme *ableiten* zu können. Inferenzregeln erlauben daher die Gewinnung *„positiver"* Erkenntnisse durch die Ableitung von neuen Theoremen. […] *Integritätsregeln* werden dazu benutzt, entweder eine *gegebene Formelmenge* (statische Integritätsprüfung) oder die *Anwendung* einer *Inferenzregel* (dynamische Integritätsprüfung) auf *Zulässigkeit* zu prüfen. Integritätsregeln gestatten daher die Gewinnung *„negativer"* Erkenntnisse durch das Aufzeigen der *Unzulässigkeit* von Formelmengen bzw. Inferenzregelanwendungen. Integritätsregeln lassen sich zwar mit den Ausdrucksmitteln der Prädikatenlogik spezifizieren. Aber ihre integritätsherstellende oder integritätswahrende Anwendung erfordert zusätzliche Mechanismen, die in der Prädikatenlogik nicht vorgesehen sind." (ebd. 448). Vgl. auch Tessier et al. (2004); Agt et al. (2009); Davy et al. (2008).

mize." (Allen 2010, 18). Dennoch scheint es unerlässlich zu sein, in diesem Bereich praktikable Wege zu entwickeln, um Unsicherheiten hinsichtlich verfügbarer Informationen mindestens zum Teil zu mildern und Kommunikation über strittige Themen argumentativ zu stützen oder überhaupt zu ermöglichen.

7.4.1 STELLA für Flächennutzung im Rahmen von nordwest2050

Die Methode der dynamischen Modellierung bietet die Möglichkeit, komplexe interagierende Prozesse für relativ viele thematische Inhalte darzustellen. Dies kann zum Beispiel mit dem grafischen Simulationsprogamm STELLA umgesetzt werden (Hannon/Ruth 2001). STELLA arbeitet mit den vier verschiedenen Bausteinen *stocks, flows, converters* und *connectors*. Damit mit diesen Bausteinen Zusammenhänge abgebildet werden können, die in sinnvoller Weise wiedergeben, wie die jeweilige Problematik sich (tätsächlich) verhält, bedarf es in der Erarbeitung des Modells eines möglichst unmittelbar aus der Realität heraus erarbeiteten Hintergrundes. Dieser wird einerseits durch Daten ersichtlich, die etwa in Form von Zeitreihen eingepflegt werden. Die Verknüpfung und Zusammenstellung der unterschiedlichen Kausalketten erfordert zudem aber eine inhaltlich und konzeptionell strukturierte Wiedergabe der realen Zusammenhänge. Dies gilt zum Beispiel für die Darstellung der akuten Konfliktlagen und die Bestimmung der relevanten Ecosystem Services (vgl. Costanza et al. 1997, Fisher et al. 2007, Kumar 2010 (insb. Kapitel 1, 2, 5)).

Im Projekt nordwest2050 wurden die Parameter für das Landnutzungsmodul des dynamischen Modells in Workshops mit und ohne Stakeholdereinbindung bestimmt. Die in den obigen Abb. 5.4 und 6.3 dargestellten Ergebnisse waren hierfür die inhaltliche Basis. Indem diese Ergebnisse die regionale Situation anhand der Exploration strukturiert wiedergeben, konnte eine Grundlage für das Modell erarbeitet werden, die im direkten Anschluss an das tatsächliche Akteursgefüge steht. Die in den ersten Kapiteln dieser Arbeit entwickelte konzeptionelle Integration ließ es zudem zu, dass erstens die *Entscheidungsschnittstellen für Unternehmen* in einer Problematik, die sich auf eine regionale Gesamtsituation bezieht, betrachtet werden können. Zweitens werden die *ökosystemaren*

Bedingungen eng an die unternehmensbezogenen angeknüpft wiedergegeben. Dies wird vor allem auch in der Entwicklung der Szenarien, die im Projekt nordwest2050 den nächsten Schritt darstellt, entscheidend sein. Die inhaltlichen Ergebnisse wurden dazu mit quantitativen Datensätzen (bspw. zu den verschiedenen Landnutzungsanteilen, der Gülleproduktion pro Tier oder Abschätzungen über die Umwandlungsraten zwischen Ackerland für Ebergiemais, Grünland oder anderen Nutzungsformen) unterfüttert[195]. In der Darstellung in STELLA werden so verschiedene Landnutzungsformen unterschieden. Es können Konversionsraten zwischen Landnutzungstypen dargestellt werden, die beispielsweise angeben, wieviel Land von einer Nutzungsart in eine andere übergeht. Diese Konversionsraten lassen sich limitieren, hierdurch kann bspw. der durch Subventionierung bestehende deckelnde Einfluss politischer Rahmenbedingungen nachvollzogen werden. Insofern liefert STELLA eine Möglichkeit, (Kaskaden von) Nutzungsänderungen für die Region anhand der Offenlegung verschiedener Einflussgrößen für die Stakeholder einsichtig darzustellen.

Diese Art der Umsetzung bezieht sich damit vornehmlich auf die Art der Nutzungsform und die Konversionsraten zwischen den verschiedenen Landnutzungstypen über die Zeit. Die räumlich explizite Abbildung lässt sich indirekt erschließen, indem viele der verwendeten Daten (bspw. das Landnutzungsprofil) für die einzelnen Landkreise spezifisch eingegeben wurden. Die Perspektive, die das Modell in dieser Form der Umsetzung einnimmt, ist also auf die Landnutzungsentwicklung gerichtet und weniger auf Prozessabläufe in und zwischen Unternehmen. In anderen Modellmodulen, die an Wertschöpfungsketten orientiert sind, werden dagegen bspw. Abläufe wie Energie- und Wasserverbrauch abgebildet.

---

[195] Datenakquise, die Konzeption für die Umsetzung in STELLA, sowie die Zugangsebenen für die Modellierung der ernährungswirtschaftlichen Situation der Metropolregion Bremen-Oldenburg wurden in Gruppenarbeit erarbeitet. Die in der vorliegenden Arbeit dargelegten Zusammenhänge bildeten hierfür die inhaltliche und konzeptionelle Basis (vgl. auch Abb. 6.3, in der die methodischen Möglichkeiten der Umsetzung in STELLA bereits angelegt sind). Die Einarbeitung der quantitativen Daten zur Metropolregion und Umsetzung des Modells liegt beim Team Ruth, Center for Integrative Environmental Research, Maryland.

7.4.2 Betriebliche Perspektive

Teuteberg und Marx Gómez beschreiben Status Quo und Herausforderungen betrieblicher Umweltinformationssysteme[196]: „Entscheidend sind dabei die beiden Merkmale ‚Umweltrelevanz' und ‚betriebliche Relevanz' " (Teuteberg/Marx Gómez 2010, 7). Dabei müsste sich die Umweltrelevanz genau genommen zum Beispiel auf den sogenannten *„safe minimum standard"* beziehen, der definiert werden kann als: „the minimum quantity of ecosystem structure and process [...] required to maintain a well-functioning ecosystem capable of supplying services" (Fisher et al. 2008, 2053; vgl. auch Neumayer 2010). Teuteberg und Marx Gómez haben dabei festgestellt, „dass vorhandene Lösungen nicht integrierbar sind und eine fehlende funktionale Abdeckung [...] aufweisen. [...] Es kann weiterhin festgestellt werden, dass in der Vergangenheit meist nur operative und keine strategischen Systeme im Bereich des betrieblichen Umweltmanagements entwickelt worden sind. [...] Es fehlt an ganzheitlichen, integrierten Lösungen, durch deren Einsatz nicht nur Konformität zur jeweils gültigen Umweltgesetzgebung, sondern darüber hinaus auch ein strategisches Umweltmanagement realisiert werden kann." (ebd. 8ff).

Die Problematik hinsichtlich der Umweltdatenverfügbarkeit wurde nun oben bereits dargelegt (vgl. dazu auch Funk/Niemeyer 2010), darüber hinaus ergeben sich im unternehmerischen Zusammenhang weitere Schwierigkeiten, die durch methodische Innovation[197] behoben werden müssten: „Da auch externe Daten, beispielsweise von Partnern innerhalb der Supply Chain oder von externen Umweltportalen, angebunden werden sollen, liegen nicht alle Datenquellen im direkten Einflussgebiet des Unternehmens. Daraus ergeben sich Fragestellungen zur Standardisierung von Schnittstellen und zu Übertragungsformaten. Weiterhin birgt die Abbildung der zu überwachenden Anforderungen besondere Herausforderungen, da diese in der Regel natürlichsprachlich formuliert und somit nur schwer in einer Datenbank abbildbar bzw. überprüfbar sind." (ebd. 14f). Ähnlich äußern sich auch Funk und Niemeyer (2010):

---

[196] „Ein betriebliches Umweltinformationssystem (BUIS) ist ein organisatorisch-technisches System zur systematischen Erfassung, Verarbeitung und Bereitstellung umweltrelevanter Informationen in einem Betrieb." (Rautenstrauch 1999, 11).

[197] Vgl. auch DG ENV (2010).

„Dass eine zuverlässige automatische Verarbeitung von LCA-Daten […] nicht möglich ist, lässt sich darauf zurückführen, dass die LCA-Daten nicht in einer strukturierten und eindeutig interpretierbaren Form zur Verfügung stehen. Gründe dafür liegen in der hohen Komplexität des Untersuchungsgegenstandes und -rahmens, im Methoden-Pluralismus bezüglich der Datenerhebung und Wirkungsabschätzung sowie der Vielzahl von Unternehmen und Wissenschaftlern, die am Aufbau von LCA-Datenbanken mitwirken. Selbst wenn eine weitgehende strukturierte Datenspeicherung möglich wäre, gibt es kein einheitliches Vokabular, das […] eine automatisierte Kommunikation ermöglicht. Man spricht in diesem Zusammenhang von der sogenannten semantischen Lücke. Sie bezieht sich auf die Sachbilanz, verhindert im Ergebnis eine automatisierte Erstellung von produktorientierten Ökobilanzen und führt zu einem hohen manuellen Bearbeitungsaufwand." (Funk/Niemeyer 2010, 41f; LCA: Life Cycle Assessment).

Umgekehrt wäre es gerade vor dem hochkomplexen Hintergrund sinnvoll, wenn es Informationssysteme gäbe, die auch strategisch Entscheidungshilfe und Wettbewerbsfähigkeit für eine nachhaltige Entwicklung bzw. den notwendigen Wandel dorthin verbinden[198]. Hinsichtlich langfristig orientierter Landnutzungsregulierung wäre es zum Beispiel erforderlich

- die Flächennutzungsproblematik für das Unternehmen abzubilden, d.h. verfügbar zu machen, wie diese Problematik die Wertschöpfungsketten oder die Entscheidungen der Organisation betrifft.

- Informationen zu identifizieren, die für einen anderen Umgang mit dieser Problematik für das jeweilige Unternehmen fehlen[199].

- aufzuzeigen, welche Allianzen notwendig wären, um gemeinsam mit anderen für bestimmte Flächenbereiche nach anderen Wegen zu suchen.

---

[198] Vgl. hierzu bspw. die ontologiebasierte Kaskadennutzung von Rohstoffen: Rapp et al. (2010).

[199] An der Uni Kassel wird bspw. eine frei zugängliche Online-Softwarelösung entwickelt, die es erlaubt, die Abwärmenutzung aus Biogasanlagen über den Jahresverlauf in Einzelbetrieben zu optimieren (vgl. Mandel 2011(web)).

7.4.3 Strategisch-operative Entscheidungsfaktoren und Prozessmodelle

7.4.3.1 Mentale Modelle, Datenrelevanz und -aktualisierung

„Information ist einer der Schlüsselfaktoren einer erfolgreichen und nachhaltigen Wertschöpfungskette. Kommunikation und der Informationsaustausch sind essenziell für die zuverlässige Koordination und Integration aller beteiligten Akteure." (Rapp et al. 2010, 50). Das kritisch-reflexive Arbeiten mit mentalen Modellen und verschiedenen Zugangsebenen, auf denen ein Problem wahrgenommen werden muss, scheint für einen sinnvollen Regulierungsansatz und entsprechende institutionelle bzw. organisationale Trajektorien deshalb unverzichtbar (Rammel et al. 2007, 14f). Senge und Sterman (2009) beschreiben bspw. wie ausgehend von kognitiven Vorstellungen von Kausalzusammenhängen eine dynamische Modellierung mit STELLA aufgebaut wird, mittels der Manager sich bewusst machen können, ob ihre Vorstellungen über organisationale Prozesse der Realität entsprechen[200]. Die Konzeptualisierungsphase wird hierbei als besonders wichtig beschrieben, weil hier Bedingungen, Determinanten und Ko-Abhängigkeiten, die für ein Problem relevant sind, besprochen werden müssen. Diese Relevanzfaktoren müssen hierzu allerdings eingeschätzt werden können, woraus sich wiederum das eben schon angesprochene Informationsproblem hinsichtlich der Verfügbarkeit und Priorisierung von Daten ergibt. Demensprechend wird hier deutlich, worin ein weiterer Grund liegen könnte, warum betriebliche Umweltinformationssysteme für die strategische Perspektive kaum vorhanden sind.

Insofern die mit Nachhaltigkeit verbundenen Problemlagen die Organisationsgrenzen von Unternehmen überschreiten, bedarf es deshalb gerade für die strategische Komponente einer (methodisch) veränderten Zugangsweise. De Vries und Petersen (2009) beschreiben einen methodischen Ansatz, der qualitative Kategorien, wie Weltsichten, Werte mit funktionalen Annahmen über sozio-ökonomische und bio-physikalische

---

[200] „The results of the learning laboratory have been positive. It has been credited with: 1. Shortening the learning curve for new managers. 2. Improving communication skills. 3. Creating an atmosphere for organizational learning. 4. Clarifying and testing assumptions. 5. Making mental models explicit. 6. Integrating qualitative with quantitative measures of performance. 7. Providing a shared experience for decision making and problem analysis." (Senge/Sterman 2009, 300).

Zusammenhänge verbindet. Die Autoren verwenden hierbei einen *Fähigkeiten-orientierten* Ansatz und entwickeln Szenarien, die auf kombinierte Maßnahmenpakete hinauslaufen sollen:

> „The capability-functionings approach offers a broader ends-means connection, but [...] it is faced with the empirical difficulty of measurement (Saith 2001, and references therein). One of the theoretical and empirical problems is the interaction between capabilities. [...] Another conceptual problem arises from the fact that, in order to realize capabilities in the form of functionings, people need to have information about these functionings and about the consequences of choosing them." (De Vries/Petersen 2009, 1009).

Dabei würde es idealerweise darum gehen, empirisch die kognitiven Landkarten und Modelle der involvierten Menschen vollständig zu erheben[201]. Dies wird in der Realität schwerlich möglich sein. Darüber hinaus können selbst erhobene Werte und Überzeugungen kaum falsifiziert werden, und sei es nur deshalb, weil Wahrheitswerte in solchen Zusammenhängen kontextspezifisch sind (ebd.1011f). Insofern stellen kognitive Landkarten Vereinfachungen dar „for reducing a complex, diverse and contingent reality to manageable proportions" (ebd. 1012).

Die Frage, wie sich *building blocs* für eine nachhaltigere Entwicklung mittels kritischer Reflektion über reale Trends und Ereignisse erarbeiten lassen, beantworten De Vries und Petersen mit einer Szenarienmethode. Sie entwerfen ein Meta-Modell interagierender Akteure, um Dynamiken

---

[201] „It will discover a balance between the agents in play and the interactions that they bring with them. But although the system can do this automatically, it does not mean that we know what the web of interactions really is. This certainly poses problems for the rational analysis of situations, since this must rely on an understanding of the consequences of the different interactions that are believed to be present. We cannot really know from the de-contextualized data of growth and decline how the circles of influence really operate. Our only choice might be to ask the actors involved, in the case of human system. And this in turn would raise the question of whether people really understand the foundations that sustain their own situation, and influences of the functional, emotional, and historical links that build, maintain, and cast down organizations and institutions, the loops of positive feedback that build structure introduce a truly collective aspect to any profound understanding of their nature, and this will be beyond any simple rational analysis, used in a goal-seeking local context." (Allen 2010, 18).

höherer Ordnung zu beschreiben: „Each worldview is considered an attractor which produces its specific initial benefits and, upon crowding, problems. [...] Recource conflicts and technological breakthroughs may then trigger a (local) avalanche switch to another worldview, especcially when the system is in a region of instability (Thompson et al. 1990)" (de Vries/Petersen 2009, 1015). Diese Szenarienmethodik ist so aufgebaut, dass modellbasierte Quantifizierung angeschlossen werden kann (ebd. 1016; vgl. auch Brookfield/Padoch 2007). Indem das Modell die als relevant erachteten Beziehungen abbildet[202], müsste eine Verknüpfung qualitativer Veränderungen mit quantitativen Angaben sich auf Unternehmensprozesse so beziehen lassen können, dass in den im Modell dargestellten Prozessen die Beziehung zum konkreten Problemzusammenhang (semantisch explizit) angegeben/eingestellt werden kann. Für die unternehmensseitigen Prozesse würde das erfordern (bzw. ermöglichen) die Modellierungsstruktur so aufzubauen, dass sich angeben/einstellen lässt, welche zeitlichen, finanziellen oder Akteurs-Ressourcen (etc.) verfügbar sind. Damit wäre es möglich, einerseits die Detailschärfe hinsichtlich der Verknüpfung mit Messungen (spezifisch gebündelt für den Problemzusammenhang[203]) und andererseits den Rahmen des Machbaren oder Möglichen effektiv und pragmatisch einzurichten. Die Aktualisierung von Modellen ließe sich für bestimmte (entsprechend gerahmte) Zusammenhänge ähnlich aufbauen. Je nachdem, welche Akteure angesprochen sind und mit dem Modell arbeiten, könnte die Metaebene, auf der Priorisierungen und Gewichtungen (bspw. im Anschluss an Szenarien) eingestellt werden, explizit und interaktiv zugänglich sein. Für Interaktionsprozesse zwischen vielen Akteuren, wäre es denkbar, Verknüpfungen anzustreben mit sich bereits in Nutzung befindlichen IT-Systemen.

---

[202] „In a world of change which is the reality of existence, what we need is knowledge about the process of learning. From evolutionary complex systems thinking, we find models that can help reveal the mechanisms of adaptation and learning, and that can also help imagine and explore possible avenues of adaptation and response. [...] They are [...] concerned with the mechanisms that provide such systems with the capacity to explore, to evaluate, and to transform themselves over time." (Allen 2010, 20).

[203] Hier wäre es sicher möglich, mit semantisch basierten Technologien zu arbeiten (vgl. iGreen 2011).

7.4.3.2 Prozesse mehrerer Unternehmen

Wenn es um Prozesse geht, die über die Grenzen einzelner Unternehmen hinaus Kooperation erfordert, die gleichzeitig zur nachhaltigen regionalen Entwicklung und als strategische Spielräume für einzelne Unternehmen sinnvoll sein soll, dann wird es notwendig, unternehmensübergreifende Abläufe innerhalb einer und zwischen Branchen mindestens in den Blick nehmen zu können. Kempener et al. 2009) entwickeln z.B. einen Ansatz, der es erlaubt den Beitrag ganzer industrieller Netzwerke zu Nachhaltigkeit zu modellieren: „The performance of such a network depends on: (1) the individual contributions of organizations to sustainability; and (2) the relationships and exchange of resources between the different organizations involved." (Kempener et al. 2009, 143[204]): Die Autoren setzen dabei auf einen Modellierungsansatz, der explizit *feedback loops* „between the course of action and the functional and implicit characteristics of the agent, or those of its relationships, or of the network as a whole." (ebd. 144) mit einbezieht. Zweitens modellieren sie im Prozess den Einfluss von Vertrauen und Loyalität als funktionale und implizite Charakteristika, die Einfluss auf Entscheidungen haben (vgl. ebd. 147). Für eine verbesserte Umsetzung in die unternehmerischen oder betrieblichen Prozesse könnte also eine engere Verzahnung zwischen (i) bio-physikalisch orientierten Prozessmodellen (wie z.B. Vulnerabilitätsassessments im Anschluss an die IPCC-Szenarien), (ii) strategisch qualitativen Methoden und (iii) organisationstheoretisch angelegten Ansätzen zu unternehmensübergreifendem Prozessmanagement sinnvoll sein (vgl. Werth et al. 2010).

„In Anlehnung an den originär unternehmensintern definierten Geschäftsprozessbegriff erfolgt zunehmend eine Übertragung auf unternehmensübergreifende Anwendungsfelder. [...] Im Mittelpunkt steht dabei die ‚organisationsstrukturelle Konstellation bei der Verkettung von betrieblichen Verrichtungen' (Werth 2006). [Es] soll hier nicht nur die bilaterale Beziehung zwischen Unternehmen bei der Durchführung

---

[204] Kempener et al. (2009) nutzen hier eine Kombination aus agentenbasierten und systemdynamischen Ansätzen, wobei sie das Instrumentarium der Multikriterienanalyse und praxisnahe problemstrukturierende Ansätze nutzen. Sie weisen darauf hin, dass es keine Universallösungen gibt, zeigen aber einleuchtend, wie verschiedene Methoden plausibel kombiniert werden können.

eines Geschäftsprozesses betrachtet werden. Vielmehr fokussiert der Ansatz auf End-to-End-Prozesse, die die gesamte Wertschöpfungskette vom Lieferanten bis zum Kunden abdeckt.[...] Schnittstellen sind dabei als *Nahtstellen*, die Funktionseinheiten und Systeme, wie zum Beispiel Anwendungssysteme oder Datenbanken, aber auch Mitarbeiter, über Datenaustausch (als Informations- und Kontrollfluss) miteinander verbinden, zu verstehen (Werth 2006)." (Werth et al. 2010, 293f vgl. auch Leyking et al. 2010)

Diese Perspektive stellt sozusagen die umgekehrte Sicht auf das Erfordernis (kultureller) dynamischer Fähigkeiten dar: Weil die Notwendigkeit besteht, verschiedene Kontexte vor dem Hintergrund längerfristiger Entscheidungsspannen und kontrafaktischer Veränderungsnotwendigkeit zu bewerten, müsste die Kommunikation über solche Entscheidungen in und zwischen Unternehmen – entsprechend den organisatorischen Abläufen aber auch im Anschluss z.B. an Umweltdaten – durch Informationstechnologie entsprechend unterstützt werden können.

Unter diesem Zugang ließen sich *Komplexitätsreduktionen argumentieren*, die zwar teilweise unvollständig bzw. unscharf bleiben, nichtsdestotrotz aber *wesentliche Abhängigkeiten* aufzeigen. Würden diese bspw. mithilfe semantisch expliziter Adapter[205] an betrieblich orientierte

---

[205] Im Anschluss an aussagenlogische und vor allem prädikatenlogische Schlüsse und Verknüpfungen, könnten im Rahmen einer Formalisierung Wahrheitswerte bzw. Gewichtungen festgelegt werden. Dass unter Gültigkeit des Satzes vom ausgeschlossenen Dritten die Realitätstreue von Wahrheitswerten grundsätzlich angezweifelt werden kann, ist ein Problem, das hier nicht weiter ausgeführt werden soll. Ohnehin kann auf die formale und technologische Machbarkeit hier nur ansatzweise Bezug genommen werden. Die Erarbeitung einer Umsetzung wäre Teil weiterer Forschungen. Trotzdem scheint mindestens plausibel, dass Begriffe im Hinblick auf *Bedeutung*, *Verknüpfung* und *Unschärfe* für Prozesse abgebildet werden: „Wenn nun eine Aussage aus verschiedenen Prädikaten und Argumenten zusammengesetzt ist, wird ihr Wahrheitswert gemäß dem Kompositionsprinzip aus den *semantischen Werten* (die nicht notwendigerweise Wahrheitswerte sein müssen) der Teilkomponenten der Struktur errechnet. Wie ergibt sich aber die Bedeutung eines komplexen Ausdrucks aus den Bedeutungen der Teilkomponenten? Diese Frage ist nicht leicht zu beantworten. Wir können uns dem Problem aber so nähern, dass wir uns klar machen, worin denn eigentlich die *semantische Kompetenz* von Sprechern einer Sprache besteht. Diese sind offenbar in der Lage, in Kenntnis einer gewissen Situation in der Welt zu entscheiden, ob eine Aussage über

Informationssysteme angeschlossen, könnte die Lücke zwischen der nicht übersehbaren makro-Problematik und der Abschätzung *geschlossener,* aber auch *strategischer* Managementprozesse hinsichtlich Kosten und Nutzen *mindestens unterstützend überbrückt* werden. Dass dabei der kompetent menschliche Einfluss in Interaktionen und Kommunikation unersetzbar ist, versteht sich von selbst.

Ähnlich wie für die strategisch-operative Vermittlung zwischen verschiedenen inhaltlichen Kontexten, könnte es so auch möglich sein, *verschiedene Zeithorizonte* zu betrachten. Mögliche und wünschenswerte Zukünfte könnten so direkter mit den tatsächlich vorliegenden kurzfristig akut werdenden Entscheidungsnotwendigkeiten in Bezug gesetzt werden.

7.4.4 Wiederum Einheiten...

Es stellt sich an dieser Stelle also erneut die Frage nach der Bildung adäquater Einheiten. Was kann die Definition von Einheiten bedeuten, wenn es einerseits um raschen Wandel geht und andererseits Information aus unterschiedlichen Kontexten (verschiedene Metriken) verbunden werden soll? Wie kann aus unvollständiger und von Interpretation abhängiger Information deutlich werden, wo und wie vorrangig gehandelt werden sollte? Wie können Priorisierungen von den Akteuren direkt eingesehen und angepasst werden? Wie können an Nachhaltigkeit orientierte Informationssysteme zur Unterstützung entsprechender Prozesse angepasst werden? Eine rechtzeitige und effektive Realisierung von Maßnahmen ist zentral, weil die oben angesprochenen real wirksamen Schwellenwerte im bio-physikalischen System irreversibel sein können. Die Irreversibilität findet hierbei nicht nur global, sondern auch regional statt. Deshalb ist es insbesondere wesentlich, dass ein *praktikabler und einsehbarer* bzw. *einsichtiger* Umgang in diese Komplexität im Anschluss an die

---

diese Welt zutreffend ist oder nicht. Und indem sie dies können, vermögen sie, eine *Aussage über die Welt* mit *der Welt selbst zu vergleichen,* und sie können feststellen, ob die Aussage einen Sachverhalt ausdrückt, der in der Welt tatsächlich besteht oder nicht." (Lohnstein 2011, 63f). Mit dem Gedanken der Varietät wird hiermit einsichtig, weshalb der konkrete Problemzusammenhang und die Spezifizierung auf Aufgabenstellungen im Hinblick auf den zur Verfügung stehenden Lösungskontext so bedeutsam sind. Vgl dazu auch im Anhang.

ökonomisch motivierten unternehmerischen Entscheidungen voran gebracht wird.

„Efficiency and effectiveness fall within the purview of economics, concepts from economics are central when trying to understand and guide human activity. However, because modern economics concentrates more on efficiency than on effectiveness, and only addresses a subset of issues relevant to achieving sustainability, its approach and methods must be revised." (Ruth 2006, 333).

Eine entsprechende Veränderung der *methodologischen Zugangsweise* zu Prozessen in der *Aufbereitung von Daten und Information*, hätte für strategisch orientierte betriebliche Informations- oder prozessorientierte Managementsysteme womöglich entscheidende Konsequenzen hinsichtlich der inhaltlichen, betrieblichen und informationssystemischen Schnittstellen. Wie oben schon gezeigt, können diese weder scharf, noch statisch, noch abschließend bestimmt werden. Auch wegen der wichtigen Rolle von Diversität sollten sie *beweglich* und *einsehbar* für menschliche Beurteilungen sein. Es ergibt sich somit unmittelbar ein Anschluss an *funktional dynamische Fähigkeiten*. Diese würden im jeweiligen Abgleich mit dem konkreten Problemzusammenhang einen *operationalisierten unternehmerischen Aufgabenbezug* herstellen. Die informationstechnologische Umsetzung (bspw. modellbasiert) würde dabei das Unternehmen als funktional eingebettet in seine (auch ökologische) Umwelt umfassen und entsprechend abbilden. Indem es einen direkten Zugang zur Prioritätenebene gäbe (die einen natürlichsprachlichen/semantischen Anschluss hätte), könnten auf dieser Ebene Verschiebungen mit entsprechenden Möglichkeiten und Erfordernissen hinsichtlich der Geschäftsprozesse besser eingesehen werden. Da Einheiten als absolute und fixe Kategorien für diese Zusammenhänge alltagstauglich kaum festgelegt werden können (vgl. Leyer/Wesche 2007; Prato 2007; Eierdanz et al. 2008), könnte die hier vorgeschlagene analytische Vorgehensweise genutzt und im Anschluss an bestehende (Modellierungs)Methoden weiter entwickelt werden.

7.4.4.1 Relationale Settings

Im Anschluss an die Analyse in Kapitel 6 zeigt sich, dass inhaltliche Rahmungen von bedeutsamen Zusammenhängen in Relation zu den *aus dem Problemzusammenhang hervorgehenden Aufgaben* so gebündelt werden können, dass sie den Fähigkeiten im tatsächlichen Akteursgefüge zugeordnet sind (vgl. Ostrom 2010). Es lassen sich damit Inhalte, Strukturen und Akteure, ebenso wie konkrete Maßnahmen bestimmen. Aus einer solchen Bestimmung kann rückwirkend abgeleitet werden, welche Informationen und welche Daten- oder anderen Ressourcen diesbezüglich sinnvoll oder notwendig sind, um eine Umsetzung tatsächlich zu erreichen.

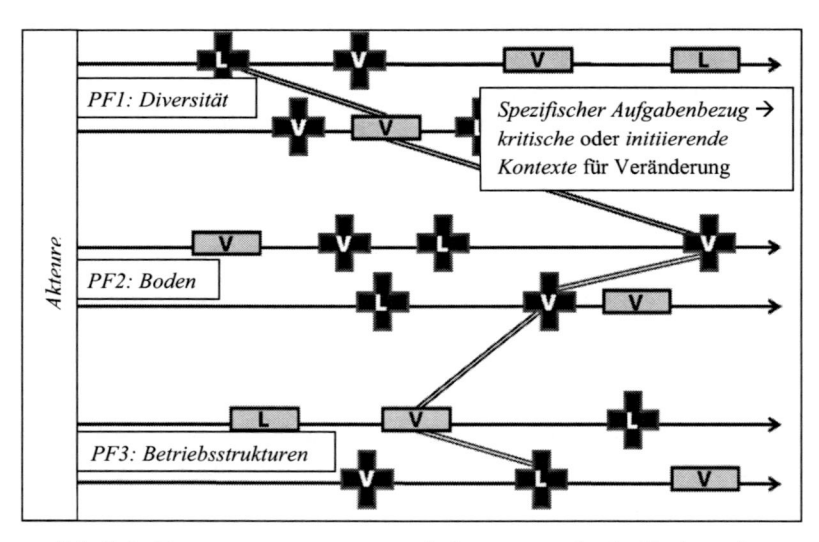

Abb. 7.2: Kontext-, situationen- und akteursspezifische Verknüpfung kritischer Relationen im konkreten Aufgabenbezug; PF: Problemfeld; Plus-/ Minuszeichen: Potenziale/ Defizite für die Kategorien Längerfistigkeit (L) und Veränderungspotenzial (V). Der Pfeilverlauf kann zeitlich und inhaltlich-kausal interpretiert werden.
Eigene Darstellung.

Bedarf es zum Beispiel größerer Konkretisierung der Relevanz von Umweltschutzaspekten, kann mit Statistiken in Abhängigkeit zu den jeweils

Eine integrierte Sicht auf Dringlichkeitsstufen – und ihre Vermittlung 317

betroffenen Akteuren möglicherweise viel erreicht werden. Steht ein konkreter Konflikt zur Debatte, der nicht nur eine Mediation sondern die aktive Veränderung von Entwicklungspfaden beinhaltet, könnte die Einbettung der Situation entlang von Ökosystemdienstleistungen wie Wasserverfügbarkeit und dem langfristig hohen Wert fruchtbaren Bodens eine veränderte Sicht auf den regionalen Kontext anregen. Die Bestimmung des Bezugs zum konkreten Problemzusammenhang stellt also den ersten Schritt dar.

Weiter wird ein rekursives Verfahren vorgeschlagen, das es erlaubt, zwischen Konkretion und Abstraktion hin- und herzuwechseln. Damit ließe sich prozedural ein Rahmen bestimmen, für den sich die benötigte Information in Abhängigkeit zu den fraglichen Bedingungen und Themen erheben oder beschaffen und zuordnen lässt. Dies *kann, muss aber nicht* durch Modelle unterstützt werden. Gemäß den obigen Ausführungen können Modellierungsmethoden, wenn sie über den wissenschaftlichen Kontext hinaus aussagekräftig sind, aber maßgeblich für die Einsicht in kritische Zusammenhänge und mögliche Veränderungsmaßnahmen sein. Für den Fall, dass Informationen nicht verfügbar sind (womit zu rechnen ist), können auf Basis der konkret für die tatsächliche Gefügelage (diese ist gegeben) erarbeiteten Rahmung/Bündelung *diejenigen Fenster* bestimmt werden, in denen *kaum oder keine Informationen* vorliegen. Diese *„negativ"-Fenster* oder Unbekannten sind dann aber bekannt und stehen in einem konzeptionell strukturierten Zusammenhang, sind somit *nachvollziehbar strukturiert* eingebunden in Bereiche, zu denen Informationen vorliegen (als Beispiele können die Potenziale und Defizite in Kapitel 6 dienen)[206]. Abbildung 7.2 stellt dar, wie Potenziale und Defizite verschränkt werden können. Die jeweiligen tatsächlichen Inhalte der Plus- und Minuszeichen sind dabei abhängig von den konkreten Gegebenheiten. Die im vorigen Kapitel dargelegte Analyse zeigt, wie eine explizite Erarbeitung solcher Inhalte im Verhältnis zu Möglichkeiten und Bedarfen aussehen könnte. Der spezifische Aufgabenbezug kann dabei mehr oder weniger schwierig zu bewältigen sein. Insofern sind kritische Verhältnismäßigkeiten für die jeweils angestrebte Veränderung einzelfallspezifisch. Eine Einsicht in die prozeduralen Bedingungen, die im Umsetzungspotenzial maßgeblich sein können, steht in

---

[206] Im Anhang findet sich dazu eine Skizzierung des formalen Zusammenhangs.

Verbindung zu Form, Art und Weise, in der Komplexität für den Handlungsbezug reduziert werden kann.

Allen geht dazu bspw. wie folgt vor: „(1) The relevant ‚system' boundary (exclude the less relevant), (2) The reduction of full heterogeneity to a typology of elements (agents that might be molecules, individuals, groups, etc.): (3) Individuals of average type; (4) Processes that run at their average rate." (Allen 2010, 3). Die Essenz komplexer Systeme ist dabei, „that they represent the joining of multiple subjectivities – multiple dimensions interacting with overlapping but not identical multiple dimensions." (Allen ebd. 6). Die erfolgreiche und konstruktive Verknüpfung zwischen unterschiedlichen Settings oder Rahmen („*boxes*", „*different worlds*"; Allen 2010, 8) erfordert menschliche Intervention „to translate the meaning that exists in one space into the language and meaning of the other. [...] Management is really the domain in which the multidisciplinary, integrative approach is required if we are to get real results in dealing with a real world problem" (ebd. 8). Neben der zentralen Bedeutung semantischer Verknüpfung ist hierbei außerdem wichtig, dass für die Bewältigung einer bestimmten Aufgabenstellung verschiedene *relationale Verkettungen* wesentlich sein können (vgl. Abb. 7.2). Es besteht mit diesem Vorgehen aber die Möglichkeit, diese zusammenzuführen oder sie zu splitten und zwar *in Abhängigkeit zu den tatsächlich gegebenen Bedingungen, Fähigkeiten und Ressourcen*. Das heißt, wenn bestimmte Prozesse nicht möglich sind, wird deutlich, worin die Defizite im Anschluss an bekannte Größen bestehen, weil der Bezug zur Aufgabenstellung explizit (entsprechend strukturiert) vorliegt. Dies ermöglicht es (1) *mögliche Prozesse* daraufhin, was nicht möglich ist, *anzupassen*. Und (2) wird so der Spielraum geschaffen, um *auf Basis dessen, worin die nicht-möglichen Bereiche eingebettet sind,* reduzierte (weil beinhaltete) Aufgaben zu bestimmen. Für letztere können separat wiederum Umsetzungsschritte, Informationen und Ressourcen generiert werden. Ein derartiges Vorgehen lässt es außerdem zu, bei veränderten Bedingungen (wenn sich etwa die Datenlage verändert oder neue Ergebnisse bekannt werden) diese direkt dort zu aktualisieren, wo sie semantisch verortet und somit relevant sind.

7.4.4.2 Zugänglichkeit durch Akteure

Für die Zugänglichkeit durch die Akteure kann hierbei angenommen werden, dass die *Funktion* einer solchen semantisch basierten relationalen Struktur darin besteht, dass *konzeptionelle Kategorien entwickelt* werden können, die es erlauben, *Distinktionen*[207] und *Beziehungen* einzusehen, zu benennen oder zu erzeugen. „Through self-distanciation, practioners gain critical insight into their practices, which potentially facilitates the making of new distinctions." (Tsoukas 2009, 943). Es sind dazu logische Schritte notwendig, die explizitiert bzw. formalisiert werden könnten. Es ließen sich also reflexive *bedeutungsvolle* Beziehungen herstellen, die dann im Hinblick auf ihre Relevanz für das Unternehmen besser eingeschätzt werden könnten. Hierbei wäre wiederum zentral, dass darüber neue Beziehungen/Distinktionen (i) in einem vorstrukturierten und informierten (idealerweise auch quantitativ untermauerten) Gefüge generiert werden können. Sich daraus ergebende Veränderungen könnten (ii) wegen des expliziten Bezugs zum konkreten Problemzusammenhangs spezifisch abgerufen werden. Für verteilte Problemlagen, die viele Akteure betreffen, ist darüber hinaus ein dialogischer Ansatz erst recht von Bedeutung. „From a dialogical perspective, new organizational knowledge originates in the individual ability to draw new distinctions concerning a task at hand. [...] Dialogue becomes productive when the modality of interaction is that of relational engagement, namely, when participants take active responsibility for both the joint task and the relationships in which they are involved." (Tsoukas 2009, 949). Da es hierbei laut Tsoukas immer auch um *conceptual combination, conceptual expansion* und *conceptual reframing* geht, wäre ein methodischer Zugang, der einerseits diese konzeptionelle Ebene im Anschluss an die Aufgaben explizit macht und andererseits eingebettet ist in eine interaktive und datengestützte Kommunikationsstruktur von großem Vorteil. Dazu müssten Informationssysteme sich einerseits anpassen lassen an sich verändernde Daten und unterschiedliche Organisationsstrukturen. Unter Verwendung der Ökosystemfunktions- oder Ökosystemdienstleistungsansätze könnten mittels *bestimmter Schlüsselzusammenhänge funktional*

---

[207] Vgl. Begriffsbestimmung Information und Funktion in der Einleitung.

gekoppelte Orientierungslinien definiert werden, die Kompatibilität zwischen Regionen und Branchen schaffen[208].

7.5 Ansatz zur formalen Umsetzung

Wie bisher gezeigt, geht es in kollektiven Transitionsprozessen um die Verschiebung von Verhältnissen. Die Effektivität solcher Verschiebungen für den vorliegenden Zusammenhang ist gekoppelt mit (1) der kollektiven Verdichtung von Prozessen unter Unsicherheit und gegen Widerstände (Lösen oder Brechen von Pfadabhängigkeiten) und (2) einer adäquaten Varietät zwischen Problemzusammenhang und Möglichkeiten im Akteursgefüge. Das heißt, dass Kontingenzen (und damit auch Interaktionsspielräume bzw. -grenzen) entweder gebündelt, generiert oder neu bewertet werden müssen. Daraus ergibt sich, dass es um Initiale geht, die diese Verschiebung möglich machen (vgl. Kapitel 6). Diese setzen sich demnach zusammen aus (i) dem *Zeitpunkt*, der für den Beginn einer Veränderung aus dem konkreten Problemzusammenhang heraus erforderlich ist (Entscheidungen von heute prägen das Morgen), (ii) den Kapazitäten der Handlungsmöglichkeiten der Akteure (insofern diese mehr oder weniger schwerwiegende Veränderungen bewältigen können, je nachdem wie flexibel, willens, betroffen und kompetent sie sind), und (iii) der Spanne der Kontrafaktik, die mit der Zielsetzung verbunden ist. Mit anderen Worten: die Frage ob eine Veränderung herbeigeführt werden kann, ist abhängig davon, ob sich der *Schwierigkeitsgrad der Veränderung* (Spanne der Kontrafaktik) im Verhältnis zur *Dringlichkeit*, die sich aus dem Problemzusammenhang ergibt, innerhalb der gestalterischen *Möglichkeiten vor Ort* umsetzen lässt. Die Geschichte vieler regionaler ökologisch wirtschaftender Landwirte zeigt z.B., dass eine Umstellung von konventioneller zu ökologischer Landwirtschaft möglich ist und sehr erfolgreich sein kann oft aber auch viele Jahre dauert. Eine sofortige „Ökologisierung" der gesamten Region ist dagegen sicher nach wie vor eine utopische Vorstellung. Demgegenüber kann allerdings ein Ansatz

---

[208] Vgl. etwa den Ansatz der Delta Alliance, in dem weltweit Prozesse in Deltas untersucht werden (Webseite Delta Alliance 2011) oder Grünlandzentrum Ovelgönne, Metropolregion Bremen-Oldenburg (Webseite Grünlandzentrum Ovelgönne 2011) und Diary Campus, Niederlande (Webseite Dairy Campus 2011).

Eine integrierte Sicht auf Dringlichkeitsstufen – und ihre Vermittlung 321

wie der des Vereins Alternativen für Zukunft (vgl. Moor 2009) durch eine gute Öffentlichkeit und unter Umständen sicherere Kapitalstruktur durchaus auch für ganze Regionen greifen, Arbeitsplätze schaffen, Potenziale wecken und entsprechende Prozesse erheblich beschleunigen.

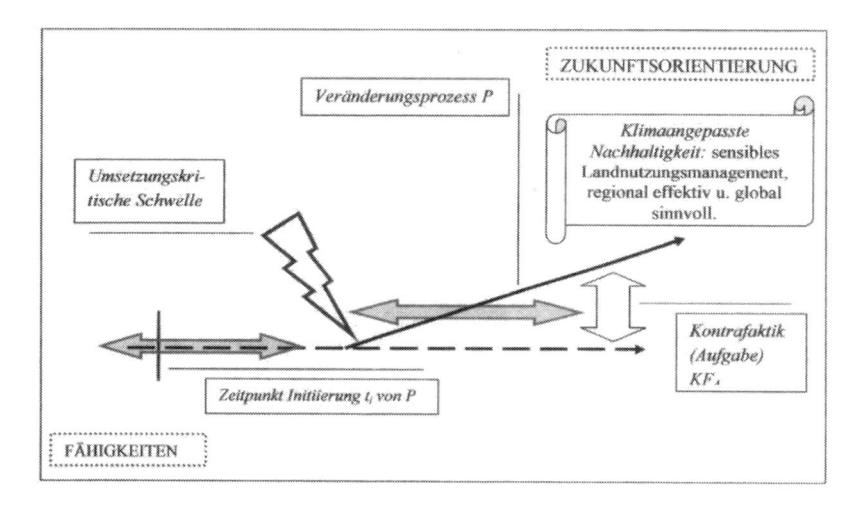

Abb. 7.3: Rahmen des relationalen Umsetzungspotenzials.
Eigene Darstellung.

Wenn also Veränderungen wirklich dringlich sind (vgl. Bommert 2009; WBGU 2011) und die Kontrafaktik groß, müssen die Bedingungen, unter denen dieser Wandel erreicht werden soll, sehr eng an regional hohe dynamische Fähigkeiten *und* Veränderungspotenziale geknüpft sein. Dies kann bedeuten, dass im Gegensatz zu den etablierten und damit auch gut abgesicherten Entwicklungen besonders Akteure in den Fokus der Aufmerksamkeit geraten, die Erfahrungen im Umgang mit Unvorhersehbarem haben und einen Wandel wirklich wollen.

Die Information im Bedeutungszusammenhang dieser Verhältnisse kann konfliktiv oder unvollständig sein. Wie sie sich formalisieren[209]

---

[209] „Formale Strukturen haben zum Ziel, Strukturen im Material herauszuarbeiten, die das Material in bestimmter Weise untergliedern, zerlegen, schematisieren." (Mayring 2010, 94). Dabei unterscheidet Mayring für die qualitative Inhaltsanalyse

lässt, ist also unter anderem davon abhängig, ob dazu eine Systematik verwendet wird, die sich diesen Umständen anpassen lässt[210] (vgl. Reichenberger 2010 oder Dau 2003). Die folgenden Ausführungen sind als Skizze zu verstehen.

Nelson und Winter (1982, 97) fassen eine Routine als etwas auf, das ähnlich wie ein Computerprogramm funktioniert. Sie beschreiben Routinen als „repetitive pattern of activity in an entire organization". Vromen diskutiert Routinen ebenfalls als Progamm-ähnliche Strukturen:

> „Individual behavior proceeds on the basis of certain skills in much the same way as computers run certain programs. One level up, at the level of firm behavior, routines are taken to program firm behavior in a similar way. [...] In rule-following behavior the programs are simply the „If, then" rules that are followed unconsciously or subconsciously. [...] All deliberate choice is based on such programs not in the sense that rules for action rather than other possible factors (such as conscious consideration of each problem-situation anew, without recurrence to previously learnt recipes for action) determine the way people behave, but in the sense that the individuals doing the deliberate choosing must have certain competencies allowing them to choose. [...S]uch competencies may be thought of as information-processing devices that work as „If, then" rules. Activation of such programs (or algorithms) typically proceeds in an unconscious manner. [...] Not all programs in the individual are connected with each other and not all programs are activated if the individual receives an input of a particular sort. Indeed, this is an important sense in which programs are said to be ‚modular': they do not have access to all the information that is available (or stored) in the individual. In other words, it is not just the information-

---

in der Sozialforschung zwischen *formaler, inhaltlicher, typisierender und skalierender* Strukturierung.

[210] „[...A] classification of semantic conflicts is described along the three dimensions of naming, abstraction and level of heterogeneity. It emphasizes a need of semantic reconciliation between two communication parties during a static integration or a dynamic integration approach. The order of detected semantic conflicts depends on the available subset of full schematic and semantic knowledge. Examples of semantic conflicts are: structural difference, representational differrence, mismatched domains, or naming conflicts." (Agt et al. 2009, 16).

processing properties of the programs involved that matter. Their organization greatly matters too." (Vromen 2006, 547ff)[211]

Hieran zeigt sich (vgl. Abschnitt 2.2.1.1: Seite 98f), dass agentensensitive Organisationsformen nicht abhängig sein müssen von vollständiger und detaillierter Information über sämtliche Vorgänge. Vielmehr ist es die Verbindung zwischen den maßgeblich entscheidenden prozeduralen Strukturen (deren Zugänglichkeit und Organisation im Zusammenhang mit evolutionärer Befähigung), die kritisch für Routinenveränderung ist. Die Regelung kann dabei strukturell ausgedrückt werden: Wenn diese oder jene Interaktionen sich selbstverstärkend wiederholen (positiv rückkoppeln) lassen, dann wird ein bestimmter Ablauf oder eine Kooperation bindend. Sie kann aber auch als inhaltlicher Zusammenhang (im Sinne funktionaler Kausalwirkungen) formuliert werden: „A worldwide decrease in meat consumption could reduce agricultural land demand for food and feed production significantly (Stehfest et al. 2009) and improve the opportunities for biomass cultivation (Erb et al. 2009)" (Beringer et al. 2011, 9). Oder: „[...I]f energy crops are not restricted to abandoned and surplus agricultural land, the spatial expansion of agricultural activities could affect a large number of natural ecosystems, many of which already under significant pressure from habitat loss and fragmentation." (ebd. 9f).

Für den regional konkreten Kontext könnte somit eine inhaltliche Analyse wie im vorigen Kapitel verknüpft werden mit einer sprachlich orientierten, aber semantisch[212] (und dann auch syntaktisch) aufbereiteten Formalisierung, die eine Verzahnung quantitativer Modelle und der Modellierung von Organisationsprozessen zulässt (vgl. Sterman 2000; Ze-

---

[211] Vgl. auch Syntaktische Regeln der Prädikatenlogik (z.B. Regeln als Wenn-Dann-Operation, Erzeugung einfacher Formeln, Formelkombination, Einsatz von Variablen und Quantoren) (Lohnstein 2011, 70ff).

[212] „Die Theorie *semantischer Netzwerke* von Lindsay, Norman und Rummelt (vgl. Ballstedt et al. 1981) ermöglicht eine extrem differenzierte Darstellung der Bedeutungsstruktur von Texten. Ausgehend von solchen Netzwerken lassen sich dann höhere Strukturen wie semantische Zentren oder logische Strukturen, Argumentationsfiguren und vieles mehr analysieren." (Mayring 2010, 96f). Wenn sich die „*Textur*" der relevanten Zusammenhänge von Problemkontexten adäquat darstellen ließe, könnte diese Methode auch über ihren ursprünglichen Kontext hinaus angewendet werden.

lewski/Alan 2005; Baier 2008). „Der Streit zwischen qualitativer und quantitativer Analyse legt nahe, dass die Synthese dort liegt, wo die jeder Analyse notwendig inhärenten qualitativen Analyseschritte expliziert und daraufhin die Punkte im Analyseprozess bezeichnet werden, an denen sich quantitative Schritte sinnvoll einbauen lassen." (Mayring 2010, 123).

Es wäre zu prüfen und Inhalt weiterer Forschungen, wie dies im Detail aussehen könnte. Denkbar wären zum Beispiel interaktive Benutzeroberflächen oder Informationsplattformen, in denen die Nutzer Prozessabläufe und inhaltliche Bezüge gestalten und kombinieren können. Dabei müsste ein Anschluss an (a) Szenarien und (b) (regionale) Umweltdaten (bspw. statistisch erfasste Landnutzungsformen) gewährleistet sein. Die Umsetzung für die Benutzeroberfläche könnte bspw. so aufgebaut werden, dass *erstens* die Priorisierungen mit den Szenarien gekoppelt explizit zugänglich sind und *zweitens* bspw. über eine semantische Verknüpfung Unschärfe[213] in der Übersetzung verschiedener thematischer, metrischer oder geografischer Ebenen begründet zugelassen wird. Insofern wären Ergebnisse für die Nutzer gestaltbar sowie inhaltlich einsehbar und trotzdem begründet mit quantitativen Datensätzen verknüpft. Zusätzlich könnten bspw. ähnlich wie in sozialen Netzwerken Akteursgruppen gebildet werden, die sich direkt im Hinblick auf bestimmte Aufgabenkontexte (gebündelte Rahmungen, vgl. oben; ebenfalls aufgebaut als Gruppierung/Gruppe) austauschen und unterschiedliche Möglichkeiten durchspielen können. Hier wäre es wiederum von Vorteil, wenn explizite Kombinationen aus Geschäfts-/Organisations-/Kommunikationsprozessen (die sich durch die Nutzer anpassen bzw. definieren lassen müssten) im Anschluss zu Datenbanksystemen (statistische, prognostizierende oder wissenschaftlich analytische Ergebnisse) gestaltet werden könnten.

Für die *konkret technische Umsetzung* wären damit im Wesentlichen *zwei Ebenen* angezeigt, die einer formalisierte Lösung bedürfen: Erstens

---

[213] In Verknüpfung mit semantischen und prädikatenlogischen Ansätzen könnten Fuzzy-Mengen eine weitere Möglichkeit zur Formalisierung darstellen. Bei Prato (2007) oder Eierdanz et al. (2007) wird diese explizit im Kontext von Unsicherheit und nachhaltiger Entwicklung eingesetzt: „Fuzzy logic can be used to evaluate propositions involving linguistic concepts, such as the degree of ecosystem sustainability." (Prato 2007, 174).

wäre es wichtig, die Benutzeroberflächen so zu gestalten, dass wirklich sinnvoll damit gearbeitet werden kann. Zweitens wäre es wichtig, eine Übersetzung zwischen den wichtigsten Datensatzstrukturen sowie eine begründete und justierbare Bündelung an Themen zu erzeugen, damit aus diesem Hintergrundsetting die Übertragungsleistung für die von den Akteuren definierten konkreten Problem- bzw. Aufgabenzusammenhänge ermöglicht ist. Hier könnte man sich bspw. orientieren an Kategorien, die bereits vorhanden sind (vgl. Appelhans et al. 2011 für den regionalen Fokus oder Erb et al. 2009 für Szenarien und die übergeordnete Perspektive). Bzw. wäre dafür der hier vertretene Vorschlag, eine Ecosystem Services-basierte Systematik zu entwerfen, in der sich die dringendsten Konfliktlagen funktional gekoppelt[214] wiederfinden. Die Integration mit einer adäquat systematisierten Abbildung von Organisationsformen[215] bzw. den in einem geografischen Bereich dominanten Akteursgefügecharakteristika wäre ebenfalls zu erarbeiten (für Problemzusammenhänge und Regionen, in denen dies sinnvoll erscheint) (vgl. Füssel et al. 2010, 298f). Aus der kontextrelevanten Verknüpfung von Erfordernissen und realen Spielräumen sollten sich so topologisch geordnete *Dringlichkeitsstufen* ableiten lassen, die über eine *beweglichen Systematik operationalisierbar* sind.

Kernaussage:
Für eine IT-Unterstützung von unternehmerischen Veränderungsprozessen, die abhängig sind von Informationen hinsichtlich der Umweltsituation und langfristiger Entwicklungen (die sich nur schwer vorausberechnen lassen), bestehen erhebliche Defizite. Modellierungen fehlt oft der

---

[214] Von Vorteil wäre hierbei, dass über die Perspektive der Ecosystem Services skaleninvariante Beziehungen hinter den konkret-spezifischen regionalen Erfordernissen angenommen werden könnten. Eine Einschätzung von Prioritäten wäre dann möglich, wenn die unterschiedlichen Skalen *unscharf aber begründet*, d.h. *einsehbar justierbar* und damit flexibel *konkreten Zusammenhängen zugeordnet* werden könnten.

[215] Hierfür könnte bspw. mit einer koevolutorischen Konzeption gearbeitet werden, mittels derer sich Ebenen aufschlüsseln lassen, in denen *Veränderungsprozesse* in Organisationen ablaufen (vgl. Kapitel 3 und 4: *Dimensionen der Veränderung* Abb. 3.1, Kapitel 3, Seite 128).

Akteursbezug und betriebliche Umweltinformationssysteme erlauben es zu wenig, Daten kompatibel einzubeziehen, die nicht im Unternehmen selbst liegen. Wenn explizite (Bedeutungs-)Verhältnisse durch entsprechend angepasste Modellierungsverfahren und Informationssysteme ergänzt werden, könnte eine engere Anbindung zwischen ökosystemisch funktionalen Prozessen und der Funktionalität von Unternehmensprozessen im Hinblick auf die Organisation und ihre Fähigkeiten erreicht werden. Mit der hier entwickelten konzeptionellen Integration und einer Weiterführung des methodischen Ansatzes könnten so für langfristig nachhaltige Strategien relevante Informationen schneller, trotz Unsicherheit exakt für den regionalen Rahmen und präziser an die unternehmerischen Entscheidungsschnittstellen herangebracht werden.

8
Konklusion

> *„Th[e] nested hierarchy of structure is the result of evolution, and is not necessarily optimal in any way, because there are a multiplicity of subjectivities and intentions, fed by a web of imperfect information and diverse interpretive frameworks.[...] Although this sounds tragic, it is in fact our salvation."* (Allen 2010, 20).
>
> *„Therefore, evolution always followed the pathways of viability."*
> (Bateson 1972, 287)

Die vorliegende Arbeit untersuchte Flächennutzungskonflikte mit einem koevolutorischen Ansatz unter einer langfristig nachhaltigen Ausrichtung. Im Ergebnis konnte eine bis auf die Ebene von Umsetzungsschritten im realen Kontext von Unternehmen konkretisierte Analyse vorgelegt werden. Die Entwicklung der konzeptionellen Integration war hierbei maßgeblich für die Operationalisierung mit dem methodischen Vorgehen. Zudem ergab das letzte Kapitel wichtige Ergebnisse hinsichtlich der Informationen, die im Rahmen der Realisierung eines derartigen Regulierungsansatzes durch Informationssysteme für Unternehmen angeboten werden könnten.

Aus einer unübersichtlichen Ausgangslage, in der sich zahlreiche komplexe Problemlagen wie Klimawandel, Biodiversitätsverlust und die zukünftige Sicherung der Ernährungsversorgung überlagern, resultierte eine dynamische Perspektive auf evolutorische Prozesse in und zwischen Unternehmen. Die Fragestellung richtete sich auf Initiierung von Wandel für Problemlagen, die in regional vernetzten Gefügen akut, gleichzeitig aber durch globale Zusammenhänge geprägt, sowie für globale Zusammenhänge relevant werden. Das Anwendungsfeld der Ernährungswirtschaft wurde hierbei insbesondere deshalb als beispielhaft und bedeutsam identifiziert, weil hier der nicht-nachhaltige Status Quo eine kontrafaktische Zukunft erfordert, die gegebenenfalls in Verbindung stehen müsste mit der Neuausrichtung einer gesamten Branche. Für den konkreten Problemzusammenhang des langfristig nachhaltigen Umgangs mit fruchtbarem Boden besteht gerade auch an den Schnittstellen zu angrenzenden Wirtschaftsbereichen (z.b. Energiewirtschaft) die Notwendigkeit, kritisch und konstruktiv über bisherige und zukünftige Priorisierungen nachzudenken. Weil die daraus resultierenden Fragen sehr komplexe und schwer zu beurteilende Zusammenhänge aufwerfen, bildeten methodische ebenso wie konzeptionelle Zugangsweisen für die Bearbeitung dieser Themen im Rahmen dieser Untersuchung – neben der Analyse der regionalen Inhalte – einen zentralen Schwerpunkt. Im Folgenden wird deshalb eine Übersicht über die konzeptionellen, die inhaltlichen und die methodischen Ergebnisse gegeben.

8.1 Konzeptionelle Ergebnisse

Hinsichtlich der konzeptionellen Aufbereitung des betriebswirtschaftlichen Zugangs zur Flächenkonkurrenzsituation konnten im Wesentlichen zwei Ergebnisse erarbeitet werden:

1. Nachhaltiger Wandel erfordert einen spezifizierten Fähigkeitenbegriff, der Umorientierung im Unternehmen differenziert verortet. Adäquater Bezug zum Problemzusammenhang, Diversität und Reglünderungen spielen dabei ebenso eine Rolle wie die Vermittlung strategischer mit operativen Fähigkeiten. Das heißt, Unternehmen als kollektive und evolutorisch fähige Akteure müssen erweiterte Kontexte (und Turbulenzen) mit den Unternehmensprozessen und im Austausch mit anderen Unternehmen integrieren und gegebenenfalls neu verorten können.

2. Der konkrete Bezug auf Themen, die mit dem bio-physikalischen Umfeld und gesellschaftlich relevanten Problemlagen zu tun haben, erfordert eine koevolutorische Perspektive, die sich auf die Unternehmensprozesse operationalisieren lässt. Das heißt, die Varietät der Operationalisierung muss sowohl für die Bedingungen im Unterneh-

men als auch die des Problemzusammenhangs geeignet sein. Aus dem Potenzial, das dieses Verhältnis hinsichtlich effektiver Problembewältigung enthält, ergibt sich die Viabilität, die ein Unternehmenszusammenhang leisten kann. Denn entweder ist dieses Potenzial hoch, dann können gute Viabilitätswerte auch für schwierigere oder sehr neue Problemlagen erreicht werden, oder es ist niedrig, dann muss entweder der Problemzusammenhang vereinfacht (trivialisiert) werden oder die Effektivität der Bewältigung – und damit die Viabilität – nimmt ab.

Wandel im spezifischen Aufgabenbezug von Problemlagen, die – wie eine Flächennutzungsregulierung – die Interaktion vieler Akteure erfordert, bedeutet Initialprozesse in vernetzten Gefügen anzustoßen und zu verdichten. Dies kann als Vorgang kultureller Evolution aufgefasst werden und bedarf hinreichend präziser Informationsübertragung. Da es sich im vorliegenden Fall um Situationen unter Unsicherheit handelt, ist ein flexibler und justierbarer Zugang zu Prioritäten und Fakten von Vorteil. Dieser kann bzw. muss wiederum durch Kommunikation kompetenter Akteure vermittelt werden können.

8.2 Inhaltliche Ergebnisse

Die akut bereits vorliegenden Flächennutzungskonkurrenzen werden sich voraussichtlich durch den Klimawandel verschärfen. Aktuell bedeutet bspw. vor allem die vorsommerliche Trockenheit bereits eine Zuspitzung der Situation durch zusätzliche Verknappung von Wasser und übermäßigen Nitrateintrag durch Mais ins Grundwasser. Aus einer globalen Perspektive ist ein nachhaltiger Umgang mit Flächen nicht nur wegen des Klimawandels, sondern auch für den Biodiversitätsschutz und die Sicherung der Ernährungsversorgung vonnöten. Entsprechend stehen regionale Entwicklungen in einem Zusammenhang, der langfristig elementare Bedeutung für die Zukunft und Qualität menschlicher Zivilisationen hat. Ernährungssicherheit und Gerechtigkeitsaspekte sind eng verknüpft und eine sinnvolle Gestaltung wirtschaftlicher Wertschöpfungsketten steht nicht nur in der Ernährungswirtschaft auf dem Prüfstand. Für die Situation in der Metropolregion Bremen-Oldenburg konnten speziell die drei Problemfelder (1) Diversität, (2) Fruchtbarer Boden und (3) Betriebliche

Strukturen erarbeitet werden. Die Analyse regionaler Potenziale und Defizite hinsichtlich Veränderungspotenzial und längerfristiger Ausrichtung ergab, dass es eine Reihe von Spielräumen und Ansatzpunkten gibt, die sich auf Basis der konzeptionellen Ergebnisse gut zusammenführen lassen. Es gibt darüber hinaus gute und pragmatische Maßnahmen, um auch auf Grund der gegebenen Unsicherheiten mit Blick auf langfristige Risiken strategisch zu handeln. Insofern spielt auch hier die Einsicht in die Umsetzbarkeit von relevanten Problemhorizonten eine entscheidende Rolle. Hinsichtlich der inhaltlichen Zugangsebenen bleibt die Frage offen, wie eine Integration von dementsprechenden Themen mit den Geschäftsprozessen für eine effektivere Umsetzung von solchen Maßnahmen methodisch unterstützt werden kann.

8.3 Methodische Ergebnisse

Für die oben angesprochene Operationalisierung des koevolutorischen Zusammenhangs in Bezug zu einer konkreten Problematik für Unternehmen sind es *Verhältnisse* (Differentiale) und *Veränderungen* (Ableitungen), die *beweglich gerahmt* werden müssen. Aus qualitativ (Prioritäten) und inhaltlich (quantitativ gestützt) gerahmten Problemzusammenhängen lassen sich Aufgaben bestimmen, die wiederum angebunden an Fähigkeiten, mentale Modelle und Organisationsstrukturen akut werden. Handlungs- und Entscheidungsprozesse, insbesondere wenn evolutorische Akteure innovativ, vorausschauend und umsichtig handeln, erfordern immer Urteilskraft und kooperative Kommunikation. Insofern spielt die Gewichtung dieser relationalen Settings eine entscheidende Rolle. Diese kann aber wegen der Dynamik und prinzipiell nicht gegebenen Vorhersagbarkeit der Situationen nicht fixiert und nur schwer abstrahiert werden. Eine inhaltlich zugängliche Formalisierung, die eine bewegliche Integration von quantitativen und qualitativen Inputs ermöglicht, könnte gegebenenfalls entwickelt werden. Besonders interessant wäre eine Kopplung mit (betrieblichen) Informationssystemen, die für strategische Entscheidungen interaktiv gestaltbar und justierbar gehalten werden könnten. Für eine Weiterentwicklung wäre neben expliziten semantischen Verschachtelungen und Flexibilität im Umgang mit Bedeutungsunschärfe, die syntaktische Seite der Verschaltung zu klären. In der Verkopplung mit bestehenden Modellierungsansätzen (bspw. dynamischer Modellierung, die sowohl für Ressourcenkonflikte, als auch in der strategischen Unternehmensberatung eingesetzt werden kann) könnten so *Relevanzhorizonte* (im Sinne von *umsetzungsbezüglichen Dringlichkeitsstufen*) bestimmt werden. Zusammen mit dem für eine konkrete Situation spezifischen *Umsetzungspotenzial* (bestehend aus Fähigkeiten in Bezug zum Problemzusammenhang) ließen sich Maßnahmen bezeichnen. Dabei beinhaltet dieses Vorgehen von vornherein, dass die Maßnahmen in einem strukturierten Informations-, Kommunikations- und Kompetenzzusammenhang stünden und so trotz Unsicherheiten effektiver umgesetzt werden könnten.

8.4 Ausblick

Der vorliegende Ansatz hat unter betriebswirtschaftlicher Perspektive einen direkten Weg zwischen ökonomischer Strategie sowie verantwortungsvollem vorausschauendem Ressourcenmanagement und einer regional und global nachhaltigen Landnutzungsstrategie aufgezeigt. Dieser baut im Wesentlichen darauf auf, dass für nachhaltige Entwicklung *Verhältnismäßigkeiten* gelten, die sich im Aufgabenbezug der Unternehmen als evolutorischer Handlungs- und Entscheidungsrahmen wiederfinden lassen müssten. Umsetzungspotenziale sind immer abhängig von den als relevant angenommenen Systemgrenzen. Der Erkenntnisgewinn dieser Untersuchung kann damit in Gestalt folgender These zusammengefasst werden:

Wenn explizit auf die regelnde Beziehungsstruktur angesprochen werden kann, ergeben sich die (relevanten) Systemgrenzen implizit, sind aber bezeichnet. Und zwar bspw. durch Prioritäten und Einsicht in die organisationalen Bedingungen und das Interaktionsgefüge.

Systemgrenzen bestimmen einerseits, welche Umsetzungsschritte wie machbar bzw. notwendig sind. Andererseits sind die Systemgrenzen aber auf Grund der Komplexität und Dynamik nur sehr schwer (bzw. als konstante Größe überhaupt nicht) definierbar. Z.B. lässt sich kaum abgrenzen, wie regionale Entscheidungen hinsichtlich der Landnutzung vor dem

Hintergrund regionaler und globaler Prozesse einzuschätzen sind. Ebenso ist es sehr schwer, den Erfolg und das Überleben einzelner Betriebe gegen den langfristigen Erhalt fruchtbaren Bodens und sauberen Wassers konkret zu gewichten, obwohl dies einer der Dreh- und Angelpunkte dieser Problematik ist und das den Akteuren auch bekannt ist. Es können aber – wie diese Untersuchung gezeigt hat – die *Priorisierungen als solche im Anschluss an das regionale Akteursgefüge* insofern bestimmt werden, als sowohl Potenziale als auch Defizite in einen konkreten inhaltlichen Bezug gestellt werden. Je nachdem welche Akteure sich wie dazu verhalten, können Umsetzungsschritte entsprechend real greifenden Interaktionen unter *Einbettung in eine der Priorisierung entsprechenden Dringlichkeit* erschlossen werden. Für den vorliegenden Zusammenhang könnte dies z.B. verstärkte Lobbyarbeit mit den konventionellen Akteuren bedeuten, sowie eine exakte betriebswirtschaftliche Bestimmung der Hemmnisse in Unternehmen, die bereits lange vorhandenen Lösungen im Weg stehen. Hilfreich sein könnten auch eine deutlichere Sprache im Umgang mit Risiken und Fehlentwicklungen sowie gezielte Föderung schon lange bestehender Ideen und Ansätze, um Veränderungspfade auch ökonomisch nachhaltig tragfähig zu machen (vgl. etwa den „Marktplatz Naturschutz", eine Initiative der Landwirtschaftskammer und weiterer Institute, wie z.B. der ARSU-Arbeitsgruppe für regionale Struktur- und Umweltforschung GmbH, Oldenburg. Hier wird versucht Ökosystemdienstleistungen zu monetarisieren). Insofern diese Verhältnismäßigkeiten sicher oft nicht einsehbar sind oder sein können (z.B. wegen sehr rapiden Veränderungen), ist deshalb hier weiter der Vorschlag, Informationssysteme als Strukturierungen zu entwickeln, die es erlauben *flexibel und direkt* (ggfs. semantisch abgebildet) *zu intervenieren, Prozesse zu justieren* und *fehlende Informationen oder Unsicherheiten durch direkte Interaktion mit anderen Akteuren zu ergänzen bzw. aufzufangen*. Ein modularer, aber durchlässiger organisationaler Aufbau bietet sich an. Weiterer Forschungs- und Entwicklungsbedarf wird abschließend für drei verschiedene Bereiche identifiziert:

1. *Regional branchenspezifische* Optimierungsstrategien könnten im Vergleich mit den Optimierungs- und Prioritätenstrukturen *derselben Branchen in anderen Regionen* untersucht werden. Der Bezug auf Ecosystem Services würde es hier erlauben, *Prioritätenportfolios* zu

entwickeln, welche die koevolutorische funktionale Kopplung jeweils *spezifisch für verschiedene zentrale Themen zuordnen* bzw. gewichten (also bspw. ernährungswirtschaftliche Flächennutzungsstrategien unter dem Fokus auf Biodiversität, unter dem Fokus auf Klimaschutz, unter dem Fokus auf Klimaanpassung, unter dem Fokus auf Ernährungssicherung). Indem der regionale Vergleich mit einem kompatiblen Relationensetting erhoben wird, wäre es durch den verschiebbaren Fokus möglich, strategische Diskrepanzen hinsichtlich der verschiedenen Foki zu erschließen. Diese Diskrepanzen ließen sich wiederum im regional spezifischen Akteursgefüge beschreiben. Daran anschließend könnten die Wertschöpfungskettenprozesse hinsichtlich Veränderungsbedarf und Veränderungsspielräumen untersucht werden.

2. Ebenso wäre es möglich, die *regionale* Perspektive mit der *überregionalen* zusammenzuführen. Indem regionale Handlungsmöglichkeiten hinsichtlich Flächennutzung, die in (i) einzelnen ernährungswirtschaftlichen Unternehmen; ind (ii) der ernährungswirtschaftlichen regionalen Branchenstruktur und in (iii) der branchenübergreifenden regionalen Wirtschaftsstruktur bestehen, in Beziehung zu überregionalen Dringlichkeitsstufen (Klimaschutz, Klimaanpassung, Biodiversitätsschutz und Ernährungssicherheit) gesetzt werden, könnten sich *spezifisch für eine Region zeitliche Handlungshorizonte* erarbeiten lassen. Diese wären dann in direktem Bezug zum bestehenden Handlungsrahmen beschreibbar.

3. Die Entwicklung von Software zur Umsetzung und praktikablen wirtschaftsnahen Implementierung von solchen oder ähnlichen konzeptionellen Ansätzen wäre spannend für eine direktere Verzahnung wissenschaftlicher Ergebnisse mit der wirtschaftlichen Realität. Ein konkreter Ansatz könnte darin bestehen, dynamische Modellierung mit räumlich expliziter zu verknüpfen und/oder kompatible (strategische) betriebliche Umweltinformationssysteme zu entwickeln.

Die Flächennutzungsproblematik ist (global und regional gesehen) elementar und schließt an die Territorial- und Kolonialkriege früherer Zeiten an[216]. Diese hatten fundamentale Bedeutung für das Entstehen unserer

---

[216] Perras in Süddeutsche Zeitung 25./26.06.2011: „Spekulanten, Investoren und Konzerne aus der ganzen Welt stürzen sich auf billiges Ackerland in Afrika, Asien,

Zivilgesellschaften und deren Kapitalverteilungen; und diese Bedeutung besteht bis heute. Auch in den aktuell gegebenen Konfliktlagen (auch und vor allem um Fläche (und Wasser)) spiegelt sich eine Einstellung zum eigenen Lebensraum und dem anderer Menschen, die bedenklich ist.

„The full identification of the functionalities – rather, of absolutely every member of the controlled monolith – with the macrogoal naturally reminds us of other social living creatures, including the bees, the ants, and the termites. And this reminder leads us directly to the core of the issue overlooked by Political Economics or any other doctrine implying social engineering. In the case of the social insects, social production developed by division of labor within the endosomatic evolution of each species. An ant doorkeeper, for example, fulfills his task with its endosomatic instruments – its flat head in particular. Moreover, its biological structure is such that all it wants to do is to block the entrance to the galleries with its head. In the case of the human species social production is, on the contrary, the result of man's exosomatic evolution. On the average, man is born with a biological constitution such that it may fit the role of a rickshaw man as well as that of a king. Also, there is absolutely nothing in the constitution of the average man that could make him not to wish to be the king. And the question is why he should be a rickshaw man and not the king." (Georgescu-Roegen 1971, 348f)

Ein Lebewesen, das nicht dazu in der Lage ist, für seine Artgenossen und Nachkommen die Lebensgrundlage zu bewahren, ist evolutionär gesehen nicht erfolgreich und wird aussterben. Unter diesen Umständen hätte der Mensch im Gegensatz zu vielen anderen Tieren und Pflanzen keine besonders gute Bilanz, was die Zeitspanne angeht, die er es hier geschafft hätte zu existieren. Eine Bewertung höherer oder niedrigerer evolutionärer Entwicklung steht demnach eigentlich im Verhältnis zur Pfleglichkeit, mit der mit grundlegenden Gütern umgegangen wird. Eine wissenschaftliche Grundlage, die eine solche Verhältnismäßigkeit nicht *grundsätzlich in ihrer Axiomatik* verankert hat, geht meiner Ansicht nach von Voraussetzungen aus, die an entscheidenden Stellen gravierende logische Brüche enthalten.

Südamerika und Osteuropa. Es lockt die Aussicht auf riesige Gewinne. […] Ein Ausverkauf mit unkalkulierbaren Risiken […]."

Literatur

3N Newsletter (2011), http://www.3-n.info/index.php?con_kat=140&con_lang=1.

3N-Kompetenzzentrum Niedersachsen Netzwerk Nachwachsende Rohstoffe (2010): Biogasnutzung in Niedersachsen Stand und Perspektiven. Niedersächsisches Ministerium für Ernährung, Landwirtschaft Verbraucherschutz und Landesentwicklung (Hrsg.). http://www.erneuerbare-energien-niedersachsen.de/downloads/2010-stand-und-perspektive-der-biogasnutzung-i.pdf.

Acemoglu, D./ Scott, A. (1997): Asymmetric business cycles: Theory and time-series evidence. Journal of Monetary Economics 40, S. 501-533.

Adamuz, M./ Ponsatí, C. (2009): Arbitration systems and negotiations. Review of Economic Design 13, S. 279-303.

Adger, W. (2003): Social Capital, Collective Action, and Adaptation to Climate Change. Economic Geography 79, S. 387-404.

Agt, H./ Widiker, J./ Bauhoff, G./ Kutsche, R./ Milanovic, N. (2009): Model-based Semantic Conflict Analysis for Software- and Data-integration Scenarios. Technische Universität Berlin (Hrsg.). Forschungsberichte der Fakultät IV – Elektrotechnik und Informatik. 2009/7.

Akamp, M./ Schattke, H. (2011): Regionale Vulnerabilitätsanalyse der Ernährungswirtschaft im Kontext des Klimawandels – eine Wertschöpfungskettenbetrachtung der Fleischwirtschaft in der Metropolregion Bremen-Oldenburg. nordwest2050-Werkstattbericht. Nr. 8., http://www.nordwest2050.de/index_nw2050.php?obj=page&id=136&unid=66c6344f8c52ebcc2b3b91f7cc91465e, Oldenburg.

Aktionsplan Anpassung (2011): Aktionsplan Anpassung Aktionsplan Anpassung der Deutschen Anpassungsstrategie an den Klimawandel. vom Bundeskabinett am 31. August 2011 beschlossen. Bundesministerium für Umwelt, N.u.R. (Hrsg.). http://www.bmu.de/files/pdfs/allgemein/application/pdf/aktionsplan_anpassung_klimawandel_bf.pdf.

Albeverio, S. (Hrsg.) (2008): The dynamics of complex urban systems. Physica-Verlag, Heidelberg.

Aldrich, H. (1999): Organizations evolving. Sage, Thousand Oaks, Ca.

Alkemade, F./ Frenken, K./ Hekkert, M./ Schwoon, M. (2009): A complex systems methodology to transition management. Journal of Evolutionary Economics 19, S. 527-543.

Allemang, D./ Hendler, J. (2008): Semantic web for the working ontologist: Modeling in RDF, RDFS and OWL. Morgan Kaufmann Publishers/Elsevier, Amsterdam and Boston.

Allen, P. (2009): Learning and evolution in industrial ecosystems: an introduction. In: Ruth, M./ Davidsdottir, B. (Hrsg.) The dynamics of regions and networks in industrial ecosystems. Edward Elgar, Cheltenham, UK, S. 121-127.

Allen, P. (2010): What is the science of complexity? Knowledge of the limits to knowledge. In: Tait, A./ Richardson, K.A. (Hrsg.) Complexity and knowledge management. Information Age Pub., Charlotte, NC, S. 3-22.

Allen, P./ Strathern, M./ Baldwin, J. (2006): Evolution, diversity and organisations. In: Garnsey, E./ McGlade, J. (Hrsg.) Complexity and co-evolution. Elgar, Cheltenham [u.a.], S. 22-60.

Allen, P./ Strathern, M./ Baldwin, J. (2007): Complexity and the limits to learning. Journal of Evolutionary Economics 17, S. 401-431.

Allen, P./ Varga, L./ Strathern, M. (2010): The evolutionary complexity of social and economic systems: The inevitability of uncertainty and surprise. Risk Management 12, S. 9-30.

Allison, I./ Bindoff, N./ Bindschadler, R./ et al. (2009): The Copenhagen Diagnosis. Updating the World on the Latest Climate Science. The University of New South Wales (Hrsg.). Climate Change Research Center (CCRC). Sydney, Austrailia.

Ambrosini, V./ Bowman, C./ Collier, N. (2009): Dynamic Capabilities: An Exploration of How Firms Renew their Resource Base. British Journal of Management 20, S. S9-S24.

Anderies, J./ Norberg, J. (2008): Information Processing and Navigation in Social-Ecological Systems. In: Norberg, J./ Cumming, G. (Hrsg.) Complexity Theory for a Sustainable Future Columbia University Press. University Press, Columbia, S. 155-179.

Anderson, M./ Appleby, M./ Lefort, M./ Lutman, P./ Stone, J. (2009): Summary for Decision Makers of the North America and Europe (NAE) Report. International Assessment of Agricultural Knowledge, s.a.T.f.D. (Hrsg.). Washington DC.

Antle, J./ Capalbo, S. / Paustian, K. (2006): Ecological and Economic Impacts of Climate Change in Agricultural Systems: An Integrated Assessment Approach. In: Ruth, M./ Donaghy, K./ Kirschen, P. (Hrsg.) Climate Change and Variability: Local Impacts and Responses. Edward Elgar, Cheltenham UK and Northampton, S. 128-160.

Antoni-Komar, I./ Pfriem, R. (2009): Kulturalistische Ökonomik. Vom Nutzen einer Neuorientierung wirtschaftswissenschaftlicher Untersuchungen. Universität Oldenburg (Hrsg.). WENKE2-Diskussionspapier. Oldenburg.

Antoni-Komar, I./ Beermann, M./ Lautermann, C./ Müller, J./ Paech, N./ Schattke, H./ Schneidewind, U./ Schulz, R. (Hrsg.) (2009): Neue Konzepte der Ökonomik: Unternehmen zwischen Nachhaltigkeit, Kultur und Ethik; Festschrift für Reinhard Pfriem zum 60. Geburtstag. Metropolis-Verl, Marburg.

Antoni-Komar, I./ Lautermann, C./ Pfriem, R. (2010): Kulturelle Kompetenzen Interaktionsökonomische Erweiterungsperspektiven für den Competencebased View des Strategischen Managements. In: Stephan, M. (Hrsg.) 25 Jahre ressourcen- und kompetenzorientierte Forschung. Gabler, Wiesbaden, S. 465-490.

Appelhans, J./ Biedermann, A./ Blondzik, K./ Burkhardt, J./ et al. (2011): Daten zur Umwelt Ausgabe 2011 Umwelt und Landwirtschaft, http://www.uba.de/uba-info-medien/4056.html.

Arenas, À./ Cabrales, A./ Danon, L./ Díaz-Guilera, A./ Guimerà, R./ Vega-Redondo, F. (2010): Optimal information transmission in organizations: search and congestion. Review of Economic Design 14, S. 75-93.

Argyris, C./ Schön, D. (1999): Die lernende Organisation: Grundlagen, Methode, Praxis. Klett-Cotta, Stuttgart.

Arnold, K. et al. (2009): Kaskadennutzung von nachwachsenden Rohstoffen. Wuppertal Papers. 180.

Arthur, W. (1989): Competing Technologies, Increasing Returns, and Lock-In by Historical Events. Economic Journal 99, S. 116-131.

Arthur, W. (1994): Increasing returns and path dependence in the economy. University of Michigan Press, Ann Arbor.

Arthur, W. (2007): The structure of invention. Research Policy 36, S. 274-287.

Ashby, W. (1956): An introduction to Cybernetics. Wiley, New York.

Asheim, B./ Coenen, L. (2006): Contextualising Regional Innovation Systems in a Globalising Learning Economy: On Knowledge Bases and Institutional Frameworks. The Journal of Technology Transfer 31, S. 163-173.

Asheim, B./ Coenen, L. (2005): Knowledge bases and regional innovation systems: Comparing Nordic clusters: Regionalization of Innovation Policy. Research Policy 34, S. 1173-1190.

Asheim, B./ Isaksen, A. (2002): Regional Innovation Systems: The Integration of Local ‚Sticky' and Global ‚Ubiquitous' Knowledge. The Journal of Technology Transfer 27, S. 77-86.

Ashford, N. (2002): Government and Environmental Innovation in Europe and North America. American Behavioral Scientist 45, S. 1417-1434.

Atteslander, P. (2008): Methoden der empirischen Sozialforschung. Erich Schmidt, Berlin.

Augier, M./ Teece, D. (2008): Strategy as Evolution with Design: The Foundations of Dynamic Capabilities and the Role of Managers in the Economic System. Organization Studies 29, S. 1187-1208.

Avnimelech, G./ Teubal, M. (2008): Evolutionary targeting. Journal of Evolutionary Economics 18, S. 151-166.

Baier, E. (2008): Semantische Technologien in Wissensmanagementlösungen - Einsatzpotenziale für den Mittelstand, http://www.fazit-forschung.de/ fileadmin/_fazit-forschung/downloads/FAZIT-Schriftenreihe_Band_ 13.pdf.

Baldwin, C.Y. (2007): Modularity, Transactions, and the Boundaries of Firms: A Synthesis. Harvard Business School Working Papers. 08-013.

Baldwin, C./ Woodard, C. (2008): The Architecture of Platforms: A Unified View. Harvard Business School Working Papers. 09-034, Harvard.

Baldwin, J./ Allen, P./ Ridgway, K. (2010): An evolutionary complex systems decision-support tool for the management of operations. International Journal of Operations & Production Management 30, S. 700-720.

Baldwin, J./ Allen, P./ Windera, B./ Ridgway, K. (2005): Modelling manufacturing evolution: thoughts on sustainable industrial development. Journal of Cleaner Production 13, S. 887-902.

Ballstaedt, S.-P./ Mandl, H./ Schnotz, W./ Tergan, S.-O. (1981): Texte verstehen, texte gestalten. Urban & Schwarzenberg, München and Wien.

Barthel, E./ Hanft, A./ Hasebrook, J. (Hrsg.) (2010): Integriertes Kompetenzmanagement im Spannungsfeld von Innovation und Routine. Waxmann, Münster, New York, NY, München, Berlin.

Bateson, G. (1972/2000): Steps to an ecology of mind. University of Chicago Press, Chicago.

Bauen, A./ Berndes, G./ Junginger, M./ Londo, M./ Vuille, F. (2009): Bioenergy – a Sustainable and Reliable Energy Source: A review of status and prospects, http://www.ieabioenergy.com/LibItem.aspx?id=6479.

Baum, J.A.C./ Singh, J.V. (Hrsg.) (1994): Evolutionary dynamics of organizations. Oxford University Press, New York.

Baum, J./ Singh, J. (1994): Organisation-Environment Coevolution. In: Baum, J.A.C./ Singh, J.V. (Hrsg.) Evolutionary dynamics of organizations. Oxford University Press, New York, S. 379-402.

Baum, J./ Singh, J. (1994): Organizational Hierarchies and Evolutionary Processes. In: Baum, J.A.C./ Singh, J.V. (Hrsg.) Evolutionary dynamics of organizations. Oxford University Press, New York, S. 3-22.

Baumgärtner, S. (2000): Ambivalent joint production and the natural environment: An economic and thermodynamic analysis: With 11 tables. Physica-Verl, Heidelberg and New York.

Baumgärtner, S./ Becker, C. (Hrsg.) (2005): Wissenschaftsphilosophie interdisziplinärer Umweltforschung. Metropolis-Verlag, Marburg.

Baumgärtner, S./ Quaas, M. (2009): Ecological-economic viability as a criterion of strong sustainability under uncertainty. Methodological Advancements in the Footprint Analysis. Ecological Economics 68, S. 2008-2020.

Bazerman, M. (2008): Barriers to Acting in Time on Energy and Strategies for Overcoming Them. Harvard Business School Working Papers. 09-063.

Beckenbach, F./ Briegel, R./ Daskalakis, M. (2009): Evolution and Dynamics of Networks in ‚Regional Innovation Systems' (RIS). In: Pyka, A./ Scharnhorst, A. (Hrsg.) Innovation Networks. Springer Berlin / Heidelberg, S. 59-100.

Becker, M.C./ Lazaric, N. (Hrsg.) (2009): Organizational routines. Edward Elgar, Cheltenham, UK and Northampton, Mass.

Behm, C. (2011). 14. Juli 2011: Flächenfraß geht nahezu komplett zu Lasten des Grünlandes. Ackerlandverluste vollständig durch Grünlandumbruch ausgeglichen. Bündnis 90/Die Grünen, Berlin.

Benseler, F.et al. (Hrsg.) (2004). EWE Erwägen Wissen Ethik (15) 1, Sonderdruck Lucius.

Beringer, T./ Lucht, W./ Schaphoff, S. (2011): Bioenergy production potential of global biomass plantations under environmental and agricultural constraints. GCB Bioenergy 3(4), S. 299-312.

Beringer, T./ Lucht, W. (2008): Simulation nachhaltiger Bioenergiepotentiale. Externe Expertise für das WBGU Hauptgutachten „Welt im Wandel: Zukunftsfähige Bioenergie und nachhaltige Landnutzung". WBGU (Hrsg.). Berlin.

Berkhout, F./ Hertin, J./ Gann, D. (2006): Learning to Adapt: Organisational Adaptation to Climate Change ImpactS. Climatic Change 78, S. 135-156.

Berry, P./ Rounsevell, M./ Harrison, P./ Audsley, E. (2006): Assessing the vulnerability of agricultural land use and species to climate change and the role of policy in facilitating adaptation: Assessing Climate Change Effects on Land Use and Ecosystems in Europe. Environmental Science & Policy 9, S. 189-204.

BERSO/Gülleseparation (2011): Güllefeststoffe für Biogasanlagen und als Kunstdüngersubstitut, http://www.bioenergie-suedoldenburg.de/projekte-in-der-region/guelleseparation/projekt-guelleseparation.html, letzter Zugriff 02.10.2011.

Beschorner, T./ Pfriem, R. (Hrsg.) (2000): Evolutorische Ökonomik und Theorie der Unternehmung. Metropolis-Verlag, Marburg.

Biggs, S./ Matsaert, H.(2004): Strengthening poverty reduction programmes using an actor-oriented Approach: examples from natural resources innovation systems. Agricultural Research/ Extension Network Paper (Hrsg.). agren network paper. 134, http://www.odi.org.uk/work/projects/agren/papers/agrenpaper_134.pdf.

BioSicherheit (2011): Westlicher Maiswurzelbohrer Ein Schädling erobert Europa, http://www.biosicherheit.de/basisinfo/139.schaedling-erobert-europa.html, letzter Zugriff 07.10.2011.

Birch, D. (2006): What Have We Learned? Foundations & Trends in Entrepreneurship 2, S. 197-202.

Bock, S./ Hinzen, A./ Libbe, J. (2011): Nachhaltiges Flächenmanagement – Ein Handbuch für die Praxis. Ergebnisse aus der REFINA-Forschung, http://edoc.difu.de/edoc.php?id=K8934QW7, letzter Zugriff 20.03.2011.

Bommert, W. (2009): Kein Brot für die Welt. Riemann, München.

Borgida, A./ Chaudhri, V./ Giorgini, P./ Yu, E./ Mylopoulos, J. (2009): Conceptual modeling: foundations and applications. Essays in honor of John Mylopoulos. Springer, Berlin.

Bossard, M./ Feranec, J./ Otahel, J. (2000): CORINE Land Cover Technical Guide, Copenhagen, http://www.eea.europa.eu/publications/tech40add.

Bowyer, C. (2010): Anticipated Indirect Land Use Change Associated with Expanded Use of Biofuels and Bioliquids in the EU – An Analysis of the National Renewable Energy Action Plans. Institute for European Environmental Policy (IEEP) (Hrsg.). http://www.ieep.eu/publications/2010/11/anticipated-indirect-land-use-change-associated-with-expanded-use-of-biofuels-and-bioliquids-in-the, London.

Boyd, J.W. (2007): The Endpoint Problem, Resources, http://www.rff.org/RFF/Documents/RFF-Resources-165_EndpointProblem.pdf, letzter Zugriff 28.12.2010.

Boyd, R./ Richerson, P. (1985/1988): Culture and the evolutionary process. University of Chicago Press, Chicago.

Braat, L./ Brink, P. ten (Hrsg.) (2008): The Cost of Policy Inaction. study for the European Commission. study for the European Commission, Wageningen/ Brussels.

Brandt, A./ Heine, M./ Steincke, M. (2011): Das Ernährungsgewerbe in Niedersachsen. Eine Studie der NORD/LB Regionalwirtschaft, Hannover, http://www.hannover.ihk.de/index.php?id=20127.

Breitner, M.H./ Lehner, F./ Staff, J./ Winand, U. (Hrsg.) (2010): E-Learning 2010. Physica-Verlag, Berlin.

Brillouin, L. (1967/1962): Science and information theory. Academic Press, New York.

Brookfield, H./ Padoch, C. (2007): Managing Biodiversity in Spatially and Temporally Complex Agricultural Landscapes. In: Jarvis, D.I./ Padoch, C./ Cooper, H.D. (Hrsg.) Managing Biodiversity in Agricultural Ecosystems. Columbia University Press, New York Chichester, West Sussex, S. 338-361.

Brown, J./ Duguid, P. (1991): Organizational Learning and Communities-of-Practice: Toward a Unified View of Working, Learning, and Innovation. Organization Science 2, S. 40-57.

Brown, S./ Eisenhardt, K. (1998): Competing on the edge: Strategy as structured chaos. Harvard Business School and McGraw-Hill Book Company Ltd (UK), Boston, Mass.

Brunstad, R./ Gaasland, I./ Vardal, E. (2005): Multifunctionality of agriculture: an inquiry into the complementarity between landscape preservation and food security. European Review of Agricultural Economics 32, S. 469-488.

Bundesregierung (2008): Fortschrittsbericht 2008 zur nationalen Nachhaltigkeitsstrategie. Presse- und Informationsamt der Bundesregierung (Hrsg.). Berlin.

Bundesregierung (2002): Perspektiven für Deutschland. Unsere Strategie für eine nachhaltige Entwicklung. Berlin.

Burgelman, R. (2009): Strategic consequences of co-evolutionary lock-in: Insights from a longitudinal process study. In: Sydow, J./ Schreyögg, G. (Hrsg.) The hidden dynamics of path dependence: Institutions and organizations. Palgrave Macmillan, Houndmills, Basingstoke, Hampshire [England] and New York, S. 233-248.

Burgelman, R./ Grove, A. (2007a): Cross-boundary disruptors: powerful interindustry entrepreneurial change agents. Strategic Entrepreneurship Journal 1, S. 315-327.

Burgelman, R./ Grove, A. (2007b): Let chaos reign, then rein in chaos-repeatedly: managing strategic dynamics for corporate longevity. Strategic Management Journal 28, S. 965-979.

Callon, M. (1991): Techno-economic networks and irreversibility. In: Law, J. (Hrsg.) A sociology of monsters. Routledge, London u.a, S. 132-164.

Campbell, J. (1969): Variation and selective retention in socio-cultural evolution. General Systems 14, S. 69-85.

Campbell, J. (1997): Mechanisms of evolutionary change in economic governance: interaction, interpretation, and bricolage. In: Magnusson, L./ Ottosson, J. (Hrsg.) Evolutionary economics and path dependence. Edward Elgar, Cheltenham, UK, and Brookfield, US, S. 10-32.

Carayol, N./ Roux, P./ Yglu, M. (2008): In search of efficient network structures: the needle in the haystack. Review of Economic Design 11, S. 339-359.

Carius, A./ Tänzler, D./ Winter, J. (2007): Weltkarte von Umweltkonflikten – Ansätze zur Typologisierung. Endbericht. Im Auftrag des Wissenschaftlichen Beirat der Bundesregierung Globale Umweltveränderung (WBGU). Springer (Hrsg.). Berlin, Heidelberg.

Castellacci, F. (2009): The interactions between national systems and sectoral patterns of innovation. Journal of Evolutionary Economics 19, S. 321-347.

Cayla, D. (2008): Organizational Learning: A Process Between Equilibrium and Evolution. Journal of Economic Issues 42, S. 553-559.

CEMBO (2009): Unternehmensbefragung in der Ernährungswirtschaft der Metropolregion Bremen-Oldenburg. Food Nordwest (Hrsg.). http://www.food-nordwest.de/documents/Metrolpole_Nordwest_Broschuere_druck fertig_01-10.pdf, Vechta.

Ceroni, M./ Liu, S./ Costanza, R. (2007): Ecological and Economic Roles of Biodiversity in Agroecosystems. In: Jarvis, D.I./ Padoch, C./ Cooper, H.D. (Hrsg.) Managing Biodiversity in Agricultural Ecosystems. Columbia University Press, New York Chichester, West Sussex, S. 446-472.

Certeau, M. de (1988): Kunst des Handelns. Merve, Berlin.

Clark, W.C./ et al. (2000): Assessing vulnerability to global environmental riskS. Report of the Workshop on Vulnerability to Global Environmental Change: Challenges for Research, Assessment and Decision Making, http://ksgnotes1.harvard.edu/BCSIA/sust.nsf/pubs/publ.

Clemens, E. (1993): Organizational Repertoires and Institutional Change: Women's Groups and the Transformation of U.S. Politics, 1890-1920. American Journal of Sociology 98, S. 755-798.

Cohen, M./ Bacdayan, P. (1994): Organizational Routines Are Stored as Procedural Memory: Evidence from a Laboratory Study. Organization Science 5, S. 554-568.

Cohen, M.D./ Sproull, L. (Hrsg.) (1996): Organizational learning. Sage Publications, Thousand Oaks.

Collis, D. (1994): How valuable are dynamic capabilities? Strategic Management Journal 15, S. 143-151.

Conant, R./ Ashby, W. (1970): Every Good Regulator of a. System Must Be a. Model of that System. International Journal of System Science 1, S. 89-97.

Costanza, R./ d'Arge, R./ Groot, R. de/ Farber, S./ Grasso, M./ Hannon, B./ Limburg, K./ Naeem, S./ O'Neill, R.V./ Paruelo, J./ Raskin, R.G./ Sutton, P./ van den Belt, M. (1997): The value of the world's ecosystem services and natural capital. Nature 387, S. 253-260.

Costanza, R./ Ruth, M. (1997): Dynamic Systems Modelling for Consensus Scoping and Consensus Building. In: Dragun, A.K./ Jakobsson, K.M. (Hrsg.) Sustainability and global environmental policy. New perspectives. Elgar, Cheltenham, S. 279-307.

Cowan, C./ Epple Cordula/ Korn, H./ Schliep, R./ Stadler, J. (2009): Working with nature to Tackle Climate Change. Bundesamt für Naturschutz (Hrsg.). BfN-Skripten. 264, Bonn.

Cowan, R./ Jonard, N./ Zimmermann, J. (2006): Evolving networks of inventors. Journal of Evolutionary Economics 16, S. 155-174.

Cox, M./ Arnold, G./ Tomás, S. (2010): A review of design principles for community-based natural resource management. Ecology and Society 15, S. 38 (online).

Crutchfield, J. (2009): The Hidden Fragility of Complex Systems – Consequences of Change, Changing Consequences. Essay for Cultures of Change: Changing Cultures. Santa Fe Working papers. 09-12-045, http://www.wwf.de/downloads/publikationsdatenbank/ddd/30727/, Barcelona.

Cumming, S./ Barnes, G./ Southworth, J. (2008): Environmental Asymmetries. In: Norberg, J./ Cumming, G. (Hrsg.) Complexity Theory for a Sustainable Future Columbia University Press. University Press, Columbia, S. 15-45.

Cyert, R./ March, J. (1963/1992): A behavioral theory of the firm. Blackwell Business, Cambridge, Mass., USA.

Daft, R./ Weick, K. (1984): Toward a Model of Organizations as Interpretation Systems. The Academy of Management Review 9, S. 284-295.

Daly, H./ Farley, J. (2004): Ecological economics: Principles and applications. Island Press, Washington, D.C.

DAS (2009): Die Deutsche Anpassungsstrategie. Bundesministerium für Umwelt, N.u.R. (Hrsg.). Berlin.

Dau, F. (2003): The logic system of concept graphs with negation. And its relationship to predicate logic. Springer, Berlin.

David, A.P. (2005): Path dependence in economic processes: implications fpr policy analysis in dynamical system contexts. In: Dopfer, K. (Hrsg.) The Evolutionary Foundations of Economics, Cambridge, S. 151-194.

David, A.P. (2001): Path dependence, its critics and the quest for ‚historical economics'. In: Garrouste, P./ Ioannides, S. (Hrsg.) Evolution and path dependence in economic ideas: Past and present. Elgar, Cheltenham, S. 15-41.

Davy, S. (2008): Harnessing Information Models and Ontologies for Policy Conflict Analysis. PhD thesis, http://repository.wit.ie/1059/.

DeFries, R./ Foley, J./ Asner, G. (2004): Land-use choices: balancing human needs and ecosystem function. Frontiers in Ecology and the Environment. Frontiers in Ecology and the Environment 2, S. 249-257.

DeSarbo, W./ Grewal, R./ Wang, R. (2009): Dynamic strategic groups: deriving spatial evolutionary paths. Strategic Management Journal 30, S. 1420-1439.

Dew, N./ Sarasvathy, S. (2002): What effectuation is not: further development of an alternative to rational choice. Paper presented at the Annual Meeting of the Academy of Management. Denver, CO, 12. August.

DG ENV (2010): Study on how businesses take into account their risks related to biodiversity and ecosystem services: state of play and way forward, http://ec.europa.eu/environment/enveco/biodiversity/index.htm.

Di Stefano, G./ Peteraf, M./ Verona, G. (2010): Dynamic capabilities deconstructed: A bibliographic investigation into the origins, development, and future directions of the research domain. Industrial and Corporate Change 19, S. 1187-1204.

Doerr, V./ Barrett, T./ Doerr, E. (2011): Connectivity, dispersal behaviour and conservation under climate change: a response to Hodgson et al. Journal of Applied Ecology 48, S. 143-147.

Dolfsma, W./ Verburg, R. (2008): Structure, agency and the role of values in processes of institutional change. Journal of Economic Issues 42, S. 1031-1055.

Doloreux, D./ Parto, S. (2005): Regional innovation systems: Current discourse and unresolved issues. Technology in Society 27, S. 133-153.

Dooley, K. (1997): A Complex Adaptive Systems Model of Organization Change. Nonlinear Dynamics, Psychology, and Life Sciences 1, S. 69-97.

Dopfer, K. (Hrsg.) (2001): Evolutionary economics: Program and scope. Kluwer Academic Publishers, Boston.

Dopfer, K. (2004): The economic agent as rule maker and rule user: Homo Sapiens Oeconomicus. Journal of Evolutionary Economics 14, S. 177-195.

Dopfer, K. (Hrsg.) (2005): The Evolutionary foundations of economics. Cambridge University Press, Cambridge, U.K.

Dopfer, K./ Potts, J. (2008): The general theory of economic evolution. Routledge, London [u.a.].

Döring, R./ Egan-Krieger, T. v./ Ott, K. (2007): Eine Naturkapitaldefinition oder Natur in der Kapitaltheorie. Univ., Rechts- und Staatswiss. Fak, Greifswald, http://hdl.handle.net/10419/32354.

Dosi, G./ Marengo, L./ Fagiolo, G. (2005): Learning in evolutionary environments. In: Dopfer, K. (Hrsg.) The Evolutionary Foundations of Economics, Cambridge, S. 255-338.

Dosi, G./ Nelson, R. (2010): Technical Change and Industrial Dynamics as Evolutionary Processes. In: Hall, B.H./ Rosenberg, N. (Hrsg.) Handbook of the economics of innovation. North Holland, Amsterdam and Boston, S. 51-127.

Dosi, G./ Teece, D./ Chytry, J. (2004): Understanding Industrial and Corporate Change. Oxford University Press, Oxford.

Dragun, A.K./ Jakobsson, K.M. (Hrsg.) (1997): Sustainability and global environmental policy. Elgar, Cheltenham.

Duden online (2011): http://www.duden.de.

Dufour, A./ Mauz, I./ Remy, J./ Bernard, C./ Dobremez, L./ Havet, A./ Pauthenet, Y./ Pluvinage, J./ Tchakerian, E. (2007): Multifunctionality in Agriculture and its Agents: Regional Comparisons. Sociologia Ruralis 47,

Durham, W. (1992): Coevolution: Genes, Culture, and Human Diversity. Stanford University Press.

Duschek, S. (2002): Innovation in Netzwerken. Renten – Relationen – Regeln. Dt. Univ.-Verlag, Wiesbaden.

Dyer, G. (2010): Schlachtfeld Erde: Klimakriege im 21. Jahrhundert. Klett-Cotta, Stuttgart.

Earl, P./ Wakeley, T. (2010): Alternative perspectives on connections in economic systems. Journal of Evolutionary Economics 20, S. 163-183.

Easterby-Smith, M./ Lyles, M./ Peteraf, M. (2009): Dynamic Capabilities: Current Debates and Future Directions. British Journal of Management 20, S. S1-S8.

Edenhofer, O./ Lotze-Campen, H./ Wallacher, J./ Reder, M. (2010): Global aber gerecht. Klimawandel bekämpfen, Entwicklung ermöglichen; ein Report des Potsdam-Instituts für Klimafolgenforschung und des Instituts für Gesellschaftspolitik München. Beck, München.

EEA Report (2008): Impacts of Europe's changing climate – 2008 indicator-based assessment. Joint EEA-JRC-WHO report. European Environment Agency (Hrsg.). EEA report. 4/2008, Copenhagen.

Eierdanz, F./ Alcamo, J./ Acosta-Michlik, L./ Krömker, D./ Tänzler, D. (2008): Using fuzzy set theory to address the uncertainty of susceptibility to drought. Regional Environmental Change 8, S. 197-205.

EIKE-Klima-Energie (2011): Der Biogasschwindel jetzt auch mit toten Fischen, http://www.eike-klima-energie.eu/news-anzeige/der-biosgasschwindel-jetzt-auch-mit-toten-fischen/, letzter Zugriff 02.10.2011.

Ekardt, F./ Bredow H. von (2011): Managing the ecological and social ambivalences of bioenergy - sustainability criteria versus extended carbon markets. In: Leal Filho, W. (Hrsg.) The economic, social and political elements of climate change / Walter Leal Filho, editor. Springer Verlag, [Berlin], S. 455-580.

Eldredge, N./ Grene, M. (1992): Interactions: The biological context of social systems. Columbia University Press, New York.

Elmqvist, T./ Maltby, E./ et al. (2010): The Economics of Ecosystems and Biodiversity: The Ecological and Economic Foundations; Chapter 2: Biodiversity, ecosystems and ecosystem services, http://www.teebweb.org/EcologicalandEconomicFoundation/tabid/1018/Default.aspx.

Elsner, W. (2010): The process and a simple logic of ‚meso'. Emergence and the co-evolution of institutions and group size. Journal of Evolutionary Economics 20, S. 445-477.

Epstein, J. (2008): Why Model? Journal of Artificial Societies and Social Simulation 11, S. 12.

Erb, K./ Haberl, H./ Krausmann, F./ et al. (2009): Eating the Planet? Feeding and fuelling the world sustainably, fairly and humanely. A scoping study, Wien.

Eriksson, R./ Andersson, J. (2010): Elements of ecological economics. Routledge, London.

Evans, T./ York, A./ Ostrom, E. (2008): Institutional Dynamics, Spatial Organization, and Landscape Change. In: Wescoat, J.L./ Johnston, D.M. (Hrsg.) Political economies of landscape change. Places of integrative power. Springer, Dordrecht, S. 111-130.

Farley, J./ Costanza, R. (2010): Payments for ecosystem services: from local to global. Ecological Economics 69, S. 2060-2068.

Feldman, M. (2000): Organizational Routines as a Source of Continuous Change. Organization Science 11, S. 611-629.

Feldman, M./ Pentland, B. (2003): Reconceptualizing Organizational Routines as a Source of Flexibility and Change. Administrative Science Quarterly 48, S. 94-118.

Fichter, K./ Gleich, A.v./ Pfriem, R./ Siebenhüner, B. (Hrsg.) (2010): Theoretische Grundlagen für erfolgreiche Klimaanpassungsstrategien, Bremen/ Oldenburg.

Fichter, K. (2005): Interpreneurship. Metropolis, Marburg.

Fischer, B./ Jöst, F./ Schiller, J. (2009): Is a Sustainable Land-Use Policy in Germany Possible? Insights from an Analysis Applying the Concept of Stocks.

Fisher, B./ Costanza, R./ Turner, R./ Morling, P. (2007): Defining and Classifying Ecosystem Services for Decision Making. Centre for Social and Economic research on the Global Environment (CSERGE). CSERGE Working Paper EDM. 07-04, http://www.uea.ac.uk/env/cserge/pub/wp/edm/edm_ 2007_04. pdf, Norwich, UK.

Fisher, B./ Turner, K./ Zylstra, M./ Brouwer, R./ Groot, R. de/ Farber, S./ Ferraro, P./ Green, R./ Hadley, D./ Harlow, J./ Jefferiss, P./ Kirkby, C./ Morling, P./ Mowatt, S./ Naidoo, R./ Paavola, J./ Strassburg, B./ Yu, D./ Balmford, A. (2008): Ecosystem services and Economic Theory: Integration for Policy-Relevant Research. Ecological Applications 18, S. 2050-2067.

Flick, U./ Kardorff, E. von/ Steinke, I. (2007): Qualitative Forschung: Ein Handbuch. Rowohlt-Taschenbuch-Verlag, Reinbek bei Hamburg.

Foer, J. (2010): Tiere Essen. Kiepenheuer & Witsch, Köln.

Foley, J. (2005): Global Consequences of Land Use. Science 309, S. 570-574.

Foresight (2011): The Future of Food and Farming. Final Project Report. The Government Office for Science (Hrsg.). http://www.bis.gov.uk/assets/bispartners/foresight/docs/food-and-farming/11-546-future-of-food-and-farming-report.pdf, London.

Franck, E./ Peithmann, O. (2010): Regionalplanung und Klimaanpassung in Niedersachsen. Akademie für Raumforschung und Landesplanung (ARL) (Hrsg.). E-Paper der ARL. 9. Hannover.

Franklin, S. / Graesser, A. (1997): Is It an agent, or just a program?: A taxonomy for autonomous agents. In: Müller, J./ Wooldridge, M./ Jennings, N. (Hrsg.) Intelligent Agents III Agent Theories, Architectures, and Languages. Springer Berlin / Heidelberg, S. 21-35.

Fratesi, U. (2010): Regional innovation and competitiveness in a dynamic representation. Journal of Evolutionary Economics 20, S. 515-552.

Funk, B./ Niemeyer, P. (2010): Abbildung von Umweltwirkungen in betrieblichen Informationssystemen. In: Marx Gómez, J.C. (Hrsg.) Green computing & substainability. dpunkt-Verl, Heidelberg, S. 37-46.

Füssel, H.-M. (2010): Modeling impacts and adaptation in global IAMS. Wiley Interdisciplinary Reviews: Climate Change, S. 288-303.

Garnsey, E./ McGlade, J. (Hrsg.) (2006): Complexity and co-evolution. Elgar, Cheltenham [u.a.].

Garrouste, P./ Ioannides, S. (Hrsg.) (2001): Evolution and path dependence in economic ideas: Past and present. Elgar, Cheltenham.

Gary, M./ Pillinger, T./ Wood, R. (2009): Enhancing Analogical Reasoning and Performance in Strategic Decision Making. MIT Sloan Research Paper. 4737-09.

Gary, M./ Wood, R. (2011): Mental models, decision rules, and performance heterogeneity. Strategic Management Journal 32, S. 569-594.

Gavetti, G./ Warglien, M. (2007): Recognizing the New: A Multi-Agent Model of Analogy in Strategic Decision-Making. Harvard Business School Working Papers. 08-028.

Gavetti, G. (2005): Cognition and Hierarchy: Rethinking the Microfoundations of Capabilities? Development. Organization Science 16, S. 599-617.

Gavetti, G./ Levinthal, D. (2000): Looking forward and looking backward: cognitive and experiential search. Administrative Science Quarterly 45, S. 113-137.

Georgescu-Roegen, N. (1971): The entropy law and the economic process. Harvard University Press, Cambridge, Mass.

Georgescu-Roegen, N. (1976): Energy and economic myths: Institution and analytical economic Essays. Pergamon, New York.

Gibson, C./ Birkinshaw, J. (2004): The Antecedents, Consequences, and Mediating Role of Organizational Ambidexterity. The Academy of Management Journal 47, S. 209-226.

Gibson, W./ Sterling, B. (1992): Die Differenz Maschine: Roman. Heyne, München.

Gick, M./ Holyoak, K. (1983): Schema induction and analogical transfer. Cognitive Psychology 15, S. 1-38.

Giddens, A. (1984): The Constitution of society: Outline of the theory of structuration. University of California Press, Berkeley, Calif.

Glaeser, E./ Kerr, W./ Ponzetto, G. (2010): Clusters of entrepreneurship: Special Issue: Cities and Entrepreneurship − Sponsored by the Ewing Marion Kauffman Foundation (www.kauffman.org). Journal of Urban Economics 67, S. 150-168.

Godfray, H./ Pretty, J./ Thomas, S./ Warham, E./ Beddington, J. (2011): Linking Policy on Climate and Food. Science 331, S. 1013-1014.

Golinska, P./ Fertsch, M./ Marx-Gómez, J. (Hrsg.) (2011): Information Technologies in Environmental Engineering. Springer Berlin Heidelberg.

Golman, R./ Page, S. (2010): Basins of attraction and equilibrium selection under different learning rules. Journal of Evolutionary Economics 20, S. 49-72.

Grin, J./ Rotmans, J./ Schot, J. (2010): Transitions to sustainable development: New directions in the study of long term transformative change. Routledge, New York.

Groot, J./ Rossing, W./ Tichit, M./ Turpin, N./ Jellema, A./ Baudry, J./ Verburg, P./ Doyen, L./ van de Ven, G.W.J. (2009): On the contribution of modelling to multifunctional agriculture: Learning from comparisons. Journal of Environmental Management 90, S. S147-S160.

Groot, R.de et al. (2010): The Economics of Ecosystems and Biodiversity: The Ecological and Economic Foundations; Chapter 1: Integrating the ecological and economic dimensions in biodiversity and ecosystem service valuation, http://www.teebweb.org/LinkClick.aspx?fileticket=4yFN-LAMGI4%3d&tabid=1018&language=en-US.

Gual, M./ Norgaard, R. (2010): Bridging ecological and social systems coevolution: A review and proposal: Special Section: Coevolutionary Ecological Economics: Theory and Applications. Ecological Economics 69, S. 707-717.

Gunderson, L./ Peterson, G./ Holling, C. (2008): Practicing Adaptive Management in Complex Social-Ecological Systems. In: Norberg, J./ Cumming, G. (Hrsg.) Complexity Theory for a Sustainable Future Columbia University Press. University Press, Columbia, S. 223-245.

Gunderson, L.H./ Holling, C.S. (Hrsg.) (2002): Panarchy: Understanding transformations in human and natural systems. Island Press, Washington, DC.

Gunnarsson, J./ Wallin, T. (2010): An evolutionary approach to regional systems of innovation. Journal of Evolutionary Economics, S. 1-20.

Günther, E. (2008): Ökologieorientiertes Management: Um-(weltorientiert) Denken in der BWL; mit 104 Tabellen. UTB, Stuttgart.

Günther, E. (2009): Klimawandel und Resilience Management: Interdisziplinäre Konzeption eines entscheidungsorientierten Ansatzes. Gabler Verlag / GWV Fachverlage, Wiesbaden, Wiesbaden.

Gupta, J./ Termeer, C./ Klostermann, J./ Meijerink, S./ van Brink, M./ Jong, P./ Nooteboom, S./ Bergsma, E. (2010): The Adaptive Capacity Wheel: A method to assess the inherent characteristics of institutions to enable the adaptive capacity of society. Environmental Science & Policy 13, S. 459-471.

Hahn, M./ Fröde, A. (2010): Climate Proofing for Development. Adapting to Climate Change, Reducing Risk. Climate Protection Programme. Deutsche Gesellschaft für Technische Zusammenarbeit (GTZ). Umwelt und Klima. Eschborn/ Bundesministerium für wirtschaftliche Zusammenarbeit und Entwicklung (BMZ). Bonn (Hrsg.). Eschborn.

Hahn, T./ Schultz, L./ Folke, C./ Olsson, P. (2008): Social Networks as Sources of Resilience in Social-Ecological Systems. In: Norberg, J./ Cumming, G. (Hrsg.) Complexity Theory for a Sustainable Future Columbia University Press. University Press, Columbia, S. 119-148.

Haines-Young, R./ Potschin, M. (2010): The links between biodiversity, ecosystem services and human well-being. In: Raffaelli, D.G./ Frid, C. (Hrsg.) Ecosystem ecology. Cambridge University Press, Cambridge and New York, S. 110-139.

Hall, B.H./ Rosenberg, N. (Hrsg.) (2010): Handbook of the economics of innovation. North Holland, Amsterdam and Boston.

Hamel, G. (2008): Das Ende des Managements: Unternehmensführung im 21. Jahrhundert. Econ, Berlin.

Hanappi, H. (2008): The concept of choice: why and how innovative behaviour is not just stochastic. Journal of Evolutionary Economics 18, S. 275-289.

Hannon, B./ Ruth, M. (2001): Dynamic Modeling. Springer, New York.

Hart, S. (1995): A Natural-Resource-Based View of the Firm. The Academy of Management Review 20, S. 986.

Hart, S. / Dowell, G. (2011): Invited Editorial: A Natural-Resource-Based View of the Firm: Fifteen Years After. Journal of Management 37, S. 1464-1479.

Hayek, F. (1945): The Use of Knowledge in Society. American Economic Review 35, S. 519-530.

Hayek, F. von (1960/1978): The constitution of liberty. University of Chicago Press, Chicago [Ill.].

Hayek, F. von (1967): Studies in philosophy, politics and economics. University of Chicago Press, [Chicago].

Hayek, F. von (1996): Die Anmaßung von Wissen. Mohr, Tübingen.

Hekkert, M./ Suurs, R./ Negro, S./ Kuhlmann, S./ Smits, R. (2007): Functions of innovation systems: A new approach for analysing technological change. Technological Forecasting and Social Change 74, S. 413-432.

Helbing, D. (2009a): Managing Complexity in Socio-Economic Systems. European Review 17, S. 423.

Helbing, D. (2009b): Systemic Risks in Society and Economics. Santa Fe Working papers. 09-12-044.

Helbing, D./ Johansson, A. (2009): Cooperation, Norms, and Conflict: A Unified Approach. Santa Fe Working papers. 1-13.

Helbing, D./ Yu, W./ Rauhut, H. (2011): Self-Organization and Emergence in Social Systems: Modeling the Coevolution of Social Environments and Cooperative Behavior. The Journal of Mathematical Sociology 35, S. 177-208.

Helfat, C./ Peteraf, M. (2003): The dynamic resource-based view: capability lifecycles. Strategic Management Journal 24, S. 997-1010.

Helfat, C./ Finkelstein, S./ Mitchell, W./ Peteraf, M./ Singh, H./ Teece, D./ Winter, S. (2007): Dynamic capabilities: Understanding strategic change in organizations. Blackwell pub., Malden, MA.

Helming, K./ Wiggering, H. (Hrsg.) (2003): Sustainable Development of Multifunctional Landscapes. Springer, Berlin Heidelberg New York.

Helming, K./ Pérez-Soba, M./ Tabbush, P.M. (Hrsg.) (2008): Sustainability impact assessment of land use changes. Springer, Berlin and London.

Henrekson, M./ Johansson, D. (2010): Firm Growth, Institutions and Structural Transformation. The Ratio Institute (Hrsg.). Ratio Working Papers. 150, http://ideas.repec.org/p/hhs/ratioi/0150.html.

Henseler, M./ Wirsig, A./ Herrmann, S./ Krimly, T./ Dabbert, S. (2009): Modeling the impact of global change on regional agricultural land use through an activity-based non-linear programming approach. Agricultural Systems 100, S. 31-42.

Hess, C./ Ostrom, E. (2003): Ideas, Artifacts, And Facilities: Information As A Common-Pool Resource. Law and Contemporary Problems 66,

Hirn, W. (2009): Der Kampf ums Brot. Fischer, Frankfurt am Main.

Hisas, L. (2011): The Food Gap. The Impacts of Climate Change on Food Production: A 2020 Perspective. Universal Ecological Fund (FEU-US). Alexandria, USA.

Hodgson, G. (1999): Economics and Utopia: Why the learning economy is not the end of history. Routledge, London and New York.

Hodgson, G. (2005): Decomposition and Growth: Biological Metaphors in Economics from the 1880s to the 1980s. In: Dopfer, K. (Hrsg.) The Evolutionary foundations of economics. Cambridge University Press, Cambridge, U.K, S. 105-150.

Hodgson, G. (2006): What Are Institutions? Journal of Economic Issues (Association for Evolutionary Economics) 40, S. 1-25.

Hodgson, G. (2007): Institutions and Individuals: Interaction and Evolution. Organization Studies 28, S. 95-116.

Hodgson, G. (2010a): Choice, habit and evolution. Journal of Evolutionary Economics 20, S. 1-18.

Hodgson, G. (2010b): Darwinian coevolution of organizations and the environment. Ecological Economics 69, S. 700-706.

Hodgson, G./ Knudsen, T. (2006a): Balancing Inertia, Innovation, and Imitation in Complex Environments. Journal of Economic Issues 40, S. 287-296.

Hodgson, G./ Knudsen, T. (2006b): The nature and units of social selection. Journal of Evolutionary Economics 16, S. 477-489.

Hodgson, G./ Knudsen, T. (2006c): Why we need a generalized Darwinism, and why generalized Darwinism is not enough. Journal of Economic Behavior & Organization 61, S. 1-19.

Höher, G. (2009): Produktion und Nutzung von Biomasse in Niedersachsen-Neueste Entwicklungen und Tendenzen, Präsentation anlässlich der NNA Fachtagung 03.12.2009.

Hölzner, H. (2009): Die Fähigkeit des Fortschritts im Strategischen Management: Eine organisations- und wissenschaftstheoretisch fundierte Erweiterung des Konzepts dynamischer Fähigkeiten. Gabler Verlag / GWV Fachverlage GmbH, Wiesbaden, Wiesbaden.

Hooper, D./ Chapin, I./ Ewel, J./ Hector, A./ Inchausti, P./ Lavorel, S./ Lawton, J./ Lodge, D./ Loreau, M./ Naeem, S./ Schmid, B./ Setaelae, H./ Symstad, A.J./ Vandermeer, J./ Wardle, D.A. (2005): Effects of Biodiversity on Ecosystem Functioning: A Consensus of Current Knowledge. Ecological Monographs 75, S. 3-35.

Horstmann, B. (2008): Framing adaptation to climate change. A challenge for building institutions. German Development Institute, Bonn.

Howarth, R.W./ Bringezu, S. (Hrsg.) (2009): Biofuels: Environmental Consequences and Interactions with Changing Land Use.

Howarth, R./ Bringezu S./ Bekunda M./ de Fraiture C./ Maene, L./ Martinelli, L./ Sala/ O. (2009): Rapid assessment on biofuels and environment: overview and key findings. In: Howarth, R.W./ Bringezu, S. (Hrsg.) Biofuels: Environmental Consequences and Interactions with Changing Land Use, S. 1-13.

Idel, A. (2010): Die Kuh ist kein Klima-Killer! Wie die Agrarindustrie die Erde verwüstet und was wir dagegen tun können. Metropolis-Verlag, Marburg.

iGreen (2011): Mobiles Wissen für die Landwirtschaft, http://www.igreen-projekt.de/iGreen/, letzter Zugriff 09.10.2011.

IPCC WGIII SRREN (2011): Special Report on Renewable Energy Sources and Climate Change Mitigation. IPCC. http://srren.ipcc-wg3.de/.

Irigaray, L. (1980): Speculum, Spiegel des anderen Geschlechts. Suhrkamp, Frankfurt am Main.

Isenmann, R. (2003): Natur als Vorbild: Plädoyer für ein differenziertes und erweitertes Verständnis der Natur in der Ökonomie. Metropolis, Marburg.

Janssen, M./ Goldstone, R./ Menczer, F./ Ostrom, E. (2008): Effect of rule choice in dynamic interactive spatial commons. International Journal of the Commons 2.

Janssen, M./ Anderies, J./ Ostrom, E. (2007): Robustness of Social-Ecological Systems to Spatial and Temporal Variability. Society & Natural Resources 20, S. 307-322.

Janssen, M./ Anderies, J./ Walker, B. (2004): Robust strategies for managing rangelands with multiple stable attractors. Journal of Environmental Economics and Management 47, S. 140-162.

Jansson, T. et al. (2008): Cross sector land use modeling framework. In: Helming, K./ Pérez-Soba, M./ Tabbush, P.M. (Hrsg.) Sustainability impact assessment of land use changes. Springer, Berlin and London, S. 159-180.

Jarratt, A. (1999): Managing diversity and innovation in a complex organisation. International Journal of Technology Management 17, S. 5.

Jarvis, D.I./ Padoch, C./ Cooper, H.D. (Hrsg.) (2007): Managing Biodiversity in Agricultural Ecosystems. Columbia University Press, New York Chichester, West Sussex.

Jasanoff, S. (2005): Designs on nature: Science and democracy in Europe and the United States. Princeton University Press, Princeton, N.J.

Joas, H. (1992/1996): Die Kreativität des Handelns. Suhrkamp, Frankfurt am Main.

Jochem, R./ Mertins, K./ Knothe, T. (Hrsg.) (2010): Prozessmanagement. Symposion, Düsseldorf.

Johansson, D. (2010): The theory of the experimentally organized economy and competence blocs: an introduction. Journal of Evolutionary Economics. Journal of Evolutionary Economics 20, S. 185-201.

Johnston, D./ Wescoat, J. (2008): Implications for Future Landscape Inquiry, Planning, and Design. In: Wescoat, J.L./ Johnston, D.M. (Hrsg.) Political economies of landscape change. Places of integrative power. Springer, Dordrecht, S. 195-214.

Julius Kühn-Institut (2011): Westlicher Maiswurzelbohrer (Diabrotica virgifera virgifera) − Aktuelle Situation und Hintergründe, http://pflanzengesundheit.jki.bund.de/dokumente/upload/5e225_diabvi_aktuell.pdf.

Jun, T./ Sethi, R. (2009): Reciprocity in evolving social networks. Journal of Evolutionary Economics 19, S. 379-396.

Kallis, G./ Norgaard, R. (2010): Coevolutionary ecological economics. Ecological Economics 69, S. 690-699.

Kallis, G. (2007): Socio-environmental co-evolution: some ideas for an analytical approach. The International Journal of Sustainable Development and World Ecology 14, S. 4-13.

Kaplan, S. (2008): Framing Contests: Strategy Making Under Uncertainty. Organization Science 19, S. 729-752.

Kappas, M. (2009): Klimatologie: Klimaforschung im 21. Jahrhundert; Herausforderung für Natur- und Sozialwissenschaften. Spektrum, Akad. Verl, Heidelberg.

Karlstetter, N. (2011): Co-evolution and co-management of economic and ecological sustainability − A semantic approach: modeling climate adapted land use strategies in northwestern Germany. In: Golinska, P./ Fertsch, M./ Marx-Gómez, J. (Hrsg.) Information Technologies in Environmental Engineering. Springer Berlin Heidelberg, S. 213-228.

Karlstetter, N./ Fichter, K./ Pfriem, R. (2010): Evolutorische Grundlagen. In: Fichter, K./ von Gleich, A./ Pfriem, R./ Siebenhüner, B. (Hrsg.) Theoretische Grundlagen für erfolgreiche Klimaanpassungsstrategien, Bremen/Oldenburg, S. 70-102.

Karlstetter, N./ Pfriem, R. (2010): Bestandsaufnahme: Kriterien zur Regulierung von Flächennutzungskonflikten zur Sicherung der Ernährungsversorgung. nordwest2050-Werkstattbericht. Nr. 4, http://www.nordwest2050.de/index_nw2050.php?obj=page&id=136&unid=673a4604778befdd8d5a82 30b03c222a, Oldenburg.

Kay, N. (2010): Dynamic capabilities as context: the role of decision, system and structure. Industrial and Corporate Change 19, S. 1205-1223.

Kemp, R. (1997): Environmental policy and technical change: A comparison of the technological impact of policy instruments. Edward Elgar, Cheltenham.

Kemp, R./ Rotmans, J./ Loorbach, D. (2007): Assessing the Dutch Energy Transition Policy: How Does it Deal with Dilemmas of Managing Transitions? Journal of Environmental Policy & Planning 9, S. 315-331.

Kempener, R./ Cohen, B./ Basson, L./ Petrie Jim (2009): A framework for analysis of industrial networks. In: Ruth, M./ Davidsdottir, B. (Hrsg.) The dynamics of regions and networks in industrial ecosystems. Edward Elgar, Cheltenham, UK, S. 128-155.

Keynes, J. (1923/2000): A tract on monetary reform. Prometheus Books, Amherst, N.Y.

King, B./ Felin, T./ Whetten, D. (2010): Perspective-Finding the Organization in Organizational Theory: A Meta-Theory of the Organization as a Social Actor. Organization Science 21, S. 290-305.

Kirman, A./ Teschl, M. (2006): Searching for identity in the capability space. Journal of Economic Methodology 13, S. 299-325.

Kirsten, J. (Hrsg.) (2010): The new landscape of global agriculture. Wiley-Blackwell Pub, Malden, MA.

Kloepfer, I./ Mrusek, K. (2011). 22.02.2011: Die Früchte des Hungers. FAZ, http://www.faz.net/aktuell/wirtschaft/wirtschaftspolitik/aufstaende-die-fruechte-des-hungers-14517.html.

Knauf, G./ Lübbeke, I. (2007): Ernährungssicherung und Biomassenutzung für energetische Zwecke, Plattform nachhaltige Biomasse, www.plattform-nachhaltige-bioenergie.de.

Knoche, G./ Lünenbürger, B./ Hain, B./ Müschen, K. (2009): Konzeption des Umweltbundesamtes zur Klimapolitik. Notwendige Weichenstellungen 2009. Umweltbundesamt (Hrsg.). Dessau-Roßlau.

Koch, J./ Eisend, M./ Petermann, A. (2009): Path Dependence in Decision-Making Processes: Exploring the Impact of Complexity under Increasing Returns. BuR − Business Research 2, S. 67-84.

Koka, B./ Madhavan, R./ Prescott, J. (2006): The Evolution Of Interfirm Networks: Environmental Effects On Patterns Of Network Change. Academy of Management Review 31, S. 721-737.

Kontogianni, A./ Luck, G./ Skourtos, M. (2010): Valuing ecosystem services on the basis of service-providing units: A potential approach to address the 'endpoint problem' and improve stated preference methods. Ecological Economics 69, S. 1479-1487.

Kreft, S. (2009): Klimawandel in Norddeutschland. German Watch (Hrsg.). Bonn.

Kuckartz, U. (2005): Einführung in die computergestützte Analyse qualitativer Daten. VS, Verlag für Sozialwiss., Wiesbaden.

Kumar, P. (2010): The economics of ecosystems and biodiversity: Ecological and economic foundations. Earthscan, London and Washington, DC.

Lamberson, P. (2009): Social Learning in Social Networks. MIT Sloan School Working Paper. 4763-09.

Landwirtschaftskammer Niedersachsen (2009): Fachbereich 3.12: Leitlinien der ordnungsgemäßen Landwirtschaft, Oldenburg, http://www.lwk-niedersachsen.de/index.cfm/portal/6/nav/203/article/13511/zoom/1.html.

Lautermann, C./ Pfriem, R. (2010): Corporate Social Responsibility in wirtschaftsethischen Perspektiven. In: Raupp, J./ Jarolimek, S./ Schultz, F. (Hrsg.) Handbuch Corporate Social Responsibility. Kommunikationswissenschaftliche Grundlagen und methodische Zugänge. VS Verlag, Wiesbaden, S. 281-304.

Law, J. (Hrsg.) (1991): A sociology of monsters. Routledge, London u.a.

Laszlo, E./ Laszlo, Ch./ Liechtenstein, A. von (1992): Evolutionäres Management. Globale Handlungskonzepte, Fulda.

Leal Filho, W. (Hrsg.) (2011): The economic, social and political elements of climate change / Walter Leal Filho, editor. Springer Verlag, [Berlin].

Lebel, L./ Bennett, E. (2008): Participation in Building Scenarios of Regional Development. In: Norberg, J./ Cumming, G. (Hrsg.) Complexity Theory for a Sustainable Future Columbia University Press. University Press, Columbia, S. 209-222.

Leblebici, H./ Salancik, G./ Copay, A./ King, T. (1991): Institutional Change and the Transformation of Interorganizational Fields: An Organizational History of the U.S. Radio Broadcasting Industry. Administrative Science Quarterly 36, S. 333-363.

Leca, B./ Battilana, J./ Boxenbaum, E. (2008): Agency and Institutions: A Review of Institutional Entrepreneurship. Harvard Business School Working Papers. 08-096.

Lehmann-Waffenschmidt, M. (2009): Gibt es eine Evolution in der Wirtschaft? Zur Diagnose und komparativ-evolutorischen Analyse des wirtschaftlichen Wandels. In: Antoni-Komar, I. (Hrsg.) Neue Konzepte der Ökonomik: Unternehmen zwischen Nachhaltigkeit, Kultur und Ethik. Festschrift für Reinhard Pfriem zum 60. Geburtstag. Metropolis-Verl, Marburg, S. 369-396.

Lehmann-Waffenschmidt, M./ Reichel, M. (2000): Kontingenz, Pfadabhängigkeit und Lock-In als handlungsbeeinflussende Faktoren der Unternehmenspolitik. In: Beschorner, T./ Pfriem, R. (Hrsg.) Evolutorische Ökonomik und Theorie der Unternehmung. Metropolis-Verlag, Marburg, S. 337-376.

Lehmann-Waffenschmidt, M./ Sandri, S. (2007): Recursivity and Self-Referentiality of Economic Theories and Their Implications for Bounded Rational Actors. Dresden Discussion Paper Series in Economics. 03/07, http://ideas.repec.org/p/zbw/tuddps/0307.html.

Lehtonen, H./ Bärlund, I./ Tattari, S./ Hilden, M. (2007): Combining dynamic economic analysis and environmental impact modelling: Addressing uncertainty and complexity of agricultural development. Environmental Modelling & Software 22, S. 710-718.

Leitlinien der ordnungsgemäßen Landwirtschaft (2009), http://www.lwk-niedersachsen.de/index.cfm/portal/6/nav/203/article/13511/zoom/1.html.

Lenton, T./ Held, H./ Kriegler, E./ Hall, J./ Lucht, W./ Rahmstorf, S./ Schellnhuber, H. (2008): Inaugural Article: Tipping elements in the Earth's climate system. Proceedings of the National Academy of Sciences 105, S. 1786-1793.

LePore, E./ Pylyshyn, Z.W. (Hrsg.) (1999): What is cognitive science? Blackwell, Malden, Mass.

Leslie, H./ Schlüter, M./ Cudney-Bueno, R./ Levin, S. (2009): Modeling responses of coupled social-ecological systems of the Gulf of California to anthropogenic and natural perturbations. Ecological Research 24, S. 505-519.

Levin, S. (1998): Ecosystems and the Biosphere as Complex Adaptive Systems. Ecosystems 1, S. 431-436.

Levina, N./ Orlikowski, W. (2008): Understanding Shifting Power Relations within and Across Organizations: A Critical Genre Analysis. Academy of Management Journal.

Lewin, K./ Graumann, C./ Métraux, A. (1981): Werkausgabe: 1. Huber [u.a.], Bern.

Leyer, I./ Wesche, K. (2007): Multivariate Statistik in der Ökologie: Eine Einführung. Springer, Berlin and Heidelberg, New York, NY.

Leyking, K./ Chikova, P./ Martin, G./ Loos, P. (2010): Integration von Lern- und Geschäftsprozessen auf Basis von Kompetenzen. In: Breitner, M.H./ Lehner, F./ Staff, J./ Winand, U. (Hrsg.) E-Learning 2010. Physica-Verlag, Berlin, S. 107-123.

Lichtenthaler, U. (2009): Absorptive Capacity, Environmental Turbulence, and the Complementarity of Organizational Learning Processes: The Academy of Management Journal (AMJ). The Academy of Management Journal (AMJ) 52, S. 822-846.

Lichtenthaler, U./ Lichtenthaler, E. (2009): A Capability-Based Framework for Open Innovation: Complementing Absorptive Capacity. Journal of Management Studies 46, S. 1315-1338.

Limburg, K./ Costanza, R. (Hrsg.) (2010): Ecological Economics Reviews. Blackwell Publishing, Boston, Massachusetts.

Lin, B./ Flynn, D./ Bunker, D./ Uriarte, M./ Naeem, S. (2011): The effect of agricultural diversity and crop choice on functional capacity change in grassland conversions. Journal of Applied Ecology 48, S. 609-618.

Liu, S./ Costanza, R./ Farber, S./ Troy, A. (2010): Valuing ecosystem services: Theory, practice, and the need for a transdisciplinary synthesis. In: Limburg, K./ Costanza, R. (Hrsg.) Ecological Economics Reviews. Blackwell Publishing, Boston, Massachusetts, S. 54-78.

Loasby, B. (2010): Capabilities and strategy: problems and prospects. Industrial and Corporate Change 19, S. 1301-1316.

Locke, J. (1988): Second treatise on civil government. In: Locke, J./ Laslett, P. (Hrsg.) Two treatises of government. Cambridge University Press, Cambridge [England] and New York, S. 265-428.

Locke, J./ Laslett, P. (Hrsg.) (1988): Two treatises of government. Cambridge University Press, Cambridge [England] and New York.

Lohnstein, H. (2011): Formale Semantik und natürliche Sprache. de Gruyter, Berlin [u.a.].

Stanca, L./ Bruni, L./ Corazzini, L. (2007): Testing Theories of Reciprocity: Do Motivations Matter? University of Milano-Bicocca, D.o.E. (Hrsg.). Department of Economics working papers. 109, http://ideas.repec.org/p/mib/wpaper/109.html.

Lux, T./ Samanidou, E./ Reitz, S. (Hrsg.) (2005): Nonlinear Dynamics and Heterogeneous Interacting Agents. Springer Berlin Heidelberg.

LWK/KLIMZUGnord (2011): GIS-gestützte Beregnungsflächenverwaltung Eine Handlungsempfehlung für die Beantragung einer wasserrechtlichen Erlaubnis, http://www.lwk-niedersachsen.de/index.cfm/portal/betriebumwelt/nav/203/article/16360.html, letzter Zugriff 09.10.2011.

Lynch, K. (1960): The image of the city. M.I.T. Press, Cambridge, Mass.

MA (2005): Millenium Ecosystem Assessments. The Reports, http://www.maweb.org/en/index.aspx.

MacCormack, A./ Baldwin, C./ Rusnak, J. (2010): The Architecture of Complex Systems: Do Core-Periphery Structures Dominate? MIT Sloan Research Paper. 4770-10,

Machtans, C./ Villard, M.-A./ Hannon, S. (1996): Use of Riparian Buffer Strips as Movement Corridors by Forest Birds. Conservation Biology 10, S. 1366-1379.

Magnusson, L./ Ottosson, J. (Hrsg.) (1997): Evolutionary economics and path dependence. Edward Elgar, Cheltenham, UK, and Brookfield, US.

Malone, T./ Laubacher, R./ Dellarocas, C. (2009): Harnessing Crowds: Mapping the Genome of Collective Intelligence. MIT. MIT Sloan School Working Paper. 4732-09.

Maltby, E. (2009): The functional assessment of wetland ecosystems: Towards evaluation of ecosystem services. Woodhead and CRC press, Oxford and Cambridge and New Delhi, Boca Raton and Boston and New York [etc.].

Mandel, C. (2011(web)): 08.08.2011 Uni Kassel: Agrarwissenschaftler erforschen Nutzung der Abwärme aus Biogas, Informationsdienst Wissenschaft, http://idw-online.de/de/news435892

March, J. (1991): Exploration and Exploitation in Organizational Learning. Organization Science 2, S. 71-87.

Marsh, S./ Stock, G. (2006): Creating Dynamic Capability: The Role of Intertemporal Integration, Knowledge Retention, and Interpretation. Journal of Product Innovation Management 23, S. 422-436.

Martin, A./ Hansen, N. (2009): Kompetenz als reflexiv-kreatives Handeln. Beitrag zum 6. Symposium zum Strategischen Kompetenz-Management: „25 Jahre ressourcen- und kompetenzorientierte Forschung: Der Competence-based View auf dem Weg zum Schlüsselparadigma in der Managementforschung?" am 23., 24. und 25. September 2009 an der Philipps-Universität Marburg.

Marx Gómez, J.C./ Strahringer, S./ Teuteberg, F. (Hrsg.) (2010): Green computing & substainability. dpunkt-Verl, Heidelberg.

Matusik, S./ Heeley, M. (2005): Absorptive Capacity in the Software Industry: Identifying Dimensions That Affect Knowledge and Knowledge Creation Activities. Journal of Management 31, S. 549-572.

Maurin, J. (2011). 23.05.2011: Gute Zeiten für den Maiswurzelbohrer. taz, http://www.taz.de/1/archiv/digitaz/artikel/?ressort=sw&dig=2011%2F05%2F23%2Fa0099&cHash=f6e8ade7fd.

Mayring, P. (2002): Einführung in die qualitative Sozialforschung: Eine Anleitung zu qualitativem Denken. Beltz, Weinheim.

Mayring, P. (2010): Qualitative Inhaltsanalyse: Grundlagen und Techniken. Beltz, Weinheim.

McGinnis, M. (2011): Networks of Adjacent Action Situations in Polycentric Governance. Policy Studies Journal 39, S. 51-78.

McIntyre, B. (2009): Synthesis report. A synthesis of the global and sub-global IAASTD reports. Island Press, Washington, DC.

McLaughlin, P./ Dietz, T. (2008): Structure, agency and environment: Toward an integrated perspective on vulnerability. Global Environmental Change 18, S. 99-111.

Meadows, D. (1979): The limits to growth: A report for the Club of Rome's project on the predicament of mankind. Universe books, New York.

Mengel, F. (2008): Matching structure and the cultural transmission of social norms. Journal of Economic Behavior & Organization 67, S. 608-623.

Mesterharm, M. (2011): Regionale Vulnerabilitätsanalyse der Ernährungswirtschaft im Kontext des Klimawandels. Eine Wertschöpfungskettenbetrachtung der Milchwirtschaft in der Metropolregion Bremen-Oldenburg. Universität Oldenburg (Hrsg.). nordwest2050-Werkstattbericht. 9, Oldenburg.

Metcalfe, J. (2001): Evolutionary Approaches to Population Thinking and the Problem of Growth and Development. In: Dopfer, K. (Hrsg.) Evolutionary economics: Program and scope. Kluwer Academic Publishers, Boston, S. 141-164.

Metzger, M./ Rounsevell, M./ Acosta-Michlik, L./ Leemans, R./ Schröter, D. (2006): The vulnerability of ecosystem services to land use change. Agriculture, Ecosystems & Environment 114, S. 69-85.

Mitchell, M. (2009): Complexity. A guided tour. Oxford Univ. Press, Oxford.

Mooney, H./ Larigauderie, A./ Cesario, M./ Elmquist, T./ Hoegh-Guldberg, O./ Lavorel, S./ Mace, G./ Palmer, M./ Scholes, R./ Yahara, T. (2009): Biodiversity, climate change, and ecosystem services. Current Opinion in Environmental Sustainability 1, S. 46-54.

Moor, D. (2009): Was wir nicht haben, brauchen Sie nicht: Geschichten aus der arschlochfreien Zone. Rowohlt Taschenbuch, Reinbek.

Mori, A. (2011): Ecosystem management based on natural disturbances: hierarchical context and non-equilibrium paradigm. Journal of Applied Ecology 48, S. 280-292.

Mose, I. (2007): Probleme der Intensivlandwirtschaft im Oldenburger Münsterland – Lösungsstrategien im Widerstreit der Interessen. In: Zepp, H. (Hrsg.) Ökologische Problemräume Deutschlands: Mit 20 Tabellen. Wiss. Buchges., Darmstadt, S. 133-156.

Mulder, P./ van den Bergh, J. (2001): Evolutionary Economic Theories of Sustainable Development. Growth and Change 32, S. 110-134.

Müller, J./ Wooldridge, M./ Jennings, N. (Hrsg.) (1997): Intelligent Agents III Agent Theories, Architectures, and Languages. Springer Berlin/ Heidelberg.

Nahapiet, J./ Ghoshal, S. (1998): Social Capital, Intellectual Capital, and the Organizational Advantage. The Academy of Management Review 23, S. 242-266.

National Research Council (2002): Abrupt Climate Change: Inevitable Surprises. National Academic Press, Washington, DC.

Nationaler Biomasseaktionsplan (2010): Nationaler Biomasseaktionsplan für Deutschland. Bundesministerium für Umwelt, N.u.R. (Hrsg.). http://www.bmelv. de/SharedDocs/Downloads/Broschueren/BiomasseaktionsplanNational.pdf?__blob=publicationFile.

Nelson, R. (1994): The Co-evolution of Technology, Industrial Structure, and Supporting Institutions. Industrial and Corporate Change 3, S. 47-63.

Nelson, R. (1995): Recent Evolutionary Theorizing about Economic Change. Journal of Economic Literature 33, S. 48-90.

Nelson, R. (2008): Bounded rationality, cognitive maps, and trial and error learning. Journal of Economic Behavior & Organization 67, S. 78-89.

Nelson, R./ Winter, S. (1982): An evolutionary theory of economic change. Belknap Press of Harvard University Press, Cambridge, Mass.

Neumann, M./ Klages, M./ Breitner Michael H. (2010): Erweiterter IT-Wertbeitrag durch Green Business. In: Marx Gómez, J.C. (Hrsg.) Green computing & substainability. dpunkt-Verl, Heidelberg, S. 28-36.

Neumayer, E. (2010): Weak versus Strong Sustainability. Edward Elgar, Cheltenham.

Newey, L./ Zahra, S. (2009): The Evolving Firm: How Dynamic and Operating Capabilities Interact to Enable Entrepreneurship. British Journal of Management 20, S. S81-S100.

Nitsch, J. (2008): Weiterentwicklung der Ausbaustrategie Erneuerbare Energien vor dem Hintergrund der aktuellen Klimaschutzziele Deutschlands und Europas. Leitstudie, Berlin, http://www.bmu.de/erneuerbare_energien/downloads/38787, letzter Zugriff 20.03.2011.

Nitsch, J./ Krewitt, W./ Nast, M./ Viebahn (2004): Ökologisch optimierter Ausbau der Nutzung erneuerbarer Energien in Deutschland. Arbeitsgemeinschaft DLR/IFEU/WI (Hrsg.). http://www.dlr.de/Portaldata/41/Resources/dokumente/institut/system/publications/Oekoausbau_Biomasse.pdf, Stuttgart, Heidelberg, Wuppertal.

Nooteboom, B. (2008): In what sense do firms evolve? Max Planck Institute of Economics, Evolutionary Economics Group (Hrsg.). Papers on economics and evolution. 2008-12, http://ideas.repec.org/p/esi/evopap/2008-12.html.

Norberg, J./ Cumming, G. (Hrsg.) (2008): Complexity Theory for a Sustainable Future Columbia University Press. University Press, Columbia.

Norberg, J./ Wilson, J./ Walker, B./ Ostrom, E. (2008): Diversity and Resilience of social-Ecological Systems. In: Norberg, J./ Cumming, G. (Hrsg.) Complexity Theory for a Sustainable Future Columbia University Press. University Press, Columbia, S. 46-80.

Norgaard, R. (2010): Ecosystem services: From eye-opening metaphor to complexity blinder. Ecological Economics 69, S. 1219-1227.

O'Reilly III, C./ Tushman, M. (2008): Ambidexterity as a dynamic capability: Resolving the innovator's dilemma. Research in Organizational Behavior 28, S. 185-206.

OECD (2001): Multifunctionality: Towards an Analytical Framework. Paris.

OECD (2008): Multifunctionality in agriculture: Evaluating the degree of jointness, policy implications. Paris.

Offermann, F./ Gömann, H./ Kleinhanß, W./ Kreins, P./ et al. (2010): vTI-Baseline 2009 – 2019: Agrarökonomische Projektionen für Deutschland, Braunschweig, http://literatur.vti.bund.de/digbib_extern/dk043068.pdf.

Olesen, J./ Bindi, M. (2002): Consequences of climate change for European agricultural productivity, land use and policy. European Journal of Agronomy 16, S. 239-262.

Ortmann, G. (2008): Management in der Hypermoderne: Kontingenz und Notwendigkeit. VS Verlag für Sozialwissenschaften, Wiesbaden.

Osterhammel, J. (2009): Die Verwandlung der Welt: Eine Geschichte des 19. Jahrhunderts. Beck, München.

Ostertag, K./ Müller, J./ Seifert, S. (2009): Neue Instrumente zur Verringerung des Flächenverbrauchs Handelbare Zertifikate für Flächenausweisungen im Experiment. Ökologisches Wirtschaften, S. 30-34.

Ostertag, K. (2009): Neue Instrumente zur Verringerung des Flächenverbrauchs. Ökologisches Wirtschaften.

Ostrom, E. (1996): Crossing the great divide: Coproduction, synergy, and development. World Development 24, S. 1073-1087.

Ostrom, E. (1999a): Die Verfassung der Allmende: Jenseits von Staat und Markt. Mohr Siebeck, Tübingen.

Ostrom, E. (1999b): Revisiting the Commons: Local Lessons, Global Challenges. Science 284, S. 278-282.

Ostrom, E. (2005): Understanding institutional diversity. Princeton University Press, Princeton.

Ostrom, E. (2006): The complexity of rules and how they may evolve over time. In: Schubert, C./ Wangenheim, G. von (Hrsg.) Evolution and design of institutions. Routledge, London and New York, S. 100-122.

Ostrom, E. (2010): Analyzing collective action. Agricultural Economics 41, S. 155-166.

Ostrom, E. (2011): Was mehr wird, wenn wir teilen. Vom gesellschaftlichen Wert der Gemeingüter. oekom verlag, München.

Ostrom, E./ Burger, J./ Field, C./ Norgaard, R./ Policansky, D. (1999): Revisiting the Commons: Local Lessons, Global Challenges. Science 284, S. 278-282.

Ott, K./ Döring, R. (2008): Strong Sustainability and Environmental Policy: Justification and Implementation. In: Soskolne, C.L./ Westra, L. (Hrsg.) Sustaining life on earth: Environmental and human health through global governance. Lexington Books, Lanham, S. 109-123.

Otto-Zimmermann, K. (Hrsg.) (2011): Resilient cities. Springer, Dordrecht.

Oudshoorn, N./ Pinch, T. (2003): How users matter: The co-construction of users and technologies. MIT Press, Cambridge, Mass.

Owens, S./ Cowell, R. (2002): Land and limits: Interpreting sustainability in the planning process. Routledge, London and New York.

Pandza, K./ Thorpe, R. (2009): Creative Search and Strategic Sense-making: Missing Dimensions in the Concept of Dynamic Capabilities. British Journal of Management 20, S. S118-S131.

Parry, M. et al. (2007): Climate change 2007: Impacts, adaptation and vulnerability. Contribution of Working Group II to the fourth assessment report of the Intergovernmental Panel on Climate Change. Cambridge University Press, Cambridge and New York.

Parto, S. (2005): Economic Activity and Institutions: Taking Stock. Journal of Economic Issues 39, S. 21-52.

Parto, S. (2008): Innovation and Economic Activity. An Institutional Analysis of the Role of Clusters in Industrializing Economies. Journal of Economic Issues 42, S. 1005-1030.

Pascual, U./ Muradian, R./ et al. (2010): The Economics of Ecosystems and Biodiversity: The Ecological and Economic Foundations; Chapter 5: The economics of valuing ecosystem services and biodiversity, http://www.teebweb.org/LinkClick.aspx?fileticket=JUukugYJHTg%3d&tabid=1018&language=en-US.

Penrose, E. (1959/2009): The theory of the growth of the firm. Oxford University Press, Oxford, New York.

Perez, C. (1983): Structural change and assimilation of new technologies in the economic and social systems. Futures 15, S. 357-375.

Pérez-Soba, M./ Verburg, P.H./ Koomen, E./ Hilferink, M.H.A./ Benito, P./ Lesschen, J.P. (2010): LAND USE MODELLING – IMPLEMENTATION Preserving and enhancing the environmental benefits of „land-use services". Final report to the European Commission, Alterra Wageningen UR, Geodan, Object Vision, BIOS, LEI and PBL, http://ec.europa.eu/environment/enveco/studies_modelling/index.htm.

Perras, A. (2011). 25./26.06.2011: Verlorene Erde. Wie indische Firmen in Äthiopien fruchtbare Böden in Besitz nehmen. Süddeutsche Zeitung.

Pfeil, F./ Deigele, C. (Hrsg.) (2007): Energie aus Biomasse. F. Pfeil, München.

Pfriem, R. (2004): Unternehmen, Nachhaltigkeit, Kultur: Von einem, der nicht auszog, Betriebswirt zu werden. Metropolis-Verlag, Marburg.

Pfriem, R. (2006): Natur und Kultur (Die Natur der Kultur). Warum sich die Strömung der Ökonomik, die ihren Namen aus einer Theorie der Entwicklung über Natur nimmt, intensiv(er) mit Natur beschäftigen sollte. Vortrag zur Jahrestagung des Ausschusses für Evolutorische Ökonomik.

Pfriem, R. (2011a): Unternehmensstrategien: Ein kulturalistischer Zugang zum strategischen Management. (2. Auflage), Metropolis-Verlag, Marburg.

Pfriem, R. (2011b): Heranführung an die Betriebswirtschaftslehre. (3. Auflage), Metropolis-Verlag, Marburg.

Piorr, A./ Ungaro, F./ Ciancaglini, A./ Happe, K./ Sahrbacher, A./ Sattler, C./ Uthes, S./ Zander, P. (2009): Integrated assessment of future CAP policies: land use changes, spatial patterns and targeting. Sustainability impact assessment and land-use policies for sensitive regions. Environmental Science & Policy 12, S. 1122-1136.

Polanyi, M. (1962): Personal knowledge: Towards a post-critical philosophy. University of Chicago Press, Chicago.

Portha, S. (2002): Self-organized asymmetries in ant foraging: a functional response to food type and colony needs. Behavioral Ecology 13, S. 776-781.

Positionspapier Ökosystemdienstleistungen in der Raum- und Landschaftsplanung (2011), http://www.uni-goettingen.de/de/document/download/34a9 cbc1349a1bd87c56ca5bf3ac551e.pdf/Positionspapier_Stand%2010_01_11.pdf, letzter Zugriff 02.10.2011.

Potsdam Memorandum (2007), http://www.nobel-cause.de/SJP_Memorandum_english.pdf.

Prahalad, C./ Krishnan, M. (2009): Die Revolution der Innovation: Wertschöpfung durch neue Formen in der globalen Zusammenarbeit. Redline-Verlag, München.

Prato, T. (2007): Assessing ecosystem sustainability and management using fuzzy logic. Ecological Economics 61, S. 171-177.

Pressemitteilung Netzwerk Lebensraum Brache (2011). 16.08.2011, http://www.lebensraum-brache.de/Presse/pressemitteilungen/2011/5108.php, Berlin.

Pretty, J. (2008): Agricultural sustainability: concepts, principles and evidence. Philosophical Transactions of the Royal Society Biological Sciences 363, S. 447-465.

Proff, H.B.C./ Freiling, J. (Hrsg.) (2009): Der kompetenzbasierte Ansatz auf dem Weg zu einer „Theorie der Unternehmung. Hampp, München and Mering.

Pryor, F. (1996): Economic evolution and structure: The impact of complexity on the U.S. economic system. Cambridge University Press, Cambridge and New York.

Pugh, D.S. (Hrsg.) (2009): Change management. Sage, Los Angeles.

Purdy, J./ Gray, B. (2009): Conflicting Logics, Mechanisms of Diffusion, and Multilevel Dynamics in Emerging Institutional Fields. The Academy of Management Journal ARCHIVE 52, S. 355-380.

Pyka, A./ Scharnhorst, A. (Hrsg.) (2009): Innovation Networks. Springer Berlin / Heidelberg.

R&R (Hrsg.) (2009): Schwerpunktthema Klimawandel in Regionen mit Beispiel Biogaspfad.

Raffaelli, D.G./ Frid, C. (Hrsg.) (2010): Ecosystem ecology. Cambridge University Press, Cambridge and New York.

Rahmandad, H./ Sterman, J. (2008): Heterogeneity and Network Structure in the Dynamics of Diffusion: Comparing Agent-Based and Differential Equation Models. Management Science 54, S. 998-1014.

Rahmeyer, F. (2005): Wirtschaftliche Entwicklung oder evolutorischer Wandel Ein integrativer Versuch zur Fundierung der evolutorischen Ökonomik. Universitaet Augsburg, I.f.E. (Hrsg.). Volkswirtschaftliche Diskussionsreihe. 282, http://ideas.repec.org/p/aug/augsbe/0282.html.

Rainey, D. (2006): Sustainable business development: Inventing the future through strategy, innovation, and leadership. Cambridge Univ. Press, Cambridge [u.a.].

Raisch, S./ Birkinshaw, J. (2008): Organizational Ambidexterity: Antecedents, Outcomes, and Moderators. Journal of Management 34, S. 375-409.

Raisch, S./ Birkinshaw, J./ Probst, G./ Tushman, M. (2009): Organizational Ambidexterity: Balancing Exploitation and Exploration for Sustained Performance. Organization Science 20, S. 685-695.

Rammel, C./ Stagl, S./ Wilfing, H. (2007): Managing complex adaptive systems – A co-evolutionary perspective on natural resource management. Ecological Economics 63, S. 9-21.

Rapp, B./ Bremer, J./ Sonnenschein, M./ Marx Gómez, J. (2010): Ontologiebasierte Kaskadennutzung von Rohstoffen. In: Marx Gómez, J.C. (Hrsg.) Green computing & substainability. dpunkt-Verl, Heidelberg, S. 47-55.

Rasche, C./ Freiling, J./ Wilkens, U. (Hrsg.) (2008): Wirkungsbeziehungen zwischen individuellen Fähigkeiten und kollektiver Kompetenz. Hampp, München and Mering.

Raupp, J./ Jarolimek, S./ Schultz, F. (Hrsg.) (2010): Handbuch Corporate Social Responsibility. Kommunikationswissenschaftliche Grundlagen und methodische Zugänge. VS Verlag, Wiesbaden.

Rautenstrauch, C. (1999): Betriebliche Umweltinformationssysteme: Grundlagen, Konzepte und Systeme. Mit 8 Tabellen. Springer, Berlin [u.a.].

Rayna, T./ Striukova, L. (2009): The curse of the first-mover: when incremental innovation leads to radical change. International Journal of Collaborative Enterprise 1, S. 4.

Reichardt, J./ White, D. (2007): Role models for complex networks. The European Physical Journal B 60, S. 217-224.

Reichenberger, K. (2010): Kompendium Semantische Netze. Springer, Heidelberg.

Reid, S./ Brentani, U. de (2004): The Fuzzy Front End of New Product Development for Discontinuous Innovations: A Theoretical Model. Journal of Product Innovation Management 21, S. 170-184.

Rennings, K. (2000): Redefining innovation – eco-innovation research and the contribution from ecological economics. Ecological Economics 32, S. 319-332.

Rerkasem, K./ Pinedo-Vasques, M. (2007): Diversity and Innovation in Smallholder Systems in response to Environmental and Economic Changes. In: Jarvis, D.I./ Padoch, C./ Cooper, H.D. (Hrsg.) Managing Biodiversity in Agricultural Ecosystems. Columbia University Press, New York Chichester, West Sussex, S. 362-381.

Ribaudo, M./ Greene, C./ Hansen, L./ Hellerstein, D. (2010): Ecosystem services from agriculture: Steps for expanding markets. Special Section – Payments for Ecosystem Services: From Local to Global. Ecological Economics 69, S. 2085-2092.

Ring, I./ Hansjuergens, B./ Elmqvist, T./ Wittmer, H./ Sukhdev, P. (2010): Challenges in framing the economics of ecosystems and biodiversity: the TEEB initiative. Current Opinion in Environmental Sustainability, S. 15-26.

Romme, A./ Zollo, M./ Berends, P. (2010): Dynamic capabilities, deliberate learning and environmental dynamism: a simulation model. Industrial and Corporate Change 19, S. 1271-1299.

Rounsevell, M./ Ewert, F./ Reginster, I./ Leemans, R./ Carter, T. (2005): Future scenarios of European agricultural land use: II. Projecting changes in cropland and grassland. Agriculture, Ecosystems & Environment 107, S. 117-135.

Ruth, M. (1996): Evolutionary Economics at the Crossroads of Biology and Physics. Journal of Social and Evolutionary Systems 19, S. 125-144.

Ruth, M. (2006a): A quest for the economics of sustainability and the sustainability of economics. Ecological Economics 56, S. 332-342.

Ruth, M. (Hrsg.) (2006b): Smart Growth and Climate Change. Edward Elgar, Cheltenham, Northampton.

Ruth (2011): Managing Regional Climate Mitigation and Adaptation Co-benefits and Co-costs. In: Otto-Zimmermann, K. (Hrsg.) Resilient cities. Springer, Dordrecht, S. 205-213.

Ruth, M./ Donaghy, K./ Kirshen, P. (Hrsg.) (2006): Regional climate change and variability: Impacts and responses. Edward Elgar, Cheltenham, UK and Northampton, MA.

Ruth, M./ Davidsdottir, B. (Hrsg.) (2009): The dynamics of regions and networks in industrial ecosystems. Edward Elgar, Cheltenham, UK.

Sachs, W. (Hrsg.) (2009): Zukunftsfähiges Deutschland in einer globalisierten Welt: Ein Anstoss zur gesellschaftlichen Debatte; eine Studie des Wuppertal Instituts für Klima, Umwelt, Energie. Fischer Taschenbuch Verlag, Frankfurt am Main.

Safarzyńska, K./ van den Bergh, J. (2010): Evolutionary models in economics: a survey of methods and building blocks. Journal of Evolutionary Economics 20, S. 329-373.

Sartorius, C. (2006): Second-order sustainability−conditions for the development of sustainable innovations in a dynamic environment. Ecological Economics 58, S. 268-286.

Schaber, R. (2010): Blutmilch. Wie die Bauern ums Überleben kämpfen. Pattloch, München.

Schalley, A./ Zaefferer, D. (2007): Ontolinguistics. How ontological status shapes the linguistic coding of concepts. de Gruyter, Berlin.

Schavan, A. (2010). 19.01.2010. Bundesministerium für Bildung und Forschung, http://www.fona.de/de/8591, Berlin.

Schellnhuber, H. (2010a): Tragic triumph. Climatic Change 100, S. 229-238.

Schellnhuber, H. (Hrsg.) (2010): Global sustainability. Cambridge University Press, Cambridge.

Schiller, J./ Manstetten, R./ Klauer, B./ Steuer, P./ Unnerstall, H./ Wittmer, H./ Hansjürgens, B. (2005): Charakteristika und Beurteilungsansätze problemorientierter integrativer Umweltforschung. In: Baumgärtner, S./ Becker, C. (Hrsg.) Wissenschaftsphilosophie interdisziplinärer Umweltforschung. Metropolis-Verlag, Marburg, S. 137-170.

Schirmer, F./ Ziesche, K. (2010): Dynamic Capabilities: Das Dilemma von Stabilität und Dynamik aus organisationspolitischer Perspektive. In: Barthel, E./ Hanft, A./ Hasebrook, J. (Hrsg.) Integriertes Kompetenzmanagement im Spannungsfeld von Innovation und Routine. Waxmann, Münster, New York, NY, München, Berlin, S. 15-44.

Schmelter, H. (2009): Produktion von Bioenergie − Anforderungen aus Sicht des Naturschutzes und der Landschaftspflege. Präsentation anlässlich der NNA Fachtagung 03.12.2009.

Schöne, F. (2011 (web)). 12.10.2011: NABU zu EU-Agrarreform: Überfälliger Kurswechsel mit gravierenden Schönheitsfehlern. NABU, http://www.presse portal.de /pm/6347/2128439/nabu-zu-eu-agrarreform-ueberfaelliger-kurs wechsel-mit-gravierenden-schoenheitsfehlern.

Schreyogg, G./ Sydow, J. (2010): Crossroads-Organizing for Fluidity? Dilemmas of New Organizational Forms. Organization Science 21, S. 1251-1262.

Schreyogg, G./ Sydow, J. (2011): Organizational Path Dependence: A Process View. Organization Studies 32, S. 321-335.

Schreyögg, G./ Conrad, P. (2006): Management von Kompetenz. Gabler and VS Verlag, Wiesbaden, [Wiesbaden].

Schreyögg, G./ Kliesch-Eberl, M. (2007): How dynamic can organizational capabilities be? Towards a dual-process model of capability dynamization. Strategic Management Journal 28, S. 913-933.

Schroeter, D. et al. (2004): ATEAM Final report 2004 Section 5 and 6, and Annex 1 to 6. Potsdam Institute for Climate Impact Research (Hrsg.). Potsdam. http://www.pik-potsdam.de/ateam/ateam_final_report_sections_5_to_6.pdf, letzter Zugriff 28.12.2010.

Schubert, C./ Wangenheim, G. von (Hrsg.) (2006): Evolution and design of institutions. Routledge, London and New York.

Schubert, K. v./ Klein, M. (2006): Das Politiklexikon. Dietz, Bonn.

Schuchardt, B./ Wittig, S./ Spiekermann, J. (2010a): Klimaszenarien für ‚nordwest2050'. Teil 1: Grundlagen. nordwest2050-Werkstattbericht. 2, http://www.nordwest2050.de/index_nw2050.php?obj=page&id=136&unid=55c0e8432aa1e72b91a0f6036dbd5704, Bremen.

Schuchardt, B./ Wittig, S./ Spiekermann, J. (2010b): Klimaszenarien für ‚nordwest2050'. Teil 2: Randbedingungen und Beschreibung. nordwest2050-Werkstattbericht. 3, http://www.nordwest2050.de/index_nw2050.php?obj=page&id=136&unid=55c0e8432aa1e72b91a0f6036dbd5704, Bremen.

Schuchardt, B./ Wittig, S./ Spiekermann, J. (2011): Klimawandel in der Metropolregion Bremen-Oldenburg Regionale Analyse der Vulnerabilität ausgewählter Sektoren und Handlungsbereiche. nordwest2050-Werkstattbericht. 11, Bremen.

Schumacher, T. (2009): Leinen los: Aufbruch in ein neues Zeitalter der Mitarbeiterführung. Wiley-VCH-Verl, Weinheim.

Schumpeter, J. (1934/1993): Theorie der wirtschaftlichen Entwicklung: Eine Untersuchung über Unternehmergewinn, Kapital, Kredit, Zins und den Konjunkturzyklus. Duncker & Humblot, Berlin.

Schumpeter, J. (1991): The economics and sociology of capitalism. Princeton University Press, Princeton, N.J.

Schurz, G. (2011): Evolution in Natur und Kultur. Eine Einführung in die verallgemeinerte Evolutionstheorie. Spektrum Akad. Verlag, Heidelberg.

Schütte, R. (2009): Biogasanlagen haben sich auf Fruchtfolge ausgewirkt, http://www.lwk-niedersachsen.de/index.cfm/portal/.html.

Schütte, R. (2011): Maisanbau folgt Biogasanlagen, http://www.lwk-niedersachsen.de/index.cfm/portal/6/nav/355/article/15941.html.

Schütte, R. (2011(web)): Maisanbau weiter auf dem Vormarsch, http://www.lwk-niedersachsen.de/index.cfm/portal/6/nav/355/article/17073.html, letzter Zugriff 06.10.2011.

Schwerdtner, W./ Freisinger, U./ Siebert, R./ Werner, A. (2010): Partizipative Roadmaps für Innovationen zur Förderung der Regionalentwicklung. Leibniz-Zentrum für Agrarlandschaftsforschung (ZALF) (Hrsg.). Müncheberg.

Saith, R.(2001): Capabilities: the Concept and its Operationalisation. Queen Elizabeth House, U.o.O. (Hrsg.). QEH Working Papers. qehwps66, http://ideas.repec.org/p/qeh/qehwps/qehwps66.html.

Senge, P./ Sterman, J. (2009): Systems Thinking and Organizational Learning: Acting locally and thinking globally in the organization of the future. In: Pugh, D.S. (Hrsg.) Change management. Sage, Los Angeles, S. 287-306.

Seppelt, R./ Dormann, C./ Eppink, F./ Lautenbach, S./ Schmidt, S.: A quantitative review of ecosystem service studies: approaches, shortcomings and the road ahead. Journal of Applied Ecology 48, S. 630-636.

Siebert, H. (1995/2005): Economics of the environment: Theory and policy. Springer, Berlin [u.a.].

Sirmon, D./ Hitt, M. (2009): Contingencies within dynamic managerial capabilities: interdependent effects of resource investment and deployment on firm performance. Strategic Management Journal 30, S. 1375-1394.

Smeets, M. (2009): The green agricultural revolution. Change „Climate Adaptation in Europe" 5, S. 64-66.

Smit, B./ Wandel, J. (2006): Adaptation, adaptive capacity and vulnerability. Global Environmental Change 16, S. 282-292.

Smith, M./ Horrocks, L./ Harvey, A./ Hamilton, C. (2010): Rethinking adaptation for a 4 C world. Philosophical Transactions of the Royal Society A: Mathematical, Physical and Engineering Sciences 369, S. 196-216.

Sober, E. (1980): Evolution, Population Thinking, and Essentialism. Philosophy of Science 47, S. 350-383.

Soskolne, C.L./ Westra, L. (Hrsg.) (2008): Sustaining life on earth: Environmental and human health through global governance. Lexington Books, Lanham.

Souchon, R. (2009): Entwurf einer Stellungnahme der Fachkommission für nachhaltige Entwicklung „Neue Impulse zur Bekämpfung des Rückgangs der Artenvielfalt". 17. Sitzung der Fachkommission, https://toad.cor.europa.eu/BrowseDocuments. aspx?type=1&folder=cdr\deve-iv\dossiers\deve-iv-039.

Spash, C. (2009): Foundations. Routledge, London [u.a.].

Stagl, S. (2007): Theoretical foundations of learning processes for sustainable development. The International Journal of Sustainable Development and World Ecology 14, S. 52-62.

Stalnaker, R. (1978): Assertion. Syntax and Semantics (New York Academic Press) 9, S. 315-332.

Starbuck, W. (2009): Cognitive Reactions to Rare Events: Perceptions, Uncertainty, and Learning. Organization Science 20, S. 925-937.

Stehfest, E./ Bouwman, L./ van Vuuren, D./ Elzen, M./ Eickhout, B./ Kabat, P. (2009): Climate benefits of changing diet. IOP Conference Series: Earth and Environmental Science 6, S. 262009.

Stephan, M. (Hrsg.) (2010): 25 Jahre ressourcen- und kompetenzorientierte Forschung. Gabler, Wiesbaden.

Stephan, M./ Kerber, W. (Hrsg.) (2010): Ambidextrie: Der unternehmerische Drahtseilakt zwischen Ressourcenexploration und -exploitation. Hampp, München and Mering.

Sterman, J. (2000): Business dynamics: Systems thinking and modeling for a complex world. Irwin/McGraw-Hill, Boston [u.a.].

Stern, N. (2009): Der global Deal: Wie wir dem Klimawandel begegnen und ein neues Zeitalter von Wachstum und Wohlstand schaffen. Beck, München.

Steyaert, C./ Janssens, M. (1999): Human and Inhuman Resource Management: Saving the Subject of HRM. Organization 6, S. 181-198.

Steyaert, C. (2005): Entrepreneurship: in between what? On the „frontier" as a discourse of entrepreneurship research. International Journal of Entrepreneurship and Small Business 2, S. 2.

Steyaert, C. (2007): ‚Entrepreneuring' as a conceptual attractor? A review of process theories in 20 years of entrepreneurship studies. Entrepreneurship & Regional Development 19, S. 453-477.

Sulston, J. (2010): Information flow: the basis for sustainable participation. In: Schellnhuber, H.-J. (Hrsg.) Global sustainability. A Nobel cause. Cambridge University Press, Cambridge, S. 343-354.

Sydow, J./ Schreyögg, G./ Koch, J. (2009): Organizational path dependence: Opening the black box. Academy of Management Review 34, S. 689-709.

Sydow, J./ Duschek, S./ Möllering, G./ Rometsch, M. (2003): Kompetenzentwicklung in Netzwerken: Eine typologische Studie. Westdt. Verlag, Wiesbaden.

Sydow, J./ Schreyögg, G. (Hrsg.) (2009): The hidden dynamics of path dependence: Institutions and organizations. Palgrave Macmillan, Houndmills, Basingstoke, Hampshire [England] and New York.

Jun, T./ Sethi, R. (2009): Reciprocity in evolving social networks. Journal of Evolutionary Economics 19, S. 379-396.

Tait, A./ Richardson, K.A. (Hrsg.) (2010): Complexity and knowledge management. Information Age Pub., Charlotte, NC.

Teece, D. (2007): Explicating dynamic capabilities: the nature and microfoundations of (sustainable) enterprise performance. Strategic Management Journal 28, S. 1319-1350.

Teece, D./ Pisano, G./ Shuen, A. (1997): Dynamic capabilities and strategic management. Strategic Management Journal 18, S. 509-533.

Tesfatsion, L. (2007): Agents come to bits: Towards a constructive comprehensive taxonomy of economic entities. Journal of Economic Behavior & Organization 63, S. 333-346.

Tessier F./ Badri, L./ Badri, M. (2004): Towards a Formal Detection of Semantic Conflicts Between Aspects: A Model-Based Approach. International workshop on aspect-oriented software, http://www.cs.iit.edu/~oaldawud/AOM/tessier.pdf.

Teuteberg, F./ Marx Gómez, J. (2010): Green Computing & Sustainability: Status Quo und Herausforderungen für betriebliche Umweltinformationssysteme der nächsten Generation. In: Marx Gómez, J.C. (Hrsg.) Green computing & substainability. dpunkt-Verl, Heidelberg, S. 6-17.

Theuvsen, L./ Plumeyer, C.-H./ Emmann, C. (2010): Endbericht zum Projekt: „Einfluss der Biogasproduktion auf den Landpachtmarkt in Niedersachsen". Niedersächsisches Ministerium für Ernährung, L.V.u.L.R.(.f.n.R.u.B. (Hrsg.). Göttingen.

Thompson, M./ Ellis, R./ Wildavsky, A. (1990): Cultural theory. Westview Press, Boulder, Co.

Thrän, D./ Rode, M. (2009): Identifizierung strategischer Hemmnisse und Entwicklung von Lösungsansätzen zur Reduzierung der Nutzungskonkurrenzen beim weiteren Ausbau der energetischen Biomassenutzung. Kurztitel: Biomassekonkurrenzen (FKZ: 0327635), 1. Zwischenbericht. DBFZ. Leipzig.

Thrän, D./ Bunzel, K./ Viehmann, C. (2010): Bioenergie heute und morgen – 11 Bereitstellungskonzepte -. Deutsches BiomasseForschungszentrum (DBFZ) (Hrsg.). Sonderheft zum DBFZ Report. Leipzig.

Thrän, D./ Edel, M./ Pfeifer J./ Ponitka J.R./ Knispel S. (2011): Identifizierung strategischer Hemmnisse und Entwicklung von Lösungsansätzen zur Reduzierung der Nutzungskonkurrenzen beim weiteren Ausbau der Biomassenutzung. Bundesumweltministerium für Umwelt, N.u.R.(. (Hrsg.). DBFZ Report. 4, Berlin.

Thurn, V./ Kreutzberger, S. (2011): Die Essensvernichter: Warum die Hälfte aller Lebensmittel im Müll landet und wer dafür verantwortlich ist. Kiepenheuer & Witsch, Köln.

Tortoriello, M./ Krackhardt, D. (2010): Activating Cross-Boundary Knowledge: The Role of Simmelian Ties in the Generation of Innovations. The Academy of Management Journal (AMJ) 53, S. 167-181.

Tsay, C.-J./ Bazerman, M. (2009): A Decision-Making Perspective to Negotiation: A Review of the Past and a Look to the Future. Negotiation Journal 25, S. 467-480.

Tsoukas, H. (2009): A Dialogical Approach to the Creation of New Knowledge in Organizations. Organization Science 20, S. 941-957.

Tucker, G./ McConville, A.J. (Hrsg.) (2009): Scenarios and models for exploring future trends of biodiversity and ecosystem services changes. IEEP, Alterra, Ecologic, PBL and UNEP-WCMC. IEEP, Alterra, Ecologic, PBL and UNEP-WCMC.

Turner, G. (2008): A comparison of The Limits to Growth with 30 years of reality: Globalisation and Environmental Governance: Is Another World Possible? Global Environmental Change 18, S. 397-411.

Ulanowicz, R./ Goerner, S./ Lietaer, B./ Gomez, R. (2009): Quantifying sustainability: Resilience, efficiency and the return of information theory. Ecological Complexity 6, S. 27-36.

Underdal, A. (2010): Complexity and challenges of long-term environmental governance. Governance, Complexity and Resilience. Global Environmental Change 20, S. 386-393.

Uyarra, E. (2010): What is evolutionary about ‚regional systems of innovation'? Implications for regional policy. Journal of Evolutionary Economics 20, S. 115-137.

van den Belt, M. (2004): Mediated Modeling. A System Dynamics Approach to Environmental Consensus Building. Island Press, Washington Covelo London.

van den Bergh, J. (2007): Evolutionary thinking in environmental economics. Journal of Evolutionary Economics 17, S. 521-549.

van den Bergh, J./ Stagl, S. (2003): Coevolution of economic behaviour and institutions: towards a theory of institutional change. Journal of Evolutionary Economics 13, S. 289-317.

Varghese, S. (2009): Integrated Solutions to the Water, Agriculture and Climate Crises, Institute for Agriculture and Trade Policy, Minneapolis, Minnesota, http://www.iatp.org/documents/integrated-solutions-to-the-water-agriculture-and-climate-crises-0, letzter Zugriff 28.12.2010.

Veblen, T. (1899/2005): The theory of the leisure class: An economic study in the evolution of institutions. Elibron Classics, Adamant Media Corp., [Chestnut Hills, MA?].

Velasco, H. (2008): Sustainability: The matter of time horizon and semantic closure. Ecological Economics 65, S. 167-176.

Vitousek, P./ Ehrlich, P./ Ehrlich, A./ Matson, P. (1986): Human Appropriation of the Products of Photosynthesis. BioScience 36, S. 368.

Vollan, B./ Ostrom, E. (2010): Cooperation and the Commons. Science 330, S. 923-924.

Vollrath, B./ Kuhn, W. (2010): Neu: Wildpflanzen geben Biogas. Erste Ergebnisse bestätigen die Leistungsfähigkeit von Wildkräutern als Biogassubstrat. Deutlicher Vorteil ist der erheblich geringere Produktionsaufwand gegenüber zum Beispiel Mais. BIOGAS Journal, S. 30-33.

Vries, B. de/ Petersen, A. (2009): Conceptualizing sustainable development. An assessment methodology connecting values, knowledge, worldviews and scenarios. Ecological Economics 68, S. 1006-1019.

Vromen, J. (2006): Routines, genes and program-based behavior. Journal of Evolutionary Economics 16, S. 543-560.

Vromen, J. (2007): Generalized Darwinism in Evolutionary Economics: The Devil is in the Details. Max Planck Institute of Economics, Evolutionary Economics Group (Hrsg.). Papers on economics and evolution. 2007-11, http://ideas.repec.org/p/esi/evopap/2007-11.html.

Vromen, J. (2008): Ontological issues in evolutionary economics: The debate between Generalized Darwinism and the Continuity Hypothesis. Max Planck Institute of Economics, Evolutionary Economics Group (Hrsg.). Papers on economics and evolution. 2008-05, http://ideas.repec.org/p/esi/evopap/2008-05.html.

Vromen, J. (2011): Routines as multilevel mechanisms. Journal of Institutional Economics 7, S. 175-196.

Wang, Y./ Dietrich, J./ Voss, F./ Pahlow, M. (2007): Identifying and reducing model structure uncertainty based on analysis of parameter interaction. Advances in Geosciences 11, S. 117-122.

Waring, T. (2010): New evolutionary foundations: Theoretical requirements for a science of sustainability. Special Section: Coevolutionary Ecological Economics: Theory and Applications. Ecological Economics 69, S. 718-730.

WBA (2007): Nutzung von Biomasse zur Energiegewinnung – Empfehlungen an die Politik -, http://www.bmelv.de/SharedDocs/Standardartikel/Ministerium/Organisation/Beiraete/Veroeffentlichungen/NutzungBiomasseEnergiegewinnung.html.

WBA (2010): EU-Agrarpolitik nach 2013. Plädoyer für eine neue Politik für Ernährung, Landwirtschaft und ländliche Räume, http://www.bmelv.de/SharedDocs/Downloads/Ministerium/Beiraete/Agrarpolitik/GutachtenGAP.html.

WBA (2011): Risiko- und Krisenmanagement in der Landwirtschaft. Zur Rolle des Staates beim Umgang mit Ertrags- und Preisrisiken, Berlin, http://www.bmelv.de/SharedDocs/Downloads/Ministerium/Beiraete/Agrarpolitik/StellungnahmeRisiko-Krisenmanagement.html.

WBGU (2008): Welt im Wandel: Zukunftsfähige Bioenergie und nachhaltige Landnutzung. Hauptgutachten. Wissenschaftlicher Beirat der Bundesregierung Globale Umweltveränderungen (WBGU) (Hrsg.). Berlin.

WBGU (2009): Kassensturz für den Weltklimavertrag – Der Budgetansatz. Sondergutachten. Wissenschaftlicher Beirat der Bundesregierung Globale Umweltveränderungen (WBGU) (Hrsg.). Berlin.

WBGU (2011): Welt im Wandel: Gesellschaftsvertrag für eine Große Transformation. Hauptgutachten. Wissenschaftlicher Beirat der Bundesregierung Globale Umweltveränderungen (WBGU) (Hrsg.). Berlin.

Webb, P. (2009): Medium- to Long-Run Implications of High Food Prices for Global Nutrition. Journal of Nutrition 140, S. 143S-147S.

Webseite BioenergieRegion Südoldenburg (2011): Energie veredeln mit neuer Technologie, http://www.bioenergie-suedoldenburg.de, letzter Zugriff 02.10.2011.

Webseite Dairy Campus (2011): Dairy Campus is the dutch and international centre for research, innovation, education and training in dairy farming., http://www.dairycampus.wur.nl/UK/.

Webseite Delta Alliance (2011): For the resilience of deltas worldwide, http://www.delta-alliance.org/, letzter Zugriff 10.10.2011.

Webseite Grünlandzentrum Ovelgönne (2011): Wir geben Grünland eine Adresse, http://www.gruenlandzentrum.de/de/, letzter Zugriff 02.10.2011.

Webseite INNOrural (2011): Innovative Landnutzungssysteme für die multifunktionale Entwicklung ländlicher Räume, http://www.innorural.de/, letzter Zugriff 02.10.2011.

Webseite Netzwerk Lebensraum Brache (2011): Energie aus Wildpflanzen, http://www.lebensraum-brache.de/Projekte/Biogas/index.php, letzter Zugriff 02.10.2011.

Webseite REFINA (2011): Forschung für die Reduzierung der Flächeninanspruchnahme und ein nachhaltiges Flächenmanagement (REFINA), http://www.refina-info.de/, letzter Zugriff 02.10.2011.

Webseite Wirtschaften in Netzen (2011): Wirtschaften in Netzen – Stärkung regionaler Absatzmärkte für KMU als Beitrag zur nachhaltigen Entwicklung der Region. Innovations-Inkubator Lüneburg, http://www.leuphana.de/inkubator/inkubator/teilmassnahmen/verbundprojekte-kmu/fue-projekte/wirtschaften-in-netzen.html, letzter Zugriff 02.10.2011.

Weick, K. (1995): Sensemaking in organizations. Sage Publications, Thousand Oaks.

Weick, K. (2001): Making sense of the organization. Blackwell pub., Malden (Mass.) and Oxford and Carlton.

Weick, K./ Sutcliffe, K. (2001): Managing the unexpected: Assuring high performance in an age of complexity. Jossey-Bass, San Francisco.

Weingarten, P. (2009): Multifunktionale Landwirtschaft als Faktor einer integrierten Entwicklung ländlicher Räume. Neues Archiv für Niedersachsen, S. 26-39.

Werth, D. (2006): Kollaborative Geschäftsprozesse: Integrative Methoden zur modellbasierten Deskription und Konstruktion. Logos-Verlag, Berlin.

Werth, D./ Kupsch, F./ Vanderhaegen, D./ Walter, P./ Loos, P. (2010): Unternehmensübergreifendes Prozessmanagement. In: Jochem, R./ Mertins, K./ Knothe, T. (Hrsg.) Prozessmanagement. Symposion, Düsseldorf, S. 291-319.

Wescoat, J.L./ Johnston, D.M. (Hrsg.) (2008): Political economies of landscape change. Springer, Dordrecht.

Westley, F. (2002): The Devil is in the Dynamic. Adaptive managment on the front lines. In: Gunderson, L.H./ Holling, C.S. (Hrsg.) Panarchy: Understanding transformations in human and natural systems. Island Press, Washington, DC, S. 333-360.

Wiehe, J./ Rode, M. (2007): Auswirkungen des Anbaus von Pflanzen zur Energiegewinnung auf den Naturhaushalt und andere Raumnutzungen. In: Pfeil, F./ Deigele, C. (Hrsg.) Energie aus Biomasse. F. Pfeil, München, S. 101-113.

Wiehe, J./ Ruschkowski, E. v./ Rode, M./ Kanning, H./ Haaren, C. von (2009): Auswirkungen des Energiepflanzenanbaus auf die Landwirtschaft – Am Beispiel des Maisanbaus für die Biogasproduktion in Niedersachsen; NuL; 2009 Heft 4; S. 107- 113. Naturschutz und Landschaftsplanung, S. 107-113.

Wiener, N. (1963): Kybernetik. Regelung und Nachrichtentechnik im Lebewesen und in der Maschine. Econ, Düsseldorf Wien.

Wiggering, H./ Mueller. K./ Werner, A./ Helming, K. (2003): The concept of multifunctionality in sustainable land development. In: Helming, K./ Wiggering, H. (Hrsg.) Sustainable Development of Multifunctional Landscapes. Springer, Berlin Heidelberg New York, S. 3-18.

Wiggering, H./ Dalchow, C./ Glemnitz, M./ Helming, K./ Müller, K./ Schultz, A./ Stachow, U./ Zander, P. (2006): Indicators for multifunctional land use – Linking socio-economic requirements with landscape potentials. Theoretical fundamentals of consistent applications in environmental management. Ecological Indicators 6, S. 238-249.

Wilbanks, T. (2006): Stakeholder Involvement in Local Smart Growth: Needs and Challenges. In: Ruth, M. (Hrsg.) Smart Growth and Climate Change. regional Development, Infrastructure and Adaptation. Edward Elgar, Cheltenham, Northampton, S. 111-128.

Winqvist, C./ Bengtsson, J./ Aavik, T./ Berendse, F./ Clement, L./ Eggers, S./ Fischer, C./ Flohre, A./ Geiger, F./ Liira, J./ Pärt, T./ Thies, C./ Tscharntke, T./ Weisser, W.W./ Bommarco, R. (2011): Mixed effects of organic farming and landscape complexity on farmland biodiversity and biological control potential across Europe. Journal of Applied Ecology 48, S. 570-579.

Winter, M. (2009): Agricultural land use in the era of climate change: The challenge of finding ‚Fit for Purpose' data. Land Use Policy, S. 217-221.

Winter, S. (2003): Understanding dynamic capabilities. Strategic Management Journal 24, S. 991-995.

Witt, U. (1992): The Endogenous Public Choice Theorist. Public Choice 73, S. 117-129.

Witt, U. (2000): Changing Cognitive Frames-Changing Organizational Forms: An Entrepreneurial Theory of Organizational Development. Industrial and Corporate Change 9, S. 733-755.

Witt, U. (2003a): The evolution of economic institutions as a propagation process. In: Witt, U. (Hrsg.) The evolving economy: Essays on the evolutionary approach to economics. Edward Elgar Pub., Northampton, MA, S. 219-236.

Witt, U. (Hrsg.) (2003b): The evolving economy: Essays on the evolutionary approach to economics. Edward Elgar Pub., Northampton, MA.

Witt, U. (2005): On Novelty and Heterogeneity. In: Lux, T./ Samanidou, E./ Reitz, S. (Hrsg.) Nonlinear Dynamics and Heterogeneous Interacting Agents. Springer Berlin Heidelberg, S. 123-138.

Witt, U. (2007): Heuristic Twists and Ontological Creeds – Road Map for Evolutionary Economics. Max Planck Institute of Economics, Evolutionary Economics Group (Hrsg.). Papers on economics and evolution. 2007-01, http://ideas.repec.org/p/esi/evopap/2007-01.html.

Witt, U. (Hrsg.) (2008a): Recent developments in evolutionary economics. Elgar, Cheltenham.

Witt, U. (2008b): What is specific about evolutionary economics? Journal of Evolutionary Economics 18, S. 547-575.

Witt, U. (2009): Propositions about novelty. Journal of Economic Behavior & Organization 70, S. 311-320.

Witt, U. (2011): Emergence and functionality of organizational routines: an individualistic approach. Journal of Institutional Economics 7, S. 157-174.

Wittgenstein, L. (1921/1982): Tractatus logico-philosophicus: Logisch-philosophische Abhandlung. Suhrkamp, Frankfurt am Main.

Wooders, M. (2010): Cores of many-player games; nonemptiness and equal treatment. Review of Economic Design 14, S. 131-162.

World Bank (2006/2010): World Bank Group – Enhancing Agricultural Innovation: How to Go Beyond the Strengthening of Research Systems, http://www.ebook3000.com/World-Bank-Group--Enhancing-Agricultural-Innovation-How-to-Go-Beyond-the-Strengthening-of-Research-Systems_48850.html.

Wrenn, M. (2006): Agency and Mental Models in Heterodox Economics. Journal of Economic Issues 40, S. 483-491.

Wüstemann, H./ Mann, S./ Müller, K. (2008): Kuppelproduktion, landwirtschaftliche Kausalketten und das Wesen entstehender Outputs. In: Wüstemann, H./ Mann, S./ Müller, K. (Hrsg.) Multifunktionalität. Oekom, München, S. 37-57.

Wüstemann, H./ Mann, S./ Müller, K. (Hrsg.) (2008): Multifunktionalität. Oekom, München.

WWF (2009): März 2009. Zertifizierung von Biomasse, http://www.wwf.de/downloads/publikationsdatenbank/ddd/30727/.

Young, J. (1971): Information theory. Butterworth, London.

Zahra, S./ Sapienza, H./ Davidsson, P. (2006): Entrepreneurship and Dynamic Capabilities: A Review, Model and Research Agenda. Journal of Management Studies 43, S. 917-955.

Zebisch, M./ Grothmann, T./ Schröter, D./ Hasse, C./ Fritsch, U./ Cramer, W. (2005): Klimawandel in Deutschland – Vulnerabilität und Anpassungsstrategien klimasensitiver Systeme. Umweltbundesamt (Hrsg.). Dessau.

Zelewski, S./ Alan, Y. (2005): Generische Kompetenzontologie für computerbasierte Kompetenzmanagementsysteme. In: Zelewski, S./ Alan, Y./ Alparslan, A./ Dittmann, L./ Weichelt, T. (Hrsg.) Ontologiebasierte Kompetenzmanagementsysteme - Grundlagen, Konzepte, Anwendungen, Berlin, S. 429-535.

Zelewski, S./ Alan, Y./ Alparslan, A./ Dittmann, L./ Weichelt, T. (Hrsg.) (2005): Ontologiebasierte Kompetenzmanagementsysteme - Grundlagen, Konzepte, Anwendungen, Berlin.

Zepp, H. (Hrsg.) (2007): Ökologische Problemräume Deutschlands: Mit 20 Tabellen. Wiss. Buchges., Darmstadt.

Zollo, M./ Winter, S. (2002): Deliberate Learning and the Evolution of Dynamic Capabilities. Organization Science 13, S. 339-351.

Anhang

Zu Kapitel 2:
Die Literaturrecherche zur Evolutorischen Ökonomik wurde für folgende Kriterien durchgeführt:

Literaturrecherche: Akteur/Evolutorische Perspektive
Juli/August 2009, Aktualisierung im Februar 2010
Zeitraum des Erscheinens:
2004-2009/2010

Suchbegriffe:
Agent
Agency
Actor

Ergänzt durch:
Unit
Function
Dynamic Capability

Zeitschriften:
Journal of Evolutionary Economics
Journal of Economic Behavior and Organization
Journal of Economic Issues
Review of Economic Design
Journal of Economic Dynamics and Control
American Economic Review
Academy of Management Journal
Management Science
Journal of Economics & Management Strategy
Journal of Institutional and Theoretical Economics
Journal of Economic Methodology

Journal of Management Information Systems

Disskussionspapierserien:
Papers on economics and evolution, Max Planck Institute of Economics
MIT Sloan School Working Paper
Santa Fe Working Papers
Harvard Business School Working Papers
Stanford Graduate School of Business Research Papers

Zu Kapitel 5:
Durchführung der explorativen Studie Mai 2009 – November 2009

Überblick über die im Rahmen der explorativen Studie an Interviews und Befragung teilnehmenden Institutionen und Einrichtungen:
9 Teilnehmer puls 3 weitere, die als Experte mit dem Projekt nordwest2050 in Kooperation stehen (bzw. damals standen).

Zum Teil wurden die Interviews telefonisch geführt, nicht immer konnten die Interviews aufgzeichnet werden. Statt schriftlicher Transkribierung liegt in diesen Fällen eine handschriftliche Dokumentation vor. In den Fällen, in denen eine Kooperation im Teilprojekt zu Flächennutzung über das Projekt nordwest2050 besteht, wurde der Leitfaden im Rahmen von Arbeitstreffen (speziell zur Flächennutzungsthematik) und/oder Workshops abgearbeitet und die Ergebnisse ebenfalls schriftlich dokumentiert. Sechs der Teilnehmer haben sich außerdem zusätzlich an der schriftlichen Beantwortung der Befragung beteiligt:

- Naturdünger-Verwertungs GmbH, Vechta (Arbeitstreffen, mehrfache intensive Workshopteilnahme, Interview)
- Institut für Strukturforschung und Planung in agrarischen Intensivgebieten (ISPA), Vechta (3 verschiedene Ansprechpartner; 2 Interviews, 1 Befragung, Arbeitstreffen)
- Regionalwissenschaften, Universität Oldenburg (Befragung, Interview)
- Raumplanung, Uni Oldenburg (Interview, Workshopteilnahme)
- Agrar- und ernährungsforum, Vechta (Arbeitstreffen, mehrfache intensive Workshopteilnahme, Interview telefonisch)

Anhang

- Institut für Umweltplanung, Uni Hannover (Interview telefonisch; Befragung)
- Niedersächsisches Ministerium für Ernährung, Landwirtschaft, Verbraucherschutz und Landesentwicklung, Nachwachsende Rohstoffe und Bioenergie, Abt. 1 Referat 105.1, (Interview telefonisch)
- Institut Arbeit und Wirtschaft (IAW), Universität Bremen (Arbeitstreffen, Interview, Befragung)
- BioenergieRegion Südolenburg, Vechta (Arbeitstreffen, Befragung)
- ARSU-Arbeitsgruppe für regionale Struktur- und Umweltforschung GmbH, Oldenburg (Arbeitstreffen, Befragung)

Neben den Interviews gab es mit einigen der Akteure weitere Arbeitstreffen, vertiefende Gespräche und Workshopteilnahme im Rahmen der Praxispartnerworkshops des Clusters Ernährungswirtschaft, nordwest2050. Für den Feedbackworkshop zur Bestandsaufnahme (Februar 2010) konnte außerdem das Unternehmen Mählmann Gemüsebau gewonnen werden.

Weitere vertiefende Gespräche wuden geführt mit:
- Landwirtschaftskammer Niedersachsen (damals im Wesentlichen 2 Ansprechpartner)
- Arbeitskreis Raumstruktur, Metropolregion Bremen-Oldenburg
- Centers of Competence e.V., Emden
- NABU Niedersachsen
- Trinkwasserversorgung Stader Land

Leitfragen für die Interviews:
Die Leifragen wurden je nach Bereich, in dem der Experte thematisch verortet war, angepasst. Leifragen wurden vorab verschickt, bzw. wurden die Experten in einem Telefonat vorab ausführlich informiert.

- Übergeordnete Perspektive/ Beschreibung der Situation im thematischen Bereich des Experten:
  1) Welche Flächenbedarfe gibt es?

2) Wie ist die Entwicklung über die letzten 15 Jahre zu beschreiben?
3) Wie könnte sich der angenommene Klimawandel auswirken?
4) Welche Spielräume gibt es?

Diese übergeordnete Perspektive wurde im Hinblick auf die Zugangsebenen die Konflikte, Akteure und Prioritäten (bzw. Wirkungszusammenhänge oder Umfeldeinflüsse) vertieft:

- Konfliktlagen:
  1) Wodurch entstehen die Flächennutzungskonflikte zwischen Ernährungswirtschaft und Bioenergie?
  2) D.h. genauer: Welche Faktoren führen zum größten Konfliktpotential und warum (wo kommen sie her?)?
  3) Welche Aspekte kommen in der Metropolregion Bremen-Oldenburg besonders zum Tragen und warum?
  4) Woran entzünden sich die Konflikte?
- Akteure:
  1) Wer sind die Schlüsselakteure?
  2) Was macht sie dazu?
- Prioritäten:
  1) Wie relevant ist die Flächennutzungsproblematik und warum?
  2) Welche Prioritäten führen zur Problematik und woraus ergeben sich diese?

Leitfaden für die die Interviews ergänzende und vertiefende Befragung:
(Diese Fragen wurden schriftlich beantwortet.)

1. Expertenperspektive:
   - Wie ist die Situation?
   - Was ist aus Ihrer Sicht besonders relevant/zu beachten?
   - Welche Konfliktlagen sehen Sie vornehmlich?
2. Klimaanpassungsstrategie:
   - Gibt es Ihres Wissens bereits Beeinträchtigungen durch Klimawandel?
   - Wie verschärft der Klimawandel die Konkurrenzsituation?

- Was wäre aus Ihrer Sicht vordringlich in Bezug auf Flächenkonkurrenzen Ernährung/Bioenergie unter Perspektive des Klimawandels?
3. Schlüsselakteure:
    - Welches sind die Schlüsselakteure
        i. des Entstehens der Konfliktlage
        ii. in der Betroffenheit durch Konflikte
        iii. als Ansatz für eine Regulierungsstrategie?
4. Konflikt- vs. Entwicklungspotentiale:
    - Welches sind maßgebliche Faktoren für Konfliktpotentiale?
    - Welche Kapazitäten/Fähigkeiten eröffnen Entwicklungspotentiale?
5. Schnittstellen zur Regulierung:
    - Wo sehen Sie Stellschrauben zur Lösung?
    - Welche Faktoren sind in Ihren Augen schwer/nicht beeinfluss-/lösbar?

Die Dokumentation[217] von Interviews (bzw. Arbeitstreffen) und Befragung wurde mit MAXqda ausgewertet. Die Kodierungen ergaben sich dabei aus den oben im Text (Kapitel 5) beschriebenen Zugangsperspektiven zusammen mit den konzeptionellen Hintergründen zu Klimaanpassung, Evolutorischer Ökonomik, Dynamic Capabilities, kulturalistischer Perspektive und dem Ansatz der Ecosystem Services. Letzterer war hier erst angedeutet und wurde dann vor allem im Anschluss an die Bestandsaufnahme ein wichtiger Schwerpunkt für die Analyse der Interessenlagen und Spielräume (siehe weiter unten bzw. oben im Text).

MAXqda Codebaum (Auswertung Interviews und Befragung):

Flächenbedarf durch (Landwirtschaftliche Produktivität)
    Ernährungswirtschaft
    Milchvieh
    Ackerbau
        Kartoffeln
        Gemüse

---

[217] Die Transkriptionen wurden z.T. unter Mithilfe von studentischen Mitarbeitern erstellt.

				Erdbeeren-normale Landwirte
				Mais
					Bullenmast Mais
					Biogas Mais
					ökologischer Landbau
			Veredelung
			Dünger (output)
		regenerative Energien
			NawaRo
			Fotovoltaik
			Windenergie
		Klimaanpassung
			Hochwasserschutz
		Ausgleichsflächen
		Verkehrsinfrastruktur
		Naturschutz
		Gewerbe Industrie
		Bauland
		Erholung/Freizeit/Tourismus
Klimawandel
	Klimaanpassung
		offensive Kommunikationspolitik
			Bildung
			Akzeptanz/globale Bedeutung
			Eigenverantwortung-Staatliche Verordnung/Leitplanken
				Zertifikate
				Berater
				Erfahrungswissen
					Clusterbildung! Pioniere
				verhältnisgerechte Regulierung und Entwicklung
				frühzeitige Regulierung
				Netzwerkeffekte/Austausch von Wissen
					Transfer zwischen Projekten
		alternative Anbausysteme/Kaskadennutzung
		Ressourcenschonung
		Schnittstellen zu anderen Branchen/Sektoren
	Verschärfung des Konflikts
		Multidimensionalität
			bereits vorhandene Konflikte behindern Kommunikation
			Thema nicht wahrgenommen
				fehlgeleitete Wirtschaftentwicklung
			wirksame Instrumente fehlen
				neue Aufgabe für Raumordnung
					nicht genug Kapazitäten (liegt es wirklich daran?)
					Nachhaltigkeit?
			regionale Spezifik
	Ressourcenverknappung/-modifikation
		nicht ursächlich aber verschärfend/Fläche ausgeschöpft
		Flächen-, Preis-, Ressourcendruck steigt (Anpassungsflächen)
		Wasser

Schädlinge
vorsommerliche Trockenheit
Unsicherheit durch Unwissen über Wirksamkeit von Innovation
Kaskadeneffekte
Konflikte
Unsicherheit-Synergien
Informationsgefälle/Tradition/Erfahrung
Interessensvermittlung/Strategische Entwicklung
Flächendruck durch Klimawandel
- Klimaanpassung
- Klimaschutz
Ethik?
Flächenkapazitätsgrenze-Verschiebung-Umverteilung?
- Kapitalkraft
  - Preisverfall für Lebensmittel
  - Eigentum
  - Pacht
- agrarische Intensivierung
  - Nawaro-Ernährung (Input)
  - Biogas-Gärresteüberschuss (output)
  - Futter Substrate/Mais
Schonung der Umwelt
alte Konflikte
- Wettbewerb
Akteure
- Personen (mit Funktion)
  - Pioniere
  - wirtschaftliche Unternehmer
    - Ernährung
      - Veredelung
        - Tierhaltung
        - Mast
      - Ackerbau
        - Erdbeer
        - Sonderkulturen
        - Kartoffel
        - Gemüse
      - Milchvieh
    - Biogas
- landwirtsch. Netzwerke
- Raumplanung/Raumordnung
- Wirtschaftsförderung
- Querschnittsakteure
  - Bevölkerung
  - Tourismus
  - Ökologie
  - NGOs
  - verschiedene andere
Strukturen
- Regulierung/Entwicklung
  - Forschung/Austausch mit

staatliche Regulierung
EEG
Bürokratie
Betriebsprämie
Grünland
Raumordnung/Raumplanung
Ordnung oder Entwicklung
Governance
Wirtschaftsstrukturen
NDV/Querschnittsmittler
Betriebs(größen)struktur/Industrialisierung
regenerative Energien
Ökologie
Inhalte/Themen
Wissen
Forschung/Informationsquellen
Technologie
höhere Produktivität
Gesetzgebung
Raumordnung/Vermittlung/Gestaltung
Bürokratie
Güllebonus
Grünlandumbruch
Bewirtschaftungsform
Biogas
Futtermittel
Milchviehhaltung
Bedingungen
Wassermanagement/Trockenheit
Erfahrung/Clusterspezifik
(Pacht)preis
Ernährung, Wertschätzung von
clusterexterne Themen
Naturschutz/ökologischer Landbau
Tourismus

Im Mai 2010 fand ein Wissensmarkt zur Thematik statt mit ca. 70 regionalen Teilnehmern. Diese konnten sich den Interessengruppen *Land- und Ernährungswirtschaft, Wirtschaft und Politik, Natur und Umwelt sowie Siedlung & Verkehr und Freizeit & Tourismus* zuordnen und haben in Workshops zu den Landnutzungsinteressen diskutiert. Die Ergebnisse wurden im gegenseitigen Abgleich zwischen den Interessengruppen ausgewertet[218] und sind im Folgenden wiedergegeben.

---

[218] Unter Mithilfe von Anne Seela, Projektassistenz nordwest2050, Universität Oldenburg.

Anhang 385

Legende zu den Abildungen:
Häkchen: integrierendes oder gemeinsames Interesse;
Kreuze: Interessensgruppenspezifika, zumeist im Widerstreit miteinander;
Sterne: Ausrichtung: Zukunftsorientierung in der Ernährungswirtschaft und übergreifende Schnittstelle Infrastruktur.
Unter „*Wissensbedarf*" und „*Postfach*" wurde abgefragt, wo Information und Austausch gewünscht wird.

Land- und Ernährungswirtschaft

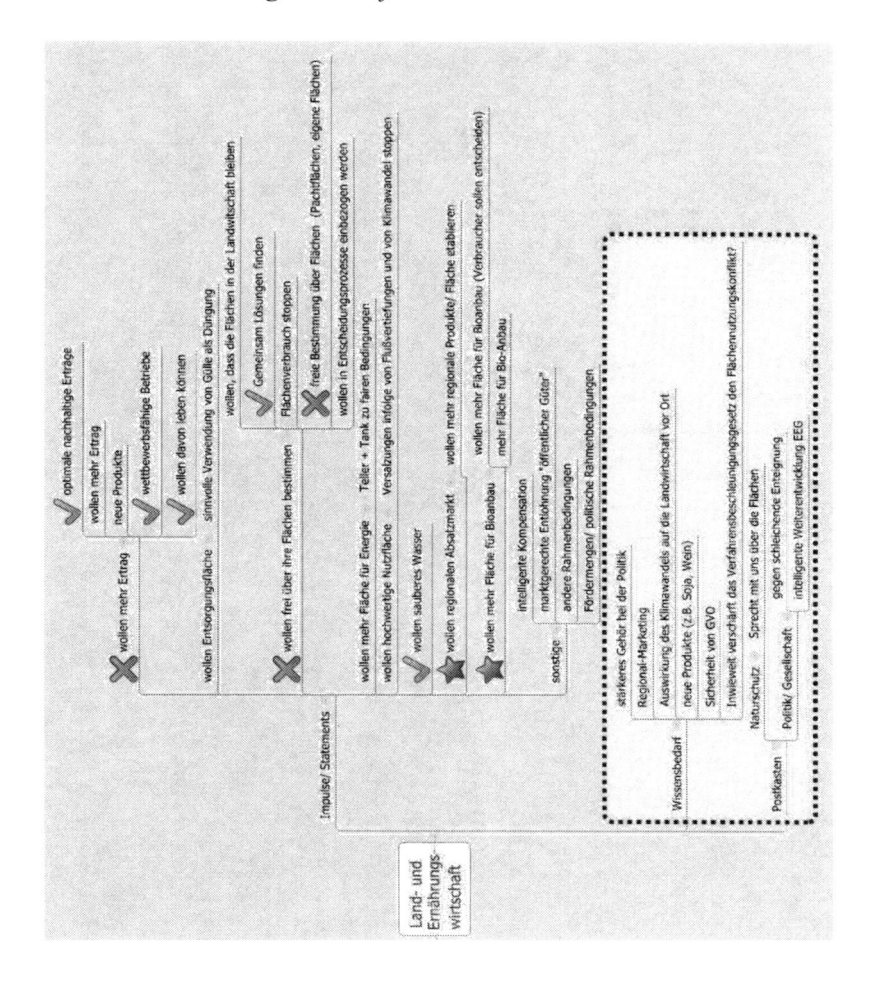

Wirtschaft und Politik

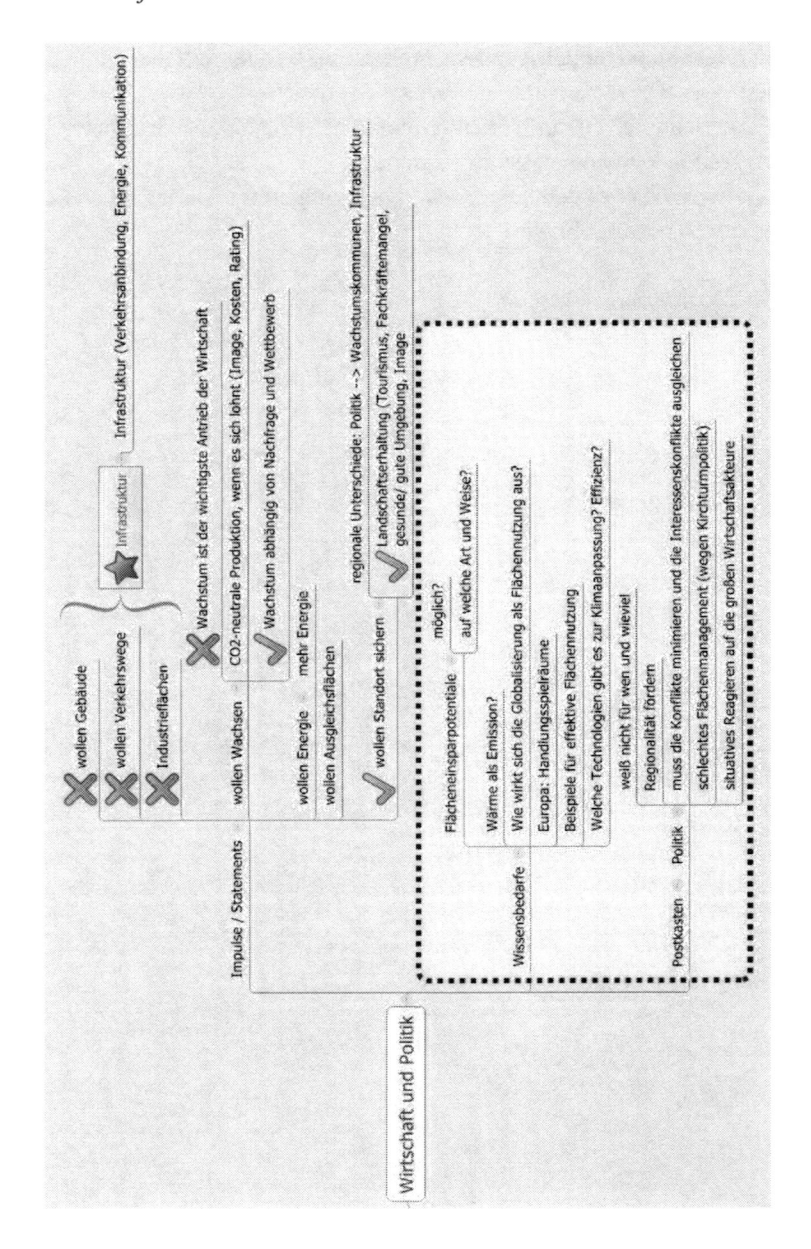

Impulse / Statements

- wollen Gebäude ✗
- wollen Verkehrswege ✗ } Infrastruktur (Verkehrsanbindung, Energie, Kommunikation)
- wollen Industrieflächen ✗
- wollen Wachsen ✗ — Wachstum ist der wichtigste Antrieb der Wirtschaft
  - CO_2-neutrale Produktion, wenn es sich lohnt (Image, Kosten, Rating) ✗
  - Wachstum abhängig von Nachfrage und Wettbewerb ✓
- wollen Energie — mehr Energie
- wollen Ausgleichsflächen
- wollen Standort sichern ✓ — regionale Unterschiede: Politik --> Wachstumskommunen, Infrastruktur
  - Landschaftserhaltung (Tourismus, Fachkräftemangel, gesunde/gute Umgebung, Image) ✓

Wissensbedarfe

- Flächeneinsparpotentiale
  - möglich?
  - auf welche Art und Weise?
- Wärme als Emission?
- Wie wirkt sich die Globalisierung als Flächennutzung aus?
- Europa: Handlungsspielräume
- Beispiele für effektive Flächennutzung
- Welche Technologien gibt es zur Klimaanpassung? Effizienz?
- weiß nicht für wen und wieviel

Postkasten Politik

- Regionalität fördern
- muss die Konflikte minimieren und die Interessenskonflikte ausgleichen
- schlechtes Flächenmanagement (wegen Kirchturmpolitik)
- situatives Reagieren auf die großen Wirtschaftsakteure

Natur und Umwelt

Impulse / Statements

- wollen mehr saubere Natur
  - Wollen saubere Luft, z.B. keine Kohlekraftwerke, reg. Energie braucht mehr Fläche
  - Qualität der bestehenden Gebiete verbessern
  - Schutzgebiete überdenken
- Artenvielfalt/ Artenerhalt
  - Welche Funktion erfüllt NSG? Welche soll/ muss erfüllt sein?
    - wirtschaftlicher Faktor?
    - ästhetischer Wert?
- Korridore/ Schutzgebietsgedanke
- LSG Ökologische Hauptstrukturen
- Muss Konzept Naturschutz angepasst werden? wenn ja, wie?
- ✗ Renaturierung — Ems nicht weiter vertiefen
- ✗ Ausgleichsfläche — fordert Ausgleichsflächen
- ✗ Umweltzonen
- CO2-Reduzierung
- weniger Flächenverbrauch
- sonstiges — Was ist unsere Verantwortung?

Postkasten
- Klimafolgen
  - Veränderungen im Ökosystem
- Wissensbedarf
  - Wissensbedarf für die Fläche
  - Klärung: Wo wollen wir hin?
  - zukunftsfähige und realisierbare Bewirtschaftungsformen
- Welche Maßnahmen erfordert KA (Klimaanpassung?) konkret?

Natur und Umwelt

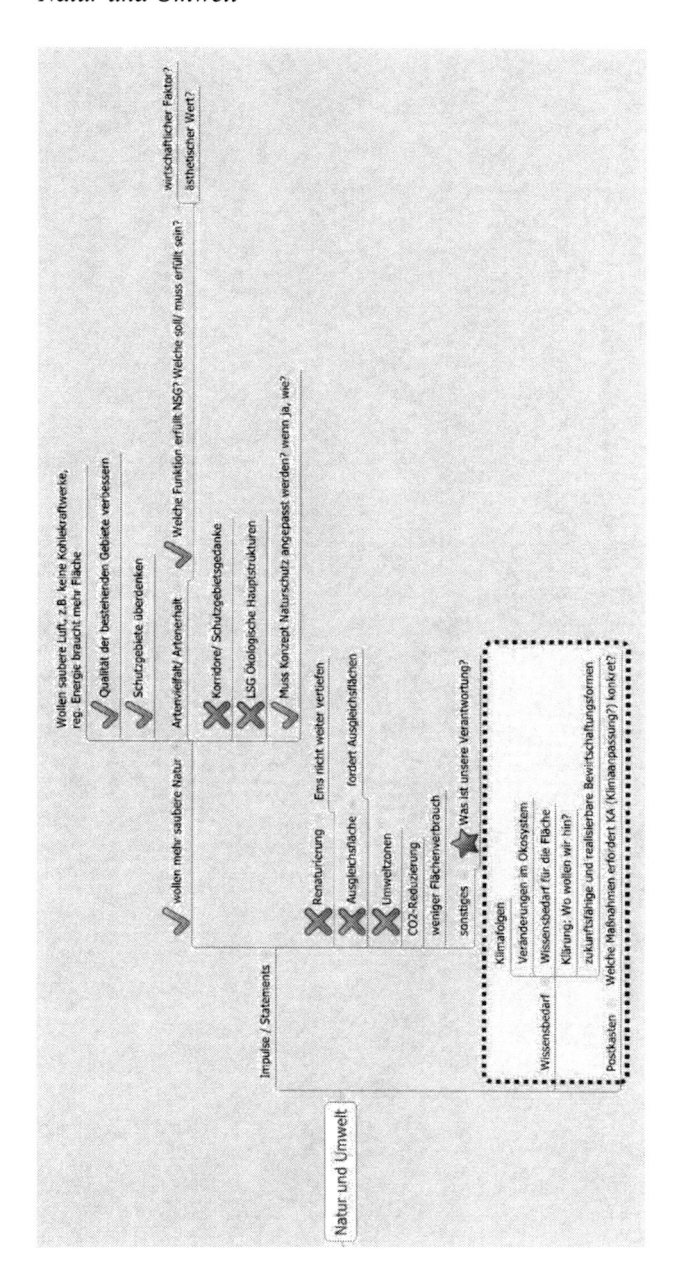

Siedlung & Verkehr und Freizeit & Tourismus

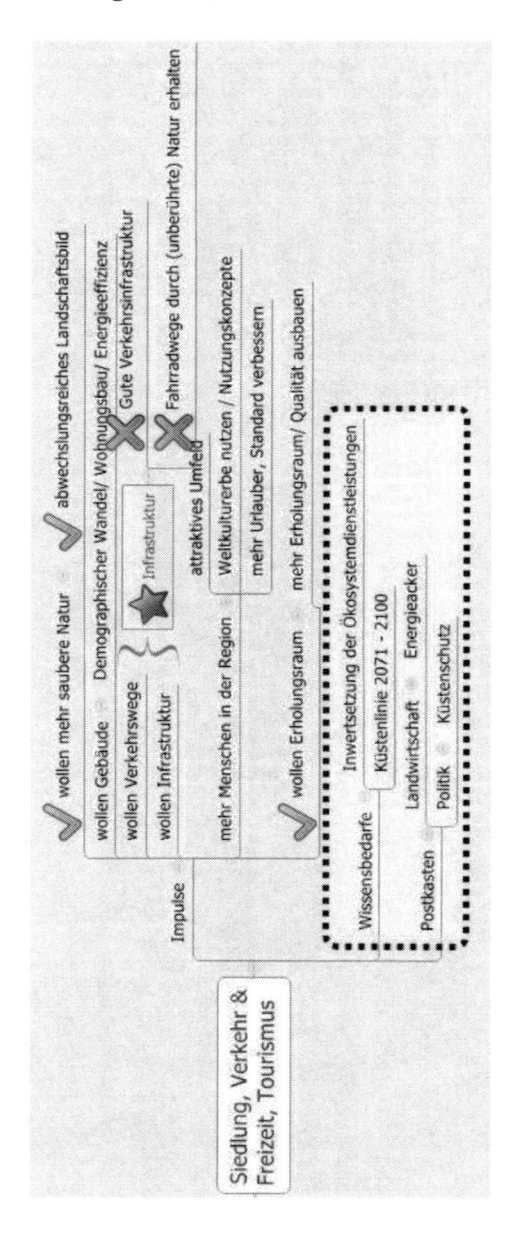

Im März 2011 wurde zusammen mit dem Projekt BioenergieRegion Südoldenburg ein zusätzlicher Workshop veranstaltet (12 Teilnehmer: Landwirte, Unternehmer und Vertreter regionaler Netzwerke) auf dem es um die Erarbeitung von Möglichkeiten und Spielräumen in den bis dahin entwickelten Problemfeldern ging. Hier wurde neben der durch eine Präsentation eingeleiteten und moderierten Gruppendiskussion auch das folgende Arbeitsblatt ausgefüllt. Darin sollten insbesondere das Wechselverhältnis zwischen der betrieblichen und der ökosystemischen Umweltsituation bewertet werden.

Arbeitsblatt zum Workshop „Flächennutzungskonflikte"
Thema: betriebliche Möglichkeiten und Spielräume in den Problemfeldern; Verknüpfung zwischen der ökosystemischen und der betrieblischen Seite:

1) Wie haben Sie in Ihrer beruflichen Tätigkeit mit regionaler Ernährungswirtschaft zu tun (Gemüsebau, Milchwirtschaft; Primärproduktion, Veredelung; klein, mittel, groß; konventionell, bio etc.)?

2) Bemerken Sie bereits Auswirkungen des Klimawandels? Wenn ja, in welcher Form?

3) Rechnen Sie zukünftig mit Anpassungsnotwendigkeiten in Ihrem Betrieb? Wenn ja mit welchen?

4) Wie hoch schätzen Sie den Stellenwert von Nachhaltigkeitsaspekten in der Ernährungswirtschaft – mit Blick auf 2050 – ein (z.B. Verzicht auf synthetischen Stickstoffdünger oder Reduzierung der Intensivierung mit Hochleistungstieren und Hochleistungssaatgut)? Auf einer Skala von 0-10, 10=sehr hoch. Können Sie Ihre Einschätzung kurz begründen?

5) Wirken sich Flächenkonflikte oder der Verlust landwirtschaftlich wertvoller Fläche im Kontext Ihres Betriebs aus? Können Sie dazu konkrete Probleme nennen (Wo, wie, in welchen Maßeinheiten/Ausmaß, wann)? Woran zeigt sich das?

6) Welche Möglichkeiten und Hemmnisse sehen Sie für land- bzw. ernährungswirtschaftliche Betriebe, wertvollen Boden nachhaltig zu bewahren? Wie können aus Ihrer Sicht die Herausforderungen, vor denen die regionale Ernährungswirtschaft für die kommenden 40 Jahre steht, bewältigt werden?

7) Gibt es für Ihren Betrieb Zusammenhänge zwischen den folgenden (oder anderen – ergänzen Sie bitte gerne!) Themen? Bitte tragen Sie dicke oder dünne Pfeile ein zwischen den Themen, deren Zusammenhang eine Rolle spielt. Pfeile können mehrfach sein oder sich verzweigen.

Betriebliche Seite

Ausfallsicherheit (Energie)
Ausfallsicherheit (Tiere/Pflanzen)
Effizienz
Preisstabilität
Versorgungssicherheit
Produktivität
Gutes Image
Flexibilität
Regionale Wertschöpfungsketten
Einbindung in Weltmärkte
Allianzen mit anderen Betrieben
Pachtpreise

Umweltgegebenheiten

Wasserverfügbarkeit
Wasserqualität
Genetische Diversität (Tiere/Pflanzen) im Anbau
Biodiversität im Ökosystem
Bodenqualität
Verfügbarkeit von landwirtschaftlicher Fläche

Vielen Dank!

Auswertung der Arbeitsblätter Workshop „Flächennutzungskonflikte"
Basis der Auswertung:
N = 8 Arbeitsblätter (bei 9 + 3 Teilnehmern)
--- Die Nummerierung bezieht sich auf die Nummerierung der Fragen aus dem Arbeitsblatt (siehe oben)---

1) Betriebliche Situation der Teilnehmer reicht von klein bis sehr groß, es sind sowohl Primärproduktion als auch Veredelung, Biogasproduktion und Verbandstätigkeiten vertreten.
2) Bis auf einen Fall geben alle Teilnehmer direkte Betroffenheit durch den Klimawandel als Verschiebung von Witterungsverhältnissen (starke Niederschläge oder Trockenheit) und Extremwetterereignisse an. Genannt wurden außerdem indirekte Folgen, wie z.B. steigende Pachtpreise.
3) Anpassungsnotwendigkeiten werden vor allem im Hinblick auf Wasserverfügbarkeit bzw. Beregnungsanlagen gesehen. Ebenso genannt werden Klimatisierung von Ställen sowie resistentere Sorten und Rassen.
4) Nachhaltigkeit wird durchweg hoher bis sehr hoher (in 7 von 8 Fällen hohe (8-10), in 4 Fällen sehr hohe (10)) Stellenwert zugemessen. Es unterscheidet sich allerdings sehr, was unter Nachhaltigkeit verstanden wird und steht z.T. diametral dem gegenüber, was bspw. in der Literatur im Hinblick auf die Nachhaltigkeit von konventionellen Anbaumethoden ausgesagt wird.
Meistgenannte Maßnahmen (in absteigender Reihenfolge):
   - Flächenpotentiale optimaler ausschöpfen/ Ertragssteigerung durch Intensivierung der Produktion und/oder Mehrkulturenanbau.
   - Umwelt schützen und gesellschaftliche Herausforderungen annehmen trotz konventioneller Produktionsbedingungen (Bsp. Wasser einsparen, Emissionen reduzieren, Transparente Produktion bzw. bezahlbare und hochwertige Lebensmittel).
   - Notwendigkeit vermehrten Einsatzes und Reduzierung mineralischen Düngers wurde beides genannt.
5) Betroffenheiten durch Flächenverluste sind hauptsächlich durch Biogasanlagen und Industrie/Siedlung und Verkehr gegeben, re-

sultierend in steigenden Pachtpreisen und längeren und teurer werdenden Transportwegen für Rohstoffe.
6) Laut den Teilnehmenden kann die Ernährungswirtschaft den zukünftigen Herausforderungen (i) durch Ertragssicherung und -steigerung, (ii) durch aktive Auseinandersetzung mit anderen Interessengruppen (Dialog) und (iii) mit den Ansprüchen von Verbrauchern (zu einem gerechten Preis) sowie (iv) durch insgesamt stärkere Priorisierung von Ernährungswirtschaft aber auch von Umweltschutzthemen gerecht werden. Es fällt auf, dass in den meisten Arbeitsblättern mehrere dieser Argumente in Kombination vorkommen.
7) Die Verbindungslinien zwischen betrieblichen und Umweltgegebenheiten ergeben im Wesentlichen drei Schwerpunkte (in allen Arbeitsblättern kamen mindestens eine, meistens zwei bis drei dieser Kombinationen vor):
    i.   Preisstabilität/Versorgungssicherheit/Ausfallsicherheit ↔ Wasserverfügbarkeit/Wasserqualität
    ii.   Allianzen mit anderen Betrieben/regionale Wertschöpfungsketten/Flexibilität/Pachtpreise ↔ Verfügbarkeit von landwirtschaftlicher Fläche
    iii. Produktivität ↔ Bodenqualität
Weiter wurden genannt der Zusammenhang Preisstabilität/ Effizienz/Ausfallsicherheit ↔ genetische Diversität im Anbau.

Zu Kapitel 6:
Zusammenfassung der Szenarien für Querschnittstreiber auf europäischer Ebene (Schroeter et al. 2004, 16):

A1 Europe	
Economy	Very rapid economic growth and convergence between regions. European income inequalities eradicated. Material consumption and increases in income/capital lead to increased use of natural resources
Population	European fertility rates reach 1.7 with a slight increase in population to 2050 then a decrease
Technology	High investments in technology and high rates of innovation
Institutions and government	Governments are weak with a strong commitment to market based solutions. International co-operation. Stable political and social climate, with good health care and education. Self-sufficiency not an issue; free trade emphasised.
Rural development	Focus on centres and international connections, rural development not a focus area. Increased affluence has "spill-over" effects on rural and remote areas.
Recreation, tourism	Increase in recreation areas close to urban centres, wilderness areas are less attractive. Increases in beach resorts and locations with built facilities rather than eco-tourism
Spatial planning	Convergence of planning policy and less restrictions
EU enlargement	Proceeds rapidly
A2 Europe	
Economy	Moderate GDP growth; slower than A1. Economic development is regionally-oriented and uneven. The income gap between developed and developing countries does not narrow.
Population	European fertility rates reach 2.1 resulting in a steady increase in the population
Technology	Slower than in A1 and more heterogeneous. Technology transfer and diffusion slower
Institutions and government	Self-reliance of regions, less mobility of people, ideas and capital. Social and political institutions diversify. Central national governments weak, "markets first" approach. A more protectionist Europe compared to the present which could mean a stronger EU.
Rural development	Rural development results as a by-product of the stress on regional self-reliance
Recreation, tourism	Tourism decreases, but recreation increases with population increases. Demand for near urban recreation areas increases, but areas distant to centres are also used for recreation by a dispersed population. Built facilities are valued, wilderness areas are less popular.
Spatial planning	Heterogeneity of planning policy
EU enlargement	Stops or proceeds very slowly
B1 Europe	
Economy	A convergent world with global solutions to economic, social and environmental sustainability. Progress toward international and national income equality. Affluent with moderate GDP growth rates.
Population	European fertility rates reach 1.7 with slight population increase by 2050 then a decrease
Technology	Rapid technological change
Institutions and government	Central governments strong with a high level of regulation. International institutions and cooperation central.
Rural development	Rural development a key issue: equitable income distribution and development a priority
Recreation, tourism	Tourism decreases, but recreation increases, both near to urban centres and in remote areas
Spatial planning	Homogeneous, restrictive policies with high level of regulation
EU enlargement	Proceeds at a moderate rate
B2 Europe	
Economy	Local solutions to economic, social and environmental sustainability. Rate of development and GDP growth rate is generally low. International income differences decrease at a slower rate than in A1, B1. Education and welfare programmes are pursued.
Population	Population is stable
Technology	Technological change and innovation unevenly distributed
Institutions and government	Local self-reliance and strong communities. Decision making is at local/regional level and central government is weak. Citizen participation in decision making is high and government policies and business strategies are influenced by public participation.
Rural development	Increases because of emphasis on self-reliance and local products
Recreation, tourism	Tourism decreases. Recreation increases nearer to urban areas and rural villages with access by public transportation.
Spatial planning	Restrictive and heterogeneous policy
EU enlargement	Stops

Zu Kapitel 7:
Skizzierung eines Ansatzes zur Formalisierung Relationaler Settings:

Folgende Voraussetzungen gelten:
  (i) Handlungssituation H(Z) ist eine komplexe, dynamische Lage, in der von einem oder mehreren Akteuren Entscheidungen gefällt werden sollen.
  (ii) Gegeben ist eine Zielsetzung Z, die mit einem aktuellen oder zu erwartendem Problem zusammenhängt aber wegen der Unsicherheiten in (i) kaum explizit bestimmbar ist.

Für die Frage, wie unter diesen Bedingungen aktuell entschieden werden kann, können drei Zustände angenommen werden:
  (A) (im Folgenden als ■) Der nächste Schritt ist klar, es gibt eine beste/gute/plausibelste Option.
  (B) (im Folgenden als ⊞) Es gibt abgrenzbare Optionen, die untereinander zu gewichten sind, miteinander in Abhängigkeit stehen können. Offen ist, welche wie bewertet wird.
  (C) (im Folgenden als ☐) Es gibt außer der Orientierung auf die Zielsetzung keine oder eine nur sehr unscharfe Zuordnung der aktuellen Situation zu Handlungsoptionen, sondern nur mehr oder weniger scharf abgegrenzte Bereiche, die sich überschneiden können und nicht operationalisiert sind für die gegebenen Handlungsmöglichkeiten.

Eine Abfolge von ■ lässt sich beschreiben als:

Eine Abfolge von ⊞ lässt sich beschreiben als:

Eine Abfolge von ☐ lässt sich beschreiben als:

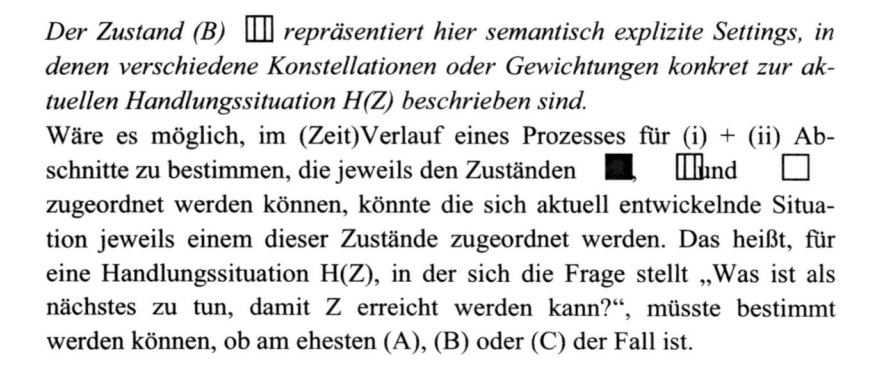

Der Zustand (B) ⊞ *repräsentiert hier semantisch explizite Settings, in denen verschiedene Konstellationen oder Gewichtungen konkret zur aktuellen Handlungssituation H(Z) beschrieben sind.*
Wäre es möglich, im (Zeit)Verlauf eines Prozesses für (i) + (ii) Abschnitte zu bestimmen, die jeweils den Zuständen ■, ⊞ und ☐ zugeordnet werden können, könnte die sich aktuell entwickelnde Situation jeweils einem dieser Zustände zugeordnet werden. Das heißt, für eine Handlungssituation H(Z), in der sich die Frage stellt „Was ist als nächstes zu tun, damit Z erreicht werden kann?", müsste bestimmt werden können, ob am ehesten (A), (B) oder (C) der Fall ist.

These 1:
Je nach Zustand könnten *Datensorten* (hinsichtlich des Umgangs mit Metriken und Unschärfe) benannt werden, die eine sinnvolle Informationsunterstützung leisten.

These 2:
Wenn für Z Settings ⊞ plausibel und inhaltlich explizit für H als die wesentlichen Zusammenhänge (vgl. Ausführungen im Text vorne) beschrieben werden können, können diese Settings eingesetzt werden, um *Prozessabläufe definiert zu flexibilisieren oder zu verengen* (Voraussetzung für die tatsächliche Passung an den real vor sich gehenden Prozessablauf ist es hierbei, dass ein expliziter Zugang besteht):

1. Für ☐ → ⊞ erzeuge Optionen x, y, z (in Abhängigkeit von oder unter Bedingungen, die separat justierbar/einsehbar sind)*.
2. Für ⊞ → ■ wähle x (in Abhängigkeit von oder unter Bedingungen, die separat justierbar/einsehbar sind)*.

* x bzw. x, y, z sind inhaltlich explizit und damit bedeutsame Zustände oder Möglichkeiten (z.B. im Anschluss an bestehende Akteurskonstellationen) im Verhältnis zu Z bzw. H(Z). So könnte eine strukturierte Zugänglichkeit zu den Stellen im Prozessablauf erreicht werden, an denen (gerahmte) Beweglichkeit notwendig ist, weil eine explizite vorausschauende Bestimmung wegen unvollständiger Information nicht möglich ist.

Theorie der Unternehmung

Bislang erschienene Bände

53 Nana Karlstetter: **Unternehmen in Koevolution.** Ein Regulierungsansatz für regionale Flächennutzungskonflikte

52 Reinhard Pfriem: **Eine neue Theorie der Unternehmung für eine neue Gesellschaft**

51 André Karczmarzyk, Reinhard Pfriem (Hg.): **Klimaanpassungsstrategien von Unternehmen**

50 Mareike Seemann: **Innovationsnetzwerke in jungen Branchen.** Formation, Morphologie und unternehmensstrategische Implikationen am Beispiel der deutschen Photovoltaikbranche (i.V.)

49 Sebastian Pforr: **Unternehmerische Innovationen durch das Managen von Werten.** Eine governanceethische Analyse

48 Maud H. Schmiedeknecht: **Die Governance von Multistakeholder-Dialogen.** Standardsetzung zur gesellschaftlichen Verantwortung von Organisationen: Der ISO 26000-Prozess

47 Marc C. Hübscher. **Die Firma als Nexus von Rechtfertigungskontexten.** Eine normative Untersuchung zur rekursiven Simultanität von Individuen in der Governanceethik

46 Sebastian Hölzl: **Dienstleistungen in und zwischen Unternehmen.** Die Bedeutung unternehmensbezogener Dienstleistungen durch Mitarbeiter im Rahmen des Qualitätsmanagements

45 Mark Euler, Jan Freese, Bernhard H. Vollmar (Hg.): **Homo interagens.** Soziale Interaktion – Ein grundlagentheoretischer Diskurs in der Ökonomik

44 Miriam Wilhelm: **Kooperation und Wettbewerb in Automobilzuliefernetzwerken.** Erkenntnisse zum Management eines Spannungsverhältnisses aus Deutschland und Japan

43 Dirk Höner: **Die Legitimität von Unternehmensberatung.** Zur Professionalisierung und Institutionalisierung der Beratungsbranche

42 Henning Plate: **Netzwerkbildung und Beratung als Instrumente des Supplier Relationship Managements (SRM) in der deutschen Milchwirtschaft.** Ein Weg zur Beeinflussung von Wettbewerbsfähigkeit und Strukturwandel

41 Roland Hergert: **Strategische Früherkennung.** Wahrnehmung relevanter Umweltreize oder Wie ticken Unternehmen?

40 Dominik van Aaken: **Pluralismus als Ethik.** Überlegungen zur evolutionären Organisationstheorie mit Blick auf Diskursethik und ökonomische Ethik

39 Hellen Fitsch: **Beratung und Veränderung in Organisationen.** Eine mikropolitische Untersuchung von Umsetzungsschwierigkeiten in Beratungsprozessen am Beispiel der Einführung von Lean Production in einem Automoibilkonzern

38 Reinhard Pfriem: **Unsere mögliche Moral heißt kulturelle Bildung.** Unternehmensethik für das 21. Jahrhundert

37 Thomas Beschorner, Patrick Linnebach, Reinhard Pfriem und Günter Ulrich (Hg.): **Unternehmensverantwortung aus kulturalistischer Sicht**

36 Marlen Arnold: **Strategiewechsel für eine nachhaltige Entwicklung.** Prozesse, Einflussfaktoren und Praxisbeispiele

35 Reinhard Pfriem, Thorsten Raabe, Achim Spiller (Hg.): **OSSENA – Das Unternehmen nachhaltige Ernährungskultur**

34 Ralf Antes: **Nachhaltigkeit und Betriebswirtschaftslehre.** Eine wissenschafts- und institutionentheoretische Perspektive (i.V.)

33 Klaus Fichter: **Interpreneurship.** Nachhaltigkeitsinnovationen in interaktiven Perspektiven eines vernetzenden Unternehmertums

32 Niko Paech: **Nachhaltiges Wirtschaften jenseits von Innovationsorientierung und Wachstum.** Eine unternehmensbezogene Transformationstheorie

31 Michael Fürst: **Risiko-Governance.** Die Wahrnehmung und Steuerung moralökonomischer Risiken

30 Gebhard Rusch (Hg.): **Konstruktivistische Ökonomik.** Systemische und soziokognitive Konzepte in Marketing, Managementlehre und Wirtschaftswissenschaft

29 Klaus Fichter, Niko Paech, Reinhard Pfriem: **Nachhaltige Zukunftsmärkte.** Orientierungen für unternehmerische Innovationsprozesse im 21. Jahrhundert

28 Christian Lautermann, Reinhard Pfriem, Josef Wieland, Michael Fürst, Sebastian Pforr: **Ethikmanagement in der Naturkostbranche.** Eine Machbarkeitsstudie

27 Dirk Fischer: **Strategisches Management in der Symbolökonomie**

26 Andreas Aulinger: **Entrepreneurship und soziales Kapital.** Netzwerke als Erfolgsfaktor wissensintensiver Dienstleistungsunternehmen

25 Frank Ebinger: **Ökologische Produktinnovation.** Akteurskooperationen und strategische Ressourcen im Produktinnovationsprozess

24 Reinhard Pfriem: **Unternehmen, Nachhaltigkeit, Kultur.** Von einem, der nicht auszog, Betriebswirt zu werden

23 Forschungsgruppe Unternehmen und gesellschaftliche Organisation: **Perspektiven einer kulturwissenschaftlichen Theorie der Unternehmung**

22 Henning Schmidt: **Wissensmanagement: Wettbewerbsvorteil oder modernes Märchen?** Reflexion über eine Managementmode am Beispiel der Nahrungsmittelindustrie

21 Marco Miklis: **Coopetitive Unternehmungsnetzwerke.** Problemorientierte Erklärungs- und Gestaltungserkenntnisse zu Netzwerkbeziehungen zwischen Wettbewerbern

20 Holger Petersen: **Ecopreneurship und Wettbewerbsstrategie.** Verbreitung ökologischer Innovationen auf Grundlage von Wettbewerbsvorteilen

19 Karl Hackstette: **Individualistische Unternehmensführung.** Eine wirtschaftsphilosophische Untersuchung

18 Michael Mohe: **Klientenprofessionalisierung.** Strategien und Perspektiven eines professionellen Umgangs mit Unternehmensberatung.

17 U. Schneidewind, M. Goldbach, D. Fischer, S. Seuring (Hg.): **Symbole und Substanzen.** Perspektiven eines interpretativen Stoffstrommanagements

16 Ralf Weiß: **Unternehmensführung in der Reflexiven Modernisierung**

15 Sandra Jochheim: **Von der Unternehmenskultur zum Netzwerk von Subkulturen**

14 Thomas Beschorner: **Ökonomie als Handlungstheorie**

13 Stephan Grüninger: **Vertrauensmanagement.** Kooperation, Moral und Governance

12 Martin Tischer: **Unternehmenskooperation und nachhaltige Entwicklung in der Region**

11 Michael Mesterharm: **Integrierte Umweltkommunikation von Unternehmen.** Theoretische Grundlagen und empirische Analyse der Umweltkommunikation am Beispiel der Automobilindustrie

10 Georg Müller-Christ: **Nachhaltiges Ressourcenmanagement.** Eine wirtschaftsökologische Fundierung

9 Thomas Beschorner, Reinhard Pfriem (Hrsg.): **Evolutorische Ökonomik und Theorie der Unternehmung**

8 Nicola Pless: **Corporate Caretaking.** Neue Wege der Gestaltung organisationaler Mitweltbeziehungen

7 Klaus Fichter: **Umweltkommunikation und Wettbewerbsfähigkeit.** Wettbewerbstheorien im Lichte empirischer Ergebnisse zur Umweltberichterstattung von Unternehmen

6 Uwe Schneidewind: **Die Unternehmung als strukturpolitischer Akteur.** Kooperatives Schnittmanagement im ökologischen Kontext

5 Christoph Kolbeck, Alexander Nicolai: **Von der Organisation der Kultur zur Kultur der Organisation.** Kritische Perspektiven eines neueren systemtheoretischen Modells

4 Andreas Aulinger: **(Ko-)Operation Ökologie.** Kooperationen im Rahmen ökologischer Unternehmenspolitik

3 Achim Spiller: **Ökologieorientierte Produktpolitik.** Forschung, Medienberichte, Marktsignale

2 Hendric Hallay: **Ökologische Entwicklungsfähigkeit von Unternehmen**

1 Reinhard Pfriem: **Unternehmenspolitik in sozialökologischen Perspektiven**